Ana Cristina Vargas

Informar profissão, local de nascimento, e todas essas coisas que usamos para nos apresentar, na verdade nada diz de quem somos. Você não escolheu esta obra por esses motivos e viu na capa, junto ao meu nome, o de um autor espiritual, o real idealizador, o escritor por trás de cada linha. Eu sou a médium que dá vida material à sua criação, sou coautora por ter responsabilidade com ele. Mas não penso, não construo os romances. Aliás, com frequência, eles tomam rumos completamente diferentes da minha vontade. Sou uma secretária com habilidades específicas.

A busca por conhecimentos dessa realidade extrafísica é o que une eu e você e, embora jamais tenha pensado em escrever, ou dar à minha percepção mediúnica qualquer forma de divulgação, a vida apontou-me outros caminhos e é o elo entre nós. Essa faculdade acompanha-me desde menina sob a forma de vidência e, com o passar dos anos, com o estudo do espiritismo e a experiência do trabalho, manifestaram-se a psicografia e a psicofonia.

"A busca por conhecimentos dessa realidade extrafísica é o que une eu e você..."

Dos transtornos iniciais, das dificuldades várias que a mediunidade trouxe à minha vida, hoje restam vagas lembranças indolores. Foram apagadas, superadas pelo muito que aprendi, pela companhia dos mentores espirituais e por tudo de bom que ela me trouxe e traz. Hoje, agradeço a Deus por possuí-la e por crescer e servir por meio dela.

José Antônio

Nos encontros com os leitores, são frequentes as perguntas: como é trabalhar com o José Antônio? Como ele é? Há razões do passado que os unem neste trabalho? Percebo que há neles muito carinho por esse amigo espiritual, fico feliz quando relatam e comentam grifos nos textos e que os usam como inspiração e orientação para o dia a dia. Vejo que crescemos juntos sob o amparo dele.

Aprendizado e desafio resumem a aventura de acompanhar e materializar as suas histórias. Os romances são um mergulho em vidas cheias de sentimentos e lições, que eu vejo como se fossem projetados em uma tela de cinema em 3D. Sinto as emoções vividas pelos personagens, mergulhando ora em dores humanas profundas, ora na serenidade e na paz dos bons espíritos. As vibrações amorosas emocionam, é enriquecedor. Cada obra tem um clima próprio e transforma algo em mim para melhor e, por isso, sou grata.

José Antônio foi escritor em suas últimas três existências, sendo a última no século 19, na França.

Ele apresenta-se com trajes de meados do século 19, uma cabeleira encaracolada, loira e platinada, presa na nuca por uma fita de veludo preta, profundos e grandes olhos azuis violeta, aparentando 35 ou 40 anos. Sei que essa aparência se liga à sua penúltima existência na Inglaterra. Tem algumas peculiaridades, como usar um casaco diferente a cada obra. É muito disciplinado, orienta os estudos para o desenvolvimento dos livros e enfatiza a atenção com os leitores, de transmitir histórias que auxiliem a bem viver, libertando-nos de ilusões, preconceitos e outras causas geradoras de sofrimento.

Segundo ele, nossa afinidade vem de vínculos do passado sobre os quais não fala e dos quais eu não me recordo, apenas sinto que são profundos.

© 2013 por Ana Cristina Vargas

© Paper Boat Creative/gettyimages

Coordenação de comunicação: Marcio Lipari
Coordenação de criação: Priscila Noberto
Capa e Projeto gráfico: Regiane Stella Guzzon
Diagramação: Priscilla Andrade
Preparação: Mônica d'Almeida
Revisão: Cristina Peres

1ª edição — 2ª impressão
5.000 exemplares — agosto 2013
Tiragem total: 10.000 exemplares

Dados Internacionais de Catalogação na Publicação (CIP)
(Câmara Brasileira do Livro, SP, Brasil)

José Antonio (Espírito).
Intensa como o mar / pelo espírito de José Antonio ;
[psicografado por] Ana Cristina Vargas. — São Paulo :
Centro de Estudos Vida & Consciência Editora, 2013.

ISBN 978-85-7722-235-3

1. Espiritismo 2. Psicografia 3. Romance espírita
I. Vargas, Ana Cristina. II. Título.

13-00757   CDD-133.9

Índices para catálogo sistemático:
1. Romance espírita : Espiritismo   133.9

Todos os direitos reservados. Nenhuma parte desta edição pode
ser utilizada ou reproduzida, por qualquer forma ou meio, seja
ele mecânico ou eletrônico, fotocópia, gravação etc., tampouco
apropriada ou estocada em sistema de banco de dados, sem a
expressa autorização da editora (Lei nº 5.988, de 14/12/1973).

Este livro adota as regras do novo acordo ortográfico (2009).

Editora Vida & Consciência
Rua Agostinho Gomes, 2.312 – São Paulo – SP – Brasil
CEP 04206-001
editora@vidaeconsciencia.com.br
www.vidaeconsciencia.com.br

Intensa
como o mar

ANA CRISTINA VARGAS

pelo espírito José Antônio

Sumário

Apresentação	10
Nos idos das primeiras décadas do século 20	13
I. O encontro	16
II. Encantos e desencantos	21
III. Bailes e festas	31
IV. Proximidade do sonho	39
V. Escolhas	48
VI. A demora	56
VII. A carta	66
VIII. Caminhos, escolhas e consequências	75
IX. Instituições necessárias	86
X. Liberdade	94
XI. Construindo o amanhã	103
XII. Lourdes e Bernardina	112
XIII. Enfrentando a realidade	121
XIV. Novas experiências	129
XV. Pares e casais	136
XVI. Construtores da nossa sina	152
XVII. Amizade e insegurança	166
XVIII. Descobertas	178
XIX. Mudanças	189
XX. Revelações	200

XXI. A face oculta	**213**
XXII. Desafios	**222**
XXIII. Ver a luz	**236**
XXIV. Reforçando causas	**249**
XXV. Desespero	**259**
XXVI. Caminhos cruzados	**275**
XXVII. Devassidão?	**283**
XXVIII. Entre vielas e esquinas	**296**
XXIX. Fora de controle	**306**
XXX. Saturação	**317**
XXXI. À espreita	**329**
XXXII. Vingança	**339**
XXXIII. Tragédia	**345**
XXXIV. Novo início	**354**
XXXV. Dois Rios	**369**
XXXVI. A vida continua	**380**
XXXVII. Pamela	**389**
XXXVIII. Buscando ajuda	**399**
XXXIX. Nada está perdido	**409**
XL. Caindo máscaras	**416**
Epílogo	**430**

Apresentação

Os fenômenos marítimos se assemelham muito aos da alma humana... As suas manifestações jazem na profundidade. A olhos nus e leigos, poucos conseguem identificar a tempestade sob as ondas.

No coração dos homens a revolta se agita, levanta ondas de desespero, de irresignação, de ira. Elas se chocam contra os ossos do esqueleto, muitas vezes o coração explode.

Os ossos são símbolos da eternidade, da imortalidade da alma, por isso nada desta revolta os

afeta. Explode o coração, morrem as vísceras, o esqueleto permanece intacto, lembrando-nos de que, ante a imortalidade, as revoltas não são mais do que passageiras tempestades. Porém, somos senhores do clima que reina em nosso íntimo. Que seja de compreensão e paz, um lago calmo e sereno onde se reflete o céu, como um mar de esperança.

José Antônio

Nos idos das primeiras décadas do século 20

Marieta atravessou as salas amplas e bem decoradas, ignorando, ostensivamente, a mãe e suas amigas, a governanta e as criadas. Sonhadora, subiu às pressas as escadas. Chegando aos seus aposentos, entrou afoita e jogou-se de costas na cama. Fitava o teto decorado sem dar nenhuma atenção ao preciosismo dos detalhes do belo trabalho. Sonhava acordada.

Era uma característica que seu pai, José Theodoro, abominava. Culpava a esposa, Maria da Glória, pelos modos irreverentes e até malcriados da filha. Dizia que ela mimara demais a caçula, única menina entre três irmãos, nascida quando os pais já não imaginavam conceber outro filho. Fora a criança em uma família de jovens e adultos. Todos a cercaram de atenção, fazendo-lhe as vontades, divertindo-se com suas crises emocionais infantis e suas chantagens para conseguir a realização de seus desejos. Não viam nessas atitudes o caráter semiencoberto pela infância, creditavam à conta de "coisas de menina" as manifestações da sua personalidade. Em vez da poda salutar, optaram por divertirem-se com elas e as adubarem.

Agora Marieta era uma bonita jovem, dona de uma personalidade difícil, acostumada a ter todas as suas vontades atendidas. Pertencia a uma abastada e muito bem conceituada família, que vivia na capital da República, o Rio de Janeiro. Frequentara as melhores escolas e fora preparada para seguir os passos da mãe: casar-se muito bem, com um rapaz de seu nível social, ser uma mulher capaz de dirigir a casa, uma boa anfitriã, enfim uma mulher com irrepreensível conduta social, e ser mãe.

Tinha vários pretendentes. A fortuna e o prestígio de seu pai aliados a sua beleza e juventude exerciam um poder de atração considerável. Mas naquela tarde quente, abafada, nenhum desses fatos ocupava o pensamento da inquieta Marieta, completamente tomado pela imagem de um homem.

Enquanto se entregava ao devaneio, Rosário, a governanta da casa, trocava olhares de preocupação com Diva, a mais antiga criada da família. Tão logo o serviço do chá foi concluído, elas correram à copa.

— Essa menina anda aprontando — falou Diva, nervosa, balançando as mãos no ar. — Não gosto daquela cara de satisfação. Desde que era pequena, isso significava confusão, e das boas. Imagina agora...

— Você tem razão, Diva. Eu também não gosto quando a senhorita Marieta aparece daquele jeito. E esta semana é a terceira vez que ela adentra a casa com cara de quem viu passarinho verde e está caminhando nas nuvens. Alheia a tudo. Viu que nem cumprimentou a mãe e as outras senhoras?

— Pois é, dona Rosário, quanta má-criação! Dona Glória não merece. Já está acostumada, pobrezinha! Fingiu que nem enxergou a filha entrar e passar como ventania pela sala. Depois chora que se mata, mas não chama a atenção da senhorita Marieta.

Rosário balançou a cabeça concordando. Afinal, quem naquela casa ainda não testemunhara a tristeza de dona Maria da Glória com o comportamento da filha? Suas lágrimas enchiam a piscina, diziam os criados à boca pequena, e era fato.

— Nesta vida, Diva, minha avó me ensinou que cada um colhe o que planta — respondeu a governanta, fitando o jardim através da porta-janela aberta à frente delas. — Ela chora à tarde e faz as vontades da filha à noite. De que adianta lamentar o que não se corrige com firmeza? Desde que estou aqui, e faz muitos anos, vejo essa moça reinar soberana sobre todos. Nenhum de seus caprichos, por mais bobo que seja, é negado. Só podia dar nisso...

— Sei não, dona Rosário, sou velha o bastante para saber que as coisas podem piorar. A vida é comprida, é grande, dá tempo de fazer muita coisa, de umas a gente gosta, mas de outras... não quer nem lembrar, por nada no mundo.

I. O encontro

O homem pode gozar na Terra uma felicidade completa?
— Não, pois a vida lhe foi dada como prova ou expiação,
mas dele depende abrandar os seus males e ser tão feliz
quanto se pode ser na Terra.

Kardec, Allan. *O Livro dos Espíritos.* DF: Edicel. q. 920.

Giacomo Baccagini caminhava com as mãos nos bolsos, cabisbaixo, chutando uma pedra. Estava visivelmente preocupado. A beleza do mar, fonte de euforia e encantamento em seus primeiros dias no Rio de Janeiro, não o atraía mais. O som das ondas, a brisa suave e refrescante chegavam-lhe aos sentidos, mas o encontravam indiferente. A apreensão com o futuro tirava-lhe o sabor de tudo, ou melhor, de quase tudo, desde sua impulsiva decisão de abandonar a pátria — a Itália — para aventurar-se em busca de fortuna no Brasil.

Em sua memória, revivia a empolgação com que os propagandistas da imigração falavam das magníficas oportunidades na distante América do Sul. Trabalho fácil, boas acomodações, bons salários e até a possibilidade de receber terras, tornar-se proprietário. Na péssima situação econômica italiana e europeia daquele início de século, a cantilena soava como música sagrada nos ouvidos de um jovem ambicioso.

Para a viagem, recebera todas as facilidades, embora o conforto tivesse deixado a desejar. Chegara são e salvo a seu destino e, à primeira vista, apaixonara-se pela beleza exuberante das paisagens cariocas. Estranhava a população mestiça e aquela sensualidade à flor da pele, mas começava a acostumar-se. Atribuíra-a ao calor dos trópicos. Além disso, estava vivendo em uma zona portuária e, mesmo sem conhecer muitas cidades, sabia que pobreza e prostituição eram características dos arredores de cais de porto, independentemente do país.

Porém os dias estavam passando, e começava a afligi--lo a demora em ir para o Sul. Lá pretendia se estabelecer como senhor de uma fração de terras. Era um agricultor experiente, conhecia os segredos das videiras e, em seus sonhos de imigrante, comparava-se ao dono da vinícola onde nascera e crescera no Vêneto, ao norte da Itália.

Como todo entusiasta, não considerava as dificuldades. Viu algumas fotografias, em preto e branco, mostrando imigrantes instalados, suas casas de madeira, grandes, com muitas janelas, a mesa farta e todos muito sorridentes, transbordando realização. Outras mostravam terras preparadas para o cultivo e, por fim, apresentavam toda sorte de incentivo aos imigrantes.

Isso fizera brilhar os olhos de Giacomo, meses atrás. Já estava cansado do ambiente da vinícola e não vislumbrava melhores perspectivas profissionais. Também não possuía vínculos afetivos fortes, pois, após a morte da mãe, alguns anos antes, seu pai se casara novamente e tinha filhos pequenos que requeriam atenção. Ele era o filho mais velho do primeiro matrimônio. As duas irmãs casaram-se e partiram, assim não via nenhum entrave para entregar-se ao desejo da fortuna.

Era ambicioso, tinha consciência disso, mas era também trabalhador e corajoso, queria tornar-se um homem rico com o suor do próprio rosto. Davam preferência às famílias, e ele declarara em todos os documentos que tinha mulher e filhos que viriam a seu encontro tão logo estivesse estabelecido. "Uma mentira por uma causa justa não renderia pecados", pensava. Além do mais, a Itália estava cheia de noivas desejosas de embarcar na aventura da travessia do Atlântico para enriquecer. Bastaria uma carta.

Antes, porém, de pensar em ter família, precisava das terras. Quanto antes fosse para o Sul, mais rapidamente sua vida entraria nos trilhos. Diziam-lhe que o Sul era distante e ouvira zombarias aos seus projetos de alguns moradores do bairro. Soubera que eram ex-escravos negros.

— Mais um gringo delirante. Não sabe da missa a metade. Mas... fazer o quê? Agora já está aqui, tem mais é que se virar para viver.

— Logo, logo, ele cansa de esperar a fortuna. Bate a fome e ele vai para os cafezais em São Paulo. É o que a grande maioria faz. Daí acabou-se o sonho da riqueza.

— Hum! Que decepção deve ser! Quando era moço, antes da libertação, trabalhei naquilo lá. O *nego* trabalha feito bicho só por cama e comida. O serviço é tanto que não dá nem para pensar. De manhã à noite a mesma coisa, sem folga. Entra semana, sai semana, sempre embaixo do mau tempo, já nem sabia que dia era. Só enxergava a plantação. Até dormindo sonhava que estava trabalhando, coqueando saco. O gringo vai achar o rumo.

— É, aqui no porto é bem bom. Quando chega navio de carga, a gente trabalha pra valer, mas depois dele vazio... se pode descansar. O gringo é forte, mas não parece disposto a forcejar. Quer enriquecer. É o que todos querem. Deviam saber que bem poucos conseguem. Será que dizem para eles, lá na terra deles, que estão vindo para cá substituir os escravos? Acho que não.

Nos primeiros dias, não dera importância àqueles comentários. A bem da verdade, porque não os compreendia tão bem quanto agora. O português dos mestiços era diferente. Havia muitas expressões que ele não fazia ideia do significado. Mas, passados tantos dias, estava se familiarizando com a língua. Entendia o bastante para compreender a grande divergência entre a propaganda migratória e a realidade.

Encontrar imigrantes italianos no Rio de Janeiro era muito fácil, todos os navios vindos da Itália desembarcavam seus passageiros no porto da cidade. E chegavam aos milhares. Nas ruas, os dialetos da pátria longínqua misturavam-se. Eles pareciam ondas, chegavam às centenas, invadiam a zona portuária e, em poucos dias, desapareciam no interior do Brasil.

Se nos próximos dias não conseguisse embarcar para o Sul com a garantia de suas terras, precisaria arrumar trabalho. Tinha pouco dinheiro, cada dia menos. Não poderia esperar terminar suas economias, tinha urgência em encontrar ocupação, nem que fosse carregando sacos no cais, como vira muitos negros.

Conversara com outros imigrantes e constatara que o seu caso não era exclusividade, ao contrário, era comum, até se poderia considerar como sendo a regra, não a exceção. Havia muitos Guidos, Marcelos, Beneditos e Giacomos. Sonhavam enriquecer e acabavam trabalhando nas indústrias, um mercado novo, ou nos imensos cafezais e canaviais em São Paulo.

Abatido, com os pensamentos em torvelinho, Giacomo não percebeu estar sendo seguido, de perto, por um carro. Prosseguiu com as mãos nos bolsos da calça, caminhando displicentemente e chutando uma pedra. Sem rumo nem propósito, quando viu, estava em frente à Igreja de São Cristóvão.

— Ajuda dos santos! É disto que preciso — falou Giacomo, baixinho, em italiano.

Observou a construção: um belo templo à beira-mar. Sorriu notando o ancoradouro, as canoas atracadas em frente à igreja e a pequena distância entre os degraus de acesso à porta de entrada e a praia. Deduziu que, quando houvesse tempestade, as ondas deviam alcançar facilmente os primeiros degraus. Mas a manhã estava calma, apenas a brisa movimentava, de leve, as águas. O local lhe inspirou paz, fez-lhe bem, e decidiu entrar. Rezar nunca era demais, ensinara-lhe a mãe.

— Pare o carro! — ordenou Marieta ao motorista. — Quero ir à igreja.

— Mas esta não é a nossa paróquia, senhorita — advertiu Severo, leal funcionário da família Guimarães Lins.

Quando a jovem nascera, ele já trabalhava com a dona Maria da Glória havia muitos anos. Conduzira charretes, carruagens e agora o carro. Tinha intimidade com a filha dos patrões, que bem poderia ser sua neta, tal a diferença de idade.

— Eu sei, Severo, mas quem disse que só podemos rezar na nossa paróquia? Sabia que não é proibido entrar em igrejas? Qualquer um pode...

— Não é bem assim... Nós, os negros, não podemos entrar quando bem entendemos nem ficar em qualquer lugar — retrucou o homem rindo. — Eles pensam que para Deus há diferença... Mas, voltando ao nosso assunto, por que não vai rezar na nossa paróquia? Pode conversar com o padre Franco, é o seu confessor...

— Chega, Severo! Eu mandei parar o carro. Obedeça-me. Eu quero rezar para São Cristóvão — asseverou Marieta de maneira seca e autoritária, enfatizando a distância social entre eles e o papel subalterno de Severo.

Magoado, intimamente contrariado, percebendo que a intenção de Marieta estava muito longe do desejo de rezar, Severo estacionou o carro, desceu e abriu a porta à jovem.

— Espere aqui! — ordenou Marieta, mantendo o tom de voz seco e autoritário.

Severo anuiu com um gesto de cabeça e ficou olhando-a caminhar em direção à igreja, poucos metros atrás de um rapaz.

II. **Encantos e desencantos**

O homem é, na maioria das vezes, o artífice de sua própria infelicidade.

Kardec, Allan. *O Livro dos Espíritos*. DF: Edicel. Resposta da q. 921.

— **H**um! — resmungou Severo, muito contrariado com o comportamento de Marieta. "Essa menina vai arrumar uma confusão grande um dia desses", pensava. "É muito cheia de vontades. Bem que o povo diz que ter filho fora de época é coisa muito difícil. O que os irmãos têm de bondade e educação, essa menina tem de egoísmo e má-criação. Ninguém vive bem sendo do jeito que ela é. Já vivi bastante para saber que o resultado das atitudes não mudam, são como dois mais dois, cedo ou tarde darão o mesmo resultado. E as dela são sempre as piores, parece desmiolada, não pensa. Eu não me importo com as más-criações dela, mas não gosto nada de ser o único a ver o que ela faz. Se eu contar para dona Maria da Glória, não vai acontecer nada, além de eu ouvir mais más-criações dessa menina. Se contar ao patrão, bem... daí muda de figura, mas será que ele vai acreditar em mim?"

Severo sacou do bolso o relógio. Eram onze horas. Esperava que Marieta não se demorasse muito "rezando" para São Cristóvão. Estava quente, procurou uma sombra e sentou-se.

Resolveu esquecer os desatinos da jovem e descansar, contemplando as canoas, que balançavam suavemente.

— Severo! — chamou Marieta encostada à porta do carro. — Acorda! Vamos embora.

Sem se dar conta, o motorista acabara cochilando, mas não se apressou. Lembrou-se de conferir as horas. Eram onze horas e quarenta e cinco minutos. Ao abrir a porta do veículo, comentou irônico:

— A senhorita tem muita fé. Rezou quase o tempo de uma missa inteira.

— Meta-se com a sua vida, Severo. Vamos para casa, e rápido. Não quero me atrasar para o almoço. Meu pai...

— Não gosta, eu sei — completou Severo, acomodando-se e dando partida.

No interior da igreja, Giacomo balançava a cabeça e sorria. Seu humor mudara, sentia-se leve, com a confiança restaurada e convicto de encontrar a realização e a felicidade no Brasil.

Lançou um olhar ao altar, fez o sinal da cruz e ergueu-se. Doíam-lhe os joelhos. Havia sido bom encontrar a igreja vazia e silenciosa, mas isso o obrigara a ajoelhar-se. Nos horários das missas, ficava lotada, o que o dispensava do sacrifício.

A passos largos, avançou pelo corredor central até a porta. O sol do meio-dia queimava-lhe a pele. Sem outra opção, lançou-se ao caminho de volta à hospedaria no cais. Àquela hora, a algazarra reinava. Lotada de hóspedes italianos — todos imigrantes, como Giacomo —, as refeições eram barulhentas e disputadas. Era o momento da conversa, das novidades, de conhecer os que chegavam e despedir-se dos que seguiam para outros destinos.

Pensando que, em breve, seria seu dia de despedir-se de dona Bella e suas alegres ajudantes, Giacomo voltou a sorrir e a entreter-se com planos para o futuro. Esqueceu-se da jovem que rezara com ele havia poucos minutos.

Fora uma imagem bonita, uma voz agradável, um sorriso simpático, mas apenas um momento agradável. Notara o evidente interesse da jovem, mas começava a acostumar-se com a atração que despertava nas mulheres da cidade. Era divertido paquerar, ainda mais tentando comunicar-se em outro idioma. Fora um desastre, entendera pouquíssimo do que a moça falara. Mas nem por isso ficava constrangido, envergonhado. Rir de si mesmo era uma de suas boas características.

Giacomo era, por natureza, uma alma leve. Ria das confusões que fazia entre o italiano, na verdade, o carregado dialeto do Vêneto, e o português com as peculiaridades da comunicativa população brasileira. "Não nasci sabendo", pensava. "É preciso tentar para aprender, e errar é natural, afinal estou aprendendo. Se ficar bravo, daí é que não aprenderei nunca. Devagar tudo vai para o lugar."

Esse espírito de aprendiz o guiava, aliás, um ótimo guia. Humilde, alegre e interessado.

O regresso foi rápido. Quando percebeu, estava em frente à hospedaria. O cheiro de molho de tomate e cebola frita o recepcionou na entrada do salão de refeições, muito simples, com várias mesas cobertas por toalhas xadrezes e cadeiras com assento e encosto em palha. Nas paredes pintadas a cal branca, viam-se dependurados réstias de alho e cebola, tachos de cobre, colheres de pau, que tanto decoravam quanto ali ficavam guardados. Sobre um balcão com tampo de pedra, ficavam quilos de salame e queijo caseiro. O piso era de cimento, muito liso, pigmentado com um tom de vermelho-terra.

— Giacomo! — chamou Francesco, um dos hóspedes que se tornara seu amigo, falando em um dialeto italiano e bem alto. — Venha, sente-se comigo. Tenho boas novidades.

— É verdade? Conte-me — respondeu Giacomo acomodando-se na mesma mesa. — Estou com fome. O que tem para o almoço?

— Não sei. Como qualquer coisa hoje. Trabalhei muito — declarou Francesco e ergueu a mão chamando a moça que servia as mesas. — Giuseppina, rápido, minha bela, traga comida para dois homens mortos de fome.

A moça sorriu, fez um gesto de entendimento do pedido e foi à cozinha abastecer a bandeja vazia.

— Mas, então, Francesco, que boa novidade tem para me contar? Por que tanto suspense, hã?

— Ah, é porque é muito boa...

— Vieram tratar das nossas terras enquanto saí? Deus, não é possível! Passei os dias esperando e quando saio...

— Eh, calma, que não é disso que se trata — atalhou Francesco, menos empolgado. — Não veio ninguém aqui, você fez bem em ir caminhar.

Percebendo que a alegria se apagara na expressão do amigo, Giacomo arrependeu-se de haver falado tão ansiosamente sobre a esperança de ambos. Francesco também esperava o cumprimento da promessa, queria partir para o Sul, cultivar terras, ter o seu chão. E esperava havia meses.

Giuseppina trouxe os pratos fartamente servidos e perguntou:

— Vinho ou água?

— Água — respondeu Francesco.

Ela se afastou outra vez.

— Então, homem, conta logo a tal novidade — pediu Giacomo, fingindo entusiasmo e procurando esconder a frustração.

— Há trabalho no porto. Precisam de mais homens. Falei de você ao encarregado e ele disse que se quiser deve se apresentar agora à tarde. É isso.

Giacomo parou de comer, gritou eufórico:

— Estou salvo! Graças a São Cristóvão!

— Que é isso? Deixa de dizer bobagem, os santos não têm nada com isso. E não pense que descarregar navios é fácil. É trabalho pesado.

— Eu não me importo, Francesco. Meu dinheiro está acabando, preciso trabalhar e isto não me assusta. Nem sei como lhe agradecer. Você é um ótimo amigo, conte comigo sempre que precisar. Não tenho como lhe pagar o bem que me fez.

— Eh, você também, quanto exagero! Vamos encerrar a conversa, você não me deve nada. Eu sei o que você está passando, aconteceu comigo e com um monte dos nossos. Pronto, assunto acabado, hã?! Trate de comer, e bastante. Não sei que hora irão nos liberar para jantar.

Giacomo comeu com prazer, pensando em estar bem para o trabalho. Sentia-se grato à vida e ao amigo pela oportunidade de trabalho que lhe abria um horizonte mais claro.

Aguardaram encostados ao paredão do porto. O local estava lotado de trabalhadores avulsos. O encarregado, ao passar, lançou um rápido olhar a Francesco, que fez um gesto quase imperceptível de cabeça na direção de Giacomo. Minutos depois, o encarregado apontava os trabalhadores contratados para aquele dia e os apartava do paredão, entre eles Giacomo e Francesco. A conversa com o encarregado foi rápida e sem formalidade. Trabalharia por dia. A lida começava muito cedo pela manhã e durava enquanto houvesse luz suficiente à descarga do navio e posterior carregamento com carvão. O pagamento não era nenhuma fortuna, mas lhe permitiria sobreviver enquanto esperava a realização de seu sonho e embarcava no vapor com destino ao Sul.

Havia pressa em liberar o navio para seguir viagem. Em menos de dez minutos Giacomo integrava o grupo de estivadores, misturando-se à enorme quantidade de trabalhadores negros da zona portuária, também conhecida como pequena África.

A pele clara chamou atenção. Não era o único imigrante trabalhando na estiva, mas era minoria. Os africanos dominavam a atividade, esbanjavam força e agilidade, equilibrando o peso com desenvoltura e graça. Giacomo, entre eles, parecia uma garça desajeitada em meio a cisnes negros. Em menos de uma hora, estava totalmente tisnado com a fuligem que se desprendia do material. Para diferenciá-lo, sobraram apenas os rebeldes cabelos castanho-claros, encaracolados, ou melhor, algumas mechas que resistiam com bravura ao pó do carvão.

No fim da tarde, Francesco aproximou-se e indagou:

— Tudo bem?

— Claro! Trabalho não me assusta. Deixei o Vêneto porque nunca nos exploravam o suficiente no trabalho. A exploração me incomodava, não o trabalho.

— É, sei disso! Plantava e colhia do melhor trigo, mas não comia dele. Eco! Deus nos livre, não podia nem pensar...

— Aqui não vamos comer carvão, não é verdade? — retrucou Giacomo rindo da revolta do amigo. — Esquece, vá! Agora são outros tempos, outro país, as oportunidades estão aí, bem nos nossos olhos. Se não vamos ficar ricos, com certeza comeremos o que plantarmos.

— É o que espero, amigo — respondeu Francesco.

Eles não haviam prestado atenção à presença de um negro, forte, alto, usando apenas uma calça de algodão rústico até os joelhos. O corpo, coberto de suor, brilhava à luz do sol. Antônio Mina, uma figura conhecida no porto.

— É bom ter esperança — falou Antônio em talian, o dialeto falado pelos imigrantes do Vêneto, com carregado sotaque; porém, pela surpresa no rosto da dupla, deduziu que era compreendido. — Mas é preciso ver e aceitar a realidade. Conheço muitos *oriundis*[1] que nunca beberam um gole do café que plantaram, só cevada. Não pensem vocês que, só porque mudaram de país, muita coisa mudou. Tomem cuidado, muitos de vocês acabam substituindo os

---

1 *Oriundi:* palavra que designava os imigrantes italianos.

escravos nas lavouras e nas fábricas. Tem muita história, deem ouvidos.

— Você fala muito bem a nossa língua. Como se chama? — tornou Francesco.

— Antônio Mina, a seu dispor — apresentou-se o africano. — E vocês, quem são?

— Francesco Rossi — informou Francesco e, apontando o companheiro, disse: — Este é Giacomo Baccagini. Onde aprendeu talian?

— Há mais de vocês por aqui do que ratos — respondeu Antônio. — Conheci *oriundis* quando ainda vivia nas fazendas de café, no vale do Paraíba do Sul. Aprendi conversando com eles. Vinham navios cheios. Desciam no porto, iam para a hospedaria e de lá seguiam até a porta da fazenda. Ficavam só uns dias na cidade e já chegavam devendo a roupa do corpo para o dono do cafezal. Eram livres só no nome, pois primeiro tinham que pagar as contas da viagem, da hospedagem, da comida. E, digo para vocês, tinham que trabalhar muito e nunca a conta era fechada. Vi *oriundi* apanhar igual aos escravos negros, e até as crianças trabalham nas lavouras. Muitos fugiram, vieram para a cidade, estão por aí, podem contar a história.

— É, nós sabemos — acrescentou Giacomo. — Mas sabe onde tem muito rato? Na Itália. Tem uns gordos que comem tudo dos menores. Como são maioria, eles têm que correr o mundo para ganhar o pão de cada dia. Lá não tem chance. Então, ser escravo é uma opção a morrer de fome. Tem muita gente pobre na minha terra.

— Aqui também — replicou Antônio, imediatamente. — Já tinha, trouxeram e continuam trazendo um monte de navios.

Giacomo começou a rir, e Francesco o olhou de soslaio. Não via graça no comentário. Resolveu retomar o trabalho.

Os negros não paravam nunca. Indiferentes ao calor e ao peso das mercadorias que equilibravam sobre os ombros ou a cabeça, eram exímios carregadores e remadores.

Trabalhavam em longas filas. À frente seguia um ritmista, marcando o compasso do trabalho e da música que todos entoavam, às vezes alegre, às vezes muito melancólica. Eram os sons dominantes no porto.

Ele não entendia a letra das músicas, mas compreendia a emoção transmitida pelo canto. Lágrimas lhe vinham aos olhos e evocava lembranças tristes, sentia até saudade das irmãs e da Itália, esquecido da miséria que vivera lá e da frouxidão dos vínculos afetivos familiares.

Talvez Giacomo não fosse o único a reagir daquele modo, pois não demorava muito para um italiano entoar o canto de guerra dos imigrantes, e os versos de *Merica, Merica*[2] ecoavam alto vibrando no dialeto do Vêneto:

Dalla Italia noi siamo partiti
Siamo partiti col nostro onore
Trentasei giorni di macchina e vapore,
e nella Merica noi siamo arriva'.
Merica, Merica, Merica,
cossa saràlo 'sta Merica?
Merica, Merica, Merica,
un bel mazzolino di fior.
E alla Merica noi siamo arrivati
no' abbiam trovato nè paglia e nè fieno
Abbiam dormito sul nudo terreno,
come le bestie abbiam riposa'.
Merica, Merica, Merica,
cossa saràlo 'sta Merica?
Merica, Merica, Merica,
un bel mazzolino di fior.
E la Merica l'è lunga e l'è larga,
l'è circondata dai monti e dai piani,
e con la industria dei nostri italiani

---

2 Música de Ângelo Giusti, 1875.

abbiam formato paesi e città.
Merica, Merica, Merica,
cossa saràlo 'sta Merica?
Merica, Merica, Merica,
un bel mazzolino di fior.
Merica, Merica, Merica,
cossa saràlo 'sta Merica?
Merica, Merica, Merica,
un bel mazzolino di fior[3].

Com um olhar, Antônio Mina compreendeu o que se passava com Giacomo. Viu o brilho das lágrimas e a emoção em seu canto. Sorriu, lembrando-se da época das senzalas nos cafezais. Perdera a conta de quanto cantara músicas da África. "Negro ou branco, pouco importava a pele", pensava. "Agora dizem que somos operários, homens livres, mas é tão difícil ver a diferença! As coisas apenas mudaram de nome. Nós éramos vendidos na nossa terra e comprados aqui. Eles se venderam sozinhos na terra deles e aqui acabam tendo que comprar a liberdade de volta igual a nós".

---

3 Da Itália nós partimos / Partimos com nossa honra / Trinta e seis dias de máquina e vapor, / e à América chegamos. // América, América, América, / o que será esta América? / América, América, América, / um belo ramalhete de flores. // E à América chegamos, / não encontramos nem palha nem feno. / Temos dormido no terreno nu, / como os animais descansamos. // América, América, América, / o que será esta América? / América, América, América, / um belo ramalhete de flores. // E a América é longa e larga, / é rodeada por montes e planícies, / e com a indústria dos nossos italianos / formamos países e cidades. // América, América, América, / o que será esta América? / América, América, América, / um belo ramalhete de flores. // América, América, América, / o que será esta América? / América, América, América, / um belo ramalhete de flores.

— Canta, *oriundi* — pediu Antônio para Giacomo. — Dá força, é melhor cantar do que chorar. Acredite em mim, sei do que estou falando. E você ainda tem muito a aprender...

De repente, Antônio silenciou, baixou a cabeça, a voz tornou-se mais grave e rouca, falava baixo, colocou uma mão sobre o ombro de Giacomo, agora calado, e continuou:

— Cuidado, moço branco. Vejo muita confusão e tropeço no teu caminho. Abre o olho, foge de confusão. Algumas decisões custam muito caro na vida da gente. Abre o olho, tem confusão em torno de ti.

Giacomo empalideceu. O toque de Antônio fizera correr um arrepio frio por seu corpo. Sentiu medo, estava assustado e confuso.

— Por que diz isso, Antônio? É por causa das minhas terras no Sul?

A consciência é o mais rigoroso julgador, pois não dá trégua e acusa sem piedade. Giacomo mentira e, quando Antônio referiu confusão, logo se manifestou a culpa, a acusação e a necessidade de confessar.

— Calma, moço. Não é disso que falo. Vejo o moço plantando, num local alto, com muita árvore, selvagem. Você vai para onde deseja. Mas vejo confusão, tem perigo na tua estrada aqui e agora. Toma cuidado.

Giacomo ficou ainda mais assustado pela ansiedade de Francesco, que o puxava e sussurrava em seu ouvido:

— Esse negro é feiticeiro. Tem muito por aqui, esquece o que ele diz. É bobagem! Vamos trabalhar!

Antônio retirou a mão do ombro de Giacomo. Foi como se o tivessem libertado de uma corrente de força, estava atordoado.

— Canta, *oriundi*! Dá força — repetiu Antônio, encarando-o e falando normalmente, como se não houvesse acontecido nada, como se nada tivesse dito a Giacomo.

III. Bailes e festas

Se remontarmos pouco a pouco à origem do que chamamos infelicidades terrenas, veremos a estas, na sua maioria, como a consequência de um primeiro desvio do caminho certo.

Kardec, Allan. *O Livro dos Espíritos*. DF: Edicel. Comentário à q. 921.

No palacete dos Guimarães Lins, José Theodoro conversava e bebia conhaque com os filhos, enquanto aguardavam as mulheres da família aprontarem-se para o baile oferecido por um casal amigo em comemoração a bodas de prata.

A cena política e econômica gerava acalorado debate, embora todos comungassem a mesma opinião. Ânimo exaltado, José Theodoro, com o rosto rubro de indignação, comentava:

— Esses republicanos metidos a modernos ainda levarão nosso país à ruína. Suas ideias de industrialização são absurdas, podem servir muito bem à Inglaterra, um país rico e de pouca extensão territorial, mas aqui são um rematado disparate. Nossa vocação é agrícola! Somos praticamente um continente. O café, o açúcar, o algodão, a borracha rendem muito à nossa balança comercial, garantem a nossa economia. Não precisamos gastar importando máquinas, basta mão de obra barata.

— E isso não falta, meu pai. A Europa é um continente cheio de miseráveis. Isto é o que produziu a industrialização e as máquinas: miséria. Os trabalhadores do campo não têm mais onde trabalhar, foram substituídos por máquinas, e as lavouras, abandonadas pelas fábricas. Temos alemães, italianos, espanhóis desesperados, dispostos a enfrentar trinta ou quarenta dias em um navio com destino ao Brasil. Mão de obra boa e barata — reforçou Rubens, o filho mais velho e braço direito na administração das propriedades rurais.

— Um verdadeiro êxodo de proporções bíblicas — comentou Silvério, o caçula entre os homens, estatura mediana, cabelos e olhos castanhos. Com acentuada miopia, usava óculos de lentes grossas.

Estudioso voraz, vivia com um livro nas mãos. Pouco se interessava por economia, política ou os negócios da família. Sua vocação era religiosa e, em pouco mais de um ano, faria os votos sacerdotais.

— Aliás, que vem em boa hora — prosseguiu, em tom de sermão. — Deus nos livre do destino de nos tornarmos uma extensão da África. Os negros e mestiços são maioria. Agora que são livres, reproduzem-se com velocidade impressionante. As ruas estão infestadas de negras grávidas. E com a proliferação deles, aumentam a influência e as crenças. Bem sabemos que são católicos apenas para informação ao delegado. A vinda dos italianos é duplamente benéfica ao país, pois são brancos e católicos.

— Você se esqueceu de dizer que as italianas também vivem grávidas. São famílias grandes, com muitos filhos — completou Rubens.

André, o segundo filho, era um caráter comedido, conciliador e acomodado. Cuidava dos negócios na capital, circulava entre os políticos. Limitava-se a ouvir, mas estava inquieto naquela noite e, com frequência, consultava o relógio de bolso.

— Mamãe e Marieta pretendem chegar ao baile para dançar a última valsa? — questionou impaciente.

— Sua mãe sempre demorou muito a aprontar-se para qualquer evento social. Imagine para a festa dos Gouvêas! E, além de si, ainda precisa supervisionar a sua irmã. Temos que ser tolerantes. Beba mais um pouco, filho. O conhaque ajudará a acalmá-lo — ponderou José Theodoro.

— Marieta abusa da nossa paciência — reclamou André.

— É mulher e é moça — justificou Rubens, defendendo a irmã. — Todas são vaidosas. Encantam-se com a própria imagem no espelho, penso eu, pois passam horas admirando-se e arrumando fios de cabelo. É preciso paciência, muita paciência.

— Dizem que eu sou o mais paciente da família — retrucou André.

— Era — corrigiu José Theodoro, sorrindo. — Era. Você tem mudado desde que conheceu certa jovem, afilhada do senador Afonso Gordo, não é? Adelaide é boa moça, fina, educada, boa família, bonita. Faço gosto que você a corteje. É uma boa aliança. Será essa a causa da inquietação? Teme que ela não lhe reserve nenhuma dança?

— Sim, meu pai. Mas não é afilhada de verdade, é como se fosse, entende? Um de nós tem que se casar e lhe dar netos, não é verdade? — respondeu André, e aproveitou para alfinetar Rubens: — Eu não tenho amores por rabo de saia mestiça.

Rubens ficou vermelho, pupilas dilatadas, irritou-se com o irmão, mas obrigou-se a calar. Sabia que aquela era uma discussão perdida, o pai apoiaria André incondicionalmente. O tema da sua longa solteirice rendia frequentes reprimendas paternas, bem como sua relação com Lourdes. Recusava-se, por ora, às alianças políticas e financeiras. Sabia que seus dias estavam contados, contudo, preferia ignorar o quanto faltava e como agiria quando chegasse a hora.

Considerando inoportuno o momento para discutir a desagradável questão, José Theodoro optou por retomar o assunto com André.

— Se Adelaide foi ou não batizada pelo senador, pouco importa. Interessa que ela é benquista pela família e tem facilidade de acesso ao senador. Ele é um homem muito compenetrado, sabe quais ideais defender — comentou. — Nunca se sabe quando precisaremos de uma lei que nos garanta contra esses vendavais de renovação ou de ação política mais enérgica. Nunca tivemos grandes dificuldades de acesso aos políticos, mas, se pudermos construir uma ponte que facilite o caminho... tanto melhor.

O senador, conhecido político, representava o interesse da elite econômica dominante no país. Nada mais lógico que o interesse de José Theodoro na possível aliança familiar.

André ergueu o copo em uma saudação às palavras do pai e sorriu. Imaginara que não haveria problema em seu plano. Cortejar Adelaide e casar-se com ela, eis suas metas. Facilitariam a carreira política no futuro próximo. Não havia por que financiar candidatos, porém ser financiado significava somar e até multiplicar fortuna e influência. Bem mais ao seu agrado.

José Theodoro conhecia o pensamento do filho e o endossava. A riqueza dava-lhe poder, mas ainda estava atrelado, dependente, às decisões governamentais. Com André na política, esperava obter maior liberdade de ação.

Rubens ouviu o som dos passos da mãe. Olhou em direção ao alto da escada e lá estava dona Glória, esbelta, elegante, descendo com muita calma os degraus, evitando tropeçar no vestido.

— E Marieta? Por que não desceu com a senhora? — indagou José Theodoro ao receber a esposa ao pé da escadaria.

— Marieta enlouquece as criadas. Já fez e desfez o penteado dezenas de vezes. Nada a satisfaz. Acabei de ralhar com ela e deve descer em alguns minutos. Imagine! Não decide o penteado. Vamos ficar a noite toda esperando por ela. Não tem cabimento! — informou dona Glória. — Além do mais, ela está linda. O vestido é primoroso. Custou caro, reconheço, mas espero que ela se case logo. Foi um investimento. Ela precisa de um marido com mão firme para guiá-la.

Entediado com a conversa da mulher, José Theodoro limitou-se a emitir um som representativo do seu estado de ânimo: entre o severo e o zangado, mas tolerante.

Rubens observava a cena. Nenhuma novidade, apenas o que vira durante os trinta e cinco anos de sua existência: aparências. O discurso da mãe poderia ter sido resumido assim: "Gastei enfeitando-a para livrar-me dela com algum lucro". Ah, poderia ser acrescentado: "Pois não a aguento mais". Porém, dona Glória jamais externaria tal sentimento, não ficava bem, não era adequado.

Ouviu-se um caminhar irritado, os pés batendo com força sobre o piso de mármore do corredor. Marieta descia as escadas, semblante fechado, seus olhos lançavam chispas de irritação.

José Theodoro encaminhou-se para a saída, onde os aguardavam os carros da família. Os demais o seguiram, e Marieta foi a última a embarcar. Ninguém comentou o quão belo era o seu vestido nem como lhe assentava bem. Poder-se-ia dizer que marcharam para a festa.

O curto trajeto foi realizado em silêncio sepulcral. No entanto, operou-se o milagre dos milagres — a pura hipocrisia social — ao avistarem as luzes do salão de festa e ouvirem a pequena orquestra animando o baile. Sorrisos abriram-se. Nada mais de bater os pés. Esqueceram as discussões e os desagrados. Triunfalmente, como convinha a uma família destacada na sociedade, apresentaram-se à porta do salão: o casal de braços dados, Rubens conduzindo a sorridente Marieta, e os outros dois os seguiam. Foram anunciados e de imediato recebidos pelos anfitriões.

André procurou Adelaide. Rubens encaminhou-se a um grupo de rapazes, filhos de abastadas famílias, parceiras de negócios. Conduziu consigo a irmã, transformada numa jovem doce e cordata. Silvério, acomodando-se com os pais na mesa reservada à família, apreciaria a música.

Marieta encantava as pessoas. Muito requisitada, rodopiava na pista de dança. Dona Glória suspirava aliviada e trocava opiniões com as amigas sobre a dificuldade de educar convenientemente as jovens da nova geração, tão diferentes delas quando moças.

José Theodoro se reuniu a outros produtores de café e políticos, fumando charutos e bebendo conhaque em uma sala contígua, aonde o som da música chegava abafado. Não brigou com Rubens por acompanhá-lo; afinal, enquanto não casava Marieta, precisaria comparecer a essas festas enfadonhas. Então o melhor era aproveitar o tempo de forma útil, pois poderiam surgir boas oportunidades de negócios. Silvério zelaria pela mãe e pela irmã.

Distraída, dona Glória esquecera-se de observar o comportamento de Marieta, até que uma senhora do grupo tocou-lhe o braço e comentou discretamente:

— Sua filha está valsando pela terceira vez com o doutor Henrique Marques, um moço muito bonito. Pena que a família tenha caído em desgraça! Dizem que estão arruinados por gastos excessivos com a política. O pai dele morreu e não se elegeu deputado federal. Falam que deixou todo o patrimônio hipotecado.

Dona Glória fechou o semblante, mas manteve a elegância e respondeu:

— É mesmo?! Não sei da situação financeira da família do moço, aliás, conheço-os apenas de nome. São conceituados e respeitados advogados, estou certa? Como a senhora disse, é um belo jovem e, por certo, bem-educado.

Na próxima música, ao notar que Marieta continuava dançando com o rapaz e pareciam esquecidos do mundo à sua volta, dona Glória alegou necessidade de ir ao toalete e afastou-se. Depois se acomodou ao lado de Silvério e indagou:

— Viu sua irmã?

— Sim, está na janela, do outro lado do salão, acompanhada de um rapaz, o mesmo nas últimas duas horas. Antes que pergunte, já adianto que não o conheço.

— Eu sei, meu filho. Mas já descobri de quem se trata. É um jovem advogado, doutor Henrique Marques.

— Ah, meu Deus! — exclamou Silvério, levando a mão à cabeça. — Não havia outro com quem ela pudesse dançar?

— Por que diz isso, Silvério? Disseram-me que a família está arruinada, é verdade?

— Não é só isso, mãe. Ele se formou e viajou pela Europa e América com um grupo que defende o direito dos trabalhadores livres e dos negros libertos. Assinou muitos artigos nos jornalecos deles e até na *Gazzeta,* atacando a questão social brasileira. Li alguns. É advogado, sim, e, ao que se comenta, todos os vagabundos e desocupados da cidade são seus clientes. Imagine as fortunas que recebe! — ironizou Silvério.

— Seu pai não vai gostar disso. É melhor irmos embora. Por favor, vá chamá-lo e diga-lhe que estou com dor de cabeça. Eu avisarei Marieta.

José Theodoro demorou a atender ao chamado. Encontrou Silvério com a expressão absolutamente neutra, e a esposa e a filha silenciosas, mas percebeu que o clima não era bom. Rubens tomou a irmã pelo braço e, com os pais e Silvério, despediu-se dos anfitriões.

André, para regozijo da família, cortejava abertamente a jovem Adelaide.

— Formam um belo par — elogiou o senhor Gouvêa, referindo-se a André e Adelaide quando se despedia de Rubens e José Theodoro.

— Realmente — concordou José Theodoro. — Um belo casal! Meu filho tem bom gosto.

— E bom senso — completou o anfitrião. — Mas cuide de afastar sua filha do doutor Henrique Marques. Não era nosso convidado, veio com o juiz Setubal e o deputado

Epifânio. Compreende que não tivemos alternativa a não ser recebê-lo?

José Theodoro ficou rubro e tratou de disfarçar a irritação e o constrangimento. Conhecia a fama de agitador político do jovem e o desagradava ouvir referência à sua filha e o dito rapaz. Estendeu a mão ao anfitrião e apressou as despedidas.

Conversaria com a esposa em casa.

IV. **Proximidade do sonho**

(...) quantos há que pensam amar perdidamente porque julgam apenas as aparências, e quando são obrigados a viver em comum não tardam em reconhecer que se tratava somente de uma paixão material.

Kardec, Allan. O Livro dos Espíritos. DF: Edicel. Resposta à q. 939.

A vida de Giacomo ingressou em uma rotina compartilhada com os trabalhadores e demais habitantes da zona portuária e bairros vizinhos. Toda manhã, muito cedo, seguia com Francesco e outros moradores da hospedaria para o porto. Enfileirados no paredão, aguardavam que os capatazes das firmas de carga e descarga dos navios os contratassem para o dia de trabalho.

Graças à amizade de Francesco com o encarregado de uma delas, também um imigrante do Vêneto, eles conseguiam trabalho todos os dias. Com isso, aguardava as notícias das terras no Sul com maior tranquilidade. Tinha trabalho, endereço fixo e onde comer, não seria enquadrado, com tanta facilidade quanto os negros e pardos, na Lei de Vadiagem. Não acabaria cumprindo vários dias de prisão com risco de ser condenado a trabalhos forçados na colônia penal de Dois Rios.

Histórias absurdas, mas verdadeiras, de pessoas condenadas simplesmente por dormirem ao relento, por falta de dinheiro para pagar uma hospedaria, que acabavam nos presídios e nas colônias penais, rolavam de boca em boca. Além das histórias, havia os testemunhos. Giacomo presenciara, mais de uma dezena de vezes, a ação de policiais prendendo moradores da região acusados de gatunagem, vadiagem, embriaguez ou prostituição. Denúncias nem sempre verdadeiras, pois bastava a suspeita das autoridades. Conhecera alguns pessoalmente, eram trabalhadores iguais a ele, imigrantes, de diferentes nacionalidades: portugueses, espanhóis e italianos. A maioria, porém, era de negros.

— Basta ver o negro dormindo à sombra que a polícia leva — contara-lhe Antônio Mina, certo dia, ao vê-lo muito surpreso por testemunhar a prisão de um homem negro que trabalhara toda a noite descarregando um navio ao lado deles. Pela manhã não obtivera trabalho e dormira encostado ao tronco de uma pequena árvore.

— E depois?

— Às vezes soltam, às vezes não. Já fiquei preso mais de vinte dias porque não tinha como provar onde morava. Agora, se não apareço dois dias seguidos, minha negra vai direto à delegacia me procurar e já leva gente conhecida para testemunhar que eu trabalho no porto e tenho barraco no morro da favela. Antes eram só os negros que passavam uns dias com o delegado, agora tem branco também, e bastante — esclareceu Antônio. — Eu o vejo caminhando por aí, é bom ter cuidado. Se algum policial não gostar da sua cara, acusa-o de vadiagem, de andar a esmo, e dá cadeia.

— Eco! Mas eu vou à igreja — protestou Giacomo.

— Até você provar isso... O padre o conhece? — interrogou Antônio, incrédulo com a ingenuidade do italiano.

— Não, claro que não. Não vou no horário da missa, não tenho tempo.

Antônio ergueu uma sobrancelha, sorriu matreiro e balançou os ombros, como se dissesse: "É o que eu falei, não tem prova".

Mas, apesar da advertência, Giacomo era visto caminhando apressado em direção à Igreja de São Cristóvão sempre que podia, no fim da manhã. Andava rápido, cabeça baixa, levava um velho terço enrolado na mão direita. Olhava de soslaio para a rua, precavendo-se da polícia. Dizia a si mesmo que era absurdo fugir e esgueirar-se como se fosse um marginal, mas agia assim.

Chegava esbaforido à igreja e agradecia a Deus a sombra e o frescor da construção. Ajoelhava-se, rezava apressado, cumprindo uma obrigação cultural, não do coração. Mal acabava de balbuciar a oração, começava a procurar a moça bonita e alegre, frequentadora da igreja.

Acostumara-se a encontrá-la. Sentia-se atraído pela jovem e sabia que era correspondido. Sua vida tinha sido tão dura nos últimos anos, desde a morte da mãe, tão árida de afeto, que lhe fazia bem aqueles inocentes encontros clandestinos. Riam, conversavam, segurava-lhe a mão, caminhavam dentro da igreja. Nos dias mais frescos, ficavam parados sob o batente da porta, observando o mar. Giacomo falava da aventura de ser imigrante, contava-lhe sobre a vida no Vêneto, seus planos para o futuro. Ela o ouvia, pouco falava de si, apoiava-o sempre, e ele não percebia que Marieta controlava a hora dos encontros, fazia questão de sair pela entrada lateral e nunca ser vista na rua ao seu lado.

— Na vida desse branco tem confusão — advertia Antônio Mina conversando com Francesco sobre Giacomo. — Ele não acredita no que eu digo, mas você, que é irmão de cor dele, deve falar para ele ter cuidado.

— Mas com o quê, Santa Madre? Diga-me com o que Giacomo deve ter cuidado? — questionava Francesco, levemente exacerbado. — Ele só trabalha, não faz nada errado, hã. Está esperando, assim como eu, que liberem as terras no Sul para irmos embora, trabalhar e comprar o nosso chão. É tudo que sei!

— O caminho dele não é limpo — enfatizava Antônio. — Tem coisa ruim que não consigo entender, nem ver, mas sinto que tem. E eles não me enganam, nunca. Se ele fosse à minha casa, poderia consultar o Ifá.

Francesco nem perguntou quem não o enganava, sabia que Antônio estava falando dos espíritos dos mortos, dos seus antepassados e orixás. Não sabia o que era, tinha medo. Havia muitos lugares de culto de religiões africanas por ali, ouvira os tambores e os cantos. Fora o bastante para arrepiá-lo até a alma e o fizera fugir de qualquer contato.

— Melhor não mexer com isso, hã. Deixa o Giacomo quieto — advertiu Francesco, reagindo ao medo com irritação.

— Calma! — pediu Antônio sorrindo. — É a minha religião. Eu não me ofendo quando um de vocês me chama para ir à igreja.

— É diferente — protestou Francesco. — A igreja é a casa de Deus, e não mexemos com os mortos nem fazemos oferendas...

— Ei, como não fazem? Vocês acendem velas, têm altares enfeitados com flores, tudo isso para os santos de vocês. E, até onde eu sei, eles já viveram por aqui, não é? Então, vocês estão homenageando, rezando e cantando para os mortos também. E vocês fazem pedidos e promessas.

Francesco ouviu calado a inteligente argumentação de Antônio. O que ele dizia era verdade, não tinha como desmenti-lo. "Mas não era bem assim", pensava, contudo, não sabia explicar.

— É diferente, eles são santos. Não vêm falar com a gente — insistiu o italiano.

— Como não? E os milagres? A sinhá velha da fazenda onde fui escravo era muito religiosa. A gente tinha que ouvir a catequese. Só ouvir — enfatizou Antônio. — O padre ficava fulo da vida se alguém fazia uma pergunta. Mas eu entendi que os santos católicos eram vistos por algumas pessoas, falavam com elas, faziam curas... Até aí a diferença é pouca, vocês têm roupa de ir à missa, levam terço, pedem proteção a ele, usam colar de crucifixo, as mulheres têm que usar véu. Nós também vestimos roupas especiais, usamos colares para nos proteger que são consagrados aos nossos orixás, mas as mulheres não colocam véu. Vocês cantam, e cada santo tem uma prece, nós também. Por que você se ofendeu com a minha ajuda?

— Olha, Antônio, vamos esquecer essa conversa. É melhor. O Giacomo nem está aqui e estamos perdendo tempo. Vamos trabalhar antes que o encarregado nos dispense e aí não vamos ter dinheiro.

Antônio Mina lançou um olhar compassivo a Francesco, depois viu que Giacomo estava subindo a bordo do navio e não tomara conhecimento da conversa.

— Está certo. Só quis ajudar. Nossa religião é de fraternidade, aprendemos isso na senzala. Vocês estão chegando a esta terra agora, não sabem os desmandos que por aqui acontecem. Os negros descobriram que para sobreviver tinham que se unir e se ajudar. Hoje não somos mais escravos por lei, mas por falta de dinheiro. Aqui a riqueza manda. Antes só existiam senhores e escravos, agora, moço branco, só tem pobres e ricos, entendeu?

— Acho que sim, Antônio. Você é um bom homem, agradeço, mas a nossa fé é outra.

Antônio ergueu um saco, colocou sobre os ombros nus e partiu em direção ao navio. Ia pensando no longo caminho dos italianos até entenderem em que haviam se metido. Eles acreditavam numa fé que separa. Ele, ao longo da vida, aprendera o valor da união, da ajuda mútua. Caíram as paredes das senzalas, e a realidade era que aquela miséria ganhara as ruas. As riquezas antes construídas no país somente com o sangue africano, no momento, também se beneficiavam do sangue de brancos pobres. Se a fé, a amizade e a solidariedade aprendidas nas senzalas não viessem às ruas, teria sido em vão tanto sofrimento, pois fora o maior aprendizado do cativeiro.

— Tudo na vida se pode escolher — murmurava Antônio, ao relembrar os tempos de escravidão. — Eu escolho recordar o que foi bom, o que eu aprendi para sempre.

Giacomo, desconhecendo a conversa entre Antônio e Francesco, seguia o ir e vir da carga e descarga. Estava cansado. Ainda não terminara a manhã, mas a mercadoria a ser embarcada chegara muito cedo, e o encarregado fora à hospedaria recrutar os homens. As estrelas da madrugada ainda brilhavam quando tinha começado a tarefa, e agora o sol indicava estar próximo o meio-dia. Nenhuma importância dera às advertências de Antônio. Sentia-se mal quando ele falava com aquela voz rouca e baixa, cavernosa. O toque de suas mãos era desconfortável, fazia-o sentir-se pregado ao chão, imóvel. Era estranho.

Prosperar trabalhando era sua prioridade. Mesmo com todo cansaço da atividade de estiva, sonhava com frequência com o seu vinhedo e as fartas colheitas. Via-se contando pilhas de notas de réis. Para seu desgosto, algumas vezes elas viravam sacos de café, carvão ou outra mercadoria carregada exaustivamente durante o dia.

O carregamento completou-se próximo das quatorze horas. Francesco e Antônio seguiram para trabalhar noutro navio. Giacomo decidiu parar. Recebeu e voltou à hospedaria disposto a descansar.

Adormeceu ao deitar a cabeça. Despertou com batidas na porta do quarto. Sonolento, sentou-se na cama e falou:

— Calma, hã! Já vou...

Arrastou-se para atender, deveria ser um dos rapazes com quem dividia o quarto. Aliás, o quarto resumia-se à cama. Tratava-se de um aposento, pintado a cal branca, com quatro camas de solteiro, duas janelas, um aparador sobre o qual ficavam uma jarra e uma bacia de louça. Na parede, entre o aparador e a porta, uma toalha velha e encardida estava pendurada.

— Apressa-te, Giacomo, vem logo! — ordenou a dona da hospedaria. — São os homens da companhia de imigração. Querem falar com você. Estão lá no salão...

Ela não terminou a frase, e a porta se abriu de supetão. Giacomo estava desperto, alerta e ligeiro.

— Senhor Giovanni! — saudou Giacomo, estendendo a mão direita ao recém-chegado, após esfregá-la na perna da calça, e depois cumprimentou o desconhecido acompanhante. — Como tem passado?

— Fazendo muito esforço para solucionar o seu caso — respondeu Giovanni. — Mas, graças a Deus, tudo vai bem. Este senhor é Nico Friulli. Ele tem algumas perguntas a lhe fazer e lhe dará, provavelmente, conselhos úteis. É bom segui-los.

Sentaram-se e, sem perda de tempo, o senhor Friulli objetivamente colocou a questão dificultadora à aquisição das terras.

— Senhor Baccagini, a situação é a seguinte: o governo brasileiro facilita e até subsidia a compra de terras para imigrantes no Sul. É uma província distante, quase selvagem em algumas áreas, despovoada. Tem poucas cidades. Há muitos imigrantes lá, principalmente alemães e italianos. Mas por que isso? É intenção do governo ocupá-la e desenvolver a agricultura familiar — notando que Giacomo não o compreendia, apesar de falarem o dialeto talian, explicou: — Querem famílias de camponeses, como é na Europa. Nós, italianos, temos famílias grandes, muitos filhos. Os alemães também. Aqui o governo pensa que uma família com filhos é o ideal para imigração, pois são mão de obra. Além do mais, havendo mulher e filhos, é uma garantia de que não retornarão à Itália quando a crise desaparecer de lá. E você, meu caro, disse ter família. Precisamos saber os dados a respeito da sua esposa e filhos, se tiver.

Giacomo mexeu-se, inquieto, na cadeira. A cabeça fervia imaginando uma forma de driblar o problema.

— O que precisam saber? — indagou Giacomo, contendo o nervosismo com dificuldade.

— Nome, idade, se tem filhos, se é italiana, religião. São fatores importantes para a aquisição de terras. Preciso dos seus passaportes para provar que a imigração foi legal, que você não tem dívidas, e essas coisas todas que a burocracia inventa.

— Patrizia Agnello Baccagini. Ela tem vinte e três anos, se não me engano, hã, não presto atenção em data de aniversário. Sim, claro que é italiana, é do Vêneto, ainda está lá, ficou com minha irmã mais velha, está grávida, é nosso primeiro filho, ficou muito enjoada, por isso não veio comigo. Vim na frente para arrumar as terras, a casa, enquanto isso a barriga cresce e o enjoo passa, diz ela. É católica — e, lembrando que a cor da pele e o cabelo eram importantes, acrescentou: — Minha Patrizia é muito branca, tem os olhos claros, e o cabelo bem loiro e liso. Aqui, no Rio de Janeiro, é muito quente, tem muito sol, ela iria passar mal. Dizem que no Sul o clima é parecido com o que estamos acostumados na nossa terra. Também pensei nisso e não quis que ela sofresse sem necessidade.

— O senhor tem uma fotografia ou uma carta da sua esposa para me mostrar agora? — perguntou o senhor Giovanni.

Giacomo sentiu um suor frio lhe cobrir a fronte e umedecer a palma das mãos. Não estava seguro de ter foto da família da irmã. Mas respondeu:

— Sim, vou buscar.

Desesperado, remexeu a pequena caixa à procura de uma foto de família, na qual aparecesse Patrizia, ou qualquer mulher que correspondesse à descrição dada. Por sorte, encontrou uma foto enviada pela irmã em que Patrizia aparece com seus sobrinhos.

Aliviado, regressou à sala, sorriso aberto, confiante, entregou a fotografia ao senhor Giovanni. Apontou a esposa e a irmã, exaltando-lhe a prole.

— Há quanto tempo está aqui, senhor Baccagini? — interrogou o senhor Friulli, examinando a fotografia em silêncio.

Giovanni a entregara, e um olhar triunfante, dizia: "Eu avisei que o rapaz não mentia".

— Mais de dois meses — informou Giacomo com tom desacorçoado.

— Sou pai de três filhos, então falo com conhecimento de causa. Os enjoos de sua mulher já passaram. Aconselho-o a mandar buscá-la o quanto antes. Com família será mais fácil conseguir as terras. Traga dona Patrizia e garanto-lhe que comprará um bom pedaço de terra em uma nova colônia no Caminho dos Bugres, falam até em transformá-la em cidade em breve. Um lugar lindo, vocês vão gostar. Terras muito boas.

Dizendo isso, Friulli pegou o chapéu e convidou Giovanni a acompanhá-lo. Despediram-se e, sozinho, ao retornar ao quarto, Giacomo jogou-se na cama e levou as mãos à cabeça, exclamando:

— Santo Deus! E agora... o que faço?

v. Escolhas

O mais rico é aquele que tem menos necessidades.

Kardec, Allan. *O Livro dos Espíritos*. DF: Edicel. Resposta à q. 927.

— **D**iva, escute o que estou lhe dizendo: a menina Marieta está se metendo em confusão. Pelo menos três vezes por semana vai à Igreja de São Cristóvão, diz que é para pagar promessa. Mas eu sei que tem um rapaz lá. Isso me cheira a namoro — contava Severo, sentado na cozinha bebericando uma xícara de café.

Diva terminava de lavar a louça do almoço, pegou o pano de prato imaculadamente branco e começou a secar os talheres. Parecia não ter dado atenção à conversa do motorista, mas o último comentário a fez se voltar e encará-lo:

— Homem de Deus, o que você está me contando é muito sério. Tem certeza?

— Absoluta, Diva. Sou negro velho, já vivi muito, não ia brincar com um assunto desses. Estou lhe dizendo, ela vai arrumar confusão, e preciso de um jeito de ficar fora disso, senão você sabe, vai sobrar reclamação de mim.

— Tem que contar para dona Glória. Ela é a mãe, tem que corrigir a filha — aconselhou Diva.

Severo riu e debochou:

— Ah é?... Eu não sabia. Quando foi que você viu acontecer de a menina Marieta ser corrigida por alguém?

— Mas então o que você vai fazer?!

— Pensei em pedir ao senhor José Theodoro para voltar a trabalhar na firma, vou contar que não aguento mais ir à igreja. Acho que ele vai entender. Ele também não gosta — cogitou Severo.

— E deixar a coisa andar? Não vai falar nada do que ela anda fazendo?

— Não sou louco nem burro. Eles não iam acreditar em mim. Diz o povo: eles são brancos, que se entendam. Eu quero é ficar fora da confusão quando acontecer, só isso — repetiu Severo.

Diva ficou pensativa, recordou o comportamento da filha dos patrões. Nunca fora exemplar, mas nos últimos tempos despertava atenção. Recordou a faceirice dela e a cegueira dos outros. As tardes encerrada no quarto, as manhãs se arrumando para ir à igreja num bairro distante, pobre, sujo e mal-afamado. Agora fazia sentido.

— Severo, faz muito tempo que isso está acontecendo?

— Olha, faz tempo que ela fica pra mais de hora "rezando", sabe? Entra na igreja e fica... ela se esquece das horas. Eu até durmo esperando. É reza bem comprida! — ironizou Severo. — Mas agora eu me lembro de umas três vezes que ela só me fez andar de carro pela beira da praia e todas as vezes o tal moço caminhava para a igreja.

— Ia a pé? É pobre. Nossa Senhora! Não quero estar perto quando essa notícia for conhecida do pai dela. Estão na maior incomodação porque o doutor Henrique veio visitar a menina umas vezes, até trouxe flores e doces. Já ouvi eles falarem que a família dele está arruinada. Torceram o nariz para o moço que é doutor, imagina para esse tal que é pobre... Você tem razão, a confusão vai ser grande.

— Nunca falei com ele, mas tem jeito de ser estrangeiro. Deve trabalhar por ali mesmo, Diva.

— Senhor, tem piedade! O moço é estivador. Se for estrangeiro e pobre, está servindo de escravo, trabalhando por cama e comida — deduziu Diva, coçando os cabelos presos na touca do uniforme.

— É! Olha, Diva, contei isso para você em confiança. Não vai esparramar entre a criadagem...

— Esparramar o quê, Severo? — indagou a governanta, adentrando a cozinha, trazendo um vaso com flores. — Vocês bem sabem que não gosto de fofoca.

Severo e Diva trocaram um olhar de cumplicidade, e ele respondeu:

— Sabe o que é, dona Rosário, eu estava contando para Diva que vou pedir ao patrão para voltar a trabalhar na firma. Estou cansado de levar a menina Marieta à igreja. Não gosto dessa função.

— Ah! Então era isso. Se quiser, eu posso fazer o pedido para você — ofereceu Rosário, solícita.

— Eu quero, sim — aceitou Severo, imediatamente. — Quanto antes melhor. Se a senhora puder falar com ele hoje à noite, eu lhe agradeço de joelhos.

— Não precisa tanto, Severo. Entendo seu drama. A filha do patrão está aprontando, e você quer ficar fora da encrenca. Está certo! — asseverou Rosário depositando o vaso sobre a mesa da cozinha. — Falarei com o senhor José Theodoro mais tarde, depois do jantar. O que Marieta está aprontando desta vez?

— Eu não sei de nada, não, dona Rosário — respondeu Severo. — Ela vai à igreja três vezes por semana e reza muito. Fico horas no sol de quase meio-dia, estou cansado, só isso.

— A que igreja ela vai? — quis saber dona Rosário, remexendo as flores, fingindo ar de pouco caso.

— São Cristóvão, lá no Saúde, na zona do porto.

Rosário fez um beicinho de desagrado e finalizou:

— Está bem. Deixe comigo que falarei sobre a sua transferência hoje à noite com o senhor José Theodoro.

Agora, se já terminou o café, fora da cozinha, Severo. Seu lugar não é aqui.

— Sim, senhora, já vou indo. Muito obrigado!

Severo acenou para Diva e saiu. Rosário virou-se para Diva e a intimou:

— Agora que ele já foi, conte-me tudo, em detalhes. Ou não pedirei nada ao patrão. O que se passa com Marieta?

Diva largou o pano de prato, olhou em volta, aproximou-se de Rosário e, cochichando, contou tudo e concluiu:

— Não se esqueça de pedir a transferência de Severo. Ele não merece entrar nessa confusão de graça. O patrão não lhe nega nada, eu bem sei.

Rosário empalideceu, depois ficou rubra, mexeu as mãos com nervosismo e falou com voz trêmula:

— Não esquecerei. E trate de terminar o serviço, precisa ajudar a passar a roupa.

No Vêneto...

As suaves colinas cobertas de trigais pareciam douradas. Ao longe, na linha do horizonte, casavam-se com o céu azul rajado com as cores do poente. Mulheres trajadas com rústicos vestidos de algodão cru, avental, lenço e chapéu ceifavam em linha. De vez em quando, uma e outra se erguiam, mãos na lombar, alongando as costas doloridas. Estavam curvadas havia horas. A distância, era uma cena bonita, capaz de inspirar um pintor. Mas, vista de perto, tinha a face cruel da miséria e do sofrimento. Eram mulheres de todas as idades, vergadas, com a foice na mão, enxergavam apenas a terra e as hastes da planta. Ouviam o som das foices misturadas ao vento, que, por misericórdia divina, amenizava o calor e tornava menos penoso trabalhar sob o sol.

Àquela hora, elas já não aguentavam mais. Suas ambições eram poucas: lavar-se, tomar o caldo de legumes com pão preto, salame e um copo de graspa para aliviar a dor nas costas e dormir bem.

No dia seguinte, antes do raiar do sol, estariam de pé preparando alimento para a família, cuidando de mandar as crianças à escola da paróquia, que ficava longe, tirando leite e recolhendo ovos. Feito isso, colocariam o chapéu, apanhariam a foice e se juntariam às outras caminhando para as lavouras ao encontro dos maridos.

O assunto era a subsistência de cada dia, o casamento de alguém, a doença do vizinho, a gravidez de uma amiga (fato corriqueiro que rendia poucos comentários, somente mais um filho chegando com a bênção de Deus). A morte era um evento. As mais jovens vinham, respeitosamente, atrás das sogras, conforme mandava a tradição. A esposa devia obediência à mãe do marido, portanto a sogra mandava. O descontentamento imperava, pragas e imprecações eram cochichadas, bem como figas e o sinal da cruz eram feitos nas costas de algumas "nonas" por noras cansadas do seu jugo.

Muitas moças temiam se casar sabendo que poderiam encontrar um pedaço do inferno no próprio lar. A posição era desconfortável, tornava-se praticamente uma serva da outra família: servia ao marido e à sogra. Poucas opinavam na educação dos próprios filhos, na direção da casa nem sequer sonhavam palpitar. Isto as fazia amarguradas e, assim, quando se tornavam sogras, perpetuavam a tradição em todos os detalhes.

Patrizia conhecia em toda a sua extensão aquela desgraça de vida e tivera ainda pior sorte: ficara viúva e sem filhos, apenas com a sogra, dona Ambrogina. Era a sombra da moça alegre e bonita que fora poucos anos atrás. Tornara-se quieta, apagada, vestia-se de preto, cor que odiava, mas era obrigada, pois dona Ambrogina guardava luto fechado desde que enviuvara e vivia a cultuar e lamentar a memória do filho morto. Seus raros momentos de alegria resumiam-se ao cuidado com os sobrinhos pequenos — Romeo e

César — e a cunhada Grazia. E quando sonhava. Mas isso era algo raro, pois em época de colheita o trabalho era tanto que a exaustão cobrava inclusive o preço da felicidade e liberdade da alma. De olhos abertos, Patrizia não sonhava jamais. As ilusões da juventude haviam sido sepultadas com Domenico, estavam a sete palmos de profundidade e apodreciam havia cinco anos.

Casara-se com quinze anos, enamorada por Domenico, ao lado de quem crescera. Fora feliz por alguns meses até perceber que dona Ambrogina manipulava e chantageava Domenico como queria. Ele era dependente da mãe para tudo, à exceção do sexo. E a sogra não apreciava a influência que ela, alçada à condição de esposa, exercia sobre o "seu menino". Antes do casamento, a relação entre elas era cordial e amistosa, mas bastou morar sob o mesmo teto para identificar o lobo sob a pele do cordeiro.

Aos dezoito ficara viúva. Domenico havia morrido repentinamente. Ainda tinha pesadelos com aquela noite. Acordara no meio da madrugada com o marido a chamá-la dizendo sentir muita dor no peito e falta de ar. Enquanto abria a janela, ele caíra morto sobre os travesseiros. Gritara desesperada, mas não tivera volta.

Nem ao menos o consolo de filhos lhe deixara. Solidão, trabalho e pobreza resumiam a existência de Patrizia.

A chegada de Grazia amenizara a solidão, mas Patrizia acostumara-se a não ser percebida, era uma sombra vagando pela casa. De sua personalidade carinhosa e alegre, vislumbrava-se uma pequena parte quando ficava sozinha, cuidando dos sobrinhos. Pegava-os no colo, ria e brincava. Nesses momentos, os olhos cinzentos ganhavam um brilho de vida.

À noite, Francesco entrou no dormitório que dividia com Giacomo e outros rapazes. Encontrou o amigo deitado.

A pequena caixa de fotografias aberta, ao lado da cama, mostrava seu conteúdo revirado. Giacomo estava sério, compenetrado, lia-se a preocupação em cada linha de seu rosto.

— Ih! Que bicho mordeu você? — perguntou Francesco, tirando a camisa. Pegou a bacia sobre o aparador, encheu-a com água e, com um sabão em barra, grosseiro e sem perfume, usado para lavar roupas e louças, começou a lavar o rosto e depois o tronco.

— Os homens da companhia de imigração — respondeu Giacomo sucinto.

Francesco interrompeu a higiene, largou a toalha sobre o ombro e inquiriu:

— E o que eles falaram que o deixou desse jeito? Não me diga que não tem...

— Calma, hã. As coisas não são muito boas, mas também não é para desespero. *Madona mia!* Tem que ter calma.

— Como assim, tem que ter calma? Fala logo o que os homens queriam e ficarei calmo — retrucou Francesco que, de temperamento forjado em uma cultura mediterrânea, se indignava e se impacientava com facilidade. Porém, era o que o povo define como um cão que late, mas não morde.

— Queriam saber quem era minha mulher — explicou Giacomo, à queima-roupa. — Alegaram que o governo precisava de provas de que eu era casado para poder ir para a colônia em Caminho dos Bugres. Se eu não tivesse provas, poderia perder a esperança de conseguir a minha terra.

Francesco sentou-se nos pés da cama mais próximo, com ar desacorçoado e comentou:

— Prova? Mas que prova se dá de uma porca mentira, hã? Como você fez, ou não fez nada, e eles já lhe tiraram as esperanças e p...

— Eh, já pedi para ter calma, Francesco! Você não acha que eu iria ter enfrentado toda aquela viagem horrorosa em troca de nada, não é verdade? É claro que eu reafirmei as mentiras e tratei de contar uma história triste sobre a gravidez da minha esposa e o medo de cruzar o Atlântico...

— O quê?! — tornou Francesco, estupefato. — E as provas, homem de Deus? Que provas você tem dessa loucura?

— Eles disseram que até uma fotografia servia como início de prova. Eu tinha uma com a minha irmã e a família do marido dela. Usei.

— Você disse que era casado com a própria irmã? — perguntou Francesco.

— Ah! Você também! Olha bem para mim, pensa que eu sou otário? Usei a cunhada dela que é viúva e aparecia na foto ao meu lado.

— Ih! Não gostei de nada do que ouvi. Mas se fizeram isso com você, vão fazer comigo também. Preciso pensar.

VI. A demora

Se é o homem, em geral, o artífice dos seus sofrimentos materiais, sê-lo-á também dos sofrimentos morais?
— Mais ainda, pois os sofrimentos materiais são às vezes independentes da vontade, enquanto o orgulho ferido, a ambição frustrada, a ansiedade da avareza, a inveja, o ciúme, todas as paixões, enfim, constituem torturas da alma.

Kardec, Allan. *O Livro dos Espíritos.* DF: Edicel. q. 933.

Giacomo ouviu os passos de Marieta ecoando pelo corredor central da igreja. O coração disparou, furtivamente. Para não chamar a atenção de um grupo de mulheres que rezava o terço, olhou para a namorada. Pensava nela como tal fazia algum tempo.

— Bela! — balbuciou para si ao vê-la arrumar o véu de renda branca sobre a cabeça.

Admirou-lhe as boas roupas e os sapatos, fronteiras do inegável distanciamento social entre eles. Sua namorada pertencia a uma família rica da elite brasileira, e ele era um imigrante, usava chinelo, precisava trabalhar de dia para comer e dormir à noite. "Isso não é um sonho possível, é só um amor de verão", dizia a si mesmo. Um refrigério na amarga realidade da imigração.

Partira do Vêneto convencido de que lá a miséria não teria solução ou fim. Diferente de outros conhecidos, não queria um trabalho temporário com o qual angariasse uma pequena fortuna e retornasse à terra natal. Sua decisão era definitiva, não mudava. Mesmo agora, ciente de ter feito apenas uma troca de lugar, pois continuava um miserável, não embarcaria de volta. Acreditava nas possibilidades de riqueza na nova pátria, pois havia necessidade do seu trabalho, queriam-no ali, o que não sentia no Vêneto.

A consciência rapidamente o alertou: "Sim, mas não como marido de uma moça rica. Você é bem-vindo aqui para trabalhar". Entretanto, seu diálogo interno não perdeu a resposta: "Mas, quando descanso, posso usufruir as belezas da nova terra. E as mulheres...".

Marieta sentou-se no banco na fila de trás. Ao ajoelhar-se, correu a mão displicente pelas costas de Giacomo. Enquanto fazia o sinal da cruz, sussurrou:

— Tem muita gente. Você não quer passear comigo?

— Não podemos, irão me prender. Por aqui, um de nós caminhando sem destino é confundido com vagabundo ou bêbado, acaba na prisão da delegacia. Não quero expor você a isso, bela.

— Ouça, Giacomo. Tem um carro parado no outro lado da rua atrás da igreja. Eu irei para lá e o esperarei. Vamos passear de carro, nenhum policial irá nos incomodar.

Giacomo coçou o queixo, tentado pela proposta. A igreja não servia mais como local de encontro. Não gostava de beijar Marieta cercado pelas imagens dos santos. Sentia-se vigiado e culpado, como se todos eles o advertissem que agia errado. Porém, não resistia à tentação e acabava rezando muitas penitências sem precisar se confessar. Agia mal e sentia-se culpado.

— Mas e... e... — estava constrangido de perguntar a Marieta sobre sua família. — Seus pais... Eles sabem dos nossos encontros?

— É claro que não! Nem sonham. E continuarão sem saber. O motorista novo já provou que é de confiança e gosta de ganhar bonificações, entende?

Giacomo fez que sim com a cabeça e arrematou:

— Vá, bela! Eu a encontrarei no carro.

Preventivamente, Giacomo rezou com fervor, fez a tradicional confissão de culpa e rezou de novo. "Hoje compreendo como se sentiam meus amigos bêbados", pensou ao sair da igreja e proteger os olhos com a mão.

Enxergou o carro e a mão de Marieta a chamá-lo pelo vão da janela. Não pensou mais, foi ao encontro dela.

Tarde da noite, a dona da hospedaria bateu à porta do dormitório de Giacomo. Francesco a atendeu, mal-arrumado, com a camisa abotoada em parte, pés descalços, calças dobradas até os joelhos. As noites quentes do Rio de Janeiro o incomodavam, tinha dificuldade de dormir, o zumbido dos mosquitos e de outros insetos o irritava.

— Boa noite, dona Bella, aconteceu alguma coisa?

— Boa noite, Francesco. Vim lhe dizer que Giacomo ainda não chegou. E já passa das dez horas da noite, é hora de fechar a porta. Sabe se ele está trabalhando?

— Não sei, dona Bella. Ele saiu à tarde do cais do porto e não voltou. Talvez tenha encontrado trabalho noutro navio, não sei. Não pode esperar mais uma meia hora? A senhora sabe o que dá se a polícia encontrá-lo dormindo aí fora. Ele não merece, tem trabalhado muito e lhe paga em dia — argumentou Francesco, sério.

Não percebera o adiantado da hora, por isso não se preocupara com Giacomo. Mas agora havia ficado apreensivo.

— Sim, sei muito bem — redarguiu dona Bella, severa. — Tanto que aviso sempre aos *oriundis* quando chegam aqui sobre o respeito ao horário. Não quero complicação da hospedaria com a polícia. Este aqui é um lugar de muito respeito! Nunca um policial veio aqui fazer revista, nem tive qualquer problema com as autoridades. E eu sou *oriundi* igual a vocês, meu marido também. Podia abrigar imigrante ilegal, mas não faço isso, exatamente por não querer confusão. O delegado nunca prendeu alguém que morasse no meu estabelecimento. Ele sabe que aqui tem regras e são cumpridas. Vim lhe comunicar que vou fechar a porta, é hora. Amanhã avise Giacomo que preciso falar com ele, entendeu?

— Sim, dona Bella. A senhora tem razão. Vai ver o Giacomo arrumou trabalho no porto e não virá dormir.

— Hum! E não viria chamá-lo? Mas que belo amigo! Não divide o serviço contigo. Tomara seja isso. Se não for, procure-o amanhã na delegacia. Conselho de quem sabe o que está falando.

Francesco meneou a cabeça, atencioso, em consentimento às palavras da proprietária da hospedaria.

Escorou-se na porta, ouviu ao longe os passos pesados de dona Bella afastando-se. O sono evadiu-se de vez. Pensava onde estaria o amigo: preso na delegacia, envolvido com a mulher com quem ficava sonhando acordado algumas noites, ou estaria morto, jogado em algum beco sujo do porto. O bairro era violento, mas ele temia que a mulher fosse casada, e nada é pior que um marido tomado pela raiva e pelo ciúme: mata e não pensa.

A noite se foi, e ele viu raiar as luzes do amanhecer. Sequer alguém havia batido à porta da hospedaria ou feito qualquer sinal. Uma noite insone e tensa predispõe a ouvir os menores ruídos. Cansado e aflito, Francesco resolveu ir mais cedo ao porto procurar Giacomo.

Caminhou por todo o cais, perguntou aos estivadores conhecidos se o haviam visto e não obteve nenhuma informação. Viu o encarregado da firma que normalmente os contratava e indagou:

— Bom dia, o senhor não viu meu amigo Giacomo? Ele não trabalhou para a firma essa noite?

O encarregado retribuiu a saudação e ficou pensativo, coçou a cabeça e informou:

— Olha, a última vez que eu o vi foi ontem, próximo do meio-dia, quando o paguei. Depois, até procurei, precisava de gente, mas não o encontrei. Acho que aqui pelo porto ele não esteve. Por quê?

— Sumiu, o maldito. Desde ontem ao meio-dia não sei dele. Não apareceu para dormir, hã...

— Ih! Isso não é bom. Já procurou na delegacia? — perguntou o encarregado. — Deve estar preso, é comum. Eu sempre aviso, mas não me dão ouvidos. Vá procurá-lo lá.

— Mas não posso! — protestou Francesco veemente. — Tenho que trabalhar. E se ele anda escondido embaixo dalguma saia, hã? Daí o maldito se diverte e eu fico com o prejuízo. Não mesmo! Vou para o paredão. Se ele não aparecer até a noite, depois do serviço, irei à delegacia.

O encarregado sorriu e balançou a cabeça, divertido com a objetividade de Francesco.

— Visto desse jeito, você tem razão. De mais a mais, umas horas com o doutor delegado não irão tirar pedaço dele. Vá! — e sacou do bolso do colete surrado um relógio. — Daqui a dez minutos vou começar a contratar. Temos que arrumar o depósito antes de descarregar o navio que chegou de madrugada, por isso vim bem cedo.

Francesco concordou e, a passos rápidos, dirigiu-se ao paredão. Enquanto caminhava, chamava os conhecidos para se juntarem a ele à espera do encarregado. Viu Antônio Mina dormindo, escorado na parede de um dos depósitos. Foi até ele, notou uma garrafa de cachaça pela metade ao seu lado e o sacudiu:

— Antônio, acorda! É dia, homem.

— Hum! — resmungou Antônio e virou-se para a direita. Francesco insistiu e o sacudiu outra vez.

— Hum, mas que m..., não se pode dormir em paz! — murmurou irritado, sonolento, esfregando os olhos, já informando sua ficha: — Meu nome é Antônio Mina, nasci na África, trabalho no porto, tenho meu barraco na favela, perto da rua...

60

— Hei, acorda Antônio, sou eu, Francesco. Não sou meganha[4]. Vim avisar que o encarregado vai contratar mais cedo para arrumar os depósitos. É melhor do que carregar saco no sol. Não quer ir comigo?

— Ainda bem, hoje não estou com disposição para aturar a delegacia. Você me ajuda? — pediu, falando o dialeto talian e estendendo a mão para levantar. — Estou meio tonto, dormi pouco.

— E bebeu muito, hã! — comentou Francesco estendendo-lhe a mão.

— Antes fosse!

Seguiram juntos até o paredão, e Francesco perguntou:

— Você não viu o Giacomo? Ele desapareceu desde ontem.

— Eu vi quando estava a caminho da Igreja de São Cristóvão de tarde — respondeu Antônio.

Francesco soltou várias imprecações iradas intercaladas com rogativa de pragas contra Giacomo.

Antônio riu do desabafo e o lembrou:

— Francesco, eu já lhe disse que tem confusão na vida de Giacomo. E, veja como meus guias não se enganam, naquele tempo não tinha esse rabo de saia na vida dele.

— Como você sabe que tem rabo de saia na igreja?

— Não sou cego. Não trabalho só para esta firma, também vou aos outros cais e várias vezes eu o vi na igreja. Pouco depois de ele chegar, entra uma dona bonita, rica, anda de sapato e vem de carro com um negro, vestido de motorista. Eles ficam na igreja. Depois que ela vai embora, ele sai em seguida. Sou negro velho, quando esse *oriundi* pensa em buscar o milho, já comi o fubá faz tempo. Nem preciso mais consultar o Ifá para saber qual é a confusão, é ela.

---

4   Gíria da época para designar policial de baixa patente, em geral oriundo de classes pobres, negros ou mestiços.

— Nem inventa, Antônio! O Giacomo é cabeça de vento. Eu não sabia que a moça era rica, mas acho que é casada. Isso só pode dar porcaria, hã. Não tem escolha. Só cego não vê. Seu santo é esperto, *eco*! Cantou a história bem antes.

— É. Oh, vamos prestar atenção — desconversou Antônio apontando à frente. — Chegou o encarregado.

Francesco calou-se e virou-se em direção ao encarregado. Contratados, ambos seguiram para os depósitos e não voltaram a falar de Giacomo. O dia transcorreu em meio a ratazanas, gatos miando, sacos e homens suados.

Exausto, Francesco retornou à hospedaria. A noite já ia avançada. Ele não fazia ideia das horas e ficou profundamente grato ao encontrar a porta aberta. Giuseppina limpava o balcão e sorriu ao vê-lo.

— Trabalhando até tão tarde, Francesco?! Aposto que não comeu...

— Aposta ganha, Giuseppina. Sou um homem faminto, hã, comeria um boi inteiro se tivesse.

— Quanto exagero! Do boi só resta uma costela e tem um prato de macarrão...

— Magnífico, Giuseppina! Magnífico! Depois deste dia, como até pedra e acho bom.

Rindo, a jovem dirigiu-se à cozinha. Voltou em poucos minutos com um prato de comida aquecido e transbordando. Colocou-o na mesa. Francesco aproximou-se e lhe deu um beijo estalado na bochecha, feliz com a atenção.

— Você é um anjo, Giuseppina. Salvou um homem honesto e trabalhador de passar a noite com fome.

— Vá, vá, quer me deixar encabulada, hã. Coma logo e vá descansar, já trabalhou muito hoje — emendou Giuseppina, desejando esconder o rubor das faces.

Francesco fez de conta que não havia notado a reação de Giuseppina e concentrou-se na refeição, devorando-a com prazer. Ela voltou ao trabalho, deu as costas a Francesco e pôs-se a escovar a pedra do tampo do balcão de queijos.

Entre uma garfada e outra, Francesco aproveitava para analisar a moça. Tinha um corpo bonito, era alta, boa estrutura óssea, quadril avantajado, que o tecido do vestido desenhava com perfeição. O avental amarrado revelava uma cintura fina. Cabelos cacheados, castanho-escuros, escapavam do lenço. Eram longos e brilhosos. Giuseppina tinha hábitos de higiene muito rigorosos. Ele notara o seu olhar de aversão a alguns homens sujos e fedidos. Sem cerimônia ou meias palavras, ela os expulsara do salão, mandando-os se lavar para depois compartilhar a refeição com os outros. Gostava das atitudes dela, alegre, espontânea, trabalhadeira, uma moça simples e honesta, como diria sua mãe. Daria uma boa esposa.

"Uma boa esposa." A ideia permaneceu na mente de Francesco. Talvez ali estivesse a solução de seu problema. Sim, não tinha dúvidas de que Friulli e Giovanni, mais dia menos dia, viriam lhe dizer que seu desejo de adquirir terras no Sul não tinha muito futuro enquanto fosse solteiro. Então, tinha um problema: arrumar uma esposa. Diferente de Giacomo, não mentiria. Preferia agir, não era bom com palavras.

Surpreendeu-se examinando o rosto de Giuseppina. Não era uma beleza, mas tinha encanto. A luz dos olhos castanhos o atraía. Havia uma aura de alegria em torno dela. Em Giuseppina, a alma doce e cativante sobrepujava o físico.

— Você é muito bonita, Giuseppina. E muito boa também. Obrigado pela refeição.

Giuseppina estranhou os modos de Francesco. Os homens do porto não costumavam ser gentis. Em geral, nem olhavam quem os servia. Estavam tão cansados que comeriam qualquer coisa sem sentir o gosto. Ficou encabulada. Fazia alguns meses que Francesco morava na hospedaria e simpatizava com ele. Divertia-se com seus modos expansivos e o admirava por trabalhar tanto e manter uma conduta digna, não se envolvendo nas típicas confusões daquela zona. Secretamente, achava-o um homem bonito, forte, másculo, alegre. Mas jamais lhe diria isso.

No entanto, não era preciso palavras. Francesco viu o brilho intenso dos olhos de Giuseppina segundos antes de ela ocultá-los baixando os cílios, fitando as próprias mãos agarradas ao pano de limpeza.

— Não foi nada, Francesco, sorte sua eu ainda estar acordada.

A frase era meia verdade. Giuseppina alegara a necessidade de limpar o salão à noite, quando estava vazio e era mais fresco. Dona Bella havia concordado, recomendara que não se demorasse e fechasse logo a porta, pois já passava da hora. Porém, ela só fechara a porta após a chegada de Francesco. Notara a sua falta no jantar e resolvera esperá-lo, não poderia deixá-lo dormir ao relento à mercê da polícia.

— Deus é bom comigo, hã. Eu e Ele somos amigos. Ele sempre arruma um anjo para me ajudar — insistiu Francesco, feliz por ver as faces da jovem ficarem vermelhas. — Durma bem, Giuseppina.

— Dormirei — murmurou ela. — Ah, Giacomo chegou hoje à tarde. Não saiu do quarto, acho que está curando um porre de vinho dos grandes, *prego*[5]?

A imagem de Giacomo surgiu em sua mente e não disfarçou o desagrado provocado pela informação.

— Vocês brigaram, Francesco? — quis saber Giuseppina.

— Não, por quê?

— Pela sua cara achei que preferia ver o diabo no quarto.

— Hum. Não gosto de gente que arruma confusão por nada. Giacomo pensa que é grande coisa, mas não sei de onde tirou a ideia, *capisco*? — declarou Francesco, tornando-se a sentar-se e convidando Giuseppina a sentar-se à sua frente. — Pensa que irá para o Sul e se tornará um homem rico, dono de terras, e coisas assim. Eu sei que isso é ilusão.

---

5 *Prego* — expressão italiana que significa "por favor".

— Meu Deus, e como! Milhares vieram do Vêneto com essa esperança, e chegam todos os dias. Mas não sei como é lá. A verdade é que nenhum deles voltou para contar. Sabemos pouco e quem nos diz são os mesmos que fazem a imigração. Não sei se é verdade. Compram terras, é fato. Já vi os documentos. Mas como elas são? Onde ficam? Nada sabem. Quando chegarem lá alguém irá lhes dizer. Mas... mas acho que deve ser muito bom viver longe deste porto, entre gente do nosso povo. Eu gostava de viver ao ar livre...

— Pensei que você gostasse daqui, Giuseppina.

— Gosto, Francesco. É melhor do que a pobreza em que vivia na nossa terra. Minha tia é muito boa, não tenho do que me queixar.

— Pensei que dona Bella fosse sua mãe — retrucou Francesco, surpreso.

— Todos pensam. Deixamos porque é melhor. Alguns são abusados, entende? A filha dos donos eles respeitam mais. Somos sobrinhas, minha tia tem apenas um filho, é casado, foi para o Sul. Às vezes, ele escreve. Sabemos que estão bem...

— E seus pais?

— Morreram no Vêneto. A cólera os levou. Viemos para cá com meu irmão...

— E onde ele está? Nunca o vi e estou aqui há meses.

— Trabalha numa fábrica em São Paulo. Já trabalhava no Vêneto e conseguiu serviço fácil. Quem tem uma boa profissão em qualquer lugar arruma um bom trabalho. Na fábrica lhe dão casa e comida, além do salário.

Francesco não conteve um bocejo, e Giuseppina apressou-se em mandá-lo descansar.

— Gostei muito de conversar com você, Giuseppina. Prometo-lhe que não contarei nada. Boa noite!

— Boa noite, Francesco.

65

VII. A carta

A soma da felicidade futura está na razão da soma do bem que se tiver feito; a da desgraça, na razão do mal e dos infelizes que se tenham feito.

Kardec, Allan. *O Livro dos Espíritos*. DF: Edicel. Resposta à q. 988.

Giacomo dormia profundamente quando Francesco o observou deitado, ainda vestido, grandes olheiras, a própria imagem da exaustão. Notou marcas no pescoço. Não precisou usar de muita inteligência para concluir que Antônio Mina tinha razão: ele entregara-se a uma farra sem precedentes desde a sua chegada ao Rio de Janeiro.

— Confusão! Confusão! E os santos do negro ainda se dão ao trabalho de avisar. Não merecia! — murmurou Francesco irritado. — Quer saber? Deixa ele, hã. Que se dane! Envolver-se com mulher proibida é escolha dele. Que aguente, *eco*! Vou dormir. Amanhã tenho trabalho e a minha vida eu construo de outra forma. A dele não é problema meu.

Amanheceu. A luz incidiu nos olhos de Giacomo provocando reclamação. Os companheiros de quarto o avisaram do horário, mas ele se virou para o lado, cobriu a cabeça com o travesseiro e dormiu.

— Eh, mas que festa, não? — comentou um dos rapazes. — Nunca vi um homem ficar desse jeito.

Fez outros comentários e piadas impróprias a respeito da mulher ou das mulheres causadoras de tamanho desgaste.

— Tomou um barril de vinho — exagerou outro colega, rindo. — Fiquei bêbado só com o bafo dele, dormindo aí do meu lado.

Francesco ignorou-os, lavou-se e vestiu-se rapidamente. No salão, serviu-se de meia caneca de café preto e bebeu de um gole só, pegou um pedaço de pão e saiu. Estava na porta quando se lembrou de Giuseppina. Voltou e a encarou sorrindo. Acenou-lhe e, discretamente, atirou-lhe um beijo, aproveitando que os homens estavam de costas para eles. Não esperou para ver a reação da jovem. Já se afastava alguns metros quando ouviu a voz alegre de Giuseppina:

— Tenha um bom dia, Francesco!

Giacomo apareceu no cais do porto no início da tarde. Perambulou e acabou sentado em um botequim acompanhando uma animada roda de samba. O cheiro de cachaça e fumaça de cigarros impregnava o ar. Acomodou-se perto da janela. Queria esperar trabalho em um local confortável, de preferência sentado à sombra. O calor era inclemente. Sua cabeça doía, latejava, tirando-lhe a disposição e o bom humor.

Dois dias sem trabalhar não era um luxo a que podia se permitir. Convencido de sua espera ser vã, horas depois voltou à hospedaria.

— Dona Bella, a senhora conhece algum chá ou remédio que possa me dar? Estou indisposto, com dor de cabeça, enjoado... — pediu ao ver a senhora varrendo o salão.

— Ahã, você está de ressaca. Chegou aqui ontem mais bêbado impossível. Nunca vi igual, nem sei como caminhava. Um carro o deixou e um negro que não disse o nome o colocou na cama. Bem-arrumado o crioulo, de uniforme, ficava tão bem! Não se lembra, não é verdade?

— Não completamente — confessou Giacomo envergonhado, acomodando-se em uma das mesas próximo à entrada. Precisava de ar fresco.

Realmente não se recordava de como voltara à hospedaria. Recordava-se da tarde com Marieta. Havia passeado com ela, tinham comprado vinhos, pães e queijos para um piquenique em uma praia distante da cidade.

Depois ela o levara até um chalé. Uma casa bonita de veraneio, que estava vazia, os móveis cobertos por lençóis, o cheiro de pó, típicos de locais fechados. Divertiram-se, conversaram e esqueceram-se de todos os limites ou freios no relacionamento.

Enrubesceu rememorando a tarde de paixão regada a muito vinho com Marieta. De recatada, ela não tinha nada, além da aparência.

— Beba! — ordenou dona Bella, colocando à sua frente uma xícara de chá forte e amargo. — É bom para o fígado e lhe fará bem. Beba muita água, tome um banho frio e deite-se. Amanhã estará melhor.

Marieta conversava com alegria participando ativamente do chá semanal que dona Glória promovia para as amigas. Algumas traziam as filhas jovens, que se reuniam à parte, para comentar as festas e os eventos teatrais do momento. Eram cópias de suas mães, ao menos no comportamento social.

Naquelas tardes, elas conversavam sobre tudo e nada de importante ao mesmo tempo. Jogavam cartas, folheavam revistas e próximo das dezoito horas se despediam.

Rosário, trajando seu uniforme azul-marinho, circulava com discrição, observando se as damas estavam sendo bem atendidas pelas criadas. Estava tão habituada àquilo que não ouvia a conversa frívola. Registrava o som das vozes como um zumbido indistinto. Quando distinguia seu nome, voltava-se automaticamente com um sorriso cortês e indagava:

— *Madame?*

A formalidade e o francês rendiam-lhe a graça de estabelecer uma barreira invisível entre si e as convidadas, protegendo-a da indelicadeza de não saber o nome de mulheres conhecidas na sociedade local e frequentadoras assíduas da residência dos Guimarães Lins.

Surpreendeu-se quando Marieta comentou com outras jovens as atenções do doutor Henrique. Resolveu ficar próximo e acompanhar a conversa das jovens:

— Ele é muito bonito — elogiava uma. — Tão inteligente! É mesmo tão culto quanto falam? Como é conversar com ele?

— Entediante — comentou outra, balançando a perna, displicente. — Só fala sobre a "questão social". Eu o conheço.

— Não, Dora — defendeu Marieta, alfinetando de propósito a convidada. — Você está enganada. O doutor Henrique é encantador. Tão galante! Tão fino e educado! Também pudera, viveu na França e viajou por toda a Europa. Tem tantas histórias divertidas! Talvez ele tenha falado com você sobre essa "questão social". Um assunto que não se trata com uma moça, vocês não concordam?

O alarido estabeleceu-se no pequeno grupo. Dora arregalou os olhos e cerrou os punhos, escondidos entre as costas e o acento do estofado. Notou algumas jovens disfarçando um risinho irônico, implicitamente concordando com a insinuação maliciosa de Marieta de que ela não sabia conversar com um rapaz e portar-se como uma moça.

— Então confessa que está encantada com ele? Que estão namorando? — perguntou a primeira que se manifestara.

— Não. Ele tem vindo me visitar algumas vezes, mas é como disse, procurando uma boa conversa. Somos amigos — respondeu Marieta sorrindo fingidamente.

— Mesmo sendo bonito, inteligente, culto e divertido, ele agora é pobre, não é, Marieta? — lembrou Dora, com falsa doçura. — Seu pai não negociaria voc... quero dizer, não aprovaria um casamento assim. Sabemos como são boas as relações da sua família. Veja seu irmão, encantou-se por aquela menina da roça. Sorte a dela ser a afilhada queridinha do senador Gordo. Não é uma feliz coincidência? Aliás, sua mãe, tão exigente quanto à etiqueta e à boa família, como está aceitando a namorada do seu irmão? Ah, esqueça, foi uma pergunta boba. É claro que está felicíssima, afinal, um de seus irmãos tem que se casar, provar que gosta de mulher...

"Quanta hipocrisia! Deus, como aprendem cedo", pensou Rosário afastando-se.

Quando a última convidada se retirou, dona Glória subiu para repousar, alegando dor de cabeça. Marieta espiou pela janela, ainda havia sol. Apanhou a bolsa, as luvas e o chapéu, e avisou Rosário:

— Vou sair, aproveitarei esses minutos antes do jantar para resolver um assunto com irmã Clarisse, no orfanato de meninas. Chame Eusébio e diga-lhe que tenho pressa. Com sorte, ainda chegaremos a tempo da oração do Ângelus. Estarei de volta para o jantar.

Diva foi incumbida de transmitir as ordens ao novo motorista da casa.

Quando arrumavam a mesa do jantar, Rosário indagou:

— Diva, o Eusébio comentou alguma coisa sobre esses compromissos da Marieta?

— Nada. Aquele negro não solta um pio. Eu bem que tento, mas ele repete tal e qual ela manda dizer. É bem combinado. A gente que conhece a menina sabe.

— E as visitas à Igreja de São Cristóvão? — questionou preocupada.

— Não disse nada, dona Rosário. Vai ver já pagou a tal promessa.

— Estou intrigada, e o pai dela não é cego, apenas se faz. É mais fácil não se incomodar. Ela anda muito misteriosa. Será que está namorando às escondidas o doutor Henrique? Elogiou-o tanto à tarde, até fiquei desconfiada.

— A senhora não conhece a menina Marieta como eu que a vi crescer. É muito esperta, dissimulada. Se ela jogou para esse lado, não é com ele, pode ter certeza. Foi só para enredar o rastro. Além do mais, nas poucas vezes que esse moço veio aqui, ela só faltava roncar no sofá, tanto que gostava da conversa dele. Eu vi, estava servindo na sala, tinha que ficar lá... cuidando do moço, coitado!

Diva riu baixinho e Rosário ficou pensativa.

Francesco deixou o comunicado do senhor Friulli sobre a cama de Giacomo. Não pensou em esperá-lo, pois as suas ausências tornaram-se corriqueiras. Presenciara frequentemente o motorista da tal madame deixá-lo próximo do cais. Nunca viu a mulher. Era um mistério, e não tinha nenhuma disposição para desvendá-lo. Alguns homens do porto fofocavam, curiosos, e declaravam invejar Giacomo. Ele não. A cada dia gostava menos da situação e não se importava mais com o futuro dele. A solidão, a distância de tudo e de todos que conhecia o fizeram aproximar-se de Giacomo e tornarem-se amigos; no entanto, as diferenças os afastavam naturalmente. Eles eram muito diferentes.

Pensando assim, Francesco largou com displicência o envelope sobre a cama de Giacomo e não pensou, por um único segundo, no que ele faria para solucionar o problema. Sabia como resolver o seu e, quanto mais pensava na solução, maior era sua alegria. No dia seguinte seria um homem oficialmente comprometido, noivo de Giuseppina.

Sonhando acordado imaginou-se ao lado da moça, construindo uma casa, uma lavoura, batizando filhos, pertencendo à colônia de imigrantes italianos bem longe do porto do Rio de Janeiro. Estava exultante. Giuseppina acompanhara a conversa com os homens da companhia de imigração, notara a forma honesta, embora reticente, com que

Francesco tratara a questão. Assim que eles tinham saído, ela se sentara à mesa com ele e perguntara:

— O que vai fazer, Francesco? Vai desistir e ficar por aqui...

— Não, Giuseppina. Eu não gosto de trabalhar no porto. Trabalho porque preciso, não sou homem de ficar parado nem posso, hã. Preciso trabalhar para viver. Mas não gosto da cidade, nasci e cresci no campo. Não quero ficar aqui.

— Dizem que as fazendas em São Paulo são lugares bem piores — lembrou Giuseppina. — E, desculpe por ter ouvido, mas vocês falaram bem alto, eu não sou surda, entendi que as terras que você quer são negociadas com homens casados, que tenham família. A intenção é povoar o lugar, por isso não querem solteiros que poderão ir embora com facilidade. Então, acho que, se você não tem uma noiva, deveria arrumar uma bem ligeiro.

— É, cara, eu não tenho noiva — falou Francesco encarando a moça. — E preciso de uma, como você disse, bem ligeiro. Não aguento mais essa vida do porto, não foi para isso que saí do Vêneto.

— E como... O que vai fazer?

Francesco enchera-se de coragem, tomara as mãos de Giuseppina que repousavam sobre a mesa e dissera-lhe:

— Não preciso procurar muito e só dependerá de você para eu ter uma noiva bem ligeiro. Gosto de você, Giuseppina. Quer se casar comigo e ir embora daqui? Construir uma casa só nossa, cuidar da nossa vida, ter uma família e uma terra nossa?

Ela não fingira surpresa, nem se fizera de rogada. Apertara-lhe a mão de imediato e, com um sorriso amplo, genuíno e confiante, respondera:

— Quero! Serei sua mulher.

Tomado de alegria, erguera-se e a abraçara forte, beijando-lhe a testa.

— Calma, Francesco! — pediu Giuseppina, muito sorridente. — Amanhã falaremos com os meus tios e com o padre. Acho que poderemos ir embora em breve.

— Assim que acertarmos a terra, pegamos o primeiro trem para o Sul. Vou começar a arrumar as minhas coisas hoje mesmo.

Relembrando os momentos felizes, cheios de esperança, bem reais, adormeceu com um sorriso nos lábios e o semblante sereno. Sentia-se nas nuvens.

Giacomo chegou tarde. Por caridade, dona Bella abriu-lhe a porta. Ele estava cansado e cheirava à bebida. Não se parecia com o rapaz alegre, falante e simpático que chegara da Itália cheio de sonhos, com a ambição de seguir os passos de Francisco Matarazzo e construir um império. Perdia-se na luxúria.

Rapidamente, dona Bella reviu o passado recente do seu hóspede, lamentando o rumo que dava à sua vida. Viu-o cambalear até o dormitório. Pesarosa, balançou a cabeça e pensou: "Tudo por um rabo de saia!".

Ele se jogou sobre o leito e adormeceu imediatamente. Não viu o envelope com o selo da companhia de imigração.

Na manhã seguinte, mais uma vez, acordou tarde. Viu o sol forte entrando pelas frestas da veneziana velha, com a pintura descascada. Consultou o relógio de parede, passava das nove horas. Praguejou alto, falou palavrões, irritado consigo mesmo, afinal perdia mais um dia de trabalho. Poderia ir ao cais à tarde, mas seria difícil conseguir trabalho e um pagamento aceitável. Levantou-se, sentiu forte tontura e o conhecido latejar nas têmporas que anunciava a enxaqueca. Resultado dos excessos a que se entregava com Marieta, e pelos quais não assumia a responsabilidade. Atribuía-os a mil causas conforme a conveniência da hora, jamais às próprias atitudes.

Foi até a cômoda, pegou a jarra, constatou a existência de um resto de água, irritou-se, mas despejou o escasso líquido na bacia.

— Banho de passarinho, eco. Que porcaria! O sujeito não tem direito sequer a lavar a cara de manhã.

Enxugou o rosto e, ao retornar à cama para estender os lençóis, encontrou um envelope amassado. Tentou ajeitá-lo e abriu. A cada linha ficava mais pálido, e mais forte latejavam suas têmporas.

— Inferno! — bradou furioso. — O que faço agora?

VIII. Caminhos, escolhas e consequências

Que todos aqueles que são atingidos no coração pelas vicissitudes e decepções da vida interroguem friamente sua consciência; que remontem progressivamente à fonte dos males que os afligem, e verão se, o mais frequentemente, não podem dizer: Se eu tivesse, ou não tivesse, feito tal coisa, eu não estaria em tal situação.

Kardec, Allan. *O Evangelho Segundo o Espiritismo*. Araras: IDE. Capítulo V, item 4.

Henrique estacionou o carro e saltou, sem se importar de abrir a portinhola. Observou a fachada simples do prédio à sua frente, apenas porta e janela, telhado com beira curta e sem forro. Uma placa na parede informava: Associação dos Portuários.

A porta estava aberta e via-se uma sala pouco iluminada, pintada a cal, assoalho de tábuas largas, bem escovado. No fundo, uma mesa rústica, muitos papéis e uma jovem vestida modestamente, com os cabelos negros presos em uma trança em torno da cabeça. Encostados às paredes, bancos de madeira enfileiravam-se lado a lado.

Pigarreou para chamar a atenção da moça, que ergueu a cabeça e o fitou séria, examinou-o rapidamente e o recepcionou:

— Boa tarde, senhor.

— Boa tarde, senhorita. Sou Henrique Marques, advogado. Tenho uma entrevista com o senhor Paulo Medeiros.

A jovem acolheu a apresentação com naturalidade, como se o nome dele e de sua família nada representassem. Levantou-se, estendeu-lhe a mão e apresentou-se:

— Maria Cândida Medeiros. Meu pai pede-lhe desculpas, doutor Marques, mas ocorreu um imprevisto no botequim do senhor Vidal, a duas quadras daqui, e um dos nossos associados foi ferido. Meu pai foi socorrê-lo, por isso irá se atrasar. Se o senhor não puder aguardar, nós entenderemos e poderemos marcar uma nova data para a entrevista.

Henrique considerou a proposta. Poderia fazer-se de importante, muito ocupado e ir embora, mas a verdade é que não tinha nenhum compromisso além daquele. Optou por ser honesto.

— Eu aguardarei o senhor Medeiros, se não for incômodo para a senhorita, é claro.

Maria Cândida sentou-se, lançou-lhe um rápido olhar, no qual Henrique jurava ter visto um brilho de divertimento e desdém com o seu comentário.

— Fique à vontade, doutor Marques — falou calmamente apontando-lhe os bancos. — Sente-se e aguarde. Aqui, não tenho tempo para finuras sem propósito. Isto é uma associação de trabalhadores portuários, não um salão da elite carioca, como o senhor pode ver.

Desconcertado com a resposta direta da moça, Henrique sentou-se calado. Colocou o chapéu sobre os joelhos e decidiu esperar em silêncio. A intuição dizia-lhe que a filha do senhor Medeiros não era uma inofensiva e bonita flor de jardim, tinha espinhos e deixava-os à mostra.

O tempo foi passando, havia quase duas horas estava sentado observando a intensa atividade de Maria Cândida. Por ali, desfilaram diversos problemas de saúde, habitação, transporte e educação que envolviam a comunidade ligada à associação. E a tudo ela respondia, orientava, dava encaminhamentos, marcava consultas com médicos ou parteiras, sem perder a calma. Surpreso, observou-a pagar despesas funerárias e algumas dívidas de aluguel. Entre um atendimento e outro, voltava a atenção a um caderno no qual fazia anotações a lápis. Ignorara-o. Aliás, começava a sentir-se invisível, pois as pessoas que haviam transitado pela sala sequer o tinham cumprimentado.

Pensava nisso quando, enfim, o senhor Medeiros retornou à associação.

— Doutor Henrique — saudou o senhor Medeiros, levando a mão ao chapéu, assim que cruzou o limiar da porta de entrada. — Agradeço por ter esperado por mim. Tenho urgência em conversar com o senhor.

— Senhor Medeiros — respondeu Henrique, sorrindo. — Não vou mentir dizendo que foi um prazer esperá-lo, mas também considero nossa conversa urgente e importante, por isso fiquei.

O senhor Medeiros era pardo, mas seus traços revelavam uma genuína descendência portuguesa. Cabelo e barba escuros, uma barriga proeminente, estatura mediana, trajava-se com simplicidade, as mangas da camisa arremangadas até os cotovelos. Correu os dedos pelos suspensórios, até deixá-los descansar sobre a barriga, enquanto examinava rapidamente o seu visitante.

Henrique usava boas roupas, era um rapaz atraente e simpático. Não demonstrava desagrado pelo local nem por ter esperado tanto tempo. "Não é um esnobe", julgou Medeiros em pensamento.

— Maria Cândida, trouxe os livros que me pediu — avisou aproximando-se da filha. Beijou-lhe o alto da cabeça e depositou sobre a mesa um pequeno volume.

— Obrigada, pai — agradeceu a moça, sorrindo.

Pela primeira vez, naquela tarde, Henrique viu os olhos dela brilharem. Eram encantadores, grandes, escuros, com longos cílios e sobrancelhas bem desenhadas. Esses detalhes chamavam-lhe a atenção, talvez fosse um fetiche incomum. Seus amigos preferiam pés e tornozelos. Mas tratou de esconder a admiração baixando a cabeça.

Paulo Medeiros convidou-o a acompanhá-lo. Atravessaram um corredor que terminava em uma cozinha mobiliada com o básico: mesa, dois bancos, um armário, um balcão com tampo de pedra para lavar louça, um fogão a lenha.

— Sente-se, doutor Henrique. Espero que não se importe de conversarmos aqui. Preciso de um café, aceita?

— Ótima ideia, senhor Medeiros.

Enquanto Henrique acomodava-se em um dos bancos que ladeavam a mesa, Medeiros retirou do armário duas canecas pequenas, um açucareiro de louça azul e colocou-os sobre a mesa. Apanhou um bule sobre o fogão, de louça azul, como as canecas, porém decorado com pequenos ramos de rosas vermelhas, e serviu. O aroma do café era bom. Os utensílios estavam gastos, já tinham vivido melhores dias. No entanto, o local era limpo, organizado e funcional.

— Isto proporciona um conforto inesperado — declarou Henrique, demonstrando com um gesto amplo estar se referindo à cozinha e ao café.

— Ah, sim. É útil. Trabalhamos muito e com frequência fazemos refeições rápidas aqui mesmo. Não temos muito, mas podemos sempre fazer o melhor com o que temos, não concorda?

Henrique riu descontraído, tomou um gole da bebida e apreciou o sabor forte.

A conversa fluiu espontânea. Trocaram ideias sobre o movimento operário e a questão social. Concordaram que o anarquismo não era solução e, sim, um engajamento efetivo dos trabalhadores na política nacional. Debateram o preconceito, a exploração, a violência e o absurdo de algumas leis. Não viram o passar das horas. Surpreenderam-se quando Maria Cândida sentou-se, ao lado do pai, informando ter encerrado o expediente. Medeiros balançou a cabeça e continuou a animada conversa.

À noite, outra vez, a família Guimarães Lins aprontava-se para comparecer a um jantar oferecido por um banqueiro com o qual mantinham relações comerciais.

José Theodoro folheava o jornal. O dia fora tumultuado o bastante e não lhe permitira ler o noticiário. O desagrado com algumas manchetes estampava-se em seu rosto.

— Não sei onde vamos parar — desabafou, pensando alto.

— Em um bom jantar, com pessoas bem-vestidas, boa conversa e um clima fácil de conversar assuntos comerciais complexos, pois todos são comedidos — lembrou Rubens, irônico, girando o copo de conhaque nas mãos.

Ele era visto sempre com um copo de bebida, daí os comentários de abusos e vícios, aliados a dúvidas maliciosas sobre suas preferências sexuais, darem o tom das conversas nos bastidores da sociedade.

Se prestassem atenção, veriam que Rubens brincava com a bebida, ingeria dois ou três goles apenas. Ele fingia beber. Assim escondia sua timidez, acobertava questionamentos íntimos sobre o modo de viver de seus pares e livrava-se da companhia dos mexeriqueiros de plantão. Não o importunavam nas festas nem os fofoqueiros nem as caçadoras de marido, pois ele estava ocupado bebendo. De que lhes serviria conversar com um homem alcoolizado?

Somente não se refugiava nesse comportamento estereotipado nas festas quando se reunia a outros homens tratando de negócios.

— Estou falando da quantidade de vagabundos desta cidade — salientou José Theodoro, entediado. — Páginas e páginas de notícias policiais a respeito deles. E estas mulheres, por que demoram tanto?

— Acalme-se, pai. É sempre assim.

— Há dias invejo seu irmão Silvério. Casar-se com a Igreja deve ser mais fácil. Com certeza, não exige essa tolerância diária.

Rubens ergueu as sobrancelhas, num sinal de fingido espanto. Não escondia o ar de deboche e riso na face.

— Como muitos casamentos que conheço, acredito que também os casados com a Santa Madre Igreja tenham direito a... "diversões" menos comprometedoras, digamos. Pode ser uma dupla felicidade casar-se com a santa. Pense: ela não exige exercício diário de tolerância, o que não é bom nem fácil, e ainda permite manter relações... "boas relações" com as devotas, de qualquer classe social, não é, papai? E ninguém jamais dirá uma palavra sequer a respeito, certo? Tudo em nome de Deus. Um bom arranjo.

José Theodoro remexeu-se incomodado no sofá. Detestava as ironias de Rubens. O relacionamento entre eles era ótimo no plano comercial, na gestão dos negócios. Fora isso, alfinetavam-se, sem perdão, por qualquer motivo. Ambos por não aprovarem a vida particular um do outro.

— Sim, creio que a "santa" não faça distinção de tipo algum, meu filho — emendou José Theodoro, irônico e azedo.

— Uma lástima os sacerdotes não ensinarem isso nos púlpitos — retrucou Rubens, satisfeito com o visível desconforto paterno.

A resposta de José Theodoro morreu na garganta, silenciada pelo bater dos saltos dos sapatos da esposa e da filha. Em vez da réplica pensada, exclamou:

— Amém! Até que enfim, elas estão descendo. Vamos!

O jantar provou a teoria de Rubens. Sua única surpresa foi encontrar o jovem Henrique Marques entre os convidados do banqueiro.

A distância, observou o comportamento da irmã. Era evidente que a presença do rapaz a salvara de uma noite enfadonha. No entanto, apesar da evidente admiração de Henrique pela beleza física, elegância e coquetismo de

Marieta, algo na resposta de sua irmã soava falso. Ela dava demonstração de interesse, mas era calculada, tão calculada como os investimentos financeiros do anfitrião da noite.

Henrique falava muito animado, sorridente. Ela sorria, fazia caras e bocas, mas quando muito dizia um monossílabo ou emitia um som qualquer, e seus olhos eram opacos.

"Eles não falam a mesma língua. Por que Marieta deseja que pensemos que está interessada nesse rapaz? Justo esse que papai desaprova?", questionou-se Rubens.

Aproximou-se e, sem nenhum pretexto, simplesmente sentou-se perto de Henrique. Não disse nada, apenas ouviu. O jovem discursava, entusiasmado, a respeito da oportunidade de advogar em uma associação de trabalhadores portuários e a gama de direitos sociais considerados urgentes no país, segundo seu modo de ver. Com esforço, Rubens conteve o riso. Seus pais fulminariam, impiedosamente, um pretendente à mão de Marieta com inclinações pelas classes desfavorecidas da população. Podia ouvir José Theodoro declarar que interesse por pobre não dava lucro.

Olhando ao redor, deparou-se com a expressão de desagrado da mãe. Sorriu. "Tal mãe, tal filha!", constatou.

Dona Glória não demorou a aproximar-se do trio e, com muita polidez, fruto da grossa camada de verniz social sobreposta a sua personalidade, falou:

— Henrique, que prazer encontrá-lo aqui! Temos nos visto muito amiúde, mas não tenho sabido notícias de sua mãe. Como ela está? A última notícia era a de que seus pais mudaram-se para o interior, é verdade? Ah, ela deve estar estranhando muito.

O sorriso de dona Glória resumia-se ao movimento da boca, não havia alegria, nem brilho nos olhos. Não era genuíno.

Henrique cumprimentou-a com toda a educação, erguendo-se e beijando-lhe a mão respeitosamente. Mas possuía um senso de observação apurado. Bastou-lhe um olhar para perceber com quem lidava: uma casca dura escondendo uma mulher infantil e mimada, na qual não se via jamais um fio de cabelo fora do lugar, ou um comportamento espontâneo.

Glória agia sempre de acordo com o esperado pela maioria do seu meio social. O que sentia ou pensava tornava-se um mistério. No entanto, talvez não valesse a pena procurar.

— É verdade, dona Glória. Mas engana-se quanto a minha mãe, ela adora viver no campo. Foi desejo dela se mudar, e está muito bem. A saúde de meu pai exigia o ar do campo, uma vida menos exaustiva. Ela está muito bem. Vá visitá-la quando puder, tenho certeza de que mamãe adorará recebê-la.

"Perdão, mãe!", pediu Henrique em pensamento, ciente de que ela odiaria a companhia de dona Glória.

— Ah, mas é claro. Natália é uma anfitriã admirável, uma dama — então, dona Glória olhou a filha, inclinou-se e cochichou-lhe ao ouvido: — Vamos sair daqui já! Levante-se!

Henrique fingiu não notar e, de fato, não ouviu, contudo deduziu as palavras sussurradas.

Marieta ergueu-se prontamente, feliz por escapar do discurso a respeito da construção dos direitos sociais no país. Com a mesma polidez estudada, incluindo o irmão na conversa, pediu:

— Cavalheiros, com licença, vou acompanhar mamãe. Até breve! Aproveitem a reunião, está maravilhosa. Tanta gente bonita, não é mesmo? Adoro isso.

Henrique e Rubens concordaram. Suspiraram juntos de alívio. Henrique riu e encarou Rubens ao observar:

— É muito difícil, não é verdade?

— Aguentá-las? É isso que quer saber? — questionou Rubens com calma, como se falasse de estranhos.

— Desculpe, falei sem pensar — retificou Henrique envergonhado com a ousadia impensada.

— Dificílimo, se quer saber — tornou Rubens. — Desenvolvi uma capacidade peculiar, talvez me assemelhe às máquinas, mas é o que me permite suportar os dias de convivência obrigatória. Eu tenho um botão na cabeça, igual aos de "liga e desliga" das máquinas. Quando é insuportável, eu desligo: não ouço, não vejo, não falo, sou um zumbi. Até achei que gostasse da minha irmã, vejo-os juntos em festas e você já foi visitá-la.

— Eu detesto eventos sociais — afirmou Henrique. — Frequento-os porque são necessários, e muitas coisas interessantes acontecem por aqui. Quanto a sua irmã... Bem, é uma moça bonita, educada, pensei que poderíamos ter mais afinidades, no entanto...

— Entendo — interrompeu Rubens.

A expressão de Henrique não deixava dúvidas quanto ao desapontamento com a personalidade de Marieta.

Era raro Rubens simpatizar com frequentadores dos jantares, afora aqueles com os quais fazia negócios. Henrique era uma exceção, por isso, esqueceu a irmã e deu outro rumo à conversa:

— Refere-se a fatos além da circulação de gente bonita, boa comida, bebida e muito latim gasto à toa, doutor Henrique?

— Chame-me de Henrique. Sim, é exatamente a que me refiro. Veja: hoje temos nesta sala dois deputados, um senador, a elite carioca e até alguns novos-ricos. O dinheiro tem um poder fantástico! Acredito que algumas ideias debatidas na Câmara podem nascer aqui. Acompanharei o noticiário. Sou um observador e, quem sabe, se houver oportunidade, possa sugerir alguma.

— Muito bem, Henrique. E me chame de Rubens. Eu admiro o dinheiro, gosto dele. É poderoso. Promove transformações e expõe o caráter real da criatura humana. Com ele, meu caro, você tem à mão o melhor ou o pior do ser humano.

Henrique surpreendeu-se com a resposta e comentou:

— Pensarei mais a respeito da sua visão. Não tinha pensado no dinheiro como um transformador e um revelador do caráter humano. Apreciei apenas o seu poder de atração. Algumas pessoas, aqui presentes, não compartilhariam o espaço da calçada pública umas com as outras fora dessa sala. Entretanto, estão se confraternizando alegremente. Amanhã se engalfinharão de novo. E assim irão atrás do próximo punhado de dinheiro em jogo.

— É a face reveladora do poder do dinheiro. São hipócritas, interesseiros, têm duas caras. E não se iluda, ambas estão à venda. Mas, se eu visse apenas esse lado da coisa, seria muito triste. Não haveria esperança para viver. Tem o outro lado: o educador, a solução de problemas, o que revela o uso sábio e sadio da fortuna, o desapego diferente de ser um pródigo irresponsável, o incentivador do trabalho, o móvel do progresso, da independência. Estas são belas virtudes humanas que se estampam nas notas de mil-réis, meu amigo.

— Você dá à fortuna um papel social, gosto disso. Como disse, não havia pensado a respeito.

— Não sou eu que dou um papel social à fortuna, Henrique, eu apenas o reconheço. Ela o possui por natureza. Pense no que seria do mundo sem a riqueza.

— As teorias de Karl Marx são muito interessantes — alegou Henrique. — Sinceramente, simpatizo com elas. A concentração de riquezas gera problemas sociais graves. Quando pudermos extinguir isso, teremos uma sociedade mais justa. O trabalho, atualmente, não é valorizado, o que é um absurdo, pois ele gera toda a riqueza. O capital gerando lucro é uma distorção.

— Discordo completamente — contestou Rubens, apreciando o debate. — Não é a concentração de riqueza por si só a causa dos problemas sociais. Penso que seja a forma como essa riqueza concentrada é empregada. Acho impossível que a distribuição igualitária de renda e propriedade acabe com os problemas sociais e mesmo que se mantenha na realidade. Teoricamente, é bonita e tem poder de persuasão. Mas ignora o fator principal: a capacidade humana. Uma sociedade não é apenas economia. Os homens são diferentes, pensam e agem cada um de um jeito. Isto se reflete no seu trabalho e, por consequência, provoca reflexos econômicos gerais. É de simples comprovação. Você é advogado. Já deve ter se deparado, por exemplo, com dois herdeiros que recebem igual quinhão na herança familiar. Com o passar do tempo, as características pessoais de cada um criarão a diferença. Um poderá aumentá-lo, dobrá-lo e até triplicá-lo; o outro apenas mantê-lo, quando não dissipá-lo por completo.

Henrique balançou a cabeça, pensativo. Ia refutar, argumentando que o direito de herança é um fator concentrador de riqueza etc., todavia, Rubens não lhe deu oportunidade e prosseguiu:

— Concordo que o Brasil necessita repensar o sistema de trabalho. Infelizmente, nossa história é vergonhosa com relação à exploração da mão de obra. Mais triste ainda é saber que não fomos a única, mas, sim, a última nação livre a terminar com a escravidão. Por aqui se tem vergonha de trabalhar.

— Um absurdo! Você tem razão. Há muita exploração, injustiça e preconceito em torno do trabalho e, por consequência, da classe operária. Admiro as sociedades de religião protestante, a ênfase no trabalho como virtude gera progresso. Entre nós, o ócio é bajulado. Consideram mais virtuoso dobrar os joelhos e rezar do que arregaçar as mangas e fazer algo. Esse pensamento alimenta o marasmo.

— Hum, sem entrar no mérito das religiões, mas apenas para registrar: o que você acabou de dizer é a prova do que falei antes. As características pessoais, no que as crenças e influências culturais e religiosas têm grande peso, influenciam a economia, ocasionando marasmo ou progresso. Dê o mesmo valor em dinheiro a um membro dessas sociedades protestantes e a um dos nossos. Qualquer um. Haverá diferença na aplicação, no aproveitamento. Entende? A forma de pensar cria o mundo ao nosso redor e se pode ler nas construções exteriores o pensamento de seu dono.

Envolvidos na conversa, esqueceram-se de onde estavam. Acabaram ao lado de uma janela, alheios à festa, trocando ideias animadamente, embora defendendo, às vezes, opiniões diferentes.

IX. Instituições necessárias

Gravitar para a unidade divina, esse é o objetivo da Humanidade. Para atingi-lo, três coisas lhe são necessárias: a justiça, o amor e a ciência; três coisas lhe são opostas: a ignorância, o ódio e a injustiça.

Kardec, Allan. *O Livro dos Espíritos.* DF: Edicel. q. 1009.

Padre Assis admirou o interior simples da sua igreja. Fileiras de bancos de madeira, belos vitrais de Murano nas janelas, piso impecavelmente limpo, nichos com os santos de devoção dos camponeses. O altar era o destaque, com uma grande imagem da Virgem Maria em mármore. Não era nenhuma das belíssimas esculturas tão comuns nas catedrais da Itália, tratava-se da obra de um artista desconhecido. Antiga, como a paróquia. O nome do autor fora esquecido com o tempo.

Estava feliz, vivendo entre aquele povo sofrido, expulso de sua terra pela miséria, pelas doenças e por desastres naturais. "A imigração é o melhor caminho para eles", pensava Assis. Concordava com o incentivo dado pela Igreja para milhares de pessoas deixarem o Vêneto, em especial os camponeses mais pobres e ignorantes, integrantes do contingente da mão de obra das grandes propriedades rurais, ou os pequenos proprietários.

A unificação política da Itália, a industrialização urbana e rural, com a gradativa introdução do uso de máquinas agrícolas, a queda dos preços do trigo, as doenças, as intempéries frequentes de um clima aparentemente desregulado, tudo tornava a região muito povoada.

Havia muito tempo, a política de subutilização da mão de obra gerava baixos salários e pobreza. Mesmo com as mudanças políticas do país, os grandes proprietários não davam sinais reais de mudança de atitude. O arrendamento de terras fizera com que não tivessem nenhuma preocupação em gerenciar com responsabilidade a propriedade rural. Viviam dos aluguéis, sem riscos, apenas aumentando-os religiosamente. Não conheciam a palavra prejuízo. As dificuldades econômicas enfrentadas na região para eles resumiam-se à falta de pagamento dos aluguéis.

A Igreja, comungando com a elite dominante, incentivava o êxodo e exercia um papel ativo, sem nunca dizer que o propósito era livrar-se da população camponesa pobre e ignorante, e ao mesmo tempo fortalecer a indústria naval e as companhias marítimas de Veneza. Transportar imigrantes tornara-se um negócio vantajoso, permitindo-lhes sobreviver à crise dos produtos agrícolas.

Assis tinha consciência dessas circunstâncias, considerava realmente a imigração em massa o melhor caminho e não pensava na situação posterior dos imigrados. Acreditava que a Igreja dava-lhes toda assistência necessária. Não era bem assim.

Naquela manhã, ele olhou para os campos além das portas abertas de sua igreja. Ao longe, avistou a estrada de terra vermelha cortando as lavouras de trigo, onde os camponeses ceifavam. "Mais uma safra com preços baixos", lamentou consigo mesmo.

Afastou-se por detrás do altar, atravessou a sacristia e chegou à secretaria, um cômodo pequeno, mobiliado com móveis escuros. Sobre sua mesa, repousava o saco com as correspondências para seus paroquianos. Após a missa de domingo, rotineiramente as entregava. Não eram muitas, poucos camponeses eram alfabetizados. A campanha de alfabetização das crianças e o serviço oferecido na escola paroquial eram recentes, uma tentativa de melhorar o futuro das próximas gerações.

Sentou-se e começou a separá-las.

Depois da missa dominical, Assis apanhou as correspondências e chamou os destinatários.

— Senhora Patrizia — o padre repetiu o chamado, ante o silêncio da congregação indagou: — A viúva Patrizia, outra vez, não veio à missa? Alguém sabe o motivo?

A censura dava o tom a cada palavra do oficiante e acentuava-se na expressão de sua face.

Grazia limpou a garganta, tinha a cabeça baixa, sequer olhou para dona Ambrogina, apenas ouviu os resmungos da sogra, quando respondeu:

— Patrizia ficou cuidando dos meus filhos, padre. Eles estão doentes, estão na cama, eu não tinha como trazê-los.

— Compreendo — tornou Assis, condescendente. — Mas faz vários domingos que ela não comparece à missa. Espero vê-la no próximo domingo. Há uma carta para ela, diga-lhe que venha buscar à tarde.

— Sim, senhor.

O almoço dominical na casa da família de dona Ambrogina era sagrado. Cedo, todos iam à missa, depois faziam a refeição juntos, descansavam e, ao cair da tarde, cuidavam dos animais domésticos.

Um prato de polenta fumegava sobre a mesa, salada de folhas verdes amargas e pão preto era o cardápio.

— Ensinaram a fazer pão com sangue de animal, boi ou galinha, dizem que é mais forte. Mas deve ser muito ruim — comentou dona Ambrogina, relatando o encontro das camponesas com algumas freiras. — Quando eu era moça, também enfrentamos crises de seca e fome. Quando a colheita era boa, o preço era ruim, e quando valia alguma coisa, ou tinha dado alguma peste, ou seca ou enchente.

É uma sina dura a nossa. Mas sobrevivemos, vencemos, estão todos vivos. Naquele tempo, as freiras vinham ensinar a gente a comer rã gigante. Eca! Não posso nem lembrar. É bom ter uma hortinha, um galinheiro, uma vaca, mesmo magra, ela dá leite, e se come melhor. Da terra vem o alimento.

— Elas ensinam, mas não comem essas porcarias. Também não têm filho para tratar com pão feito com sangue. Eu ouvi, mas nem penso em comer ou fazer. Além do mais, não temos boi para matar — lamentou Grazia, servindo o prato de um dos meninos. — Por falar em padres e freiras, o padre Assis cobrou a sua presença na missa hoje de manhã, Patrizia. Expliquei por que você não foi, mas ele não gostou muito. Ah, e tem uma carta para você na igreja. O padre pediu que fosse buscá-la à tarde.

Patrizia ergueu o olhar, intrigada, fitando a cunhada.

— Que estranho! Não disse de quem era? — perguntou Patrizia.

— Não — respondeu dona Ambrogina, cortando o assunto. — Depois de limpar a cozinha, você pode ir à igreja, já que o padre a chamou. Grazia deve cuidar dos pequenos, fazê-los dormir. Hoje você cuidará da limpeza.

Patrizia baixou a cabeça tratando de comer rapidamente, não discutiria a mudança na rotina do domingo, pois a limpeza era atribuição da cunhada. Ela fizera o almoço. Estava curiosa para saber quem havia se lembrado dela. "O pai e a mãe não sabem escrever, não deve ser deles", pensava. "Talvez o padre de Trento tenha escrito para eles." Desde a morte de Domenico não tinha notícias da família. Desejava sair pela porta em desabalada corrida até a igreja, mas dona Ambrogina determinara quando poderia sair.

Oscilando entre a apreensão e a euforia, Patrizia realizou suas atividades. Apresentou-se à sogra e avisou que iria à igreja.

— Vá com Deus! Não se esqueça de rezar pela alma do nosso Domenico. Eu rezei depois da missa.

Patrizia concordou com um gesto rápido de cabeça, colocou o chapéu de palha e saiu apressada.

Na mente um pensamento repetitivo, parecia um mantra: "De quem será?"

Caminhou bem rápido, estava tão ansiosa e tomada de curiosidade, que não enxergou o primeiro degrau de acesso à igreja — eram três em forma de semicírculo, largos —, tropeçou e caiu de joelhos.

Padre Assis moveu a cabeça de um lado a outro, reprovando a afobação da jovem, mas apiedou-se e foi auxiliá-la. De pé, Patrizia limpava a velha saia preta, agora com mais um remendo rasgado.

— Ai! — gemeu irritada ao ver o buraco. — Remendo de remendo em trapo velho, que porcaria! Como eu queria jogar isso fora!

Ela não vira que fora o padre quem lhe ajudara. Ao contemplá-lo, deparou-se com seu ar sério e sua eterna expressão de censura, e desculpou-se apressada:

— Perdão, padre Assis. Não devia ter imprecado na porta da casa de Deus. Sei que é errado, mas me irritei com o meu azar. Perdão.

— A ira é um pecado capital, dona Patrizia. É um sentimento inspirado pelo Maléfico, devia envergonhar-se. Mas a senhora não tem sido uma boa católica ultimamente. Falta muito à missa e não a tenho encontrado no meu confessionário. E, pelo que testemunhei agora, sua alma incorre em pecado.

— Padre Assis, trabalho tanto que já não penso. Também não sinto nada além da foice em uma mão e do trigo na outra. Veja — e mostrou-lhe as palmas das mãos calejadas, queimadas pelo sol, com vários arranhões. — Trabalhar demais e não ter um alimento decente para comer é pecado, padre, ou é castigo? Seja como for, não terei salvação. Falta-me tempo para vir à igreja confessá-los e, se eu parar um dia para cumprir a penitência, serei substituída por outra e acabarei morrendo de fome. Será possível que alguém morra de fome sem sentir raiva? Como vê, se trabalhar é pecado, mostre-me, por favor, para que lado fica o inferno. Isso poupará a nós dois.

— Minha filha, eu sei de todas as dificuldades que vocês têm vivido. Tenho orado muito, todos os dias, pedindo melhoras. É preciso ter fé e confiar em Deus. E, linda criança, que tão cedo enviuvou, o trabalho enobrece o ser humano. Eu a convidei para trabalhar na casa paroquial, aqui suas mãos não estariam tão maltratadas — dizendo isso, Assis aproveitou para acariciar as mãos de Patrizia.

Ela puxou as mãos abruptamente, fingindo ignorar a expressão lasciva do padre e a entonação sedutora da voz rouca e baixa. Teve vontade de gritar que preferia morrer nas lavouras a ser a "mulher do padre", mas calou-se. Padre Assis era hábil e ardiloso na arte de convencer. Se fizesse um escândalo denunciando os frequentes assédios sofridos no confessionário e na sacristia nos últimos dois anos, ou seja, desde que ele se tornara o pároco, sabia que acabaria mal perante toda a comunidade. Provavelmente, seria ela a vítima, a excomungada, e tratada como escória da sociedade. E dele, o algoz, as pessoas teriam pena por sofrer injustiças e calúnias. Ele era um homem santo, e ela apenas uma mulher viúva. "Esta vida é cheia de inversões e injustiças", pensou.

— Agradeço-lhe, padre. Mas prefiro a lavoura, não gosto do serviço doméstico. Também não vim aqui tratar desse assunto. Grazia disse que chegou uma carta para mim e o senhor mandou que eu viesse buscá-la.

— É *vero*. Vamos, entre! As correspondências estão na secretaria. Venha!

Quando o padre entregou-lhe o envelope, estava tão nervosa que as letras se embaralhavam à sua frente, lia muito mal, soletrava e demorava a entender o significado das frases. O envelope tinha o emblema da Igreja.

— O que é isso? — perguntou Patrizia assustada, apontando com o dedo o emblema católico.

— Veio da paróquia de São Cristóvão, no Rio de Janeiro. Quer que eu leia?

— *Prego!*

Padre Assis abriu o envelope e começou a leitura. Era curta, mas suficientemente espantosa para fazer Patrizia desabar sobre a cadeira, pálida. Sua cabeça rodava, não conseguia pensar. Sequer conseguia se lembrar da fisionomia de Giacomo Baccagini com clareza, guardava uma vaga lembrança. Vira-o apenas uma vez. E, de repente, chegava a carta com um pedido de casamento.

— É isso! — asseverou padre Assis, contrariado. — É uma autorização para realizarmos o casamento, e a senhora viajará, se aceitar, casada com o senhor Baccagini. De onde ele é? Não pertence a nossa comunidade.

— Não, padre. Ele é irmão da minha cunhada Grazia. Morava em Trento.

— É longe! O que fará? Quer responder agora? Posso escrever sua resposta, se quiser.

— Não, padre, pensarei a respeito. Eu não esperava isso, pensei que a carta era da minha família. Agradeço a sua ajuda. Pode me entregar a carta? — pediu estendendo a mão.

Assis entregou-lhe o documento, tão surpreso quanto Patrizia. Não sabia o que dizer. Por um lado, a proposta do desconhecido o incomodava. A viúva o atraía desde que chegara à pequena comunidade. Havia algo escondido naquele manto de submissão e tristeza. Havia uma mulher jovem com uma personalidade fogosa e decidida, tinha certeza. Ela estava maltratada, malcuidada, magra demais. Comida, higiene e boas roupas fariam o milagre da transformação, da ressurreição daquela alma. Porém, por outro lado, era a solução do impasse. Patrizia não cedia aos seus desejos e às suas atenções. Ele estava acostumado a conquistar mulheres com maior facilidade. Seria uma maneira de livrar-se dela e da frustração de vê-la e não possuí-la.

— Pense, dona Patrizia, pode ser uma boa oportunidade. Há uma grande colônia italiana no Brasil. Isso facilita a adaptação. Eles mantêm nossos costumes e nossa língua por lá, dizem que inclusive o clima é parecido. Porém, há oportunidade de prosperar. E para a senhora a oportunidade de ter um lar, ter filhos, uma família.

— Sim, eu sei. Preciso falar com minha cunhada antes de decidir. Boa tarde, padre Assis!

Patrizia não pediu a bênção como era hábito. A seus olhos ele era um homem que de santo não tinha nada. Ela tivera várias e indesejadas provas da sua excessiva humanidade.

Regressou caminhando às cegas, a mente absolutamente concentrada em conjecturas sobre Giacomo Baccagini e por que ele se lembrara dela. Precisava falar com Grazia.

x. Liberdade

Se o homem, em geral, é o artífice dos seus sofrimentos materiais, sê-lo-á também dos sofrimentos morais?

— Mais ainda, pois os sofrimentos materiais são às vezes independentes da vontade, enquanto o orgulho ferido, a ambição frustrada, a ansiedade da avareza, a inveja, o ciúme, todas as paixões, enfim, constituem torturas da alma.

Kardec, Allan. *O Livro dos Espíritos.* DF: Edicel. q. 933.

A rua em frente à hospedaria fora fechada ao trânsito. Em lugar dos automóveis, charretes e bicicletas, havia longas mesas enfeitadas com garrafões fazendo as vezes de vasos, flores e toalhas de diversos tipos. Um grupo, capitaneado por Antônio Mina, animava a festa com música, misturando o som do samba com um velho acordeom e gaita de boca, tocados por dois italianos.

Os noivos chegaram da igreja numa charrete, acompanhados por alguns convidados, e foram recebidos com gritos e aplausos. Entre abraços e felicitações, Giuseppina e Francesco não escondiam a alegria.

Dona Bella admirava a sobrinha recordando o próprio passado. Giuseppina usava o vestido de noiva que fora dela e, antes, da sua mãe. Agora iria para longe, para as terras altas e frias do Sul brasileiro. "Nunca mais o verei, nem a minha sobrinha", pensava chorosa, enxugando os olhos.

Giuseppina notou-lhe a tristeza, aproximou-se, sorrindo, segurando o véu de tule, um pouco amarelado pelo tempo.

— Que foi, tia? — perguntou-lhe.

Dona Bella, com a típica emotividade italiana, debulhou-se em lágrimas, abraçando a sobrinha e dizendo chorosa:

— Vou sentir muito a sua falta, Giuseppina. Nunca mais vou vê-la. Você está tão bonita com esse vestido! Eu o usei, sua mãe... Que Deus a guarde também. Agora é seu, e eu não verei suas filhas se casando e usando o vestido.

— Mas, tia, o que é isso?! — ralhou Giuseppina. — Eu vim do Vêneto e encontrei a senhora. Foram mais de trinta e seis dias de viagem, mas eu cheguei. Atravessei o oceano, tia! A senhora também fez isso e agora chora assim no meu casamento. Ora, ora, mas vá! Eu não morri, nem sequer vou de volta para a Itália. Vou ficar aqui, no Brasil. É só a senhora pegar um trem e, em pouco tempo, vai chegar à minha casa, hã. Não chore, eu não permito. Estou feliz, tenho um marido. É um bom homem, trabalhador, honesto, me trata bem, gosto dele. Já temos a nossa terra, vamos construir uma casinha, trabalhar, fazer a vida. Se Deus quiser, terei muitos bebês. Isso é motivo de festa, não de choradeira. E vou cuidar bem do vestido. Se tiver uma filha, ela se casará vestida com ele.

— Promete, Giuseppina? — pediu dona Bella, entre risos e lágrimas após a reprimenda da sobrinha.

— Prometo! — afirmou Giuseppina, abraçando carinhosamente a tia que a acolhera na orfandade. — Obrigada por tudo, tia!

Dona Bella, com a visão nublada pelas lágrimas, sorriu e beijou a sobrinha, abraçando-a apertado.

— Seja feliz, Giuseppina! Muito, muito feliz! Você merece! Eu irei visitá-la. Você vai escrever, vai mandar notícias, não é?

Giuseppina fez nova promessa e, afastando-se do abraço, pegou a mão de dona Bella e a conduziu para o centro da festa.

Francesco recebeu a noiva com naturalidade e, de imediato, colocou, possessivamente, o braço sobre os ombros de Giuseppina. E ela se acomodou feliz.

Antônio Mina cedera seu lugar à dupla de italianos. Eles tocavam músicas típicas do folclore vêneto, animando a maioria dos convidados. Procurou uma mesa, em um canto sossegado, e deparou-se com Giacomo bebendo vinho sozinho.

— Gringo, gringo, muito vinho sob esse sol quente não dá boa coisa! — advertiu o africano em tom de brincadeira. — Melhor dividir comigo e não tomar tudo sozinho.

— Ahã, entendo. Aproveita, Mina! Dona Bella e o senhor Vicente abriram a mão, tem muito vinho — e empurrou o garrafão para o lado no qual se sentou Antônio. — Mas você tem razão: está muito quente, não é bom exagerar no vinho. Tem cerveja, quer?

— Depois. Já bebi bastante com o pessoal enquanto tocávamos — e olhando o casal de noivos abraçados, conversando sorridentes com os convidados, comentou: — Eles são gente boa, merecem ser felizes.

— De quem você está falando? — indagou Giacomo, aéreo.

— Dos noivos. São ótimas pessoas. Quero muito que se deem bem na vida. E se darão. Eles fazem por merecer, e a natureza ajuda — respondeu Antônio. — Conheço Giuseppina há mais tempo. É mulher boa, de bom coração, trabalhadeira, se dá com todos sem se importar com cor nem religião. Isso é raro. Seu amigo sabe escolher. E acho que eles se gostam, eu não tinha visto. Foi uma surpresa boa.

— Francesco precisava se casar. Não negociam terras com imigrantes solteiros. O governo tem medo de que a gente vá embora. Com família é mais complicado mesmo, eles estão certos — comentou Giacomo. — Também irei me casar para garantir as terras.

— Francesco não se casou com Giuseppina apenas por isso. Garanto-lhe que, se ele perder as terras por algum motivo, continuará casado e contente.

— É, até que a morte os separe. Ele jurou, não tem volta — declarou Giacomo, sacudindo os ombros com pouco caso.

— Como você é interesseiro, gringo. Eu sei que eles têm motivos para se casar, mas olhe, preste atenção, os olhos deles brilham quando se veem. É amor que existe no meio de outras coisas. É isso que os uniu e os manterá unidos, independentemente do resto.

— Mina, não sabia que você era tão romântico! Com a tua ficha de encrenqueiro, juro, por essa eu não esperava!

— Minha ficha não me faz justiça. Aqui bastou ser preto para chamarem de ladrão, de vagabundo, de bêbado...

— Mas bem que você gosta da Paraty — debochou Giacomo, referindo a uma marca de cachaça comum e barata vendida nos bares do porto.

— Não tanto como dizem — defendeu-se Antônio, sorrindo, irônico. — Eu bebo meu trago, mas não até cair. Vê se em algum desses entreveros que se deram no porto eu apanhei? Nunca. Os negos não se metem comigo. Eles sabem que não estou bêbado e que eu sou capoeira desde menino...

Antônio se calou e virou a cabeça quando sentiu o toque delicado de uma mão feminina em seu ombro.

— Dona Maria Cândida, que satisfação! A senhorita está bem? — cumprimentou Antônio, levantando-se e apertando a mão da moça.

— Muito bem, e o senhor? É uma boa surpresa encontrá-lo aqui — respondeu Maria Cândida.

— É, concordo. As mudanças são devagar, dona Maria Cândida. Veja bem: cheguei a este país como escravo, hoje sou um homem livre, até tenho meu barraco. Tenho família e amigos, estou em uma festa de brancos. Quando cheguei aqui, pelado e com fome, não acreditava que iria viver um dia como o de hoje. Acredito que o trabalho da senhora e do seu pai ajudaram muito para que isso acontecesse. Já não é mais a cor que manda, agora o que nos une é o trabalho e o desejo de melhorar. Ainda tem muita injustiça, muito preconceito, mas quem sabe, no futuro, as mudanças não sejam maiores e melhores. Eu tenho esperança de coisas boas, sempre.

Maria Cândida olhou em torno, reconheceu muitos trabalhadores portuários vinculados à associação, sorriu e comentou:

97

— Eu também, senhor Antônio. Eu também. É por isso que trabalhamos: um futuro melhor, um país melhor, menos desigualdades, oportunidades mais bem distribuídas, menos preconceitos.

Giacomo olhava a jovem como se visse um ser extraterrestre, espantado. Maria Cândida tinha presença, carisma e eloquência. Acreditava no que dizia e vivia conforme as próprias crenças. Isso lhe dava autoridade moral e despertava naturalmente a confiança das pessoas. Mas Giacomo não estava habituado a ouvir discursos femininos e percebeu que Mina admirava a moça, não pela beleza, mas pela personalidade.

— Está sozinha, dona Cândida? — perguntou Antônio.

A jovem aquiesceu. Ele, prontamente, puxou a cadeira ao seu lado e convidou:

— Sente-se conosco. Este é Giacomo — apontou para o italiano do outro lado da mesa. — É amigo de Francesco e trabalha nos cais.

— Ah! Prazer em conhecê-lo, senhor Giacomo. Não o vi na nossa associação, ainda. Espero que nos visite.

Giacomo gaguejou uma resposta enrolada, sentiu-se confuso, inseguro, diante de Maria Cândida. Sentimentos novos. Nunca uma mulher lhe despertara essas sensações. Estava incomodado e curioso.

— Na verdade, desejo ir embora — afirmou por fim.

— Entendo. Tem o sonho de tornar-se um pequeno proprietário de terras. Muitos conterrâneos seus imigram com esse sonho, nem todos o realizam. Há quanto tempo está no Brasil, senhor Giacomo?

— Quase um ano. Até já consigo conversar na sua língua! Ainda falo pouco, mas compreendo bem — respondeu Giacomo.

Maria Cândida o examinou discretamente. Era um homem de boa aparência, mas não escondia a natureza rude nem a pouca instrução. Incentivou-o a falar e logo percebeu seu caráter sonhador, não realizador. Giacomo era teimoso, não determinado.

98

"Desastre à vista. Essa atitude é a receita da falência: devaneios, fantasias, e a falta de inteligência levando a teimar nos mesmos caminhos, no fim das contas, correndo atrás do vento. Andam muito, falam muito, não constroem nada. Ele tem todos os ingredientes em si mesmo", pensou Maria Cândida, escutando-o relatar seus projetos.

Enquanto Giacomo tagarelava, Antônio e Maria Cândida entreolhavam-se, lamentando em silêncio, pois comungavam dos mesmos pensamentos a respeito dele.

Antônio aproveitou um instante em que Giacomo silenciou, mudou o rumo da conversa e perguntou:

— Dona Cândida, e o partido, como vai? Não tenho ouvido falar.

— Seguimos nossa campanha de conscientização. Às vezes, o desânimo nos ataca, pois parece que as mulheres boicotam a si mesmas. Algumas acreditam sinceramente nessa bobagem de cidadã de segunda classe, creem que os homens sabem mais e decidem melhor do que elas. Não conseguem entender que a conquista dos direitos políticos é a primeira porta para podermos reivindicar os outros. Precisamos ter representatividade, tornar-nos visíveis. Irrito-me com essa invisibilidade feminina. Vá aos hospitais. Aliás, é melhor ir direto aos cemitérios de indigentes para entender o que digo. É lá que são sepultadas as mulheres que morrem na gravidez, no parto ou por abortamento, espontâneo ou provocado. Também é lá que as encontramos chorando seus bebês mortos com poucos meses, que morreram por falta de atendimento médico, por desnutrição. Também é lá que encontramos muitas sendo sepultadas porque foram agredidas até a morte por seus maridos, amantes ou capatazes e patrões nas fábricas. Isso a sociedade não quer ver, ouvir ou falar. É um silêncio mortal. Realmente "mortal" é a palavra certa, sem exagero. E aí, quando fazemos movimentos reivindicando direito de voto, a condição de cidadã, pasme, Antônio, encontramos resistência e adversárias de saia, mulheres, iguais a nós. É tão triste!

Antônio ergueu os olhos, como se olhasse para trás, vasculhando memórias do passado. Tinha um sorriso complacente no rosto, voz calma e experiente, ao responder:

— Entendo. Já senti o mesmo. Nas senzalas encontrei muitos negros que acreditavam que era seu destino viver para sempre na escravidão. E ainda hoje, entre os trabalhadores, negros livres e homens brancos também, que vivem sempre com a cabeça baixa, concordam com tudo. Acho até que, se bater em alguns deles, é bem possível que agradeçam. Irrita. Parece que não têm sangue nas veias, são umas criaturas sem força para viver, parece que não têm uma só gota de vontade no corpo. Eu fico triste com isso.

Mina pensou um minuto. A sua expressão tornou-se irreverente, e ele prosseguiu:

— Mas, dona Cândida, cá entre nós, há muitos padres com culpa no cartório por essas pessoas serem desse jeito. E com as mulheres, bom, não quero desanimá-la, mas acho que é ainda pior do que com os negros.

Cândida riu, deu um tapinha amigável na mão de Antônio e, com a mesma irreverência, replicou:

— É, a nossa escravidão é territorialmente maior, é mundial. Dura bem mais de quatro séculos, já tem alguns milênios. Você era escravo, mas, cessada a escravidão, apenas porque é homem, você tem direitos. A sua esposa viveu a mesma situação, não é?

Antônio balançou a cabeça concordando e sorriu antevendo a conclusão do raciocínio da jovem.

— Pois é. Ela, por ser mulher, não tem os mesmos direitos que você. Isso não é um absurdo? Para ser escrava, ela era igual a você: podia trabalhar e apanhar do mesmo modo; no entanto, agora que vocês são livres, a desigualdade se instala apenas em razão do sexo. Vocês, antes, tinham os mesmos direitos e as mesmas obrigações; agora, você tem direitos que ela não tem.

Giacomo ouvia a conversa e os considerava lunáticos. A moça era bonita; entretanto, a conversa não o agradava. Sem que eles notassem, pegou o garrafão de vinho e foi sentar-se sozinho em outra mesa. Maria Cândida era um tipo de mulher que ele não conhecia. Conhecia dois tipos de mulher: as que serviam para esposa eram boas, submissas, tementes a Deus; e as outras, com as quais os homens se divertiam, mas não casavam. Aquela tratava os homens como igual, não baixava a cabeça e falava em público de assuntos impróprios, como partos, abortamentos, violência e mulheres que tinham amantes. Não sabia como classificá-la.

Observou Antônio conversando animadamente com ela, sem faltar-lhe com o respeito. Dispensava-lhe o tratamento de uma mulher respeitável, mas ela não se comportava como as que ele conhecia. Sua surpresa aumentou quando viu um homem moço, bem trajado, sentar-se, com familiaridade, à mesa deles e participar da conversa. Como falavam alto, sabia que o assunto continuava o mesmo e ouviu tratarem o recém-chegado como doutor Henrique. Nem assim a mulher se calou. E ele lhe dava toda a atenção.

"Não entendo", pensou Giacomo, gesticulando a cabeça, incrédulo.

A tarde transcorreu rapidamente. Foi com pesar que os convidados viram a noiva subir em uma mesa e chamar as mulheres solteiras presentes para jogar o buquê, e com ele a sorte de quem seria o próximo casamento.

Muito barulho cercou a formação de um semicírculo atrás de Giuseppina. Os homens e as mulheres casadas, rindo, observavam a agitação das moças e o suspense, a silenciosa concentração, quando a noiva se virou de costas e jogou as flores.

Uma salva de palmas elevou-se em torno de Maria Cândida, ruborizada e sorridente, com o buquê nas mãos.

Aproveitando o deslocamento do centro de atração da festa, os noivos saíram rapidamente. Ela tirou o vestido e cuidadosamente o arrumou na velha mala. Com roupas comuns, encontrou o marido na charrete que os levaria à estação. O trem para o Sul partiria ao anoitecer.

Debruçada na proa do navio, Patrizia olhava o afastamento do litoral de Gênova. Ao longe, lenços brancos abanavam e ainda se ouviam alguns soluços entre os passageiros. Ninguém a abraçara no porto. Subira a bordo sozinha, carregando uma única mala, gasta e desbotada. Cansada e empoeirada, pois viera a pé até o porto, aproveitava para refazer-se. Não tinha nenhum sentimento nostálgico pela pátria. Sorria feliz, sentia-se tão livre quanto os pássaros. Aspirava a brisa marítima a longos haustos, inebriada. Naquele momento, tinha vontade de dançar sozinha, de abrir os braços e cantar a plenos pulmões. Não tinha dúvidas de que seria feliz no "belo Brasil", como falavam seus companheiros de viagem.

Lá, diziam eles, não havia velhos castelos. As terras eram virgens e sem donos. Era a aventura da liberdade e, comungando do mesmo espírito, Patrizia pensava que pátria era onde havia trabalho e pão para todos, pouco lhe importavam as incertezas. Afinal, a vida é feita delas.

O navio velho estava apinhado de passageiros, possivelmente superlotado. Se os imigrantes percebiam os riscos da viagem, não davam mostras. Tinham a certeza do sofrimento que deixavam e a esperança de que a América e o Brasil os tratassem melhor. A incerteza era cantada com a esperança. Já em alto-mar, Patrizia ouviu e cantou várias vezes os versos de *Mérica, Mérica*.

Carregava consigo uma certidão assinada pelo padre Assis declarando-a esposa de Giacomo Baccagini. Afogava no Atlântico as incertezas e se propunha a plantar as flores com as quais faria do inesperado destino de sua vida um buquê alegre e colorido.

XI. Construindo o amanhã

A grande maioria dos homens, no começo da navegação, não pensa em tempestade.

Sêneca. *A tranquilidade da alma.* [tradução Luiz Feracine] Escala: São Paulo. p. 62.

José Theodoro e Glória faziam a refeição matinal quando Silvério chegou. Rosário acompanhava o serviço da criadagem e foi recebê-lo. Chovia aos cântaros, por isso apressou-se em abordá-lo:

— Há uma batina em seu quarto, está limpa e passada. Não gostaria de se trocar, padre Silvério?

Rosário ainda estranhava chamá-lo de padre. Conhecera-o quando adolescente. Mas ele fizera os votos havia um mês, precisava acostumar-se.

— Obrigado, Rosário, mas tenho urgência em falar com meus pais. A demora é pequena, tenho compromissos na Paróquia de São Cristóvão ainda pela manhã. Apesar do aguaceiro, molhei-me pouco. O carro estacionou quase à porta.

— Seus pais estão fazendo o desjejum na copa. Gostaria que mandasse colocar mais um lugar?

— Ah, sim. Isso é bom, um café vem bem a calhar.

Rosário concordou, observou-o dirigir-se à copa. Chamou a criada e mandou colocar mais um lugar à mesa.

— Hum! Que será que aconteceu para ele aparecer aqui no meio desse toró? — questionou a empregada, curiosa.

— Não sei e não lhe interessa saber. Faça o que pedi — ralhou Rosário.

Todavia, sofria do mesmo mal. Não era usual Silvério aparecer na casa da família daquele modo e tão cedo.

— Bom dia! — saudou Silvério ao apresentar-se na copa. Beijou a cabeça da mãe e perguntou: — Dormiu bem?

— Muito bem, meu filho. Mas que surpresa boa a sua visita! Sente-se. Rosário já...

— Já, mãe — antecipou-se Silvério. — Rosário é muito eficiente, daqui a pouco... Ah, veja só, a criada já trouxe a louça e os talheres.

— O que o traz aqui tão cedo, Silvério? O café da casa paroquial não estava bom? — interrogou José Theodoro, direto.

— A Igreja cuida bem de seus servidores, meu pai — respondeu Silvério, falando mansamente. — Infelizmente o que me traz aqui é um assunto mais grave e desagradável. Não preferem tratar dele após a refeição?

— Eu prefiro — pronunciou-se dona Glória, sorridente. — Faço minha refeição em paz e deixo-os para que tratem desses assuntos...

— Não, mãe, a senhora ficará. É assunto de família.

O tom sério de Silvério assustou dona Glória, que em gesto afetado de aflição levou a mão à garganta e murmurou:

— Ai, que coisa! Não gosto disso. Nossos assuntos de família são sempre desagradáveis.

José Theodoro resmungou, ou melhor, rosnou algo, dando a entender que ela se calasse.

Terminada a refeição, ele se levantou e ordenou:

— Vamos conversar no escritório.

Os homens adiantaram-se e dona Glória inquiriu à governanta:

— E minha filha?

— Está no quarto, descansando. Disse não estar se sentindo bem. Recusou a refeição, senhora.

— De novo? Se isso continuar, chamarei o médico.

Rosário baixou a cabeça, calada. Desconfiava dos constantes achaques de Marieta nas duas últimas semanas. Sabia que algo estava acontecendo, afinal acompanhava o serviço de lavagem das roupas da família. Elas denunciavam irregularidades com a jovem. Mas não seria ela a alertar dona Glória. Por isso, pediu licença e retirou-se.

A família estava reunida, mas todos sozinhos, profundamente solitários. Os vínculos que os uniam não eram afetivos, mas, sim, sociais e financeiros. Em uma empresa, o ambiente de trabalho talvez fosse melhor, não haveria as imposições de obrigações entre pais e filhos, nem papéis familiares a cumprir, logo, sem decepções, sem ilusões perdidas. Amor, carinho, amizade não são transmitidos por genes ou pelo cordão umbilical, são construídos. O amor e o amar não se impõem.

Afinidades são naturais e dinâmicas. É uma caminhada espiritual que fazemos juntos no mesmo ritmo e na mesma direção. Quando se perde um dos dois, ela se rompe, e o afastamento é natural, já não há mais prazer na companhia. É lei da vida, que não nos pergunta quais os papéis que na matéria exercemos uns ao lado dos outros, ela simplesmente age ignorando-os, pois atua na esfera espiritual, que tem primazia sobre o mundo material, e nela somos todos espíritos imortais, filhos de Deus. Isso é permanente, o resto, o que na Terra representamos ora como pais, avós, tios, filhos, marido ou mulher, superior e subalterno, rico e pobre, é absolutamente transitório, mutável.

Eis a causa pelas quais há tantos problemas nos núcleos familiares. Estes nem sempre são construídos com base absoluta na afinidade entre os seus membros. É comum se formarem por necessidades, então a afinidade precisa ser construída e não será plena, possivelmente seja frágil, como uma florzinha do campo, dando uma tênue ligação aos membros da família. A paciência, a tolerância e o respeito às diferenças, principalmente o respeito ao direito do outro de ser como é, sem que lhe imponhamos uma forma de pensar, sentir e agir idêntica à nossa, precisam ser construídos, como pontes para a convivência. É comum muitos designarem o desrespeito como "educação familiar", dizem: "Criei todos iguais". E aquele que foge deste aprisco é a ovelha negra, algumas vezes tido como "o difícil", apenas porque exerce a sua individualidade, o sagrado direito de ser o que é.

Essa falta de atenção ao conhecimento da individualidade responde tanto pelas incompreensões entre os grupos quanto pela desatenção com os cuidados necessários ao aperfeiçoamento do caráter daqueles que recebemos para conviver, especialmente os filhos. Estes são espíritos que retornam à matéria em busca de evolução e nos são entregues na condição de crianças para que as conheçamos e valorizemos o que trazem de conquistas evolutivas, o que é da sua própria natureza e precisa ser aceito simplesmente, e também as características de personalidade passíveis de serem modificadas por uma boa educação.

Por boa educação, não entendo formação acadêmica profissional, nem rígida camada de verniz social. Boa educação é aquela que transforma os pontos frágeis do caráter de alguém em pontos fortes, é aquela que encaminha para o autoconhecimento e a superação, é a que muitas vezes dirá não à superproteção, não à preguiça, não ao vitimismo, não à crença de que seu filhinho está sempre certo. É o educador que dirá não para si mesmo quando sentir a tentação de fechar os olhos à realidade e negar uma condição indesejada no educando. Enfrentará a si próprio para fazer o possível e o necessário, ainda que doa.

A preocupação não é o sucesso aparente, material, mas o real, aquele que se enxerga no brilho do olhar de uma pessoa emocionalmente equilibrada e satisfeita consigo, capaz de realizar-se como um ser humano independente.

Nada disso passara por um só minuto na cabeça dos patriarcas da família Guimarães Lins. José Theodoro e Maria da Glória eram criaturas "bem ajustadas", entenda-se: reprodutoras de padrões culturais e educacionais aprovados pela maioria. Nunca questionaram o que faziam na condição de pais. Ocuparam-se em criar os corpos, trabalho que se resume a limpar, abrigar e alimentar. Os animais fazem isso brilhantemente e até com qualidade superior a de muitos criadores de humanos, pois reconhecem quando o filhote cresce e promovem a sua independência, ensinando o necessário para cuidar da própria vida.

Muitos criadores humanos infantilizam e mantêm em eterna dependência as suas crias. Algumas vezes, dupla dependência: emocional e financeira. Isso é posse, é controle.

A vida é lógica, basta observar a natureza para constatar as suas leis invariáveis. O sol não nasce do lado contrário, por mais que alguém julgasse que seria melhor. Fugir à lógica é sinônimo de catástrofe, é entregar-se a um pensamento mágico, sempre à espera de um milagre, sem esforço pessoal, na solução das dificuldades.

Crer que manter alguém dependente ou esconder suas debilidades físicas ou morais com superproteção seja a solução ou o que exige o amor familiar é um triste engano. Não é amor, não é elogiável, não é meritório. É terrível! Não tem como dar bons resultados. Ninguém colhe o que não plantou. Isso nos torna solidários nos equívocos e gera as necessidades de pertencer a um grupo sem afinidade afetiva, unido apenas pelas deficiências. O que esperar?

Todavia, era dessa forma que pensava o casal Guimarães Lins e assim ensinara seus filhos homens a pensarem em relação aos óbvios conflitos morais de seus caçulas. Marieta, desde menina, fora muito mimada; porém, ao ingressar na adolescência, essa imposição de suas vontades e a fraqueza de seus genitores em orientá-la trouxeram à baila uma conduta sexual desregrada e cultivada havia muitas encarnações. Aliás, com o aval de seus atuais genitores, na época indivíduos que lucraram financeira e politicamente com o seu desregramento de conduta.

Na adolescência de Marieta, afloraram os pendores do passado espiritual, somando-se à condição orgânica do corpo, então apto à atividade sexual. Ela simplesmente não sabia conter seus impulsos e suas necessidades, não sabia usar a razão, não media consequências e nessa área desconhecia qualquer verniz social. Bastava ser macho, qualquer um servia para saciar sua compulsão por sexo.

Distúrbio muito sério, na época coberto por tabu, os familiares faziam de conta que não existia e tratavam de ocultar provas. Vigiavam-na para nunca se envolver com pessoas de sua classe social, e assim o assunto acabar descoberto. Daí a preocupação da família em casá-la logo com alguém de seu meio, que ignorasse os fatos.

A aflição em torno do relacionamento com Henrique não fora pela suposta falência de sua família, mas por ele circular no mesmo meio social e poder vir a ser objeto da compulsão.

José Theodoro sentou-se atrás da pesada e grande escrivaninha de madeira, a esposa e o filho acomodaram-se nas poltronas à sua frente.

— Fale, Silvério — ordenou. — Desconfio que o assunto seja Marieta. Estou certo?

— Como sabe? — interpelou Silvério, irônico.

— Ah, não! Outra vez, não — choramingou dona Glória. — Pelo amor de Deus, diga que não é verdade o que estamos pensando, meu filho.

— Não posso, mamãe. Vou direto aos fatos. Como sabem, assumi a Paróquia de São Cristóvão. Pois bem, lá descobri que minha querida irmã mantém, há meses, escandalosos encontros com um estivador. Ela desceu demais! Andava "caçando" homens no porto. Por favor! É humilhante!

— Era qualquer um aleatoriamente, como sabemos que ela faz, ou coisa pior? — interrogou José Theodoro. — Odeio essa menina, ela vai arrastar nosso nome para a lama. Não sei mais o que fazer. Talvez devesse interná-la em um convento...

— Na Europa, meu pai — interrompeu Silvério, advertindo o pai. — Não aceito distância menor, se a decisão for enviá-la para a Igreja. Aqui ela estaria ligada a mim.

— Que seja! Por mim pode ser até na África — replicou José Theodoro. — Quanto mais longe melhor. Sua mãe é a falência em pessoa na forma de mãe, uma completa incompetente para educar a filha...

— Eu?! Eu não tenho culpa! — protestou dona Glória, chorando. — Morro de vergonha e aflição pela conduta de Marieta, mas ela não me obedece. É pior que uma cadela no cio. Deus me perdoe, mas não adiantou encerrá-la. Tudo isso depois daq... Relutava em mandá-la para um convento, mas...

— Bem, retomando os fatos e respondendo a sua pergunta, meu pai: ela é conhecida na zona do porto, mas há meses ela se encontra somente com um imigrante italiano que trabalha no porto. O rapaz tem boa aparência, mas é rude, ignorante, é trabalhador. Como eles mesmos dizem, é um cavalo para o serviço. Deve ser também para outras coisas, daí Marieta...

— Silvério! — gritou dona Glória, tomada de horror. — Por favor, modere a linguagem. Esse assunto é péssimo por si mesmo, se ainda usar essas expressões grosseiras e...

— Reais, mamãe. A senhora, há pouco, disse que ela se assemelha a uma cadela no cio. Lembre-se: ela é pior, pois as cadelas têm dois cios por ano. Minha irmã vive esse estado de forma permanente.

— Deve ser o demônio tentando-a — lembrou dona Glória, apelando para a religião.

— Pode ser. Mas que seja exorcizada bem longe daqui. O clero tem língua e vai a muitos lugares por aqui

109

— comentou José Theodoro. — Pouco me importa quem seja o italiano, é só mais um. Quero Marieta fora do Rio de Janeiro o quanto antes.

Encarou a esposa, muito sério, pois ela relutara em outras ocasiões a atender a vontade do marido, alegando que teriam de dar explicações para o sumiço da filha, e isso seria constrangedor. Dessa vez, dona Glória baixou a cabeça.

— Para onde a mandaremos? Não tenho como contatar um convento e encaminhar o embarque dela para a Europa tão rápido. Preciso ver um convento adequado, o senhor entende, sem padres jovens e inexperientes. Deve ser distante e inexpressivo, para não causar escândalos. Há uma burocracia, que poderá ser facilitada... — Silvério fez uma pausa e encarou o pai, fazendo um conhecido gesto que significa dinheiro, propina — mas custará caro.

— Pago quanto for preciso para devolvê-la a Deus — declarou José Theodoro, peremptório. — E nunca mais enxergá-la na minha frente.

Dona Glória benzeu-se fazendo o sinal da cruz; no entanto, calou-se. Temia a ira do marido e, no íntimo, estava feliz por encerrar-se aquele maldito problema. Preferia dizer à suas amigas que a filha descobrira a mesma vocação do irmão e fora servir a Deus e à Virgem Maria, a vê-las sussurrando, amanhã ou depois, sobre os desregramentos de Marieta. Livrar-se daquele constante temor de escândalo seria o paraíso.

— Estou de acordo — assentiu dona Glória, falando com segurança. — Podemos enviá-la para uma das fazendas, poderá ficar com Rubens enquanto providenciamos o seu enclausuramento.

— Clausura?! — perguntou Silvério, surpreso.

— Sim, menos do que isso não será solução — repetiu dona Glória. — Procure um convento carmelita, em um país distante, no Leste Europeu. Acho que seria adequado.

Até mesmo José Theodoro surpreendeu-se com a decisão da esposa. Era drástica.

— Que seja feito! — concordou ele, encarando o filho e referendando a decisão da mulher. — Mandarei Severo preparar o carro. Eu faço questão de acompanhar essa menina para fora da cidade. Eu a levarei e colocarei seu irmão a par da situação.

Voltando-se para a esposa, ordenou:

— Comunique a Marieta que irá passar alguns dias com Rubens. Diga-lhe que será para recuperar-se desses mal-estares, que, Deus nos livre, bem podem ser a consequência desses encontros. Um neto bastardo é o sonho de todo pai. Que vergonha!

Dona Glória levantou-se com a expressão composta, nada revelando de seu íntimo. Pediu licença e saiu para providenciar a viagem da filha, como se não fosse um banimento social, mas dando todas as impressões de preocupação materna com uma viagem para recuperação da saúde.

XII. Lourdes e Bernardina

(...) não basta levar o nome de cristão, nem assentar à mesa para tomar parte no celeste banquete; é preciso, antes de tudo, e como condição expressa, estar revestido com a roupa nupcial, quer dizer, ter a pureza de coração e praticar a lei segundo o espírito (...)

Kardec, Allan. *O Evangelho Segundo o Espiritismo*. Araras: IDE. Capítulo XVIII, item 2.

A fazenda Casa Nova lembrava uma colmeia. Os trabalhadores moviam-se incansavelmente em torno da lavoura de café e do gado. O pátio ficava em torno da casa, uma construção da época, pois a antiga fora abandonada. A nova era bonita, com amplas janelas, portas altas e um alpendre com colunas de mármore. Ainda guardava resquícios do estilo colonial.

Muitos prédios cercavam a sede: armazéns, casas de alguns capatazes e alojamentos dos empregados faziam parte do complexo. Mais afastados, ficavam as estrebarias, as cocheiras, os silos e os galinheiros. A organização, a limpeza, o bom gosto e a atividade constante e próspera falavam muito a respeito de seu administrador. Em muitos pátios, viam-se os grãos de café sendo manipulados pelos trabalhadores.

Não era somente o ar do campo a tornar saudável o local, a atmosfera espiritual gerada pelos pensamentos e sentimentos de gente simples que vivia em paz, trabalhando, contribuía muito. Formavam elos de amizade, e muitas famílias nasciam e cresciam por ali. Estranhamente não havia uma capela, aliás, a antiga, que servira à primeira sede da fazenda, Rubens mandara destruir. Não sobrara sequer um tijolo do local.

Não era isso que José Theodoro enxergava pela janela do carro. A seus olhos, os grãos de café transformavam-se em notas de réis estendidas sob o sol. Os hectares de terra cultivada eram investimentos. A natureza diligente sequer merecia uma lembrança. O sol, a terra, a chuva, o ar cumpriam sua obrigação. Ele apenas pensava na importância do ecossistema quando algo se alterava causando-lhe prejuízo, como, por exemplo, uma estiagem prolongada. Então, vasculhava os céus e clamava a Deus por chuva, até pagara missas no passado com este propósito. Satisfeito, esquecia-se da mãe natureza e apenas tirava dela. Os trabalhadores, em sua maioria negros alforriados e mestiços, ignorava ostensivamente. Preferia os cães, que não falavam e também trabalhavam para ele por casa e comida.

Para felicidade dos moradores das fazendas, José Theodoro pouco os visitava. Havia anos entregara ao filho a administração das propriedades do Vale do Paraíba. E Rubens deliberara fazer da Casa Nova a sua própria residência. Daí o sugestivo nome.

Não é sábio remendar pano velho, é esforço inútil. Melhor reconhecer o fim e começar de novo. Temos isso dentro de nós, e deixado livre, esse conhecimento vem à tona. O apego, o conservadorismo, filhos do medo, não permitem mudanças nem a construção de "casas novas". O povo viu o fenômeno patrocinado por Rubens e deu-lhe nome. Reconheceu a transformação a operar-se de dentro para fora, revolucionando o ambiente e trazendo progresso, não sem o preço do escândalo e da incompreensão.

Naquele entardecer, os trabalhadores olharam, surpresos, o Renault Cupê do patrão. Rubens era o patrãozinho.

— Chi! — murmurou Bento ao ver a poeira erguendo-se a pequena distância na alameda de acesso à fazenda.

— Que foi? — indagou Marcolino, aproveitando a pausa para secar o suor do rosto com a camisa.

— *Oiá* lá, é o carro do patrão velho — disse Bento apontando a entrada. — Aconteceu *arguma* coisa. Ele não vem aqui de graça. A gente sabe por quê, eles não *aceita* a Lourdes. Não gosta nem de enxergar a *muié*...

— E bem *faiz* ela que *manda eles tudo tomá banho e i pro* inferno, se *quisé* e *gostá* — interveio Marcolino, ferrenho defensor e amigo de Lourdes. — Mais *ocê* tem razão: essa peste desse *homi num* veio aqui de graça. Vixe, Nossa Senhora! Tomara que ele vá-se embora *ligero*.

Bento concordou e retomou o trabalho. Não "queimava pestana à toa", como dizia. Esperaria para saber o motivo daquela visita. A preocupação não resolve nada, somente desgasta. Ocupar-se de um problema, visto como um desafio à nossa responsabilidade e inteligência, isso, sim, é útil e deve ser feito no momento oportuno, nem antes, nem depois. Ele não era ingênuo para crer em uma visita de José Theodoro sem propósito. Sabia que o "patrão velho" não agia desinteressadamente ou por impulso. A quebra de rotina tinha uma justificativa e devia ser forte para trazê-lo ali e confrontar Lourdes.

Como um rastilho de pólvora, a notícia espalhou-se entre os trabalhadores. Respeitosamente, os que trabalhavam à beira do caminho tiravam o chapéu, saudando o patrão que se limitava a erguer a mão ou balançar a cabeça retribuindo o gesto.

— Está carrancudo! — falou Bento, referindo-se a José Theodoro após a passagem do veículo pelo eito onde trabalhava com Marcolino.

— Hum, e quando não está? — retrucou Marcolino sem parar de remexer os grãos, atento ao serviço, para favorecer a secagem uniforme.

— Tem uma moça junto. Será que é a *fia*? Já nem sei mais quantos anos *faiz* desde que veio aqui a *úrtima veiz* — comentou Bento.

— *Faiz* muito tempo! *Inda* era criança, deve *tá* moça hoje em dia. Deve *sê* ela, sim, Bento.

Bento coçou a cabeça suada, apanhou uma garrafa que estava no chão à sombra de um arbusto e tomou a água morna. Trabalharam até o sol se pôr em silêncio; no entanto, continuaram pensando nos motivos da visita surpresa.

Bernardina reconheceu o carro. Tocou de leve o braço da filha e pediu:

— Lourdes, mantenha a calma.

A filha deu um suave tapinha na mão da mãe e respondeu:

— Eu não perderei a calma, mãe. Raramente a perco. Vocês é que pensam que exigir o respeito devido é perder a calma. Conheço o senhor José Theodoro desde criança, esqueceu? A educação dele é menor do que a minha, só a usa em festas e a trabalho. Pensa nela como algo parecido com roupa de festa, serve para esconder a grosseria natural.

— Eu sei, filha — retrucou Bernardina. — É por isso que lhe pedi calma.

— Eu sou a senhora da fazenda Casa Nova, quer ele goste ou não. E ele está na minha casa, aqui não é o Rio de Janeiro — afirmou Lourdes, descendo as escadas do alpendre para ir recebê-lo.

Aguardou que saísse do carro e, ao vê-lo de pé, encarou-o e percebeu a profunda contrariedade em sua expressão. Ele estava irritadíssimo. Foi quando percebeu a presença de Marieta.

Lourdes estendeu-lhe a mão como convinha a uma boa anfitriã e falou:

— Boa tarde, senhor Guimarães. Seja bem-vindo à fazenda.

Ele ignorou o gesto, deu-lhe as costas apanhando uma valise no veículo e perguntou:

— Onde está Rubens? Preciso falar com ele imediatamente.

Lourdes recolheu a mão e sorriu friamente ao responder:

— Rubens não está na fazenda, voltará amanhã.

— Que inferno! — imprecou José Theodoro, vermelho.

Olhou para o interior do carro e, ao deparar-se com Marieta emburrada, ainda sentada, gritou:

— Desça já daí, imprestável!

— Não desço — respondeu Marieta. — Não ficarei neste fim de mundo. Vocês enlouqueceram de vez. Eu não saio deste carro. Eu disse que era perda de tempo essa viagem, eu voltarei ao Rio de Janeiro hoje. E acho melhor o senhor subir logo e mandar o motorista nos levar de volta.

— Marieta — grunhiu José Theodoro entre dentes. — Cale a boca e obedeça! Saia já do carro.

— Não saio! — teimou a jovem enfrentando o pai com arrogância. — Rubens não está. O senhor não ouviu o que a negra falou?

Lourdes respirou fundo. A família de Rubens não mudara nada desde o último enfrentamento. Falsas aparências eram o móvel de tudo. Longe da elite da capital, mostravam a quem quisesse ver a verdade escondida. Considerou que estava entendendo mal a questão, mas deduzira que Marieta estava sendo trazida a contragosto para uma estada na fazenda. "Céus, que notícia!", pensou incomodada.

Antes que Lourdes tivesse se recuperado da constatação sobre a visita demorada, José Theodoro arrancava a filha do veículo. A mala voou ao centro do pátio e, quando ela deu por si, pai e filha esbofeteavam-se raivosamente gritando palavras ofensivas e grosseiras.

Lourdes ouviu sua mãe chamar Catarina e Denizar, e isso a fez reagir. Seus filhos não mereciam presenciar aquele comportamento.

— Parem! — gritou Lourdes.

Foi ignorada, José Theodoro e Marieta brigavam como se fossem moleques de rua. Obviamente, ela apanhava, dada a desvantagem física. Lourdes insistiu, sem sucesso.

— *Lourde*! — chamou Marcolino aproximando-se do pátio e assustado com a cena: — *Vamo fazê* que nem em briga de cachorro.

— Boa ideia! — respondeu ela e correu para dentro de casa.

Retornou com uma espingarda na mão e disparou dois tiros para o alto, enquanto Marcolino jogava um balde de água fria sobre Marieta e José Theodoro.

O efeito foi imediato. Assustados, os visitantes volta-ram-se para encarar Lourdes. Marcolino escondeu-se rapi-damente atrás de um arbusto.

— Muito bem, voltaram à razão. Vocês estão na minha casa e aqui exijo respeito. Não faz parte do nosso modo de vida cenas animalescas como essa.

Observando que o nariz de Marieta sangrava, olhou-a com firmeza e ordenou:

— Entre, moça! Precisa cuidar desse ferimento. Marcolino! — chamou alto e sorriu ao ver o amigo sair de trás do arbusto, segurando o chapéu na frente do corpo.

— Sim, dona *Lourde* — falou o trabalhador submisso.

— Marcolino, por favor, leve essa moça e a entregue à Dulce. Peça-lhe que cuide dela. Preciso conversar com o senhor José Theodoro.

— Sim, senhora — atendeu Marcolino prontamente, aproximando-se de Marieta, agora em pranto. Tomou-lhe o braço e a conduziu ao interior da casa pela porta dos fundos.

José Theodoro bufava. Desejava bater em Lourdes e mostrar-lhe quem era o senhor daquela fazenda, mas ela tinha uma espingarda, e aparentemente mandava e era obe-decida. Respirou fundo, encarou-a e admitiu:

— Melhor conversarmos, embora não seja do meu agrado.

— Nem do meu — retrucou Lourdes, falando sério, e firme o advertiu: — Lembre-se: foi o senhor quem veio aqui, não o contrário. Dentro desta casa estão meus dois filhos, minha mãe e amigos que trabalham conosco. Sei que o senhor não considera meus filhos com Rubens seus netos e, diante do que vi agora há pouco, fico honrada com sua atitude. Antes que entre, quero deixar bem claro que não tolerarei falta de educação e violência na minha casa e na frente da minha família. Espero ter sido clara, senhor Guimarães. O bom entendimento dessas regras facilitará nossa conversa e a sua curta permanência aqui.

José Theodoro lançou-lhe um olhar irado e, pisando duro, marchou em direção à entrada da casa, resmungando:

— Nunca alguém me repreendeu por falta de educação, nem uma neg...

— Uma negra fez isso hoje com justificadas razões — rebateu Lourdes, com ar grave. — E falei muito sério. Minha arma está engatilhada e ficará ao meu lado. Essa linguagem deve ser entendida pelo senhor, eu espero.

Agitação, euforia e alívio eram os sentimentos e as sensações dominantes em Patrizia e seus companheiros de viagem. Enfim avistavam o porto do Rio de Janeiro. Debruçou-se na grade, sentindo o vento no rosto, e suspirou de cansaço e ansiedade.

"Lá está o tal belo Brasil. Meu Deus, ajuda-me que seja melhor do que a Itália. Não tenho medo do trabalho. Sei que em parte alguma da Terra linguiça dá em árvore e ninguém fica rico sem trabalho. Não é isso o que espero. Eu só quero ser livre, trabalhar e ter o que comer, ter uma casinha e um pouco de terra. E, por Deus, nunca mais passar pela humilhação de pedir às autoridades uma declaração de indigência por não ter dinheiro para pagar pelos documentos, como pedi ao prefeito para poder fazer o passaporte, a declaração de 'nada consta' que precisei para deixar o Vêneto. Meus filhos, quando os tiver, saberão ler, irão estudar, não terão essa vida de 'sapato grande'[6]. Essa morrerá comigo, meus descendentes terão outro destino. Afinal, em todo Vêneto só se falava que a América é a terra das promessas, que no Brasil o solo é fértil, que as folhas das árvores são tão grandes que se pode fazer um chapéu, e as oportunidades eram para todos. Eu acredito e vou fazer a minha parte. Morro 'sapato grande', mas há de ser em cima do que é meu. Ninguém me dará ordens. E perdoa-me, Deus, mas que felicidade não ter sogra! Só isso já era o bastante para eu ter largado tudo e me lançado quarenta dias sobre o mar nesse vapor caindo aos pedaços. Não haverá nenhuma bruxa velha, tapada de preto, me dizendo, de manhã à noite, o que devo fazer. Que glória! Agora, esquecerei dona Ambrogina e a vontade de esgoelá-la", pensava Patrizia, sem notar que algumas lágrimas rolavam em suas faces, misturando-se à expressão de prazer ao recordar-se dos sonhos que tinha quando morava na casa da sogra.

Riu ao dar-se conta de que, nos dias a bordo do navio, não tivera um único pesadelo e não estrangulara a velha sogra, um sonho recorrente nos últimos anos. Exultava durante esses sonhos. Quanta satisfação sentia neles!

Um arrepio correu por seu corpo, e o coração bateu na garganta quando ouviu o apito do navio anunciando a próxima atracagem.

— Cheguei! — gritou Patrizia, batendo palmas, dando pulinhos e admirando o movimentado porto. — Cheguei, minha Nossa Senhora. Deus seja louvado! Cheguei!

Apressou-se a misturar-se à movimentação geral no andar da terceira classe. Todos apanhavam as malas e corriam ao desembarque.

---

6 Expressão usada pelos italianos imigrantes para referir-se à condição de camponeses (*skarpa grossa*, em italiano).

Somente quando pisou em solo firme, Patrizia percebeu as pernas tremendo pela longa estada no mar e por medo.

— Giacomo Baccagini! — Patrizia chamou baixinho, olhando em volta. — Onde estará meu marido?

XIII. **Enfrentando a realidade**

Deus assiste aos que agem, e não aos que se limitam a pedir.

Kardec, Allan. *O Livro dos Espíritos*. DF: Edicel. q. 479.

Silvério olhou com desprezo o jovem imigrante que fingia rezar, mas a todo instante voltava a cabeça à porta de entrada da igreja, mal disfarçando seu estado de ansiedade. Fazia uma semana que todo santo dia lá estava o italiano. Esperava por Marieta. Silvério resolveu dar fim àquela situação. Respirou fundo, juntou as mãos em frente ao corpo e caminhou decidido pelo corredor central da igreja. Naquele instante sentia o peso da batina vestida em seu corpo.

Parou onde estava acomodado o rapaz e pigarreou para chamar-lhe a atenção.

Giacomo encarou o padre e, apressado, pediu-lhe a bênção.

— Deus o abençoe — respondeu Silvério, circunspecto. — Tenho visto o senhor todos os dias aqui na igreja, mas nunca o vejo na sacristia nem no confessionário. Infelizmente, também não o vejo na missa.

Giacomo ficou nervoso, detestava ser repreendido, mas não devia irritar-se com o padre, além de saber que o clero era poderoso, também acreditava que somente desejavam o seu bem, a salvação de sua alma pecadora.

— Meu tempo é pouco, padre. Trabalho no cais do porto e venho à igreja para rezar quando posso. A vida de imigrante é mais dura do que eu esperava. Minha vontade era estar trabalhando na terra, lá no Sul, em cima do que fosse meu, não aqui, coquiando saco por alguns réis no fim do dia.

— No entanto, vem aqui encontrar uma moça, não é verdade? Há semanas eu a vejo aqui ou nas redondezas.

Giacomo empalideceu e gaguejou:

— Uma bo... bo...a amiga, padre.

Silvério coçou o queixo. Sua expressão carregada e irônica não deixava dúvidas a respeito do quanto acreditava na explicação.

— Entendo. Bem, tenho novidades: ela não virá mais aqui. Deverá passar alguns meses, possivelmente nove, viajando, compreende? Depois, irá servir ao Senhor em um convento na Europa. A família, muito conceituada e influente, pediu que o avisasse a respeito do destino de Marieta Guimarães Lins para que nunca procure saber notícias dela.

"Nove meses!", Giacomo sentiu o chão abrir-se sob seus pés. A culpa e o arrependimento, cujas sombras bailavam no relacionamento com Marieta, ganharam proporções gigantescas e ele se viu ajoelhado, em prantos.

Silvério identificou a crise emocional de Giacomo, mas nada fez para aliviá-la, simplesmente afastou-se sem uma palavra.

— Santo Deus, me perdoa! — implorou Giacomo. — Sou um pecador, desgracei a vida de Marieta. Haverá uma criança carregando meu sangue e nem sei que destino terá! Que castigo! Sei que sou pecador, sei que fui fraco, mas nunca desejei pôr no mundo um filho bastardo, sem pai. E ela? Tão jovem, bonita e fogosa, irá para um convento contra vontade! Pobre moça!...

Um toque firme em seu ombro o fez erguer a cabeça. À sua frente, o velho zelador da igreja o encarava compadecido.

— Meu amigo — disse ele —, lágrimas aliviarão a sua dor, mas não irão curá-la. Carregue com dignidade o fardo da sua vida. Trabalhe, faça o bem, seja bom e honesto. Acredite-me, a vida continua. Deus nos ampara sempre.

Surpreso, Giacomo sorriu para o homem de expressão calma e bondosa. Enxugou as lágrimas que corriam pelo rosto vermelho.

— Perdão! — pediu Giacomo. — Foi um momento de fraqueza.

— Não, meu filho. Chorar demonstra força. É preciso ter coragem para enfrentar emoções fortes. Não são os fracos que choram, estes fogem da dor, fazem de conta que ela não existe. Como se assim ela não doesse! Até riem, debocham ou agridem, mas não choram. Estes são os fracos. Você não é fraco, apenas sente dor, é humano. E chorar é natural. Mas confie em Deus, irá passar. Tudo passa!

— Acho que Deus não me escuta mais...

— Não diga isso! O amor Dele jamais nos abandona.

— Sou um pecador! Sou culpado! Culpado por vidas arruinadas...

O zelador fez um gesto de entendimento, tocou-lhe o alto da cabeça e continuou:

— Eu não sei, nem quero saber do que se considera culpado. Quero que se lembre: Deus perdoa sempre. Nós é que precisamos aprender. Todos os dias eu ouço a missa, mas não consigo ler e entender nos Evangelhos a mesma coisa que os muitos padres que já passaram por esta igreja. Eu vejo, todos os dias, pessoas recomeçando a viver, reconstruindo, superando dificuldades, e isso me diz que Deus perdoa sempre, pois dá outra oportunidade. O dia nasce de novo. Se Ele fosse tão ruim quanto pregam os padres, esse mundo já não existiria mais. Já teria afogado todos nós ou nos feito virar pedra, ou sei lá o quê. Mas não é assim. Amanhã você acordará igualzinho por fora, mas mudado por dentro, arrependido, triste, disposto a não repetir atos. Isso é o perdão de Deus: outro dia para você trabalhar, aprender, viver, fazer as coisas de outro modo, tornar-se melhor.

Giacomo ouviu espantado as confortadoras palavras do zelador e indagou-lhe:

— E os outros? Será que terão um amanhã para recomeçar? Poderão ser felizes? Eu poderei carregar esse peso no coração?

— Poderá! Eu vi tudo que aconteceu com você e observei. Na verdade, eu esperava pelo dia de hoje. Você não faz ideia do quão complicada é a jovem com quem... bem, com quem saía daqui. Todos nós escrevemos nossas vidas. Seja lá qual for o destino dela, acredite, ela tem responsabilidade na construção dele. Talvez o que agora possa parecer um mal, será, no futuro, um grande bem. Somos muito apressados, precisamos ter calma. A melhor maneira de analisar se algo é bom ou ruim é pelas consequências que gerará. Depois, não agora. Colabore, fazendo com que as suas consequências sejam boas.

— Mas há um inocente nessa história que não terá pai nem mãe — lamentou Giacomo. — Sou um homem pobre, mas honrado, nunca pensei, nem quis pôr no mundo um filho para sofrer. Isso dói! E eu não irei vê-lo, não saberei o que foi feito dele.

— Reze por essa criança que está por nascer. Peça a Deus que lhe dê um bom pai, um bom lar. Histórias como essa costumam acabar na casa alheia, conheço muitas iguais. As crianças são dadas a outras famílias, em um lugar bem distante. As mães são mandadas para a Igreja, ou casadas com algum viúvo. Ajude as crianças que você encontrar nessa situação, sem lar, sem família — aconselhou o zelador. — Isso fará bem à sua consciência e ajudará essa alma que irá nascer. Ela também traz sua história para escrever aqui na Terra. Confie na sabedoria da vida, é muito maior do que a nossa.

O zelador olhou em direção ao altar, precisava terminar seu trabalho, retirar as flores murchas, trocar a água dos vasos, pôr velas novas nos candelabros, varrer a igreja. Padre Silvério supervisionava o serviço nos mínimos detalhes, e complacência não era uma de suas virtudes. Precisava voltar ao trabalho, mas algo lhe dizia que era preciso mandar o italiano rezar em outro lugar. Percebera a visível irritação do padre. Causas existiam, mas não lhe interessavam. Não queria fazer julgamentos. Daria a cada um deles o que podia e o que lhe pediam: ao estrangeiro o conforto espiritual, e ao padre o trabalho material bem-feito. Assim, voltaria para casa em paz depois da hora do Ângelus.

— Meu amigo, ouça: vá caminhar na praia. O ar marinho faz maravilhas, você se sentirá melhor. Nada do que acontecerá no futuro e na vida alheia está em suas mãos. Perdoe-se e perdoe aos outros, como dizia Jesus: "Eles não sabem o que fazem". E eu digo: por aqui são poucos os que sabem o que estão fazendo. Cuide da sua vida. Cuide para não repetir o que o fez chorar hoje. Procure conhecer-se, saber o que em você, qual sentimento, crença ou vício, trouxe-o a esse momento de sofrimento e transforme-o. Aproveite para enxergar-se. Mas agora vá! O padre já está impaciente com nossa conversa.

E, para descontrair, riu ao comentar:

— Sabe como é, por aqui só ele fala.

Giacomo ergueu o olhar ao altar e deparou com o semblante carrancudo de Silvério. Observou-o bem e notou semelhanças fisionômicas com Marieta.

— Eu entendo, irei embora — declarou Giacomo dirigindo-se ao zelador. — Mas poderia responder minha última pergunta?

— Que seja breve!
— O senhor disse conhecer minha... amiga. Sabe se ela é parente do padre?
— Irmã. E agora, por favor, vá. Tente esquecer tudo isso. O tempo é um santo remédio. Vá com Deus!

Giacomo ergueu-se e abraçou, agradecido, o zelador. Ainda abalado pelos acontecimentos da manhã, meteu as mãos nos bolsos da calça marrom e caminhou em direção ao cais. Ao longe, ouviu o apito de mais um navio vindo da Itália anunciando sua chegada. Isso era tão comum, já não o emocionava como nos primeiros tempos.

A tarde chegava ao fim. Antônio observava o pôr do sol, sentado à sombra de uma parede alta de um dos armazéns do cais. Sem pressa, pois estava cansado demais, tomava goles de sua aguardente favorita. De vez em quando, afastava o olhar da contemplação da natureza e se certificava do movimento em torno. Não estava disposto aos costumeiros desentendimentos com a polícia, por isso havia notado que tinha a companhia de uma jovem desconhecida, sentada em um banco, com uma velha mala ao lado. Sabia que era uma imigrante, mas estranhou por estar desacompanhada. Visivelmente nervosa, ela parecia esperar por alguém que a esquecera ali. Compadecido, Antônio decidiu aproximar-se.

— Boa tarde — saudou em português.

A jovem voltou o rosto em sua direção. Ele sorriu, mostrando os dentes muito alvos contrastando com a pele negra. Era uma italiana bonita, simpatizou com seus grandes olhos azuis cinzentos e a pele bronzeada pelo sol. Notou sinais típicos dos camponeses com os quais convivia havia tantos anos: magreza extrema, mãos maltratadas, cabelos sujos. Examinou-a rapidamente e constatou aliviado que não tinha marcas de pelagra[7], aquela doença o assustava.

Ela respondeu-lhe em talian:

— Não entendo.

Antônio confirmou sua avaliação e surpreendeu-a ao falar em sua língua. Ignorou o olhar amedrontado e desconfiado dela, e indagou:

— Posso ajudá-la? A senhora chegou sozinha. Está esperando alguém da família? Um patrão? Para onde vai?

— Espero meu marido. Ele trabalha no cais.

— Então devo conhecê-lo. Como se chama? Eu trabalho aqui há anos, senhora, sou muito conhecido e conheço todo pessoal que trabalha na zona. Diga-me o nome do seu marido e a ajudarei a encontrá-lo. Sabe, hoje teve muito trabalho. Chegaram vários navios, e o pessoal ainda está ocupado arrumando os armazéns — explicou Antônio Mina, justificando a ausência do colega. E falante, bem-humorado, comentou: — Nesses dias, temos que aproveitar. É quando se pode ganhar um dinheirinho a mais.

Ela sorriu. O medo cedia lugar à simpatia. Antônio tinha o dom de despertar a confiança das pessoas por sua disposição constante de servir.

— Ele se chama Giacomo Baccagini. Conhece-o?

---

7   Pelagra é uma doença causada pela falta de niacina (ácido nicotínico ou vitamina B3 ou vitamina PP) e/ou de aminoácidos essenciais, como o triptofano. É conhecida por seus três sintomas que começam com a letra D. São eles: o aparecimento de uma cor escura na pele (Dermatite), que fica seca e áspera e mais tarde provoca o aparecimento de crostas. Mais tarde aparecem Diarreias e alterações mentais (Demência); também conhecida como doença dos três "Ds". Na Europa essa doença propagou-se quando a farinha de milho começou a substituir a de trigo, por volta de 1700. Atualmente é uma afecção infrequente, sendo a causa mais comum o alcoolismo (fonte: Wikipédia, em 9/1/13).

— Claro! Ele mora na hospedaria da dona Bella. Eu não o vi hoje, mas, como lhe disse, tivemos muito trabalho. Ele deve estar descarregando com outra turma. Se quiser, posso levá-la até a hospedaria. É perto daqui. Sabe, senhora, está anoitecendo e, às vezes, essa zona fica perigosa à noite, ainda mais para uma mulher sozinha, entende?

— Sim. Eu agradeço a sua ajuda, e o senhor tem razão: é melhor aguardar Giacomo na hospedaria. Na carta que ele me enviou, escreveu que morava nesse lugar.

Ela se ergueu, decidida, apanhou a mala com uma mão, era leve, tinha pouca coisa dentro, e estendeu a outra para Antônio, apresentando-se:

— Meu nome é Patrizia.

— Antônio Mina, senhora — apressou-se o africano, retribuindo o aperto de mão, simpatizando ainda mais com a recém-chegada. Declarou rindo: — Seu escravo, agora de livre vontade.

Notando que ela enrugava a testa, sem entendê-lo, tomou a liberdade de pegar a mala e, tocando-a gentilmente no braço, apontou uma rua paralela e escura, informando:

— É por ali. Vamos e até chegar lá lhe contarei essa história.

XIV. Novas experiências

Se um homem beneficia o povo comum utilizando as coisas ao redor deles que eles acham benéficas, não se trata de ser generoso sem gastar? Se um homem, ao fazer com que os outros trabalhem, escolhe fardos que os outros conseguem carregar, quem vai se queixar? Se, ao desejar benevolência, um homem a obtém, onde está a ambição? O cavalheiro jamais ousa negligenciar as boas maneiras, esteja ele com muitas ou poucas pessoas, com jovens ou com velhos. Não se trata de ser informal sem ser arrogante? O cavalheiro, com seu traje e chapéu bem ajustados e com seu olhar altivo, tem uma atitude que inspira admiração às pessoas que o veem. Não se trata de ser admirado sem parecer orgulhoso?

Confúcio. *Os analectos*. Livro XX. Porto Alegre: L&PM Pocket, 2006. p. 163.

José Theodoro regressava ao Rio de Janeiro taciturno. Não pronunciara sequer uma palavra ao motorista, além da ordem seca de regressar.

Não esquecia o encontro com Lourdes. Ela lhe causara uma impressão fortíssima, a contragosto a admirava. Mostrara-se uma mulher segura, inteligente e caridosa. Enfrentara-o como poucos homens tinham feito ao longo de sua vida, e jamais admitiria publicamente ter sido derrotado por uma mulher negra em uma discussão, obrigando-se a acatar-lhe as determinações.

A cena voltava-lhe ao pensamento. Escoltado por ela com uma espingarda, caminhara até o escritório da fazenda. Quando fizera menção de acomodar-se na cadeira atrás da escrivaninha, ouvira-lhe a ordem firme:

— O senhor aqui é visita. Essa cadeira é minha ou do seu filho. Sente-se nessa poltrona — e apontara, com o cano da arma, o móvel menor em frente à mesa de trabalho.

— Não seja ousada demais, mulher. Não teste a minha paciência e educação. Eu sou o senhor desta fazenda, sento-me onde quiser.

— Recomendo que olhe a escritura, senhor Theodoro. Observe bem as divisas. O senhor está na minha propriedade, não na sua. O documento está emoldurado e exposto, bem aí, na parede à sua frente, bem à vista. Como pode ler, eu sou a senhora desta fazenda, e o senhor é meu lindeiro.

Embasbacado, olhara para o quadro. O documento confirmava a propriedade das terras em nome de Lourdes. Calara-se, dera a volta e sentara-se no lugar indicado.

Ela se acomodara em sua cadeira, deixando a arma apoiada nas pernas.

— Agora, com esses detalhes esclarecidos, acredito que o senhor me dirá o que o trouxe à minha casa e o porquê daquelas agressões no pátio entre o senhor e sua filha.

Nunca se sentira tão humilhado, tão ultrajado. Ouvira cada palavra dela como um insulto e reconhecia que viera pedir-lhe favores. Não a ela, mas ao filho. Porém, em sua ausência, teria que solucionar a questão com Lourdes. Recusava-se a pernoitar no vale e, muito menos, a pensar na hipótese de levar Marieta de volta. "Jamais! Iria se rebaixar tratando com Lourdes, afinal não haveria testemunhas", pensava ele.

— Trouxe Marieta para ficar aos cuidados do irmão até ingressar brevemente em um convento na Europa. Aguardamos a definição do local e, assim que toda documentação estiver pronta, ela partirá.

130

Lourdes olhara-o incrédula, mas logo sua expressão modificou-se demonstrando alcançar os motivos não revelados na resposta lacônica.

— Entendo. Sua filha está grávida, por isso não pode ficar no Rio de Janeiro. Essa é a verdade. Enviá-la a um convento distante não é um exagero?

— Você não sabe da missa a metade. Então, não opine.

— O senhor já ouviu dizer que a missa é igual por toda parte há muitos anos? Pois é, a situação da sua filha também. Não é a primeira mulher rica e branca que engravida solteira e é despachada pela família para longe. É bem conhecida essa situação, igualzinha à missa: viu uma, viu todas. O senhor quer que Marieta fique conosco até o nascimento da criança, depois disso a enviarão para o convento, e ninguém saberá de nada. Ela será noiva de Cristo. Muito cômodo! E com o seu neto? O que será feito da criança?

— Não seja tão apressada, mulher...

— Senhor, eu tenho nome e é conhecido pela sua família — interrompeu Lourdes. — Mas, para ajudar a sua memória, é dona Lourdes. É assim que deve se referir a mim.

"Petulante! Atrevida! Que negra abusada! Exigir ser chamada de 'dona' igual a uma senhora branca, não se enxerga!", pensara José Theodoro, bufando de indignação. Aquelas palavras jamais sairiam da sua boca, contudo, sem saber exatamente a causa, viu-se moderando a própria fala.

— Não sabemos se ela está grávida. Rubens conhece bem a irmã que tem, sabe de alguns problemas dela. Digamos que, para o bem dela, necessita ficar afastada de qualquer cidade.

— Sim, eu sei. Entre mim e Rubens não há segredos. Conheço os problemas de Marieta e os demais da família Guimarães Lins. Logo, a probabilidade de que sua filha esteja grávida é grande, por isso insisto: o que irá fazer com a criança? — Lourdes encarava-o friamente.

— Prefiro não pensar nisso.

Envergonhou-se ao recordar a tentativa de fugir ao enfrentamento, mas estava desconcertado com as experiências do dia. Literalmente à beira de explodir, porém freado pelo medo da reação de Lourdes, cujas atitudes o intimidavam e surpreendiam. Desejava largar o fardo que era Marieta Guimarães Lins e ir embora. Estava farto! Não queria pensar em nada, apenas executar o plano traçado pela família.

— Senhor José Theodoro, espero que já tenha percebido que não sou uma pessoa de meias palavras nem de jogos. Sei que Marieta e Silvério tiveram, ou têm, um relacionamento incestuoso. Rubens me contou. O irmão se meteu na Igreja como forma de acomodar a consciência culpada por essa paixão. Isso começou muito cedo e durou alguns anos até ser descoberta. A partir de então, a conduta de Marieta tem sido deplorável. Rubens fala no comportamento da irmã e penso que seja muito semelhante ao dos bêbados: sabem que a cachaça os matará, que acabarão caídos em uma ribanceira ou vala qualquer, mas basta o cheiro para liquidar com a vontade deles. Para sua filha, basta o cheiro de homem. Diga-me: essa criança tem alguma possibilidade de ser filha de Silvério? É por isso que não quer pensar sobre o assunto?

José Theodoro empalidecera, suara frio, as mãos tremeram, as batidas do coração pareceram falhar. A lembrança da descoberta das relações entre os filhos fora um golpe duro demais. Como pai, sentira-se absolutamente impotente, fracassado e frustrado. Confusão era a definição de seu estado mental e emocional na época. Fora Maria da Glória quem tomara as rédeas da situação: protegera a filha e convencera Silvério a afastar-se de casa ingressando no seminário.

O episódio era o marco do afastamento familiar total. Desde então, subsistiam as aparências.

Lourdes notara o abalo do pai de Rubens e buscara tranquilizá-lo:

— Acalme-se, senhor. O segredo de sua família está a salvo, não tenho interesse em conversar sobre a vida dos outros. Estou falando disso porque o senhor trouxe o problema para a minha casa, sem eu pedir. Então, é justo que eu saiba.

— Não, não é dele. No Rio de Janeiro temem que ela esteja grávida, vo... a senhora tem razão — respondera José Theodoro, em voz baixa. — Mas Silvério jura que nunca mais tocou na irmã. Ele a vigia muito, eu noto. É quem controla o "vício" de Marieta. Foi ele que descobriu que ela andava às voltas com um estrangeiro, trabalhador do cais do porto...

A vergonha fizera doer-lhe a garganta, não conseguira concluir a fala.

— Entendo.

Lourdes compadecia-se dele, mas não demonstrava. Aquela história era sórdida e trágica. Como mãe, colocava-se no lugar de José Theodoro e compreendia quanto sofrimento era escondido sob a arrogância e o distanciamento.

— Vocês não pensaram no que fazer com a criança — aceitou Lourdes. — Pela cena do pátio, acredito que seja prudente Marieta ficar na fazenda. Ela poderá ficar na minha casa até a chegada de Rubens. Discutirei com ele a situação e o que resolvermos lhe será comunicado.

José Theodoro não conteve um suspiro de alívio, mas tratou de disfarçá-lo. Levantou-se abruptamente, apanhou o chapéu e arrematou:

— Tenho pressa em regressar ao trabalho. Passar bem, senhora.

— Espere, eu não terminei. Se Rubens concordar, ela ficará conosco. Mas sob as minhas condições, ficou bem claro? Não quero receber sequer a visita de algum de vocês, muito menos ordens. Sou contra abortamentos provocados, nem sonhe em enviar um médico ou uma parteira para cá com esse propósito. Fique bem claro: sob o meu teto a nova vida que a sua filha carrega será protegida, quer o senhor goste ou não. Eu cuidarei para que ela receba a assistência necessária a uma gravidez saudável. Depois do nascimento, façam com Marieta o que quiserem, mas a criança, se for para entregar à adoção, eu cuido de encontrar uma família que a acolha. Não a entregarei a algum orfanato nem à Igreja. Estamos entendidos?

Furioso, José Theodoro balançara a cabeça concordando e, num fio de voz, respondeu:

— Sim, ficou bem entendido. Eu aceito as suas condições. Faça com a criança o que quiser, eu prefiro nem saber. Algo mais?

— Não — concluiu Lourdes, erguendo-se da cadeira e encarando-o: — Passar bem, senhor José Theodoro, faça uma boa viagem.

Apressado, colocou o chapéu e marchou em direção ao carro.

Arrastando os chinelos, cansada, dona Bella apressou-se pelo salão da hospedaria em direção à porta principal, àquela hora, fechada. À noite, tomava cuidado, baderneiros e bêbados povoavam as ruas, e confusões pululavam. Preferia não ter problemas com a polícia e manter as licenças de funcionamento do estabelecimento. Então fechava a porta.

— Calma aí — pediu, gritando para quem batia reiteradamente à sua porta. — Já estou indo.

Ajeitou o lenço na cabeça, arrumando os fios de cabelos que escapavam, prendendo-os atrás das orelhas. Alisou o avental e abriu a porta, sorridente.

— Mina?! O que você quer aqui? — indagou ao reconhecer Antônio.

— Trouxe a esposa de Giacomo Baccagini — respondeu Antônio, prontamente.

Sutilmente empurrou Patrizia um passo à frente, posicionando-a no facho de luz vindo do interior da hospedaria e apresentou-a:

— Essa é dona Patrizia Baccagini. Acabou de chegar da Itália, veio no vapor que aportou agora à tarde. Ela estava esperando o Giacomo, mas ele não apareceu, deve estar trabalhando ainda. Por isso, vim trazê-la.

Dona Bella examinou-a dos pés à cabeça e compadeceu-se: "Pobre mulher! Trocou a pobreza pela miséria; a solidão pela má companhia. É digna de piedade!", pensou, mas calou-se e disfarçou com uma recepção barulhenta a falta de alegria genuína. Tratou de fazê-la entrar, agradeceu Antônio e o dispensou. Prevalecia a hospitalidade italiana.

Decidiu desalojar o companheiro que dividia o quarto com Giacomo, mudando-o para outro espaço, alegando que o casal tinha prioridade. Enquanto Patrizia conhecia as precárias instalações sanitárias, banhando-se em um cano de água fria, dona Bella encostava duas camas de solteiro, improvisando uma cama de casal, com lençóis limpos.

Ao passar pelos banheiros, gritou à Patrizia:

— Quando terminar, vá até a cozinha. Tenho comida quente, coisa simples, mas vai lhe fazer bem.

Contente, sentindo-se livre e leve, Patrizia sorria sob a água fria, bem-vinda no calor do Rio de Janeiro e após os longos dias de viagem.

Quanto à ausência do marido, nenhuma aflição lhe causava. Não se sentia magoada ou ofendida, não havia nada de pessoal. Viera à América em busca de trabalho e liberdade. Giacomo fora o caminho. Na longa viagem, pensara no casamento, no marido, mas não conseguira visualizar, imaginar, uma única cena. Não tinha expectativas.

Dona Bella via a situação com outros olhos e preocupava-se em minorar as decepções que julgava sentir a recém-chegada. Previa o regresso de Giacomo para altas horas da noite, provavelmente embriagado e exalando o "perfume caro da vagabunda rica com a qual andava enrabichado", como dizia.

E as previsões mostraram-se acertadas, em parte.

135

xv. **Pares e casais**

Deves te abster também de concluir que o que não é belo, é feio, e o que não é bom é mau!

Platão. *Apologia de Sócrates.* Banquete. São Paulo: Martin Claret, 2002. p. 142

Ainda brilhavam as últimas estrelas da madrugada quando Lourdes abriu a porta principal da fazenda. Rubens retornara mais cedo. Abraçaram-se e ele notou sinais de tensão no corpo da mulher. Beijou-a e perguntou baixinho, de encontro ao seu ouvido:

— O que aconteceu? Algum problema?

Ela sorriu e apoiou-se no peito dele, esfregando a face, manhosamente. Suspirou e respondeu:

— Hum hum. Seu pai esteve aqui ontem...

— Meu pai?! Mas o que ele queria? Não havia motivos... Minha mãe adoeceu? Deve ser muito grave, ele não viria aqui se não fosse — deduziu Rubens, ansioso com a informação, com o pensamento distante da recepção carinhosa.

Lourdes afastou-se, pegou-lhe a mão e o conduziu até a cozinha propondo:

— Vamos tomar o café mais cedo e sozinhos. Será melhor, conto-lhe tudo em detalhes e com calma. Fique tranquilo, não há ninguém doente. O problema é outro.

Notando que, apesar de preocupada, a mulher estava calma, Rubens relaxou.

Observou-a, satisfeito, enquanto ela coava o café. Lourdes continuava tão bonita como quando eram adolescentes enamorados. Parecia frágil, era magra, mas tinha curvas bem femininas. Maxilares proeminentes, olhos grandes, escuros, lábios grossos, a pele lisa e macia. O cabelo, preso em finas tranças, tocava-lhe as costas. Sabia que quem a julgava pela aparência a tomava por uma mulher comum e até frágil. Mas bastava encará-la para reconhecer a determinação de seu caráter em cada linha do rosto. Amava-a acima de qualquer convenção. Em seu coração, era a esposa eleita e não haveria outra. Sabia que era amado com igual devoção. A fazenda Casa Nova era o lar deles, dos dois filhos e da sogra, dona Bernardina.

De costas para Rubens, ela escolhia as palavras para contar-lhe as novidades. Terminou o café, encheu o bule e foi sentar-se ao lado dele.

— O problema é com sua irmã Marieta. Seu pai a trouxe para ficar aqui, sob sua responsabilidade, até o ingresso dela em um convento — falou diretamente, porém com tranquilidade e indiferença como se comentasse uma notícia qualquer.

Ele suspendeu o movimento da mão. A xícara ficou a caminho dos lábios. Enrijeceu. Lourdes viu os sinais da irritação no vermelho do rosto e nos lábios comprimidos.

— O que aconteceu naquele manicômio chamado de Mansão dos Guimarães Lins? Por favor, conte-me tudo.

Prosseguindo com o mesmo tom sereno e isento de julgamentos, Lourdes narrou a visita de José Theodoro, os motivos e concluiu informando que Marieta estava na fazenda e dormia sob efeito dos chás de dona Bernardina.

— Santo Deus! É pior do que eu imaginei — asseverou Rubens. — O que faremos?

— Acalme-se. Muitas vezes conversamos sobre a situação de Marieta, meu bem. Isto, para mim, não é inesperado.

É o lógico, o previsível. Basta conhecer o tipo de vida que ela leva para saber que, mais dia, menos dia, ela iria engravidar. Até que demorou! — acrescentou Lourdes, bebericando o café.

— Sim, eu sei que é lógico. Mas eles não tinham o direito de trazê-la para cá. Não temos nada com isso...

— Rubens, ela é sua irmã — protestou Lourdes. — Não é santa, é bem ao contrário, mas precisa de ajuda. É uma mulher sozinha e grávida. Não posso pensar em jogá-la na rua. Não suporto ver quando fazem isso com as cadelas, quanto mais com uma mulher de carne e osso, como eu.

— Você pensa em ficar com ela aqui? Lourdes, você não conhece Marieta. Ela é muito difícil, para não dizer insuportável. Meus pais erraram em tudo na educação dela, e creio que ela não traga nada de bom de suas outras vidas. É um fardo pesado! Sinceramente, não sei se é uma opção a ser considerada. Precisamos pensar em nossos filhos. Eles não estão habituados a pessoas como a minha irmã. E não sabemos se ela quer ficar, é quase certo que esteja odiando estar aqui.

— Você ouviu tudo que contei sobre a visita do seu pai? Entendeu que eles brigaram em nosso pátio como cachorros? Provavelmente ela esteja com o nariz quebrado... — conjecturou Lourdes.

Rubens suspirou, irritado.

— Que inferno! Sim, eu ouvi. Você está me dizendo que meus pais não a receberão em casa, é isso? Que a lançarão na rua se eu devolvê-la?

Lourdes balançou a cabeça confirmando, enquanto passava manteiga no pão.

— Mas não é justo! Eu não tenho nada a ver com os problemas deles. Você, dona Bernardina também não, e as crianças, muito menos. Por que teremos nossa rotina alterada por causa deles, que ignoram de propósito a nossa família, a destratam e não reconhecem nossos filhos? Não. Irei ao Rio de Janeiro conversar com eles.

— Eles estão tratando sua irmã da mesma maneira que tratam a nossa relação, você não vê? Ninguém tem duas condutas, querido. Eles são preconceituosos, cheios de vergonhas e pudores, e não me aceitam porque sou negra e de família pobre, filha de uma ex-escrava. Por que você pensa que eles agiriam de forma diferente com Marieta? Ela também é causa de vergonha, de constrangimentos perante os outros. Por mais que apertem a barriga dela, para não aparecer, os criados ficariam sabendo, haveria suspeitas, mexericos das senhoras da sociedade, afinal não é tão simples esconder uma gravidez. É mais fácil fazê-la desaparecer. Também foi assim que agiram com Silvério, não foi? Eles vivem de fazer de conta. Portanto, nada de novo sob o sol.

Contrariado, Rubens reconheceu que Lourdes tinha razão. Admirou-a por sua bondade e compreensão, quando ele não estava tão inclinado a acolher a irmã, mas argumentou:

— Ainda assim, irei ao Rio de Janeiro. Eles irão me ouvir.

— Vá, isso o fará sentir-se melhor, embora eu não creia que algo mude. Não tenho ilusões sobre seus pais. E, quanto a Marieta, sempre tive piedade dela. Não sei a razão, pois, embora estejamos sob o mesmo teto, ainda não falei com ela, continuamos tão estranhas como sempre fomos. Mas, sei lá, acho que ela pode transformar-se, encontrar o equilíbrio. Estranho esse desvario por sexo, essa irresponsabilidade tão acentuada, infantil ao extremo. Talvez precise de orientação. Sei, por experiência pessoal, que a gravidez é um processo transformador para a mulher. Acontecerá com ela também, amadurecerá, aprenderá a fazer boas escolhas.

— Marieta vai ser mãe! Até parece anedota de mau gosto, de ironia cruel — comentou Rubens, depois reformulou a fala: — A vida tem uma sabedoria peculiar, sei disso. Longe de mim a pretensão de negar que Marieta evoluirá, amadurecerá com a gravidez, tornar-se-á mãe. Prefiro desejar isso a imaginar que essas mesmas causas de esperança possam significar martírio e falência moral, como educadora. Mas, meu

139

amor, o problema é grave, é antigo. Marieta apresenta esse descontrole há pelo menos seis anos. Começou muito cedo, quando era uma menina ainda. Não sei se uma gravidez trará maturidade, não sei mesmo. Tomara que você tenha razão!

Lourdes ficou séria. Não esperava uma oposição tão incisiva de Rubens. Será que estava se iludindo, tendo vãs esperanças? O companheiro com frequência a admoestava sobre a ingenuidade em seu modo de ver.

— Você acha que fui impulsiva e ingênua ao acolher sua irmã?

Rubens pousou a xícara sobre o pires e tomou a mão da mulher entre as suas. Acariciou-a, lentamente. Estava pensativo. Por fim, respondeu:

— É provável que sim, mas o tempo dirá qual de nós tem razão, e os julgamentos dele comportam a relatividade, o meio termo. Mas, Lourdes, convém se manter alerta com Marieta. Não se descuide das crianças, não quero que elas presenciem condutas inapropriadas, e minha irmã é especializada no assunto.

— Sabe, querido, agora estou ficando assustada com o que fiz. Agi por impulso, talvez até por petulância ou orgulho, por um prazer, naquele momento inconsciente, de ver seu pai se sujeitar às minhas vontades. Creio que explorei a fragilidade da hora e superestimei a minha capacidade de lidar com o problema. Vejo que você está preocupado, e reconheço que uma coisa é saber da situação e dos segredos da sua família por meio de relatos, outra, bem diferente, é vivenciá-los. Você sabe o que sentiu; eu sei o que ouvi.

— Essa é a minha mulher! — exclamou Rubens, sorrindo para Lourdes. — Uma pessoa inteligente e sensata o bastante para se autoavaliar. Sim, meu amor, vivenciar algo e ouvir falar disso são experiências muito distintas. Você sabe de tudo, mas é impossível transmitir o que sente. Posso nomear: raiva, nojo, piedade, vergonha, mas a nossa linguagem é muito pobre quando se trata de falar sobre sentimentos. Se eu falo de batatas, todos me entendem. Mas sentimentos são como cães vira-latas, têm um pouco de cada raça formando um ser único, não tem outro com aquela mistura. Nossos sentimentos são vira-latas, Lourdes, são uma mistura única. Falamos do que prepondera, eles são como a pelagem, entende?

— Sim, querido, entendo. Escondida sob a pelagem vira-lata, que se enxerga, pode estar a influência de um cão de caça ou de um policial. Como não enxergamos a pelagem típica, julgamos que seja calmo e dócil, só pela aparência.

— É, na pelagem de cada sentimento, pode haver "genes de outras raças", inconscientes, mas exercem sua influência. Nunca são puros: a raiva não é só raiva; a piedade também não. Eles são complexos — completou Rubens.

Calaram-se por alguns instantes, depois Rubens, mais sereno, reafirmou sua decisão:

— Eu irei ao Rio de Janeiro já. Arrume minhas coisas, por favor. Tomarei um banho e partirei em seguida. Converse com dona Bernardina, conte-lhe a história de Marieta e tudo que discutimos agora. Quem sabe ela seja a pessoa capaz de ajudá-la! Não dizem que Deus escreve certo por linhas tortas?

Lourdes meneou a cabeça, pensativa. Sua mãe era muito especial, respeitava as opiniões dela, pois tinha uma capacidade incomum de avaliar o caráter das pessoas. Dificilmente errava.

Giacomo caminhava a esmo. No peito, um vulcão ameaçava explodir: raiva, remorso, mágoa, medo, vitimismo, culpa formavam a lava emocional, criando pensamentos destrutivos e conflituosos. Sua cabeça estava um caos. A causa não era apenas o desaparecimento de Marieta grávida. Os motivos somavam-se e remontavam a tempos longínquos, alguns mesmo "esquecidos". O momento presente era a chamada gota d'água para transbordar o copo. Toda aquela energia clamava por extravasar, então um episódio bobo ganha relevância. E quem está assistindo de fora diz: "Meu Deus, como pode alguém por tão pouco fazer tal estardalhaço? E justifica: falta de educação".

Tem razão. Não é somente a educação do verniz social que fracassa, mas principalmente mostra a falta de educação dos pensamentos, a falta de disciplinar os sentimentos. É urgente educar-se como ser espiritual, como a consciência que interage com a matéria e aprende, que tem como atributos os pensamentos e os sentimentos. Eles são nossos produtos, portanto estão dentro das nossas possibilidades de conhecimento e controle. É autoeducação o que falta nessas ocasiões. Seres espirituais deselegantes, após as suas intempéries, reclamam, creem-se vítimas, acusam a vida, e até Deus, do que somente a eles cabe responsabilidade.

Para Giacomo a abordagem dos policiais foi a conhecida gota d'água.

— Senhor, aonde vai? — inquiriu um dos policiais.

Irritado, Giacomo encarou o policial, estufando o peito e redarguiu:

— Não sei, e não lhe interessa. Porca miséria! Era o que me faltava, aturar esses meganhas, filhos da mãe... — e prosseguiu os xingamentos trocando o idioma e falando em italiano todos os desaforos e palavrões que conhecia.

— Esse *oriundi* vadio está bêbado — comentou o outro policial, fingindo ignorar os impropérios. — Não vamos perder tempo, coloque-o no carro e ele que dê explicações ao delegado. Uns dias na cadeia...

Giacomo calou-se, compreendeu a intenção dos policiais e esmurrou com toda força e gana o que estava à sua frente. Despreparado, o homem desequilibrou-se e foi ao chão, batendo a cabeça contra um banco de pedra. O sangue espalhou-se rápido.

O italiano não esperou para ver o resultado e fugiu, iniciando uma desesperada corrida por ruas escuras e becos.

— Soldado Antenor, pegue aquele homem! — ordenou o policial que testemunhara a agressão ao colega. — Prenda-o! Providenciarei reforço para a caçada a esse *oriundi*. Juro pelo que há de mais sagrado. Ele não escapará! Pagará pelo que fez. Além de vadio, desordeiro e bêbado, agrediu um agente da policia e fugiu. Vai passar poucas e boas na cadeia. Ah, se vai! Socorram o Ignácio!

Antenor, enfurecido, saiu ao encalço do desordeiro. Era um mestiço, alto e ágil, habituado a correr, veloz e bem preparado fisicamente. Não esperou por ajuda. Ao ver outros policiais, gritava:

— Prendam um *oriundi* que está fugindo. Agrediu um dos nossos.

Não precisava mais. Em minutos, oito policiais caçavam Giacomo. Cercaram-no em um beco sem saída. Antenor o viu tentando escalar um muro alto.

— É ele! — berrou aos companheiros à frente. — Peguem-no! Não poupem. Ele feriu um dos nossos. Baixem o sarrafo nele.

Um dos policiais saltou e agarrou as pernas de Giacomo antes que ele conseguisse saltar o muro. Caíram e foram cercados pelos outros. Chutaram Giacomo onde acertavam, sem escolher lugar. No chão, ele tentava esquivar-se, revidava chute com chute, porém a luta era desigual. Em seguida, sentiu a batida dos cassetetes nos braços e ombros. Tomado de fúria, conseguiu erguer-se e engalfinhou-se com um policial, mordendo-lhe a orelha. Gritos, pancadas e, por fim, ele desabou inconsciente após uma paulada na cabeça.

Sem se importar com os acontecimentos, Giacomo apenas lutara, extravasando seus sentimentos destrutivos. Tivera prazer e alívio, mas seu último pensamento antes de desfalecer foi: "Esquecer tudo será uma bênção, me trará a calma perdida".

— Recolha-o! — ordenara Antenor, com um sorriso de satisfação, e concluiu para deleite dos colegas: — O xilindró é um bom lugar para esse *oriundi* pensar na vida, e quem sabe tomar jeito e encontrar o caminho da roça. Por aqui já tem vadiagem mais que suficiente. Não precisamos dos vadios do outro lado do mar. Deem um jeito nele. Levem-no!

Giacomo foi carregado ao veículo da polícia e, ainda desacordado, jogado em um catre sujo e miserável na cela da delegacia. Não viu nada, nem ouviu o barulho do ferrolho e do cadeado trancando a porta da prisão.

Irritadíssimo, José Theodoro entrou na mansão. Ignorou todos, rumando direto para seus aposentos e batendo a porta com força.

— Nossa Senhora! — exclamou Diva, apavorada. — Que será agora? Essa casa está uma loucura só! Já tinha visto o patrão furioso desse jeito, dona Rosário?

"Muitas vezes, sempre por causa dos filhos", pensou Rosário, mas respondeu:

— Não. Deve ter acontecido algo grave. Vá para a cozinha e prepare um bom café, Diva. Novo, não quero aquela essência fria que sobrou da manhã, entendido? O senhor José Theodoro gosta de café passado na hora.

— Do jeito que ele está, devia dar uma água de melissa para o infeliz, ou chá de erva-cidreira, até camomila ajuda. Mas café? Não vai piorar? — questionou Diva, observando a governanta.

— Não me amole, Diva. Faça o que eu mandei — insistiu Rosário.

Dando as costas à empregada, avançou pela sala e, a poucos passos da escadaria, voltou-se e completou a ordem:

— Virei buscar a bandeja em dez minutos, Diva. É bom apressar-se.

Resmungando, Diva dirigiu-se à cozinha:

— Todos são loucos! Não escapa ninguém, até a governanta, de vez em quando, enlouquece. E eu, que só queria ajudar com um chazinho, faço o quê? Vou passar um café bem forte, que é o que eles tomam para se acalmar. Tudo é diferente. Mas não duvido que a dona Rosário não misture conhaque no café. Já vi ela fazer isso antes: dá um sossega-leão para ele. O homem está tão fora de si que nem sente. Deus do céu! Deve ser ruim, muito ruim, viver assim.

Diva sacudia a cabeça, falando baixinho para si mesma sobre sua análise das relações na mansão:

— A mulher chora, soluça que se escuta cá na cozinha. Mas, quando se olha para ela, parece o rosto daquelas bonecas de porcelana: tudo pintadinho, bem direitinho, sem expressão de gente. Bem que o povo diz que dinheiro não traz felicidade. Não traz mesmo! Esses aqui só têm pinta, porque em casa, hum! Aqui a coisa é complicada. Oh, só eu sei o quanto! Não dão um pio, tudinho recalcado. Mas também vão contar para quem? Nem compadre para conversar eles têm. Daí chamam o médico que dá um monte de droga, ou o padre que boceja, feito um condenado, e põe todo mundo de castigo, ajoelhado, rezando horas a fio. Em vez de melhorar, com o tempo, só piora.

No andar superior, Rosário ingressou nos aposentos do dono da casa. Surpreendeu-se ao vê-lo pálido, suando frio, sentado na poltrona ao lado da janela. Aproximou-se e notou a respiração ofegante, denunciando dor. Assustou-se. Os sinais eram inequívocos: José Theodoro passava mal.

— Theodoro, o que está sentindo? — indagou baixinho, com intimidade. — Você tem dor?

Ele balançou a cabeça confirmando e murmurou com dificuldade, sôfrego:

— Chame o doutor Beltrão. É o meu coração... A viagem foi péssima, mas não pode me custar a vida.

Rosário levantou-se, tocou-lhe o alto da cabeça e respondeu:

— Acalme-se, não fale disso agora. Trarei seus remédios e chamarei o médico, não se mexa. Volto logo!

Apanhou um frasco de comprimidos e entregou-lhe a dosagem recomendada. Depois correu ao telefone, que ficava na sala de trabalho conjugada ao dormitório.

O médico diagnosticou problema cardíaco grave e a necessidade de removê-lo para o hospital.

Maria da Glória ouviu a notícia demonstrando nervosismo e fragilidade extremos, suspiros e ais abundantes em suas falas. No entanto, doutor Beltrão, médico experiente, notou que o nervosismo e a aflição não afetavam a expressão da face nem do olhar, assim como os vestígios físicos da emoção verdadeira não eram perceptíveis. E diagnosticou com precisão: "Encenação de viúva precoce. Ensaio para o funeral".

Após cinquenta anos clinicando, o médico já raciocinava em termos de diagnóstico, prognóstico, histórico do paciente e receituário. Tornara-se sucinto em tudo e, definido "o mal do paciente", sua conduta alterava-se de imediato para o tratamento a ser empreendido.

— Acalme-se, senhora. Seu marido não irá morrer em breve. Não se aflija antes da hora. O estado necessita de cuidados, mas irei hospitalizá-lo por precaução, ou poderá agravar-se. Acredito que ele ficará mais bem assistido e cercado de recursos médicos. O pior será evitado.

Voltando-se para a governanta, surpreendeu preocupação, lágrimas silenciosas, palidez e leve tremor nas mãos. "Hum, efeito colateral. Suspeito que errei a mulher", pensou o facultativo, levemente divertido. Mas sua conduta demonstrava profissionalismo, e lembrou-lhe:

— O paciente precisará dos objetos de higiene pessoal e roupas confortáveis. Pode providenciar isso até a chegada da ambulância?

— Claro — respondeu Rosário. — Providenciarei agora mesmo.

Grata por sair da sala, Rosário subiu rapidamente a escadaria que conduzia aos aposentos do doente. Arrumou a pequena mala e foi ao quarto de José Theodoro.

Deparou-se com o criado amparando-o com dificuldade, tentando acomodá-lo na cadeira. Apavorada, viu que ele estava desfalecido.

— Doutor! Doutor! Pelo amor de Deus, corra aqui! Depressa! Ele piorou — gritou Rosário do alto da escada, chorando copiosamente. — Corra, doutor! Rápido, rápido!

Na sala, o médico e Maria da Glória ouviram os gritos, mas não distinguiram perfeitamente as palavras. A demora obrigou Rosário a descer e irromper na sala furiosa:

— Vocês são surdos! Estou chamando e ficam aqui bebendo café. Ele piorou muito — voltando-se para o médico ordenou: — Vá! O que está esperando? A morte chegar e pedir por favor para levá-lo?

— Desculpe-me, não havia entendido o chamado. Com licença — pediu o doutor Beltrão e apressou-se a retornar ao quarto do enfermo.

Maria da Glória sentou-se, ignorando o destempero da governanta. Parecia aliviada, mas a expressão do sentimento fora visível por curto espaço de tempo, logo abafada pela máscara de todos os dias.

José Theodoro foi conduzido inconsciente ao hospital. Tivera uma parada cardíaca, mas fora reanimado pelo médico.

Rosário acompanhou o doente, segurando-lhe a mão, rezando sem parar.

— Reze, senhora. A situação piorou bastante, não sei o que nos espera. Ele é um homem forte, mas não tenho como dizer até quando o coração dele aguentará. Sabe se ele teve alguma contrariedade, emoções fortes, nos últimos dias?

— Si... sim, muitas, doutor. Ontem viajou para resolver problemas familiares muito sérios e desgastantes. Creio que pode ter sido a causa disso que estamos vivendo — respondeu Rosário, controlando a irritação com a conduta de Marieta, a quem lançava a culpa.

É interessante essa dependência que temos de culpados. Simplesmente é impensável, para uma grande parcela da população, viver sem atribuição de culpa. Isso é lamentável, pois a culpa é geradora de uma gama de sentimentos corrosivos, é um tóxico para a alma. E é cultural, é produto social, é lixo. Abrigar culpas, buscar culpados demonstra a incoerência de alguém se dizer admirador do pensamento de Jesus, declarar-se cristão, e ser incapaz de viver sem julgar a si mesmo ou aos semelhantes. Não julgar é um dos pilares da proposta de espiritualidade de Jesus, um combate direto e franco da culpa, essa ideia aniquiladora das forças interiores.

Ao atribuir a culpa pela doença de José Theodoro à filha, Rosário, sem perceber, começava a odiar Marieta. É ao que conduz a culpa: o ódio a si ou a outrem.

— É provável. Emoções fortes geram grandes desestruturas físicas, distúrbios de difícil solução, que demandam tempo e esforço para reabilitação. É lastimável que poucas pessoas percebam esse fato — comentou o médico, observando seu paciente com atenção.

Observou a expressão impassível e considerou o quanto enganava aquela "calma". O corpo parecia não sentir, ao menos não expressava visivelmente sinais, mas havia alguns anos questionava-se sobre a vida além da matéria, sobre a existência da alma. Não era religioso; todavia, não era cego. Lidando com tantas pessoas, era obrigado a reconhecer a existência de fatos perante os quais seus argumentos científicos morriam. Simplesmente a evidência falava. Lembrava-se de dois casos de pacientes queridos que, jurava, tinham ido visitá-lo no hospital. Deixaram seus quartos e foram à sua sala, falaram com ele brevemente. Logo em seguida, fora chamado às pressas pela enfermagem, pois estavam em óbito. Garantiram-lhe, em ambos os casos, que os pacientes não haviam deixado o leito. Eles tinham ido despedir-se, agradecer-lhe os cuidados. Ninguém mais presenciara. Fora rápido. Mas não podia duvidar de si mesmo, não era louco.

Por isso, contemplava José Theodoro e dizia-lhe mentalmente:

"É, meu amigo, você construiu uma fortaleza de muros bem altos, não é mesmo? Do alto das torres, você observava a vida externa e esqueceu que a revolta podia ocorrer nos pátios internos, no interior do seu peito, nas veias que você nunca viu. Digo-lhe que o seu caso é comum, mas tem esperança. Melhore e aprenda. Desça da torre de vigia e viva intensamente com os pés no chão, integrando espaços, destruindo muros... Compreende o que lhe digo? Penso que sim, já trabalhei nos limites da vida e da morte o bastante para reconhecer que há algo além da matéria em todos os seres vivos. Sua consciência me ouve, eu sei. Recupere-se, você ainda tem um corpo capaz de acompanhá-lo mais algum tempo. Volte! Resolva suas pendências. Quando eu era menino, minha mãe me levava à missa e eu ouvia o sacerdote rezar: 'Reconcilie-se com seu inimigo enquanto está a caminho, depois volte e faça sua oferta no altar'. Longe dos padres e muitos anos depois, entendo isso como um chamado à unidade e à paz interior, e com os outros também. Reconcilie-se com você mesmo, José Theodoro. Quebre seus muros. Tenho ao meu lado uma mulher desesperada por sua causa, e você tem uma família, tem filhos. Vejo problemas. Mas quem não os tem? A oferenda não é a moeda, é você. Precisa estar inteiro para comparecer ao altar da vida. Sei que tem vida dupla ou tripla, e não falo de amantes. Surpreendi-me com você nesse aspecto, sabia? Eu não esperava. Mas falo do fato de você parecer fragmentado: um pouco de você era pai de família, outro pouco um empresário, outro cidadão, e outro era o amante dessa mulher ao meu lado. Compreendeu? Quem era você, afinal? Não há como ser totalmente saudável desse jeito. Reconcilie-se consigo mesmo e volte!"

Apesar das súplicas e dos cuidados do facultativo, das preces de Rosário e de alguns outros empregados, das aflições falsas e verdadeiras de Maria da Glória, do nervosismo de Silvério, não houve mudanças no quadro clínico.

Rubens chegou à mansão na tarde daquele dia sem saber de nada. Estranhou a quietude da casa, a ausência de Rosário, e Severo, um tanto quanto atrapalhado, agindo como se fosse mordomo.

— Onde estão todos, Severo? — indagou ao entregar-lhe o casaco.

— O senhor não sabe?

— Não, meu amigo, não sei. Cheguei neste minuto e tenho pressa em falar com meus pais. O assunto você deve saber: é minha irmã.

Constrangido, Severo balançou a cabeça e virou-se para guardar os objetos de Rubens, depois desistiu e o encarou:

— Sim, eu entendo. A senhorita Marieta andava passando dos limites...

— Dos largos limites que deram a ela. É bom que se diga — comentou Rubens, irritado e ansioso.

— O assunto o desagrada — constatou Severo. — É natural. Mas, senhor Rubens, não há como resolvê-lo com seu pai neste momento. Ele foi levado ao hospital há poucas horas. O estado é grave. O doutor Beltrão saiu bastante preocupado.

Rubens empalideceu. A surpresa mudou completamente seu cenário emocional.

— Como é que disse, Severo? Por favor, repita — pediu.

— O doutor José Theodoro está internado no hospital — confirmou Severo, sucintamente. — É grave.

O criado estendeu-lhe os pertences e ofereceu:

— Se quiser, posso levá-lo ao hospital. Foram de ambulância, e dona Maria da Glória seguiu em um dos carros com o senhor Silvério.

150

Rubens pegou suas coisas e concordou. Durante o trajeto, pensava na situação da fazenda. Se o estado de seu pai realmente fosse tão grave quanto dito, teria que aceitar a presença da irmã. Isso o incomodava. Marieta abusava do álcool, tinha comportamentos inadequados à convivência com seus filhos, era mimada e arrogante, enfim uma péssima influência e fonte de dissabores. Mas, apesar dos muitos pesares, era sua irmã e não poderia deixá-la ao léu em um período tão delicado.

No quarto do hospital, sua mãe aguardava com Silvério novas notícias do enfermo. No corredor, andando e torcendo as mãos nervosamente, encontrou a governanta. Era perceptível a luta dela para esconder a aflição, mas os pequenos gestos a denunciavam.

Silvério viu o irmão e o saudou com um gesto de cabeça, rapidamente retribuído. Notando o leito vazio, Rubens assustou-se e inquiriu:

— O que houve? Onde está o nosso pai?

— O doutor Beltrão o levou para atendimento isolado. Está muito mal, desacordado. Chamaram uma equipe médica para avaliá-lo. Foi a última notícia.

— Sei.

Maria da Glória estendeu a mão a Rubens, mantendo-se em silêncio. Segundo seu modo de ser e viver, emotividade era deselegante. Uma mulher refinada como ela precisava aparentar a calma de um lago plácido.

— Meu filho... — chamou Maria da Glória em tom de lamento. — Temo o pior.

Rosário, apoiada ao parapeito da janela, longe da visão dos familiares de José Theodoro, chorava copiosamente.

XVI. Construtores da nossa sina

O caráter do homem é seu fado.

Heráclito (535-475 a.C.).

Ninguém foge de suas próprias criações. Se você criar um belo jardim, viverá bem. Mas a liberdade é essencial à criação. Você pode criar a antecâmara do inferno e, creia, cedo ou tarde arderá nela. O bom é que podemos transformar, nós somos os criadores e os experimentadores. Se estiver ruim, está em nossas mãos mudar. Somos seres espirituais, imortais, livres, dotados de consciência; somos criadores das condições das nossas existências. Não há o "eu sou assim", é sempre "eu estou assim". Nossas personalidades podem ser modificadas a qualquer instante, depende do esforço da nossa vontade.

O indivíduo inteligente observa e percebe a si mesmo, mudando interiormente quando notar ou sentir a aproximação do sofrimento como consequência de seu caráter, de seus sentimentos, de seu proceder. Já o inconsciente chora e grita, clamando aos céus para saber por que sofre ou culpando a má sorte por seu destino. Debate-se em revolta constante. Não se reconhece como responsável pelo bem ou pelo mal que faz a si. É vítima, mas não conhece seu algoz, não o enxerga. Não tem olhos de ver.

— Mas que papelão me faz esse Giacomo! — esbravejava dona Bella, conversando com o marido, enquanto sovava o pão. — Já são mais de cinco da tarde e nada do infame! Pobre moça! Tão sofrida. Viu como está magra? E as mãos da pobrezinha? Minha Nossa Senhora, tenha piedade! Não são mãos, é um calo só. Nem sei como ela mexe os dedos, deve só abrir e fechar para pegar a foice e a enxada. Que tristeza! A situação lá não melhorou desde quando viemos embora. Você se dá conta de quanto tempo faz e quanta gente já veio para cá?

— Sim, Bella — concordou Romeo, ocupado em limpar o fogão a lenha. — Por aqui tudo mudou, e nosso povo constrói, a duras penas, é fato, outro país. Os jornais dão conta de que São Paulo cresce muito, falam de fábricas, de gráficas, de tecelagens. Dizem que estão construindo prédios bonitos e monumentos, e os artistas são italianos. Giuseppina, nossa sobrinha, não escreveu que vai fazer uma hospedaria igual à nossa lá no Sul? Tem muita gente nossa por lá, trabalhando muito, fazendo surgir cidades onde só tinha mato e pedra. Mas os que chegam da nossa Itália... Ah, que tristeza! Graças a Deus que a pelagra não vem junto. E aqui, se não se fica rico, ao menos se come bem e se pode trabalhar.

— Mas o Giacomo vai me ouvir. Isso não se faz com uma mulher. Ainda bem que a pobrezinha está tão cansada da viagem que nem deu por si das horas — insistiu Bella. — Não sei quando as coisas irão mudar por lá. Talvez quando tirarem aquele governo e essa ideia de unificação, de poder central. Eles ficam com tudo em Roma e nos arredores; nós, lá, no Norte, nada, nem lembravam que tinha gente por lá. E os ricos, os senhores das terras, hum, esses foram e serão sempre os mesmos. Eles comem e bebem do bom e do melhor. E o trabalho é só receber os aluguéis dos camponeses. Nós não fomos os primeiros a vir para cá, faz tempo...

— Mais de cinquenta anos, Bella. Meus tios vieram para cá em 1860 ou 1862, não lembro bem. É meio século. Muita gente já nasceu e morreu, e as coisas seguiram do mesmo jeito. Acho que você tem razão em falar com o Giacomo. Ele até a escuta. Mas eu estava pensando: será que não aconteceu alguma coisa com ele? Eu sei que ele não é de confiança, que se enrabichou com aquela moça do carro, mas ele nunca ficou tanto tempo sem aparecer. A mulher dele chegou e já vai para a segunda noite aqui, porém ele saiu bem antes. Deve fazer de três para quatro dias que não aparece.

Bella parou de sovar a massa. Pensativa, fazia cálculos mentais, por fim, falou:

— É mesmo! Romeo, você tem razão. Ele pode estar preso. Andava bebendo bastante com aquelazinha. Pode ser que os meganhas tenham levado ele. É, são quatro dias, sim. O que podemos fazer? Não quero encrenca com a polícia. Eles lá, e eu cá. Nosso negócio nunca teve problema, nem morador preso. Sabem que são pobres, mas trabalhadores. Não vêm para cá para vadiar, querem melhorar de vida. Mas também não podemos deixar a pobre mulher sem essa informação. É possível, bem possível que ele esteja na delegacia.

— É melhor perguntar aos outros, aos colegas de serviço no cais — sugeriu Romeo.

Bella balançou a cabeça. Sovou a massa em silêncio. Terminada a tarefa, lavou as mãos e sacudiu o avental.

— Vou ver isso agora mesmo — avisou e saiu apressada.

Romeo virou a tempo de ver a esposa saindo. Balançou a cabeça enfaticamente e pensou: "Bella sempre foi apressada. Ela se toma de amores por alguém que nem conhece e sai fazendo terra arrasada, levando tudo por diante. Ninguém lhe pediu nada. É uma boa pessoa, tem bom coração, mas se mete onde não é chamada. Depois reclama que as pessoas não a entendem, que só faz o bem e recebe ingratidão. Não vê que ninguém pediu para ela fazer alguma coisa".

Agindo exatamente como seu marido pensava, Bella caminhou algumas quadras até o barraco onde morava Antônio Mina. O local era conhecido. Ele era um feiticeiro famoso. Já o tinha consultado várias vezes. Janaína, a mulher dele, era boa benzedeira. Por isso, havia movimento em torno do barraco, pessoas esperavam à porta. Bella ignorou-as. Entrou pelos fundos, usando a porta da cozinha, e chamou:

— Tarde! Tem alguém em casa? Janaína! Preciso falar com o seu marido.

Uma mulher negra, de feições alegres, gordinha, com um vestido estampado, apareceu na cozinha.

— Entre, dona Bella — convidou Janaína. — O que quer com Antônio? Ele está atendendo, agora não pode falar com a senhora. Se for consulta, hoje tem bastante gente, mas posso mandar lhe chamar quando estiver terminando.

— Não posso esperar, Janaína. É caso sério... — e narrou, em detalhes, com tintas dramáticas, a situação que julgava ser a de Patrizia: — Pobrezinha, Janaína. Dá dó, tão magra e maltratada. Viajou trinta e seis dias no vapor, no pior vapor que vem para cá, porque é o mais barato. Agora está sozinha, decepcionada, cansada, sem dinheiro, aflita com o sumiço do marido que não vê há mais de ano. Coitada! Mas tem fibra, não chora, nem reclama. Eu imagino como não está sofrendo! Pensa que o Giacomo está trabalhando. E aquele... hum... não presta, só quer boa vida. Andava enrabichado com uma ricaça, fazendo besteira, é certo. Pobre mulher! Não merece saber disso, assim, logo que chega à terra estrangeira. É capaz de querer voltar a nado para sua terra e sua família.

O problema de imaginar o que o outro está sentindo é reconhecer a projeção de nossos próprios sentimentos na situação. É isso que nos impede de ver o quão irracional é deduzir o que outra pessoa esteja pensando ou sentindo. Bella sequer percebia que falava do que sentia ao observar o fato.

Patrizia não tinha a menor aflição e não cogitava retornar à Itália em hipótese alguma, mas Bella sabia apenas de um pequeno fato do passado da moça, não recebera nenhuma confissão de sentimentos e não presenciara crise emocional. Logo, era tudo imaginação, projeção de Bella sobre as experiências de Patrizia.

Quem ultrapassa os limites da convivência, em geral, não reconhece o que faz ou os motivos da própria conduta. Justifica-se no "quero ajudar". Acaba metendo os pés pelas mãos e crendo-se injustiçado pela atitude daqueles com quem convive.

Janaína ouviu Bella, mas, acima de tudo, olhou-a com atenção. O rastro das emoções marcava seu olhar, sua expressão, os gestos nervosos.

— Traga a moça, dona Bella — respondeu a mulher de Antônio Mina. — Garanto-lhe que Antônio a atenderá.

— Mas eu queria poupar esse desgosto a Patrizia. Pobrezinha! Já sofreu tanto, nossa terra a maltratou, você não imagina o quanto! Fale com Antônio — insistiu dona Bella.

— Dona Bella, eu e o Antônio somos tão imigrantes quanto a senhora e essa moça. As pessoas que vivem nesta terra também nos maltrataram. A terra não tem culpa de nada. Essa moça chegou até aqui, isso prova que ela não é de açúcar. O marido é dela, então o problema é dela. A senhora sabe que o Antônio não consulta os espíritos a não ser para quem pede.

— Mas aí é que está, Janaína! Ele não precisa consultar os santos dele, eu quero é falar com ele. Antônio trabalha no cais, deve saber...

— Então, dona Bella, sente-se e espere — informou Janaína, séria. — Eu não posso interromper o trabalho. Ele ficaria furioso. O Antônio lá no cais é carregador, aqui, dentro de casa, é meu homem e pai dos meus negrinhos, mas lá — e apontou uma construção pequena e muito rústica mal iluminada —, lá, ele é sacerdote, pertence aos orixás e aos antepassados do nosso povo. Mas, olha, para lhe poupar o tempo, vou lhe dizer: busque a moça. Mesmo não sendo uma consulta aos espíritos, a senhora vai tratar da vida de outra pessoa. O Antônio não fará isso que a senhora quer.

Eu conheço o meu negro. Ele separa o tempo e a função de cada lugar, mas é o mesmo homem.

Bella olhou a fila de pessoas que esperava do lado de fora da construção. Sabia que entrava um de cada vez, e Antônio não tinha pressa, ouvia-os com toda a paciência. "Ele é esquisito", pensou a italiana. "Tem gente rica que vem consultar. Alguns dão dinheiro, outros dão comida, e a maioria não dá nada. Também não trouxe nem um pão para ele, vou ter que fazer o que ela quer."

— *Vá bene*, Janaína. Trarei a Patrizia. Pobrezinha! Eu queria poupar o sofrimento, mas... se é assim.

Janaína a encarou séria, controlando a irritação. Respondeu sucinta:

— É. Pode ir.

"Oh, que gente difícil!", pensou Janaína, observando Bella afastar-se. "Distorcem tudo. O certo vira errado, o fácil fica difícil. Parece que não veem o que fazem. Que bem é esse que fazem? Desde quando se meter na vida dos outros é ajudar? Ora, essa! Sempre a mesma conversa. Vai ser mais uma para dizer que sou uma negra cheia. Ah, que se dane! Aqui no nosso barraco a gente manda. Senão, hum, não se tinha sossego. Ia ter sempre alguém 'querendo ajudar'. Oh, bondade essa!"

Fechou a porta dos fundos e voltou à tarefa que fazia. Acompanhava de uma abertura, que chamava de janela, o avançar da fila dos atendimentos. Quando saiu o último consulente, encheu uma caneca com sopa e foi falar com Antônio.

Gostava de vê-lo com os trajes que usava para evocar os deuses: a calça de algodão escura, pés descalços, o cinturão de couro atravessado sobre o peito nu, coberto de correntes e guias com as cores dos orixás. Antônio estava pensativo, sentado sobre uma esteira de palha, dentro de um círculo de velas. À sua frente, o Ifá; ao lado, os braseiros queimavam ervas. Algumas imagens em argila estavam em um altar iluminado, enfeitado com flores e oferenda de alimentos. Dois tambores, um chocalho e um pequeno sino estavam enfileirados ao pé do altar.

Janaína reverenciou o altar, pedindo permissão para entrar. Tirou os chinelos e caminhou até o centro do círculo. Sorriu para o marido e indagou:

— Cansado?

Ele aceitou a xícara que ela lhe estendia, balançou a cabeça afirmativamente, sem nada dizer.

— A dona Bella veio aqui. Queria falar com você sobre um *oriundi* que trabalha no porto e anda sumido. A mulher dele chegou...

Antônio ergueu a cabeça e encarou Janaína, surpreso, mas continuou calado. Ouviu o relato, depois respondeu:

— Bem, então vamos esperar que voltem. O interesse é delas. Eu conheço essa história e já faz tempo. Sabia que ia terminar em confusão. Eu vi lá no cais, e você sabe que isso é coisa rara, que tinha confusão grande em volta do Giacomo. É o *oriundi*. Conheço a moça. Gostei dela, mas não é nenhuma pobrezinha. Fui eu que a levei para a hospedaria da dona Bella, senão estava sentada até agora no porto.

Janaína sentou-se ao lado dele e ficou olhando o Ifá interessada.

— E você nunca consultou para saber o que eles queriam alertar? — perguntou Janaína.

— Claro que não. Não ia servir para nada. A vida é dele, não é minha. Eu posso dar o recado, avisar. Resolver... nunca! Isso só ele mesmo e a vida, Deus. O recado, eu dei, falei para ele vir aqui. Não veio. Não vou ocupar os orixás e os antepassados sem razão. Eles têm mais o que fazer e eu também. Você sabe que é assim, para que perguntar?

— Eu sei, negro. Mas como "eles" avisaram sem pedir, achei que podia ser diferente.

Ele negou com um gesto de cabeça e mudaram o assunto, enquanto Antônio sorvia goles da sopa e reclamava

158

dizendo, em tom de brincadeira, que preferia uma Paraty purinha para renovar as forças.

Não demorou e dona Bella, acompanhada de Patrizia, batia palmas à porta de entrada do barraco. Janaína levantou-se, foi até a porta e gritou:

— Pode entrar, dona Bella. A gente estava esperando.

Dona Bella entrou, receosa. Não era a primeira vez que procurava Antônio naquele lugar, mas continuava encolhida, sentindo arrepios, olhar assustado como se esperasse que o demônio, com rabo e tridente, saltasse de trás de uma porta a qualquer momento. Sentia-se em contravenção com a própria religião, mas não resistia ao fascínio do mistério. É interessante como o medo, para muitas pessoas, tem essa característica de deleite, de provocar emoções fortes, viciantes. Vejam-se os aficionados em terror e suspense. Adoram a emoção produzida pela arte que desperta o medo.

Patrizia, ao contrário, estava relaxada, calma, curiosa e surpresa ao reencontrar o simpático negro que a recebera no Brasil.

Antônio levantou-se e sorriu ao vê-las. Após cumprimentá-las, sinalizou para que se acomodassem sobre a esteira de palha e fez o mesmo.

— E então, o que posso fazer por vocês? — perguntou Antônio, direto.

— É sobre Giacomo... — começou dona Bella, falando e relatando a situação em lugar de Patrizia, que estava mais interessada em observar e conhecer o local, tão diferente de tudo que conhecia.

Antônio conteve um acesso de riso. Dona Bella era a própria ansiedade personificada, mortificada pela dor que julgava sentir Patrizia. Simplesmente não enxergava que a moça estava muito serena, indiferente ao comportamento de Giacomo.

— Está bem, dona Bella — respondeu Antônio falando em talian. — Vamos conversar na sua língua para que a dona Patrizia compreenda. Querem notícias de Giacomo, é isso?

159

— Sim, está desaparecido há quatro dias — tornou dona Bella. — Patrizia chegou e ainda não encontrou o marido, pobrezinha. Pensamos que ele estava trabalhando, mas, agora, faz tanto tempo, que começamos a pensar que possa ter acontecido alguma coisa.

— Eu não vejo Giacomo há tanto tempo quanto a senhora. Na verdade, há mais tempo. Há seis dias ele não trabalha no cais, segundo o encarregado da firma que costuma nos contratar. O pessoal anda perguntando por ele, mas ninguém sabe do seu paradeiro — informou Antônio.

Patrizia voltou-se ao ouvir a informação e começou a se preocupar. Antônio notou a mudança sutil na expressão da jovem e o leve tremor na voz ao indagar:

— O que costuma acontecer nesses casos?

— O provável é estar na cadeia. Os policiais devem tê-lo encontrado cansado, dormindo lá pelo porto e o levaram por vadiagem. É bom procurá-lo na delegacia — recomendou Antônio, muito calmo e seguro. — É o primeiro lugar, e acho que vocês não vão perder tempo indo lá.

Ele se ergueu, caminhou até o altar e tirou, de baixo da imagem de um guerreiro tribal, uma folha de papel e entregou-a a Patrizia, informando:

— Isso é o pedido para soltarem seu marido. É só copiar e colocar o nome dele, dos pais, dia e lugar em que nasceu, onde mora e no que trabalha, no lugar dos meus. O resto é só copiar, dá para ele assinar e entregar ao doutor delegado. Foi o doutor advogado da associação que me deu e me ensinou a usar. Depois que copiarem, me devolvam, não posso perder isso, os meganhas vivem atrás de mim. É uma cochilada e já me levam. A Janaína já sabe. Se passo a noite fora, de manhã ela já vai com isso, papel e caneta até a delegacia para me soltar. Às vezes, o delegado está de mal com a vida e deixa a gente uns dias por lá. Mas vai se compadecer de você se contar a história com jeito, entende?

— Claro. Farei como disse. Agradeço-lhe muito — assentiu Patrizia apanhando o documento. — O que se faz aqui?

— É meu local de trabalhar com os orixás e com os espíritos dos meus antepassados. Eu os consulto para ajudar as pessoas e para mim mesmo — respondeu Antônio.

— Consulta sobre o quê? — insistiu a jovem. — Você consegue ver o futuro? Falar com os mortos?

Antônio riu com gosto, achava graça no fato de as pessoas não perceberem a incoerência do que diziam, depois esclareceu:

— Não, dona Patrizia. Eu não falo com mortos, eu falo com espíritos, e eles são vivos, bem vivos, garanto!

— Mas não tem que morrer? Na aldeia, na Itália, tinha uma curandeira que falava com os mortos — explicou Patrizia. — Ela dava consultas, benzia, recomendava chás e tratamentos para as doenças. Não é o que você faz?

— Mais ou menos parecido. Eu trabalho com vodus, que são os espíritos dos meus antepassados, dos antepassados do meu povo. Temos nossos deuses, os orixás. Com eles não posso falar diretamente. São espíritos muito evoluídos, vivem em outros mundos. Mas os vodus ligam-nos a eles, são os seus mensageiros. Eu os consulto jogando Ifá. Mas eu não pergunto qualquer coisa a eles. Sabe, dona Patrizia, a vida tem me ensinado muito. Um dos meus maiores aprendizados é que nós criamos muitos problemas e cada um deles carrega em si a maneira de ser resolvido. Então, eu ouço, converso, ajudo a pensar, se for algo desse tipo, que as pessoas podem e devem resolver sozinhas. Não há por que incomodar os espíritos com questões que dizem respeito a coisas do dia a dia, a problemas entre marido e mulher, com dinheiro, com desejos não satisfeitos. Se for um problema de saúde, é a mesma coisa. Tenho que ver se é algo sério, não vou perguntar aos espíritos o que fazer cada vez que alguém come demais ou tem problemas de má digestão, bicho-do-pé, piolho. Ora, para isso se tem experiência! Agora, se a pessoa já procurou tudo que sabia, se conseguiu consultar um médico, o que não é fácil, é caro e aqui todos são muito pobres, e não resolveu, bem, então, os espíritos ajudam de boa vontade. Entendeu?

Patrizia ouvia e olhava Antônio admirada. O africano lhe infundia segurança, firmeza, calma. Não restava dúvida do estado de penúria do barraco, e as dificuldades enfrentadas em sua vida, estavam estampadas na força lúcida e serena que irradiava de seus olhos; entretanto, Antônio era alegre, feliz e saudável. Acabava de dar-lhe uma lição, pois na Itália recorria à curandeira por qualquer motivo. Adorava consultar a mulher, mas pouco seguia as orientações recebidas. Aliás, apenas aquelas feitas por motivos de saúde. Tomara os chás recomendados e fora benzer-se o número de vezes determinado.

— Entendi — tornou. — Irei à delegacia amanhã cedo e levarei o papel. Giacomo sabe escrever e lhe direi como mandou fazer. Obrigada!

Janaína sussurrou algumas palavras para Antônio. Ele sorriu, tomou as mãos da mulher entre as suas, encarou Patrizia e ofereceu:

— Se quiser, poderei acompanhá-la. Mas precisamos ir antes de sair o sol, tenho que estar no paredão bem cedo, senão perco o trabalho do dia.

A expressão de Patrizia refletiu o alívio sentido, compreendeu que fora sugestão de Janaína e a olhou com gratidão. Estava receosa de procurar as autoridades estrangeiras, não sabia falar o idioma local. E dona Bella era ansiosa demais, muito afoita.

— Eu lhe agradeço muito. Voltarei — e virou-se para dona Bella esperando a confirmação, dada prontamente. Então Patrizia prosseguiu: — Voltaremos logo cedo. Agora está na hora de ir embora, já é tarde.

Despediram-se e Janaína as observou partirem pensativa, encostada à porta do barraco.

— O que foi? — perguntou Antônio.

— Acho que é pena — respondeu ela. — A italianinha parece ser uma boa mulher, mas não sei se tem noção de onde se meteu. Você já me falou do homem dela. Ele não me cheira boa coisa. Mas ela estava mais preocupada consigo mesma do que com ele. Tem certeza de que eles são casados mesmo? Ela nem se afligiu, tanto faz se o marido iria ficar mais uma noite na delegacia ou se estava desaparecido, foi dormir.

— Você ficou com pena, Janaína, por quê? Não entendi.

— Porque, se for isso mesmo, não é vida — e ensimesmada reforçou: — Não é uma boa vida. Não tem gosto, não tem sentimento, é insossa que nem comida sem sal, sem tempero. Não vai ter felicidade nem paz nunca. Vai ficar faltando força. Acabará virando uma daquelas pessoas que se arrastam na vida. Isso é triste! Fiquei com pena.

— Tudo muda, minha negra. Você enxerga o fundo das almas com facilidade. Pode ser que a *oriundi* também mude, e aí muda esse destino que você pressente de se arrastar na vida.

— É, pode ser. Vai depender dela fazer a mudança, Antônio. Sempre depende da gente. Afinal, só podemos viver com o que carregamos de força no coração e na cabeça, não é assim?

Ele riu, abraçou a mulher e a empurrou, gentilmente, para fora. Puxou a porta e a convidou:

— Vamos dormir, daqui a pouco elas já estarão de volta.

Na delegacia, Giacomo amargava as dores das múltiplas lesões. Estava febril e delirava deitado sobre um monte de trapos jogados em um dos cantos da cela que dividia com outros detentos.

O local era fétido, escuro e insalubre. As paredes sujas, o piso ainda pior. As latrinas exalavam um fedor insuportável de urina humana.

— Os meganhas acertaram ele de verdade — comentava um dos companheiros de cela que, a seu modo e com os poucos recursos de que dispunha no ambiente, zelava pela saúde de Giacomo, sentado no chão próximo do enfermo. — Quebraram esse infeliz a pau!

— Eu botei o osso do braço dele no lugar e fiz o que pude para ficar bem firme, mas não sei como vai curar. Acho que estava quebrado em três partes — acrescentou outro, sentando no chão, apoiado à parede do lado oposto da cela.

— É, essa febre é que não é bom sinal. Estranho ninguém ter vindo procurar por ele. Nunca tinha visto esse homem aqui e eu sou freguês antigo desta espelunca, meu nome está em todos os cadernos.

— Bom, todo mundo tem uma primeira vez, depois é que vira freguês — contemporizou o colega, indiferente. — Com tudo a gente se acostuma neste mundo. Até com essa vida bandida que não dá nada de bom pra gente. É bem madrasta, mesmo! Para uns, tudo; para outros, nada. E tem quem acredite em Deus e na justiça Dele. Eu... eu já não acredito em mais nada. Aqui se faz o que se pode e chega! Esse amigo — e apontou Giacomo — está chegando agora, mas a lição dele foi das boas. Pelo visto, não tem ninguém, não tem família, nem rabo de saia que se preocupe em saber se ele amanhece e anoitece vivo.

— Quem mandou você escolher a mulher errada?! — debochou o presidiário sentado.

— Ih, que conversa é essa?! Já faz um tempo que não escolho mulher nenhuma.

— Estou falando da tua mãe, ô burro! Se tivesse escolhido a barriga duma mulher rica para nascer, a minha vida tinha sido diferente.

— Então, nós somos da mesma manada, irmão — retrucou irônico o que cuidava de Giacomo. — É bem verdadeiro o que você falou: na vida é sorte ou azar. O resto se danou, sem chance. Por isso, já aceitei minha sina e vou vivendo do jeito que dá.

— É, acho que todos nós por aqui. A gente vai vivendo até que um meganha, um pistoleiro qualquer, nos acerte uma bala e pronto: findou!

A triste forma de encarar a vida justificava o local onde se encontravam. Sem forças interiores, o ser humano não se mantém de pé perante a vida e a sociedade, não tem por que lutar: falta-lhe convicção para viver e valores nos quais se sustentar. São fracos, infelizes e preguiçosos mentais. Frequentemente, tornam-se doentes psíquicos.

Os companheiros de Giacomo, apesar de solidários com seu padecimento físico, eram criaturas inconscientes e irrefletidas, acomodados e preguiçosos; culpavam a vida por suas escolhas e consequências. Mas pensar ter feito apenas uma escolha — o "acaso de nascer" em um útero de uma mulher rica ou pobre, gerando daí em diante uma sina para toda a existência — era tão frágil e insustentável quanto erguer um chalé sobre um graveto. Mera justificativa para a acomodação. É sempre nosso caráter que nos faz felizes ou infelizes e nos situa no lugar e nas condições que cremos merecer.

XVII. Amizade e insegurança

... decida em seu coração detestar e correr para longe da amargura e desligue-se desses companheiros e vizinhos. Permaneça à parte e mantenha distância mesmo de parentes em briga, para não sofrer com suas aberrações.

Maimônides. *Epístolas.* São Paulo: Maayanot, 1993. p. 21.

A madrugada trouxe um alívio à situação de José Theodoro: a família adormecida. O estado de coma o mantinha ligado ao corpo e, em espírito, consciente e lúcido, registrava as reações de seus familiares à crise aberta por Marieta e agravada por sua enfermidade. Chocava-se com a percepção de quão pouco o amavam. Aparentavam resignada dor, mas não fizeram nenhum pensamento benévolo ou uma oração por sua saúde. Ele ansiava por algo, mas não sabia dizer o quê. Chegavam até ele os pensamentos aflitos e as emoções conturbadas, ora de ira, ora de medo, havendo espaço para uma esperança de tornar-se um feliz herdeiro. Isso estava longe de satisfazê-lo, de dar-lhe paz ou compreensão.

"Não pode morrer e nos deixar com os problemas a resolver." Eis a tônica geral, com pequenas variações dos pensamentos de seus acompanhantes.

Portanto, vê-los adormecidos fora um bem, apesar da surpresa de tê-los visto, apressadamente, saírem do hospital. Não conseguia compreender o que enxergava: um a um, seus familiares tinham abandonado o quarto, sem um olhar sequer ao seu leito. Entretanto, lá estavam seus corpos adormecidos, ouvia-os ressonar. Como era possível?

Crendo-se desperto no corpo, observava e pensava, sem distinguir a realidade material perpassada pela espiritual. Assim, ao ver um homem vestido de branco aproximar-se, deduziu ser um médico. Enfim suas dúvidas teriam alívio.

Temeroso de que fosse uma sombra vagando pelo hospital, ou um fruto de perturbação de sua mente para satisfazer seus desejos, resolveu observá-lo calado.

Ele parou ao lado do leito e sorriu. Seu semblante sereno e simpático infundiu-lhe calma. Tornou a observá-lo com atenção e notou que seus olhos irradiavam lucidez e inteligência inconfundíveis. Sentiu-o pousar a mão em sua fronte, leve como uma pluma. Um contato morno e pacífico, sob o qual relaxou. Lutou contra a sonolência, respirou fundo e falou baixinho, ou assim pensou ter feito:

— Quem é você? Onde está o doutor Beltrão? Ele é o meu médico...

— Eu sei, José Theodoro, não se aflija. Eu sei de tudo. Estou aqui para ajudá-lo, caso você aceite.

— Será que erraram o hospital? Este aqui é o manicômio? Como você pode saber da minha vida se nunca nos vimos...

— Não — garantiu o jovem. — Você não errou o caminho. E o fato de você não me ver a todo instante também não muda o fato de que sei tudo a respeito de sua vida. Temos uma nuvem de testemunhas, nunca lhe falaram dela?

"Ouvi isso na igreja. Que porcaria! É um louco!", pensou o doente. Resolveu contemporizar e falou com exagerada tolerância:

— Sim, meu amigo, eu já ouvi essa lição. Agradeço-lhe o interesse, mas estou bem, realmente muito bem. Logo irei embora daqui. Por que você não visita outra pessoa? Alguém que esteja mais necessitado — e sorriu condescendente, com expressão de bobo.

Acostumado à tarefa, Augusto, o amigo espiritual que o assistia, também sorriu, mas com real condescendência, e argumentou:

— Fico feliz que esteja se sentindo bem, embora a declaração não me convença. Vejo medo em seus olhos, e você não está agindo como alguém lúcido. Eu não vim lhe fazer pregações religiosas, apenas enunciei um fato conhecido desde a Antiguidade: existe sempre a nosso redor o olhar alheio, o olhar do outro. Somos criaturas que vivemos em sociedades, em grandes sociedades, eu diria. Nunca estamos "invisíveis". Por isso, eu sei da sua vida. Eu a vejo. Conheço, por exemplo, seus problemas domésticos...

— Chega! — cortou José Theodoro, ríspido. — Olhe, não estou com paciência para esse tipo de conversa. Vá embora! Vá encher a paciência de outro, está bem?

— Se é o que você quer... Meu nome é Augusto, quando mudar de ideia, me chame. Adeus!

José Theodoro ficou piscando, assustado, pois o visitante simplesmente sumiu de sua vista. Vasculhou o quarto com o olhar e apavorou-se ao constatar que a porta estava fechada. "Como ele entrou aqui?", questionou-se. "Que lugar é esse? Preciso ir embora, ou melhor, preciso acordar, deve ser um pesadelo."

Aflito, esforçou-se para erguer-se do leito e percebeu que o fazia com facilidade. Sorriu satisfeito. Podia ir embora. Saltou do leito e andou pelo quarto. Observou sua esposa e seus filhos adormecidos com indiferença. Lembrando-se dos problemas no trabalho, de repente viu-se na sede da empresa.

Era noite, o local estava escuro e silencioso. Na portaria, dois seguranças jogavam carta, e nem sequer responderam ao seu cumprimento.

"Amanhã vou demiti-los. Que absurdo! São pagos para cuidarem do patrimônio e passam a noite no carteado", pensou irritado.

Atravessou o pátio e o vigilante do prédio dos escritórios dormia, largado sobre a cadeira com a boca aberta, roncando.

— Vagabundo! — gritou José Theodoro. — Acorde! Abra a porta!

O homem não mexeu um músculo. Continuava dormindo e roncando alto. Rapidamente a irritação de José Theodoro transformou-se em ira feroz. O coração acelerou, sentiu-se inchar e, tão rápido como chegara ao local, viu-se outra vez no quarto do "pesadelo". Sentiu uma dor aguda no peito e observou a esposa apertando afoita uma campainha na parede e gritando:

— Médico! Enfermeira! Preciso de ajuda!

Silvério e Rubens entraram correndo, acompanhados de enfermeiros, e cercaram seu leito, mexendo em seu corpo, falando como se ele não estivesse presente.

— O que é isso? O que está acontecendo? Por que não me ouvem? Estão surdos? — perguntou-lhes.

Continuaram a atividade socorrista como se não o ouvissem. Assustado, notou Augusto parado ao lado da porta, encostado à parede, calmo, observando. Encararam-se, mas ele não se moveu, nem falou, apenas sorriu.

Sentiu que lhe aplicavam uma injeção na veia. Primeiro sentiu a ardência, depois um torpor o invadiu. Parecia pesar toneladas e mergulhou em um estado de embotamento mental.

Augusto lamentou, balançando a cabeça. O procedimento médico estava correto, conforme a ciência terrena da época; entretanto, ele tinha consciência de que aquilo não passava de uma medida paliativa. A causa real permanecia inatingida: a forma irracional como José Theodoro lidava com as emoções.

Não as conhecia, muito menos as dominava. Sentia, pura e simplesmente, sofrendo-lhe a ação. Vivia deixando que seu corpo adoecesse em decorrência de violentas descargas das energias geradas pelas emoções em desalinho e acreditava que isso fosse natural. O coração e o aparelho digestivo pagavam o preço, desenvolvendo e suportando as enfermidades materiais.

Ele não se reconhecia um ser espiritual, uma consciência capaz de conhecer o mundo interior e gerenciá-lo. Para ele não havia escapatória ao sofrimento emocional. Aquele passeio longe do corpo físico era um exemplo a mais. A ira sentida em espírito desencadeou emoções fortes que repercutiram, desorganizando o seu organismo material. Daí a súbita piora.

Antônio parou em frente à delegacia. Ainda estava escuro. A iluminação na rua era insuficiente à identificação do lugar, por isso Patrizia não percebeu a chegada ao destino. Foi contida por dona Bella, que a puxou pelo braço, falando rapidamente onde estavam.

O africano, observando a cena, lembrou-se do comentário de Janaína. A mulher do *oriundi* estava mesmo muito desatenta e até desinteressada da sorte do marido. Rememorou o que sabia a respeito de Giacomo. Ele estava muito longe de ser considerado um bom marido, assim como de amar a esposa.

Balançou a cabeça e pensou: "História mal contada. A confusão na vida dele só vai piorar!" Mas não estava ali para fazer julgamentos, prometera trazê-las, auxiliá-las tanto quanto possível. Então falou:

— É aqui! Vamos entrar, dona Bella. É bom a senhora falar com os m...

Antônio calou-se. Lembrou o quanto os policiais detestavam a forma popular como eram chamados. Pensando que era burrice chegar arrumando incomodação, pois ali até as grades o puxavam para dentro, corrigiu-se:

— É bom a senhora falar com as autoridades.

Dona Bella adiantou-se e, arrastando Patrizia, relatou o motivo da visita. O policial, sonolento e entediado, identificou o prisioneiro que elas buscavam.

— É. Vieram ao lugar certo. Ele está aqui. E vai ficar muito tempo. A acusação contra ele é grande e séria: vadiagem, embriaguez, desacato e agressão grave à autoridade. Ele tentou matar um policial na fuga.

Antônio sussurrou algumas informações à dona Bella, e ela inquiriu, prontamente, ao policial falando a respeito do processo e dos direitos do acusado.

O policial sorriu com desdém e comentou ironicamente:

— A senhora está muito bem assessorada. Esse negro malandro conhece a prisão da delegacia muito bem. Ele pode lhe contar tudo, sobre como é e o que fazer, afinal adora ficar conosco. É o pior vagabundo e encrenqueiro da zona. Um advogado melhor pode lhe ajudar, dona. O seu amigo está encrencado com a lei. Pode ter certeza de que não vamos deixá-lo sair daqui tão cedo. Ah! E reze muito para o nosso colega não morrer. Ele ainda está mal no hospital, e, se o pior acontecer com ele, seu amigo não se safa, entendeu?

Dona Bella ficou constrangida. O policial ofendia Antônio Mina gratuitamente. Não lhe vinha nenhuma ideia e, com grande surpresa, ouviu a voz serena e firme de Antônio respondendo ao policial:

— A esposa do Giacomo trará um advogado. Mas ela tem direito de ver o marido. Leve-a até a cela, ou mande trazer o prisioneiro.

— Mas desde quando negro manda nesta delegacia? Quem você pensa que é? — retrucou o policial alterando a voz, revelando irritação.

— Eu sou Antônio Mina, sou africano e sou filho de Xangô. Meu barraco é conhecido, moro lá, trabalho no cais do porto. Trouxe essas senhoras e sei, exatamente porque já estive muitas vezes preso, que dona Patrizia tem direito a ver o marido, não importa do que o acusam — baixando a voz e falando de forma sinistra, encarou-o com a expressão endurecida. Continuou em tom grave, soturno, com um prazer sádico: — E, policial, caso não saiba, também sou batuqueiro, mexo com vodus, com a alma dos mortos... nem imagina como se pode atrapalhar a vida de alguém de quem não se gosta.

O policial ergueu-se e, sem dizer uma palavra, foi ao início do corredor, chamou o carcereiro e ordenou que levasse Patrizia até a sala do marido.

"O *oriundi* está mal, muito mal", pensou Antônio olhando Patrizia, muito assustada, caminhar em direção à cela de Giacomo, no fim do corredor.

— *Ma* que gente ruim! — exclamou dona Bella. — Não sei se eu ia ter a calma de ouvir aqueles desaforos de graça, como você fez. Meu Romeo diz que sou estourada, pavio curto, sangue quente de italiana furiosa.

Antônio sorriu. Já aprendera muito com a vida. Assim, respondeu apenas:

— Dona Bella, eu não enxergo pelos olhos deles, nem eles pelos meus. Eu não sou o que ele disse, e é problema dele se acredita naquilo, não meu. Se eu fosse me ofender com cada criatura que pensar isso ou aquilo de mim, porque sou negro e pobre, eu falaria com pouca gente na cidade. Eu sei o que e quem sou. Em que eles querem acreditar, já disse: é problema deles. Que se danem! Vim aqui fazer outra coisa.

Notando a surpresa no rosto da italiana, pilheriou:

— De mais a mais, vou-lhe ser bem sincero, se é para estragar meu fígado, prefiro uma Paraty, bem cheia. E não vou azedar a minha vida com uma criatura dessas, não merece um segundo do meu pensamento. Um dia ainda para lá em casa, pedindo alguma coisa. Já teve outros iguais a esse daí.

Patrizia viu, apavorada, os homens encarcerados, amontoados, sem o mínimo conforto ou higiene; pareciam feras. E o policial que a conduzia, armado, empertigado e de expressão endurecida, não era menos animalizado. O clima

172

era tenso e isso a afetava. Sentia dor na nuca e rigidez nos ombros, além de um forte aperto na garganta.

— É aqui — o policial apontou a cela.

Quatro homens agrupavam-se nela. Um dormia profundamente, rescendia a álcool em torno dele, estava embriagado. Outro se sentava encostado à parede e observava o companheiro que cuidava do quarto prisioneiro deitado sobre trapos.

O estado emocional de Patrizia não lhe permitia lembrar-se de Giacomo. Vira-o uma vez, confiava identificá-lo pela fotografia. Mas esse plano se aplicava ao porto, não a uma delegacia. Forçou a memória em vão. Era o famoso branco. A lembrança da fisionomia de Giacomo Baccagini não emergia naquela tensão emocional. Desesperada, notou que lágrimas escorriam por seu rosto, e as pernas, pesadas, dificultavam o ingresso na cela.

O policial falava com ela. Entendeu pelos gestos que deveria se aproximar e entrar, mas não conseguia se mover. Balançou a cabeça em negativa, chorando, assustada.

— É só o que me faltava a essa hora da madrugada: uma mulher chorona. Dona, faça-me o favor, entre logo! Não tenho a noite inteira. A senhora tem dez minutos para falar com seu marido.

Por fim, ele entendeu que ela não compreendia o idioma. Então, irritado, tomou-lhe o braço e empurrou-a para dentro da cela. Apontou o homem deitado sobre trapos e disse:

— Giacomo Baccagini.

Patrizia respirou fundo, secou as lágrimas com as costas das mãos, olhou o policial e respondeu:

— *Grazie, signore.*

O policial ignorou o agradecimento e empurrou-a levemente em direção ao centro da cela. Fechou a porta e encostou-se na grade, demonstrando que acompanharia a visita.

Os dois presos olhavam-na surpresos, calados. O que cuidava de Giacomo foi o primeiro a recobrar-se. Levantou e afastou-se do doente.

— É seu marido? — perguntou-lhe.

Ela balançou a cabeça em negativa e ele fez outras tentativas, recebendo a mesma reação.

— Ela não fala português, homem — interveio o prisioneiro sentado. — Vá ser burro assim nos quintos! É italiana, deve ser mulher do cabra quebrado aí no chão.

— Ih, tem razão — concordou o outro.

Afastou-se de Patrizia, indo sentar-se ao lado do colega. Foram as testemunhas das lágrimas e do medo de Patrizia ao encontrar, enfim, Giacomo no Brasil.

Ajoelhou-se ao lado dele e olhou seu rosto machucado, coberto de hematomas, com alguns arranhões e cortes superficiais. Observou o braço enfaixado precariamente. Acostumada a cuidar de doentes, percebeu que ele estava muito febril, balbuciava palavras ininteligíveis e gemia de dor.

— O que aconteceu, Giacomo? Eu não entendo. Atravessei o mar para encontrá-lo, esperava... nem sei o que esperava. Mas imaginei, desejei encontrá-lo ao menos com saúde, pronto para trabalhar, para irmos para a colônia italiana no Sul, ter a nossa terra, trabalhar... Acho até que pensei em conhecê-lo, pensei que pudéssemos gostar um do outro o bastante para viver bem, como um casal de verdade. Como foi com meu marido que já morreu. E agora tudo isso aconteceu e eu não sei o que fazer, Giacomo.

Lágrimas rolavam pelo rosto magro de Patrizia e quem visse julgaria que ela chorava pelo marido; no entanto, ela chorava por si mesma, por sentir um medo real e enorme do futuro, por constatar que estava sozinha em um país estrangeiro sem saber uma palavra sequer do idioma, sem trabalho e dependendo da caridade de estranhos.

— Dá até pena, viu — comentou o preso encostado à parede. — Acho que ela gosta dele. Coisa rara!

— É, agora se entende a demora: ela não fala a língua da gente.

Até o policial se compadeceu de Patrizia e amenizou as atitudes. Percebeu que, se não a tirasse dali, ela ficaria ajoelhada e chorando por um longo tempo. Tratou de aproximar-se, tocou-lhe o ombro com gentileza e com gestos a fez entender que a visita havia terminado.

Quando o policial fechou a porta da cela e Patrizia viu-se no corredor, agarrou-se à grade e, olhando Giacomo deitado no chão, pediu:

— Deus, por piedade, não o leve agora! O que vai ser de mim?

Chorando copiosamente, foi conduzida pelo policial e entregue aos cuidados de dona Bella.

— *Ma* o que é isso, filha? Não chora, nós vamos dar um jeito e tirar seu marido daqui. Calma! — consolava-a dona Bella.

— Podem ir embora — ordenou o policial. — Já sabem onde está o Giacomo e por quê. De manhã, se quiserem, voltem para falar com o delegado.

Antônio as conduziu de volta à hospedaria. Patrizia ainda chorava, mas estava mais equilibrada e conseguiu contar o estado em que encontrou Giacomo.

— Ele precisa de um doutor, tem febre, o braço quebrado e muitos ferimentos. Ele delira!

— Santo Deus! — exclamou dona Bella. — Que terá acontecido?

— Dona Patrizia — chamou Antônio, encarando-a. — Sei onde encontrar ajuda. Nós temos uma associação. Se quiser, posso falar com o presidente. Ele sabe como resolver essas coisas. Por aqui, isso é comum.

Patrizia sorriu em meio às lágrimas, segurou as mãos de Antônio e disse:

— Deus lhe pague! Você tem um bom coração. Eu agradeço muito tudo que puder fazer por mim e por Giacomo. Eu, aqui, não sei nada. Não tenho dinheiro, só alguns trocados miúdos. Nem sei como vou ficar, onde morar e comer... — o nó nervoso na garganta impedia Patrizia de falar.

— Isso se arruma — falou dona Bella, decidida. — Depois nós conversamos. Pode trabalhar comigo para pagar casa e comida até que tudo se ajeite. Vá, Antônio! Faça o que puder por Giacomo. Eu cuido dela.

Bernardina agradeceu a entrega do telegrama de Rubens. Olhou o envelope, pensativa. Havia dias Rubens estava no Rio de Janeiro. Pressentia que a demora não era um bom sinal. Obviamente algo estava errado ou fora do planejado. Subiu os degraus pedindo a Deus, em pensamento, lucidez e serenidade para a filha receber a notícia fosse ela qual fosse.

Dirigiu-se ao escritório e a encontrou cuidando dos livros da contabilidade da fazenda, sua rotina vespertina.

— O que aconteceu agora? — perguntou Lourdes sorrindo para a mãe. — O que a "nossa convidada" aprontou? Assustou-se com o pescoço despenado de uma galinha-d'angola?

Bernardina riu. Realmente era divertido observar uma moça da cidade descobrir a vida do campo. Marieta ficara surpresa ao descobrir a origem do leite e como se ordenhava uma vaca. Encantara-se com os terneiros mamando. Mas bastava um animal mugir e ela saía correndo.

— Não, Marieta está dormindo. Vim lhe entregar este telegrama de Rubens.

Lourdes ergueu-se e apanhou o envelope. Abriu apressada e, conforme lia as frases curtas e objetivas, suas pernas amoleciam, até que se quedou sobre a cadeira.

— O que foi, minha filha? Eu senti que não tinha boa notícia nesse papel.

— E não tem mesmo, mãe. O pai de Rubens está entre a vida e a morte no hospital. Ele não sabe quanto tempo precisará ficar na cidade e... — Lourdes fitou o teto, depois olhou a paisagem descortinada pela janela aberta, parecia ter receio de falar, então concluiu de supetão: — Pede que eu vá para lá.

Bernardina sentou-se. Precisava pensar, entendia o que fora dito na vacilação e no silêncio de Lourdes: expor-se ao sofrimento, à incompreensão e ao preconceito da sociedade. Ela sempre vivera na fazenda. Ali era seu paraíso, seu lar, ali vigiam as suas leis e os seus costumes. Tudo que amava estava em Casa Nova. Mas amava Rubens, e ele declarava precisar dela ao seu lado. Sabia que ela não seria o único alvo, ele também estaria se expondo.

XVIII. Descobertas

Sabei, senhores, é princípio essencial da nossa religião, e todos os filósofos estão de acordo sobre este ponto, que todos os atos do homem são deixados ao seu livre-arbítrio e que ele não sofre nem força nem violência. Se ele o deseja, pode adorar a D'us, tornar-se sábio permanecendo nas casas de estudos, ou então frequentar a sociedade dos ímpios, correr com os ladrões ou esconder-se com homens dissolutos. Não há instinto nem força da natureza que o empurre para um lado de preferência a outro.

Maimônides (filósofo judeu 1135-1204). *Epístolas*. São Paulo: Maayanot, 1993. p. 73.

A vida estava em compasso de espera para Marieta. Esperar era a palavra que mais ouvia. As mulheres simples do campo a olhavam e comentavam entre si:

— A moça está esperando, por isso esses enjoos, essa canseira toda. Oh, isso passa. Tem que ter paciência, o resto a natureza faz.

Outros diziam:

— Veio para cá esperar a criança.

Honorina e Dulce, as empregadas que cuidavam da casa, diziam-lhe ao vê-la aborrecida:

— Isso passa. Tudo nesta vida passa. E essas coisas de mulher barriguda são até boas, depois, daqui a uns anos, a senhora vai lembrar e vai sentir falta. É bom ter os bichinhos com a gente. Isso passa tão ligeiro. Dá saudade, sabia? Depois de paridos, logo estão caminhando e, quando a gente se dá conta, já foram embora. Tudo passou. Aproveite o que tem de bom enquanto está acontecendo, porque vai passar. E, quando estiver ruim, faça o mesmo: lembre que vai passar. Tudo passa. É a vida! Toca a gente sempre para a frente.

Marieta olhava aquelas mulheres tão diferentes das suas conhecidas... Nunca ouvira sua mãe ou qualquer outra dizer que era bom sentir uma vida sendo gerada em seu ventre. Nunca as ouvira falar o que sentiram, o que aprenderam com as experiências vividas. Eram tão afetadas, e agora percebia o quanto.

Para Honorina, Dulce e as outras, não havia questionamentos dos "ses e porquês" daquela história. Tratava-se simplesmente de uma mulher esperando uma criança. Um fato natural, todos sabiam como acontecia, por isso não faziam perguntas.

Contavam-lhe suas experiências com a intenção de ajudá-la e, com o passar dos dias, com aquela maneira calma de ver a situação, Marieta começou a abrir-se para os encantos de viver em Casa Nova.

Lourdes havia partido, atendendo ao chamado de Rubens. Marieta estranhara a forma carinhosa, cheia de sentimentos, com que a mulher do irmão tratava os filhos. Presenciara as despedidas, as advertências, os abraços, beijos e afagos. Como se ela precisasse gravar em cada um deles os cuidados que no futuro próximo não poderia lhes dispensar.

— Chega, Lourdes — ralhou Bernardina. — Eles ficarão comigo, esqueceu, filha? Já estão com amor estocado até a sua volta. Vá tranquila. Aqui ficará tudo bem, não se preocupe. Esperaremos a volta de vocês. Vá com Deus, minha filha!

"Amor estocado." Aquelas palavras mexeram fundo em Marieta. Não tinha lembranças de demonstrações de afeto dos pais. As carícias eram sociais: seguravam-lhe a mão para mostrá-la às visitas, beijavam-lhe rapidamente o alto da cabeça quando a devolviam aos cuidados da babá para ser guardada como se fosse bibelô no guarda-louça.

"Eu não tenho amor. Eu não sei o que é isso", pensou Marieta, invejando os sobrinhos, ambos confiantemente agarrados às pernas de Lourdes. Eles não temiam amassar-lhe o vestido, e ela não cogitava afastá-los. Ao contrário, acolheu-os e abaixou-se para ficar à altura deles. Abraçaram-se em silêncio. Era a primeira vez que ficariam longe da mãe.

— Os galpões onde se estoca o amor não têm fundo, mãe — respondeu Lourdes quando finalmente sentiu-se pronta para partir.

Bernardina sorriu, e sua expressão revelava: "Eu sei". Mas ficou calada, segurando um neto em cada mão e fitando a filha com muita coragem e amor.

Lourdes respirou profundamente e entrou no carro rumo ao Rio de Janeiro.

— Reze por ela, dona Bernardina — pediu Marieta, séria. — Ela precisará muito. Não imagina o que a espera na minha casa.

Bernardina olhou a jovem. Pela primeira vez notou mudança na expressão do rosto dela; antes só havia traços de apreensão e sofrimento. "Melhoras", avaliou, pois em geral estampava tédio, apatia ou inquietante ansiedade, que se traduziam por agitação e um comportamento, às vezes, eufórico.

A agitação excessiva, a necessidade de atividade constante e até a hiperatividade com falta de atenção e concentração mínima refletem profundo estado de ansiedade gerado pelo vazio interior e pela carência afetiva. É uma fuga do confronto com a angústia gerada por esse estado emocional.

— Eu rezarei, minha filha. Peço que faça o mesmo — respondeu-lhe.

Percebendo que os netos acompanhavam a conversa e temerosa de que se afligissem, desviou o assunto e mandou-os acompanhar Honorina na coleta dos ovos nos galinheiros.

Os meninos adoravam a tarefa e correram ao encontro da criada que os esperava com pequenos cestos de palha.

— Lourdes é uma mulher de temperamento muito forte, Marieta. É assim desde menina. Graças a Deus, aprendeu a pensar antes de fazer as coisas. Mas me deu muito trabalho até chegar aí. Confio nela e em seu irmão. Eles saberão conduzir a situação. Além de rezar por seu pai e pelos outros, podemos cuidar para que, por aqui, tudo continue tão bem quanto se eles estivessem comandando a fazenda. Você me ajuda?

— Como?! — questionou Marieta surpresa.

— É simples: vivendo em paz, aceitando o que o dia nos oferece, assumindo nossa responsabilidade pela parte que nos cabe na vida, trabalhando, convivendo com alegria, pensando antes de fazer as coisas e, principalmente, conhecendo as pessoas que vivem conosco.

— Isso é um sermão estranho — debochou Marieta, rindo. — Os padres são mais objetivos: isso pode, aquilo não, ameaçam com o inferno e a danação da alma quem não obedecer.

— É, mas por acaso eu estou de batina? — ironizou Bernardina, rindo. — Eu não sei o que é certo nem o que é errado para os outros, por isso não falo disso. Sei para mim. Quando estou em paz comigo e com os outros, estou agindo certo. Sinto prazer no que faço, então estou agindo bem. Sou livre para escolher quando ceder ou não aos meus desejos. A minha vontade comanda a minha natureza, então estou agindo certo. Estou feliz! Serena. Eu não brigo com a vida, Marieta. É perda de tempo. Eu procuro aprender com ela. Longe de mim querer ter as rédeas da vida dos outros. Com frequência, perdemos as da nossa própria. Não, minha filha. Eu acredito que há uma inteligência e uma sabedoria muito maior que a nossa comandando a vida e que provê sempre o melhor para nós. O que acontece é que pouca gente se dá ao trabalho de pensar nisso e entender a forma como ela age em nosso dia a dia.

Marieta não escondeu a dificuldade em compreender as palavras de Bernardina nem um leve sorriso de mofa.

A senhora, no entanto, não se deu por achada e, como as crianças e Honorina ainda estavam no pátio, sugeriu:

— Bem, chega de conversa. Que tal, então, você acompanhar seus sobrinhos e ver por que eles gostam tanto de coletar os ovos?

Perdida, sem saber o que fazer e tendo mais um dia à sua frente para "encher" e não preencher, Marieta decidiu que qualquer atividade serviria. Embora não lhe trouxesse nenhuma emoção forte, até que a experiência no campo tinha seus encantos. Encaminhou-se ao encontro das crianças.

— Meninos, esperem! Irei junto — gritou Marieta.

Maria Cândida arrumava as fichas dos associados quando Henrique entrou na recepção da associação enfurecido.

— Nossa! — exclamou ao vê-lo. — O que aconteceu?

— O de sempre: abuso das autoridades sobre essa população miserável e ignorante. Que país queremos ter? Por Deus, eu não entendo! Escolas, hospitais, profissionalização para esse contingente de negros libertos que vêm do interior formar periferias nas cidades, disso não se diz uma palavra. Do engodo que é esse incentivo à imigração, nenhuma denúncia. Sabem apenas usar a violência e fazer leis inexequíveis. A escravidão legalmente não existe mais, mas continuamos legislando para os ingleses verem ou lerem. No papel, uma maravilha. Na prática, Cândida, é tudo diferente. Somos uma república de faz de conta, deportamos a família real e entronamos os coronéis. Bem, mas até que nesse ponto estamos mais honestos: manda quem domina o país. Eles são a elite econômica, o dinheiro deles manda e faz chover balas de revólver sobre quem não lhes obedece.

— Sim, Henrique, até aí nenhuma novidade. Ontem, antes de ontem, no ano passado e bem antes já era assim. Perguntei o motivo da sua fúria hoje.

— Fui atender ao pedido do Antônio Mina. O caso do portuário imigrante.

— E?

— E... o homem está todo quebrado, deitado no chão imundo da delegacia, delirando de febre, sem nenhum atendimento. Os prisioneiros estão tratando dele com o que têm, ou seja, boa vontade, solidariedade, essas coisas que, teoricamente, deveríamos encontrar nas ruas e não nas celas.

Cândida encostou-se ao armário onde guardava as fichas e encarou Henrique, que andava nervosamente, de um lado para o outro, passando uma das mãos nos cabelos.

Com o passar dos dias, aprendera a conhecê-lo e a admirá-lo. Ele vinha da classe social alta, conhecia toda a elite carioca; entretanto, compreendia com clareza a questão social brasileira. E trabalhava com idealismo. Queria mais do que resolver questões legais de um e outro, queria leis sociais, um ordenamento jurídico que refletisse e amparasse a realidade. Era preciso estruturar a sociedade. O progresso não emergiria do caos, da exploração e da violência.

Descobriram muitas afinidades e conversavam livremente sobre qualquer assunto. Ela o auxiliava em seu trabalho, e adorava, pois guardava o sonho de ingressar na faculdade de Direito. Ele retribuía, participando ativamente da organização do partido, acompanhando-a nas reuniões e atividades tanto do partido feminino quanto da associação. Tornaram-se inseparáveis.

— O que podemos fazer? Qual é a acusação? — questionou Cândida objetivamente.

— Bem, este é o problema: lesão corporal seguida de morte. E o agravante: a vítima era um policial.

— Danou-se! — exclamou Cândida. — Se ele está delirando, não temos como saber a sua versão. Restam as malditas testemunhas.

— E quer ouvir mais? São policiais.

— Santo Deus! Como saberemos a verdade? Apelar para quem? Alegar o quê?

— Não sei, preciso pensar. Mas, ainda que toda a acusação seja verídica, não se justificam aquelas condições sub-humanas. Nunca conseguiremos transformar a nossa população se não formos capazes de impor nos ambientes educacionais uma cultura diferente.

— Henrique, ele está na prisão — lembrou Cândida.
— Nenhum dos nossos políticos ou governantes pensa seriamente nas prisões e nas penas como medidas educativas. Visam à punição, ao respeito e à ordem conquistados pelo medo. Esta é a filosofia.

— É, mas, pensando assim, só faremos aumentar a miséria, a criminalidade e a ignorância — argumentou Henrique. — A verdade é que eu não sei se Giacomo Baccagini é, ou não, culpado. Mas, com certeza, afirmo que ele está sendo punido sem nenhum julgamento, e a sua pena poderá ser a morte por falta de assistência médica. Sabe o que isso significa?

— É claro que sim. Esse italiano não será o primeiro a ser julgado, condenado e morto desse jeito. A diferença é que se trata de um homem branco, se fosse negro seria só mais um. O africano diz, e sou obrigada a concordar, que o preconceito maior engole o menor, e o maior de todos é contra o pobre. Então cor, raça, religião e sexo são secundários.

Henrique apoiou-se no parapeito da janela, contemplando a rua. A conversa o acalmara um pouco. Admirou o movimento das pessoas e, após alguns instantes, convidou:

— Vamos tomar um café? Acho que ajudará a clarear as ideias.

Cândida concordou. Silenciosos e pensativos, dirigiram-se à cozinha.

— A defesa dele é difícil e acho mesmo que neste momento é secundária — comentou Henrique, bebericando o café.

184

— Também acho. Afinal, de que servirá a absolvição de um desconhecido pobre e morto? Agora, ele precisa de assistência médica — respondeu Cândida. — Como o sentimento de justiça é complexo, não é mesmo?

Henrique encarou-a, meditou sobre a questão antes de tornar a falar.

— Demais! Ele tangencia todas as nossas atitudes. Vivemos buscando ser justos, embora nem sempre se tenha consciência disso.

— As justificativas? — questionou Cândida.

— Sim, as justificativas demonstram esse anseio. No fundo, quando justificamos uma atitude, queremos expressar nosso sentimento de justiça. O interessante é que, embora exista uma noção... como posso dizer... intuitiva de Justiça, com J maiúsculo, da virtude, por ser assim ela se presta ou se molda ao caráter de cada um, e as ações justas ganham a nuance do entendimento pessoal. Separar isso tudo e encontrar o justo é complexo.

— Por isso, as sociedades preferem trocar o justo pelo legal. É um conceito bem mais singelo: se há um texto escrito, e uma conduta se enquadra nele, eureca, está feito! Mas existem os casos do tipo Giacomo, Henrique. Eles nos desafiam. Para os policiais, a justiça está sendo feita; para a esposa e os amigos dele, há a angústia de não saber o que houve e não poder confiar. Ele mesmo está inconsciente. Será justo não dar-lhe nenhum tipo de assistência porque cometeu atos indesejáveis? Por que os cometeu? No lugar dele, será que eu não faria o mesmo ou até pior?

— Querida Cândida, não tenha dúvida de que, nas exatas condições dele, você agiria do mesmo modo. Não creio que existam duas naturezas humanas. O fato é que, em igualdade de condições morais, agimos todos do mesmo modo.

— Eu também penso assim, Henrique. Já falamos sobre isso. E, se eu fosse Giacomo Baccagini, agora eu quereria alívio para minhas dores, eu gostaria de ser ouvido.

Afinal, a sociedade que o absolve ou o condena tem o dever e o direito de ouvi-lo. Não podemos permitir que o sistema policial atue desse modo: fazendo a lei. Se a fazem e são os mesmos a executá-la, são ditadores. E abre-se um caminho de violência e descontrole sem precedentes. Seria muita ingenuidade crer que ele tenha agredido gratuitamente um policial. Um imigrante, sem antecedentes, por que faria isso e com tanta fúria?

— É isso, Cândida! — falou Henrique erguendo-se e aproximando-se da jovem próximo ao balcão.

Apoiou às mãos em seus ombros e a encarou:

— Seus olhos estão sorrindo, Henrique — constatou Cândida, em tom alegre, que denunciava a expectativa. — O que você está pensando?

— Você me mostrou o caminho: a imprensa. É isso que farei. Tomarei todas as medidas legais necessárias e possíveis, e mesmo algumas improváveis, mas darei notícia aos jornais. Tanto aos jornais de grande circulação quanto aos jornais de operários e de outras associações. Farei a sociedade saber o que ocorre naquela cela. E começarei já.

Juntos redigiram artigos e cartas-denúncias destinados aos órgãos de comunicação. Depois de remetidos com a ajuda de alguns estivadores desocupados, trataram das medidas jurídicas que podiam buscar.

Rubens e Lourdes faziam a refeição matinal na mansão dos Guimarães Lins, sob o olhar aparvalhado de Diva, que não conseguia definir os próprios sentimentos. Estranhava sobremaneira uma mulher negra sentada à mesa da mansão, sendo servida como dona da casa, e ao mesmo tempo admirava-lhe o porte altivo, a elegância, as vestes discretas e de bom gosto, acima de tudo encantava-lhe o sorriso caloroso.

"Ela é uma mulher igualzinha a mim. É negra igual as que lavam a roupa, que limpam esta casa. Mas ela é senhora. Como?", questionava-se Diva. E a si mesma respondia com mil hipóteses diferentes e a todas opunha objeções, chegando ao consenso: "Um dia eu pergunto".

Rubens abaixou e dobrou o jornal, depositando-o sobre a mesa, e voltou sua atenção à mulher.

— Há um artigo muito interessante de um amigo meu — falou Rubens referindo-se ao jornal. — Leia quando puder.

— Sobre o que é?

— Justiça. Henrique é advogado, trabalha para e pela classe operária, é um idealista acima de tudo. Mas não é sonhador, é muito realizador. Meteu-se em um caso complicado e parece que não ficou satisfeito com o tamanho que tem a confusão e tratou de aumentá-la.

Lourdes sorriu, serviu-se de pão e geleia, e comentou condescendente:

— Um advogado homeopata. Combate o mal do cliente com seu próprio mal. Não li o artigo, querido, mas, se ele trabalha para a classe operária, entenda-se: negros, pardos e imigrantes, todos pobres, só resta a ele apelar para o sentimento de justiça social e coletivo.

Rubens riu do tom com que a companheira havia se manifestado e brincou:

— Você é vidente? Conseguiu ler o jornal fechado.

O riso de Lourdes se fez ouvir, aumentando o espanto da criada. Naquela casa, tudo era comedido: risos, pranto, palavras. E aquela intrusa ousava rir à vontade. Era novo, mas a fez relaxar.

— Longe de mim! Não gostaria de ter a minha mente dominada por outra pessoa, ainda que fosse para ampliar meus sentidos e permitir que por instantes eu vivesse como uma alma liberta. Não, querido. Não é preciso tanto. Basta pensar. Se eu fosse ele, faria o mesmo. Pense: que chance teria se seu cliente fosse pobre, operário, negro ou estrangeiro contra um sistema legal e social que há séculos tem como finalidade a satisfação das classes governantes: brancos e ricos? É óbvio que exporia seu caso ao público e ainda argumentaria que, eventualmente, esse sistema pode virar-se contra você. E esta é uma possibilidade real. Ele levantou esse questionamento do conceito de justiça?

— Sim, e muito bem-feito. Leia-o depois. Agora me diga: você irá para a sede da empresa comigo?

— Não foi para isso que vim? — respondeu Lourdes sorrindo para Rubens. — Assim que terminar o café estarei à sua disposição.

Rubens pegou a mão da companheira e levou-a aos lábios, beijando-a com inegável afeto. Diva sentiu as pernas fraquejarem. "Xi, está tudo mudado!", pensou.

XIX. Mudanças

*(...) Quando a consciência reprova e mostra uma imperfei-
ção, sempre se pode melhorar.*

Kardec, Allan. *O Livro dos Espíritos*. DF: Edicel. q. 992.

A companhia pacífica e serena de Bernardina exerceu forte influência sobre Marieta. A atitude naturalmente carinhosa e maternal a atraía como a luz às mariposas.
Descobriu pequenas alegrias nas conversas com Honorina,
Dulce e Bernardina. Um mundo novo apresentava-se ao seu
olhar: mulheres simples comprometidas com a vida.

Não havia discussões de negócios, além da economia
doméstica, resumida ao uso do necessário, sem desperdício de gêneros alimentícios ou de água. As trivialidades
sociais limitavam-se a saber qual das vacas tivera bezerro,
como estava a saúde da dona fulana, do seu beltrano, quando haveria quermesse na igreja ou um baile de domingo.

O trabalho ocupava grande parte do dia e, para surpresa da jovem, isso causava alegria e disposição nas pessoas.

Gostava de ouvir as conversas das mulheres da casa,
eivadas de memórias e aprendizados. Elas comentavam suas
experiências como mães, esposas, viúvas, acima de tudo
como viviam sua condição de mulher e lidavam com as dores
e as alegrias, cuidados com o corpo, e como enfrentavam a

maturidade. Todas beiravam os sessenta anos. Mas eram tão ativas e bem-dispostas que aparentavam menos idade.

— Vocês não se preocupam com as rugas? — perguntou Marieta uma tarde, quando aprendia a fazer doce de batata.

Bernardina riu gostosamente da pergunta e, encarando Dulce, indagou:

— E essa... o que você acha, Dulce? Vale a pena se preocupar com isso?

Dulce soltou a batata que descascava dentro da bacia e, com a faca em riste, falou convicta:

— Minha Nossa Senhora! Valha-me Deus! Eu nunca perdi uma noite de sono por causa disso. Diz que, quando a gente se preocupa muito, fica velha mais cedo. Os cabelos ficam brancos; emagrece e o corpo vira uma pelanca feia; cria olheira e dá rugas. Eu não sou burra. Vou me preocupar para quê? Para elas chegarem mais cedo? Não mesmo. E, menina Marieta, pense bem, adianta se preocupar com o que é lei da vida? Vai mudar alguma coisa? Não, não é mesmo? Então a gente tem mais é que viver o dia que Deus dá, que da velhice e da morte não vamos escapar. E ainda bem, senão é por causa disso que se morreu cedo. E aí é coisa triste! Já foi a enterro de gente nova?

— Eu nunca fui a um enterro — declarou Marieta.

— O quê?! Mas onde é que você vivia, menina? Em que parte do mundo é que ninguém morre para alguém chegar a sua idade e nunca ter ido a um enterro? — questionou Bernardina surpresa.

— É claro que morrem pessoas no Rio de Janeiro, mas meus pais nunca me levaram a um funeral. Eu era pequena quando meus avós faleceram, lembro-me da casa com sinais de luto, de usarmos roupas pretas, e por muito tempo meu pai usou uma tarja preta costurada no paletó. Mas eu não vi nada, mandaram-me para a casa da governanta. Muito tempo depois, acompanhei meus pais a uma missa e fomos ao cemitério. Eu perguntei por que estávamos ali se eles diziam que meu avô estava no céu, não entendia o que tinha a ver aquele local com o meu avô. E minha mãe explicou que aquele lugar era um cemitério e ali ficavam os corpos das pessoas que morriam, mas as almas delas iam para o céu quando eram boas e religiosas. Fiquei com muito medo. Chorei, meu pai irritou-se com minha falta de modos, como disse, e mandou-me ficar com os criados que esperavam na entrada. Foi horrível! Fiquei pensando em como meu avô podia viver naquele lugar pequeno. Era uma capela onde estão sepultados todos os membros da família. Só havia anjos, flores e velas, era assustador.

Dulce e Bernardina trocaram olhares de entendimento, balançaram a cabeça, em um diálogo mental, sem palavras.

— Isso é ruim. Eu levei os meus filhos desde pequenos para conhecer os fatos da vida e não terem medo — falou Dulce. — Levei para visitar doente, para ver criança recém-nascida, para enterros e festas. Para todos os lugares onde eu tinha que ir, eles iam junto. Aqui, no campo, aprendem-se essas coisas na prática. Os bichos nascem, mamam, crescem, têm cria e morrem. As plantas também, quer dizer, tudo que vive um dia morre. Dizem que só não morrem os espíritos, não é, Bernardina?

E, encarando Marieta, fez uma expressão de mistério e perguntou:

— Sabia que ela vê e fala com os mortos?

— Eu vejo os espíritos e falo com eles, Dulce — corrigiu Bernardina. — Os mortos, apenas os cegos não veem, é bom que se diga. E cadáveres não falam, por isso ninguém fala com eles. Só um grande mentiroso diria tamanha bobagem.

— Prefiro mudar o assunto, se vocês não se importam — pediu Marieta. — Não gosto de falar de morte, de assombração, tenho medo, fico impressionada. Prefiro não pensar nisso. Tem tanta coisa para conversar...

Bernardina e Dulce entreolharam-se de novo, sorriram e começaram a discutir a quantidade de açúcar necessária ao doce.

Sabiamente, Bernardina compreendia que há um tempo para tudo, e é necessário respeitar a condição de entendimento alheia. A evolução das possibilidades psíquicas, da consciência, é natural e gradativa. A instrução e a reflexão são suas auxiliares. Novas ideias não podem ser postas à força na mente. O passar dos dias e as experiências trariam a maturidade à Marieta, fariam que ela pensasse e buscasse as respostas por ora temidas.

O medo na alma é como o sal na terra, torna-a infértil. Domina e paralisa, dificultando a mudança de pensamentos, de conceitos. Marieta não estava pronta para as lições de Bernardina.

À noite, Dulce e Bernardina, após terem colocado as crianças para dormir, conversavam na cozinha, tomando leite morno com bolachinhas antes de se deitarem.

— Bernardina, você não acha a irmã do patrãozinho muito estranha? — indagou Dulce, com expressão séria, preocupada. — Dá a impressão de que ela não tem sentimento pelas coisas nem pelas pessoas. É insossa, sem graça. É bonita, mas parece uma boneca que fala.

Bernardina pensou, avaliou a percepção da amiga: fora perfeita. Dulce colocara em poucas palavras e clareara-lhe o raciocínio em torno da conduta de Marieta.

— Eu não sei se é assim, Dulce. Mas parece. Às vezes, a gente esconde o que sente, não diz o que pensa. Temos assuntos que não gostamos de comentar. Eu conheço pouco essa moça. Estranho ela nunca falar da criança que está esperando, ou do homem que é o pai. Seria de esperar ira e revolta, misturadas à felicidade, mas nada disso acontece. Marieta parece estar em férias, passeando, precisando de uma temporada no campo. Esse povo da capital adora dizer isso. Mas, realmente, ela age como se nada existisse.

— É vazia que nem porongo maduro! Oca. Não sabe fazer nada...

— Nada também não, Dulce. Olha o exagero. Ela ia a festas e conseguiu arrumar uma barriga. Alguma coisa ela sabe fazer — brincou Bernardina, tentando esconder a aflição que Marieta lhe causava.

Conforme os dias se sucediam, intensificava-se uma sensação de desgraça iminente em torno daquela jovem. Cada vez que a olhava, tinha a impressão de que ela estava envolta em uma fumaça escura. Isso era algo que percebia com certa frequência e notara que, em geral, eram criaturas doentias, cultivadoras de pensamentos ruins, cheias de sentimentos de raiva, medo ou culpa, ou todos misturados. Quando as tocava, pois muitas vinham pedir-lhe uma benzedura, sentia como se a mente delas fosse um balaio de lãs no qual os gatos brincavam livremente, um enredo só. Não dava para aproveitar nada.

Dulce riu, descontraindo a expressão.

— É, Bernardina, mas o que ela sabe fazer é de bem pouco proveito e não dura muito, não é verdade? Posso dizer que nisso sou bem melhor, eu mais o Pedro, que Deus o tenha, vivemos mais de trinta anos juntos. E ele foi um bom homem, nunca me traiu, nem me maltratou. Era meu amigo. Enfrentamos o que a vida nos deu de bom e de ruim, sem perder a alegria de estar junto, o prazer de um ter o outro. Acho que a Marieta não sabe o que é isso, ela não conhece o amor de um homem, nem nunca amou algum.

— Do jeito que ela faz, não dura mesmo. Mas vou lhe dizer, Dulce: estou satisfeita com ela, pois, pelo que o Rubens falou, juro, minha amiga, esperei dificuldades maiores.

— Vou agradecer a Deus na minha oração antes de dormir e já vou pedir que continue assim — tornou Dulce, terminando de beber o leite.

— Farei o mesmo — declarou Bernardina, afastando-se da mesa. — Deixe essas xícaras na bacia, amanhã lavaremos. Vou deitar. Boa noite, Dulce.

O movimento desencadeado pelos artigos de Henrique na imprensa operária teve vitória. Um grande grupo de estivadores e operários residentes nas proximidades postou-se em vigília em frente à delegacia exigindo atendimento a Giacomo.

— Agora está acontecendo com o Giacomo, amanhã pode ser com qualquer um de nós. Pode ser comigo, contigo, com nossos filhos. Isso tem que parar! — afirmava Paulo Medeiros aos seus colegas, discursando sobre um banquinho no meio da rua. — Não estamos aqui somente por causa de um italiano pobre acusado de ter agredido um policial e que está todo machucado, ardendo em febre. Não. Não é só por ele. É por ele também. Mas é principalmente por nós mesmos, porque somos gente e temos direitos. A verdade é que a elite libertou os escravos e os largou nessa terra com uma mão na frente e outra atrás, e agora fazem de todos os pobres, independentemente da cor, seus escravos. Esses meganhas pensam que são feitores e nós não temos direito nem voz. Mas não é assim, meus amigos. Precisamos lutar. Fazer ouvir a nossa voz e exigir o reconhecimento dos direitos sociais e do trabalho. Não podemos tolerar, de cabeça baixa, calados, que a cada dia os meganhas abordem um dos nossos porque o homem está tirando uma soneca depois de trabalhar a madrugada inteira ou só porque vai a um bar conversar com os amigos no fim do dia. Não! Eles não têm o direito de fazer isso. Não somos prisioneiros neste país. E esse infeliz que está lá dentro é só mais um que caiu na conversa dos ricos e poderosos deste país. Iludiu-se. Está descobrindo que vai ter que lutar muito para construir o sonho da vida dele por aqui. Mas como eu mencionei, hoje é ele, amanhã pode ser qualquer um de nós.

Do interior da delegacia, o comissário e um policial acompanhavam a manifestação.

— Não vamos fazer nada? — perguntou o policial. — Se pusermos uns dez homens com cassetetes, disparando uns tiros, eles saem correndo daqui e nos deixam em paz.

— Eu sei. Mas depois voltarão. Essa confusão com as associações só tende a aumentar. São esses imigrantes desgraçados! Trazem essas ideias da Europa. Se são tão boas, por que não fazem dar certo lá? São anarquistas, são comunistas, são outros falando em direitos sociais, é uma falação danada. E quer saber de uma coisa? Não sei se estão de todo errados. Algumas coisas que eles falam até têm fundamento. Vai ver que eles têm razão. Estão me incomodando. Olha lá, chegaram os jornalistas. Que droga! Amanhã vai ser aquela...

O escrivão da delegacia entrou na sala agitado e informou:

— Em toda parte, só estão falando desse italiano que vocês meteram nas grades todo quebrado. Isso vai dar problema para nós.

— Estou vendo — respondeu o comissário. — Vamos fazer o seguinte: chame um dos nossos médicos; depois encerre o inquérito e providencie a transferência do italiano para o presídio. Eu acerto com o delegado. Pode indicar por lesão corporal seguida de morte e o que mais constar da ocorrência.

O escrivão coçou a cabeça, não tinha certeza se aquilo era verdade, mas queria se ver livre da incomodação e cumpriu as ordens do superior.

Patrizia sentiu-se aliviada ao receber a notícia de que Giacomo recebera atendimento médico. Abraçou Henrique agradecida e, ensaiando as primeiras palavras em português, pronunciou:

— Obrigada! *Grazie! Dio* lhe pague.

E, voltando-se para dona Bella, falou, alegre, em talian:

— Se Deus quiser, Giacomo irá melhorar e poderemos saber o que aconteceu. Ele vai ficar muito feliz em saber como os amigos dele cuidaram bem de mim.

Dona Bella balançou a cabeça, concordando. "Patrizia disse uma meia verdade, mas isso se entende; afinal, a pobrezinha não sabe o péssimo comportamento do marido antes de sua chegada. E que deu nessa porcaria", pensou. E, não conseguindo endossar a ilusão da moça cuja companhia apreciava, acrescentou:

— Você merece, Patrizia. E é para isso que se está nesse mundo, não é *vero*? Para uns ajudarem os outros.

— Dona Bella tem toda razão, Patrizia. Nós a ajudamos por você, não só pelo seu marido. Mas vamos deixar de conversa fiada, que o tempo passa. O horário da visita é pequeno no presídio. Giacomo já foi transferido. Vou levá-las, meu carro está do outro lado da rua — emendou Henrique, segurando o chapéu, seus modos denunciando pressa. — Estou esperando as senhoras. Peço, por favor, que não demorem.

— Não, não. Só vamos lavar o rosto e as mãos, guardar o avental e colocar os sapatos. É rápido, o senhor nem vai aquecer o banco — tornou dona Bella, decidida.

Voltou-se e falou aceleradamente em talian com Patrizia. Deram-lhe as costas, sem cerimônia, rumando para o interior da hospedaria.

No carro, Cândida o esperava. O caso de Giacomo e Patrizia a interessava, pois, de qualquer ângulo que o analisasse, encontrava um dos seus temas de estudo preferido: a questão social, a incipiente classe operária, a condição da mulher, a discussão legal em torno de um crime, a condição de inconsciência de um acusado, os abusos. Tornara-se a sombra de Henrique nos últimos dias. Empenhara-se ao máximo para acompanhar e auxiliar no desenrolar do caso.

Tanto que Paulo Medeiros olhava os dois jovens com discreta alegria. Experiente, ele via que sua menina, criada entre estivadores, sem a figura materna, tornara-se uma mulher, e daquelas que sabem apaixonar-se. Observando-os trabalharem, em perfeita sintonia, lembrava seu próprio passado e questionava-se: Maria Cândida apaixonava-se ainda mais pela causa dos direitos sociais ou apaixonava-se pelo advogado? Ou por ambos?

Como a paixão da filha parecia ser plenamente correspondida, e os jovens estavam felizes, ele não opunha nenhum tipo de barreira. Cândida tivera uma educação diferente desde muito pequena. Isso o alegrava e o preocupava, pois sabia o quanto era difícil ser alguém fora da sua época. Indagava-se que tipo de homem a aceitaria como esposa e considerava que talvez ela fosse mais feliz sozinha. Precisaria ser um homem especial para entendê-la e respeitá-la. A vida, no entanto, mostrava-lhe ser mais sábia. Para ela, não bastava reconhecer direitos políticos às mulheres, direitos sociais, era preciso uma reformulação na mentalidade da estrutura básica da sociedade. Uma nova família começava a nascer. E aquele era um casal entre muitos.

— E elas? — perguntou Cândida quando Henrique regressou ao veículo.

— Não demoram. Ficaram felizes e apreensivas, como esperávamos. Está curiosa para conhecer Patrizia, leio isso em seus olhos — respondeu Henrique, sorrindo, fitando Cândida. — Sossegue, garota! Elas já vêm.

— Claro que estou curiosa! Como não estar? Essa mulher lançou-se, sozinha, numa travessia oceânica, chegou aqui e encontrou uma situação absolutamente adversa e, pelo que você me diz, tem se mostrado muito forte. É uma pena eu não saber falar italiano.

Henrique riu com gosto da forma entusiástica com que a amiga via o caso. E a advertiu em tom de brincadeira:

— Você a está transformando em uma heroína. É preciso ser prudente em matéria de julgamento de caráter.

197

— Sim senhor, doutor Henrique. Conheço seu manual de cor e salteado: prudência, discrição, benevolência, diferentes conceitos de justiça. Sim, eu sei. Concordo com o seu manual. E o estou usando: se a transformei em heroína no meu julgamento... — Cândida fez uma pausa proposital, aprumando-se, de modo teatral no banco e ironizou: — aceite que essa é a minha possibilidade de leitura dos fatos nesse momento, doutor. É a minha concepção de justiça que a faz heroína.

Henrique riu ainda mais. Em um impulso, tomou a mão da jovem e a levou ao próprio rosto, esfregando-lhe a face e beijando-lhe a palma:

— Só você para me fazer rir em meio a essa situação tão complicada. Obrigado! Isso me faz muito bem.

— Ah! *Ma que belo*! Trouxe a esposa, doutor! — exclamou dona Bella parada ao lado da porta do motorista. — Por que não a levou para dentro? Minha casa é pobre, mas é decente. É a primeira vez que um morador tem problema com a polícia. Isso me preocupa tanto! O...

— Ah! Dona Bella, a senhora me assustou — rebateu o advogado, saindo do carro para ajudar as mulheres a acomodarem-se no banco de trás. — Vocês realmente foram rápidas. Muito bom!

Henrique percebera que discrição era uma virtude relacionada à justiça que dona Bella ainda não desenvolvera. Aliás, ela não tinha sequer a prudência, intrometia-se e alojava-se na vida alheia com a facilidade daqueles que não reconhecem os limites do respeito ao outro. Por isso, levemente corado com a alusão de Cândida como sua esposa e, percebendo que, se desfizesse aquele equívoco, a jovem passaria de imediato à condição de prostituta, calou-se.

Cândida pensou em dizer a dona Bella que era filha de Paulo Medeiros e lembrar-lhe do casamento de Francesco e Giuseppina, pois assim que a viu a identificou. Mas Henrique tinha pressa e ficara desconfortável com a situação. Decidiu

198

ficar calada e, quando Henrique, depois de acomodar as passageiras, sentou-se ao seu lado, ela apenas sorriu e tocou-lhe a mão. Olharam-se e entenderam-se: dona Bella que pensasse o que quisesse.

— Dona Bella, dona Patrizia, quero lhes apresentar dona Maria Cândida. Ela apaixonou-se pelo caso de Giacomo e até já estou com ciúme, tal é o seu empenho em me ajudar a melhorar as condições dele e, quem sabe, até inocentá-lo. Afinal, ainda não ouvimos a versão dele.

Dona Bella traduzia para Patrizia o teor do diálogo. E a jovem italiana lançou olhares desconfiados a Cândida.

xx. **Revelações**

Qual é o verdadeiro sentido da palavra caridade, como a entende Jesus?
— Benevolência para com todos, indulgência para com as imperfeições alheias, perdão das ofensas.

Kardec, Allan. *O Livro dos Espíritos*. DF: Edicel. q. 886.

Giacomo mexeu-se no leito estreito. Inutilmente tentou virar-se, algo prendia seu braço. Abriu os olhos e os fechou ligeiro, ferido pela luminosidade. Piscou, adaptando-se à luz. Sua mente estava confusa. Não se lembrava de onde estava. Perdera a noção do tempo. Tinha vagas lembranças: imagens desconexas de uma briga, sangue, uma sala lúgubre, um homem ajoelhado ao seu lado, uma mulher chorando. Entretanto, não encontrava sentido nelas.

Tentou forçar o braço e acabou desistindo, contentando-se em mover a cabeça. "Que lugar é esse?", pensou. Havia várias camas, todas ocupadas por homens doentes, magérrimos, que tossiam muito e respiravam mal. Alguns estavam feridos, cobertos por bandagens e curativos.

Seu movimento chamou a atenção, e um homem negro se aproximou do leito. Sério, observou Giacomo. Depois moveu a mão à frente de seus olhos e descontraiu ao perceber que acompanhava com o olhar o percurso dela.

— Muito bom — falou baixinho. — Está acordado. Consegue falar?

No esforço de responder, Giacomo sentiu a boca e os lábios secos. Tentou umedecê-los com a língua, sentiu-os cheios de escamas, rachaduras e ferimentos, cortes em processo de cicatrização cobertos por cascas secas.

Solícito, o homem negro serviu-lhe um pouco d'água em uma caneca e orientou-o:

— Beba devagar, em pequenos goles, depois lhe darei mais.

Giacomo obedeceu agradecido. Jamais se dera conta do quanto é grande o prazer de saciar a sede.

— Obrigado — agradeceu, depois de ingerir todo o líquido. — Onde estou? O que aconteceu comigo? Tento lembrar, mas... não consigo.

— Você está na enfermaria do presídio — informou-lhe, sem rodeios. — Veio para cá depois de se envolver em briga com um grupo de policiais, e um deles acabou morrendo por isso. Você apanhou para valer, meu amigo. Suas lembranças são desconexas, pois faz vários dias que tudo aconteceu. Durante esse tempo você queimou em febre e delirou feito louco.

As palavras evocaram vagas reminiscências e muitas dúvidas em Giacomo.

— Presídio?! É isso que disse? — questionou Giacomo, incrédulo. — Por quê?

— Olha, meu velho, agora é preciso ter calma — aconselhou-o o homem negro, sereno, acostumado à tarefa. — Trate de melhorar, de ficar curado dessa surra. Mais forte, você vai lembrar-se. Confia em mim, sei o que estou falando. Faz muito tempo que este *negão* está aqui dentro. Conheço os caminhos. Isto aqui é o presídio. Você sabe o que é um presídio, não é?

Giacomo concordou movendo a cabeça afirmativamente.

— Então, italiano, aprenda comigo. Fique calmo e reze.

A sugestão lhe trouxe à memória cenas fugazes de conversas na igreja, que lhe despertaram medo e um pouco de asco. Instintivamente, encolheu-se e murmurou uma negativa.

201

— Está bem, você é que sabe. Eu vou cuidar do Mário, aquele doente lá perto da janela. Acho que hoje ele vai se libertar daqui.

— Que bom! — emendou ingenuamente Giacomo. — Como é mesmo o seu nome?

— Todos me chamam de Zé — respondeu e afastou-se.

Mário, o paciente que ele esperava ver liberto ainda aquele dia, agonizava. A tuberculose exterminava-lhe os pulmões, não tinha mais força para viver. Ele erguera o braço esquálido, chamando-o.

— O que foi? — perguntou Zé, falando baixo bem perto do doente.

— Leia... para mim.

— Claro, amigo.

Sentou-se na borda do leito, de frente para o enfermo, sacou do bolso um livro de capa escura e aparência de muito uso. Estava marcado com uma fita vermelha. Puxando a extremidade, abriu e começou a ler baixinho a parábola do servidor inclemente.

Terminada a pequena narrativa, comentou:

— Viu só, Mário? Deus é muito bom. É uma pena que aqui na Terra a gente tenha que apanhar da vida para aprender a agir certo. Ele sempre perdoa nossas faltas, mas a gente se enfurece e não consegue perdoar nem uma bobagem que, às vezes, nos dizem. E é engraçado na história que Deus perdoou dívidas velhas e grandes do seu servidor, mas o castigou por ele não ter aprendido a lição. Eu gosto de ler isso. Sempre penso que então não faz mal as bobagens que eu já fiz nessa minha vida. Ele vai perdoar e, se eu aprendi e mudei meu jeito de ser, não vou receber castigo nenhum.

Um frágil sorriso se esboçou na face macilenta do enfermo. Zé, atento, percebeu e retribuiu. Segurou-lhe a mão e afirmou convicto:

— Deus é bom! Ninguém precisa ter medo Dele. E, sabe o que mais, eu acho que Ele olha para a gente e enxerga um montão de crianças, por isso resolveu ensinar contando histórias. Crianças, quando não obedecem, são colocadas de castigo, para aprender, para pensar e não fazer de novo o que os pais consideram errado, não é assim? Pois é, acho que de vez em quando Deus dá uma vida para a gente pensar, aprender. Este é o castigo que eu penso que Ele dá. Não é ruim, nem é bom, é justo. Vai depender da gente o modo como vamos aprender e como vamos viver. Não guarda no teu coração medo Dele, Zé. Não precisa. Entendeu? Ele não julga nem condena ninguém. Ele ensina a perdoar perdoando sempre a qualquer um.

Mário moveu a cabeça, encarou Zé, tinha nos olhos um brilho de esperança.

— É isso, meu velho. Confia!

— Obrigado, negão! — agradeceu o doente e serenamente fechou os olhos.

— Que é isso? A gente é irmão de cor e de dor. Dorme, meu velho. Vai ser bom para ti, vai te aliviar.

Giacomo acompanhara a cena, não conseguira ouvir a conversa, mas notara o extremo cuidado de Zé com os doentes. Deduziu que era enfermeiro. A sua calma presença mantinha a enfermaria lotada em ordem e paz. Viu quando ele soltou a mão do paciente, segurou o velho livro contra o peito e permaneceu em silêncio à beira do leito alguns minutos. "Está rezando", constatou surpreso. Depois, ainda mais sereno e confiante, Zé retomou suas atividades.

Giacomo o perdeu de vista e desconcentrou-se da agradável impressão recebida. Imediatamente, as dores o torturaram, e o peso de uma angústia, cuja causa não recordava, oprimiu-lhe o peito.

Fatos como esse se observam aos milhões diariamente. Vejo muitas pessoas declararem o quanto se sentem bem com a leitura de um livro portador de boas e novas ideias, quando assistem a uma peça de teatro, a um filme, a uma palestra, quando comparecem a um encontro sobre espiritualidade.

Isso acontece porque quebram os padrões mentais rotineiros, com frequência cheios de pensamentos destrutivos, ruminações, vitimismo, e se permitem, nesses momentos, uma trégua de emoções hostis, de um humor ruim, irado, nervoso, inflexível, viciado em ser explosivo ou em se menosprezar. Ficam bem, sentem-se aliviadas, permitem que os amigos espirituais as inspirem, infundindo-lhes novas energias; no entanto, falta-lhes a vontade firme de autotransformação e, tal qual nosso amigo Giacomo, tão logo se afastam, o velho padrão de sofrimento retorna. Paulo, o apóstolo, ensinou a respeito do bom combate, da construção do homem novo. Isso faz pensar no quanto esse problema é antigo.

Autoconhecimento significa identificar pensamentos e sentimentos que nos fazem mal, e virarmos a cabeça, ou seja, não aceitá-los, assumir o desafio de construir e manter o próprio bem-estar, a alegria, a ação firme, o desejo de ser paciente, tolerante, prudente. É também aprender a selecionar o que ouvimos e o que falamos, tornando-nos surdos ao que não é bom, nem útil, nem verdadeiro, calando queixas, azedumes, expressões ásperas e grosserias. É um dos caminhos para a felicidade. Aliás, trazemos esse mapa no coração, então é bom não perder de vista o rumo, procurando fora o que está em nosso interior.

O sofrimento causa cansaço. Giacomo mergulhou em um estado de sonolência, porém muito agitado, em que realidade e sonho se misturavam. O estado febril cedera, mas ele suava e tinha a boca seca.

Foi assim, revirando-se sobre o leito simples, com mechas de cabelo coladas ao suor da testa, e murmurando sons ininteligíveis, que Patrizia o reencontrou.

A enfermaria do presídio causou-lhe piedade, mas evitou olhar aqueles corpos consumidos pelas doenças. Se um dia algum deles fora uma fera humana, a vida os tinha reduzido à fragilidade. Despertavam a piedade, e não o medo ou a ira. Não eram as paredes ou as grades que os aprisionavam, mas seus próprios corpos. A doença era a carcereira, uma mestra ensinando a um espírito revoltado o caminho da pacificação, da submissão, dava-lhes tempo e material para pensar.

Patrizia não pensava a respeito, mas sentia. Esse sentimento, no futuro, a levaria a refletir e tornar a aprendizagem consciente. Por ora, o enternecimento era o possível.

Identificou Giacomo e parou ao pé do leito.

— Giacomo! — chamou. — Está me ouvindo?

Ele acordou. Fitou a mulher morena, com o cabelo trançado, olhos cinzentos, um vestido surrado. Percebeu o quanto ela estava apreensiva, ansiosa. Não se lembrava dela.

— Sim — respondeu-lhe em talian instintivamente. — Quem é você?

— Eu sou sua esposa, me chamo Patrizia — tornou ela, constrangida.

Sentia-se perdida em relação a Giacomo Baccagini. A situação dele a penalizava, deixava-a frágil, acabava com a indiferença; no entanto, Patrizia não conseguia definir logicamente seus sentimentos. No silêncio do seu quarto, deitada, sozinha, pegava-se pensando nele, tentando entender como aquilo havia acontecido, preocupada com sua saúde. Em um piscar de olhos, assumira que era a esposa dele, sua única familiar, responsável por zelar pela sua saúde e lutar por justiça em um país estrangeiro, entre estranhos. Vivera isso ao longo da semana e, nesse momento, ficava cara a cara com Giacomo. Ouvia sua voz e o fitava, e reconhecia ser ele mais um estranho em meio a tantos outros. "Ele não tem como saber quem sou eu", desculpou-o e lembrou-se da própria confusão na cela da delegacia dias antes. "Céus, parece que faz tanto tempo!", pensou Patrizia, contornando o leito pela lateral, aproximando-se da cabeceira.

Giacomo levou a mão à cabeça, olhou-a incrédulo, perdido, a aflição transbordava ao declarar:

— Eu não me lembro... Eu não entendo bem o que aconteceu comigo. Estou confuso, muito confuso. Quem sou eu? O que eu faço? O que eu fiz para vir parar aqui? Você sabe? É horrível essa sensação de confusão! Como eu nem ao menos reconheço a minha mulher?

— Calma, Giacomo, não se aflija. Nossa situação é fora do comum. Nós somos casados, mas nos vimos apenas uma vez. Eu vou lhe contar, quem sabe ajudará você a lembrar e assim será mais fácil resolver tudo.

— Por favor... — pediu o doente. — Eu preciso saber.

Zé, observando o casal, a distância, compreendeu que a conversa seria longa. Apanhou uma cadeira de madeira rústica e a ofereceu a Patrizia. Grata, ela se acomodou e retomou a narrativa.

— As terras no Sul! — exclamou Giacomo, algum tempo depois, interrompendo Patrizia. — Sim, recordo-me. O senhor Friulli sabe que estou aqui? Procurou você?

— Ainda não, Giacomo. Mas acredito que nos procurará logo. O que devo dizer e fazer?

— Fique com as terras. Essa é a nossa ideia, por isso estamos juntos. Eu vim e você também veio para cá por essa razão. Não vamos desistir. Traga-me os documentos para eu assinar, vá para lá, se for preciso. Eu irei encontrá-la, Patrizia. E não sei como lhe agradecer por ter vindo, só posso prometer que, apesar desse início desastrado, você não se arrependerá de ter se casado comigo.

Patrizia o encarou, olhou em volta, seus sentimentos estavam confusos e pioraram com o despertar de Giacomo. Inconsciente, ele despertara-lhe o instinto protetor, tipicamente feminino, quase materno. Todavia, lúcido, ele lhe causava desconforto e desconfiança.

Patrizia ouviu somente as explicações a respeito das terras. Arrepiou-se ao pensar em aventurar-se sozinha, outra vez, até um local distante e desconhecido. Ainda tinha dores no corpo da viagem de navio e ressentia-se do desgaste emocional dos últimos dias. "Ele está louco ou será que é louco? Quem ele pensa que eu sou? Até parece que é fácil assim uma mulher vir da Itália, sozinha, arrumar terras que, segundo diz dona Bella, são em um lugar bom, mas selvagem. Ele pensa que sou uma boneca de pano que se joga para cima e para baixo, sem vontade própria. Ora, ora, Giacomo Baccagini, eu não sou feita de pano e não sou louca. Danem-se as suas terras! Eu ainda não entendi como você veio parar em um presídio, acusado de matar uma autoridade. Não, não e não. Se a sua solução é eu ir, então você é louco, ou enlouqueceu. Imagina! Na Itália sequer alugavam terras para uma mulher, aqui não há de ser tão diferente. Mas nunca que irão me entregar terras!", pensou, observando os hematomas arroxeados do rosto dele. "O tempo está passando e ainda não resolvi nada", constatou Patrizia, sem ouvir as palavras de agradecimento e os planos inúteis de Giacomo para as terras no Sul.

— Giacomo, eu voltarei no próximo dia de visita. O advogado me disse que são poucos, e o tempo é pequeno, então irei embora. O doutor Henrique, o advogado que está cuidando do seu caso, precisa falar com você. É urgente agora falar com ele e tratar do que precisa ser feito. Depois de tudo resolvido, faremos planos para os negócios — declarou Patrizia, erguendo-se e estendendo-lhe a mão.

Glacomo segurou-lhe a mão, apertou-a levemente e falou:

— Você é muito prática, uma *madona* italiana. Você ficará com dona Bella?

— Sim, ela está me ajudando muito — respondeu Patrizia, enquanto ironicamente pensava: "Enfim, ele se lembrou de que preciso de um lugar para viver. Pois antes, ao que tudo indica, enquanto eu penava no vapor, ele boa coisa não fazia, ou não estaria desse jeito".

Ele sorriu, soltou-lhe a mão, e Patrizia apressou-se em sair da enfermaria. Andou ereta e rígida, sem olhar para os lados. A visão daqueles homens moribundos, esqueléticos, recordava-lhe a "pelagra" e o horror que tinha a doenças.

207

No cemitério São João Batista...

João Theodoro vagava entre as sepulturas, sentia-se tonto, confuso, perdido. Em vão, indagava-se sobre o que estava fazendo ali. Não conseguia entender. Nunca fora dado a visitar necrópoles. O aspecto cinzento e triste não o atraía. Sempre se espantara com o gosto de algumas pessoas em caminhar nelas. Se havia lugares no mundo onde o prazer não existia, aquele, sem dúvida, era um deles.

Faltava-lhe o ar. Sentou-se à sombra de uma árvore, em um dos bancos, na alameda principal. Agradeceu mentalmente ao responsável pela Ordem da Santa Casa por ter tido aquela magnífica ideia. A morada eterna também devia prever algum conforto e descanso aos seus visitantes.

A distância, ouviu a inconfundível entonação de voz de um sacerdote em serviço religioso. "Não importa de onde vêm, todos acabam com essa forma irritante de falar. Até Silvério se expressa assim, argh! Deve ser aprendida no Vaticano. É fria, impessoal, ressoa como a dobra de um sino. Que oratória danada!", pensava, enquanto ouvia as tradicionais frases de cerimônias fúnebres, seguidas de alguns poucos lamentos e orações declamadas. Tal como a voz do oficiante, o coro dos presentes não expressava grande pesar pelo falecido.

José Theodoro sorriu, constatando o fato, e ponderou: "É nessas horas que vemos a verdade sobre o dito amor: é um sonho da juventude. Esse que está sendo sepultado nem sequer é pranteado. Deve ser um velho! Já viveu o bastante para não ter sobrado nenhum jovem iludido em torno de seu caixão".

— Mas que inferno! — praguejou baixinho. — O que se passa comigo? Estou sentado em meio a mausoléus, pensando besteiras, quando deveria cuidar da minha vida. Mas está tudo tão confuso! Acho que estou em um pesadelo.

Isso não pode ser real. Não entendo o que se passa comigo. Como vim parar aqui? Nem me lembro de haver entrado em um carro. Será isso um... delírio? Será que estou doente?

Augusto, sentado ao lado, acompanhava seu tutelado. Ele era teimoso, muito orgulhoso e absolutamente sem fé. Ninguém melhor do que ele conhecia-lhe a personalidade. Não adiantaria falar-lhe, ele precisava convencer-se das coisas por experiência própria. Uma escolha dolorosa, mas devia ser respeitada.

Sabendo não ser visto ou ouvido por ele, decidiu sugerir-lhe mentalmente uma visita ao mausoléu da família:

— Que importa saber se é pesadelo ou delírio? Você não consegue acordar mesmo. Então, por que não vai visitar o túmulo de seus pais? Não vai adiantar ruminar dúvidas sem respostas. Você é um homem de ação, sempre foi. Aproveite o tempo, faça alguma coisa.

Passados alguns instantes, José Theodoro começou a mudar o rumo de seu diálogo interior, e as ideias sugeridas por Augusto misturaram-se às suas, modificando-as.

Inteligentemente, Augusto aguardou que ele se convencesse com outros argumentos levantados pelo próprio José Theodoro e apenas reforçou a necessidade de ação. Pronto! O patriarca dos Guimarães Lins ergueu-se e avançou altivo e compenetrado em direção ao mausoléu.

Surpreendeu-se ao ver a assembleia fúnebre. Detestava mulheres vestidas de preto, pareciam bruxas de livros infantis. Os trajes de luto eram mais um detalhe em seu horror a cemitérios e sepultamentos. "Bando de urubus! Quando será que mudarão essa moda?"

Augusto conteve um sorriso; afinal, do seu ponto de vista, acompanhava uma criança caprichosa, embora José Theodoro não se considerasse um homem infantilizado. Mas seu amigo espiritual sabia o quanto lhe faltava crescer para dizer-se maduro. Espiritualmente, agia como uma criança, ingênuo, como o perfeito ignorante das questões maiores da vida. Excetuando a administração de seus negócios, não sobrava nada que lhe ocupasse a mente por mais de trinta minutos. Tão limitados eram seus interesses, que seu pensamento girava apenas em torno de questões materiais, especificamente as financeiras. Quem diria que o conhecido empresário, gênio das finanças, era uma criança?

José Theodoro parou, observou as pessoas reunidas em frente ao mausoléu.

— O que é isso? Pretendem sepultar alguém no meu mausoléu? Mas de jeito nenhum — indignou-se, irritado.

Acostumado ao destempero e ao comando das emoções, embrenhou-se entre os convidados. Xingava-os, mas não lhe respondiam. Via-os, fingidamente, levar lenços aos olhos secos. Irritou-se ainda mais.

Aturdido, viu uma mulher negra, bem-vestida, parada próximo ao caixão.

— Mas quem será esse defunto? O que faz uma negra neste cemitério? O lugar deles é no outro lado da cidade — resmungou. Depois, condescendeu: — Talvez seja alguma empregada ou filha de criação de alguma família abastada. Aqui não é lugar de pobre, nunca foi. Meu pai já dizia que nem a morte era igual para todos, e quem duvidasse que fosse ao cemitério e prestasse atenção. Ele tinha razão. Pobres são enterrados na zona norte. Deus me livre! Aquilo é um pântano. Jogam caixões de madeira vagabunda no lodo. Não são enterrados, eles submergem.

Mas a figura daquela mulher o atraía. Ele a observou e notou que ela se apoiava em um homem branco, segurando-lhe com firmeza a mão, e falava baixinho em seu ouvido. Percebeu um vazio em volta do casal. As pessoas não se aproximavam muito deles. Interessado no escândalo de um homem branco trazer a amante a um sepultamento familiar, encarou-o bem e gritou furioso:

— Rubens!

Rubens não se moveu. Aos olhos de José Theodoro, aquela atitude de fazer-se de surdo era imperdoável. Sentindo-se profundamente ofendido, confrontou o filho. Esbofeteou-o, o que nunca fizera antes. Irritou-se com a impassividade dele, redobrou os impropérios, e a única reação que obteve foi notar que Rubens cambaleou e empalideceu.

— Meu amor, o que houve? — quis saber Lourdes.

José Theodoro encheu-se de repugnância ao ouvi-la.

— Senti-me tonto de repente. Uma sensação estranha, um vazio na mente e, ao mesmo tempo, que Deus me perdoe, fiquei muito irritado. Acho que é o cansaço. Esses dias não foram nada fáceis!

— É. Seu pai ficou muito tempo entre a vida e a morte. Foi desgastante, querido. Rezei muito para que afinal ele aceitasse partir desta vida. Não conseguia imaginá-lo vivendo preso a uma cama, sem andar, sem falar.

— Eu também, Lourdes. Espero que ele tenha um despertar tranquilo na espiritualidade.

— E agora, passou a tontura? Senão vamos nos afastar um pouco e ficar à sombra. O sol ainda está muito forte, apesar da hora.

— Não, não é preciso. Passou. Foi algo súbito. Cansaço, querida, não se preocupe. Eu aguentarei, sou o filho mais velho, tenho que cumprir algumas obrigações. Essas pessoas não entenderiam minha atitude, aliás, nunca entenderam. É o enterro do meu pai, ele era um homem conhecido. Seus negócios o acompanham até a beira da sepultura, não está vendo? Essas pessoas, em sua maioria, são parceiras de negócios dele. Isto acaba sendo mais um ato empresarial. Mas vamos deixar isso para lá. Não é hora de pensar desse jeito, nós sabemos, não é, meu bem?

Lourdes balançou a cabeça confirmando e encostou-se levemente em Rubens. Fechou os olhos e começou a orar pelo falecido. José Theodoro percebeu que dela se desprendia algo vaporoso, levemente perfumado, como o aroma de orvalho nos campos. Aquilo o envolveu por completo e, dominado por uma vontade estranha, afastou-se de Rubens e olhou o esquife.

— Não! Não pode ser verdade! — bradou amedrontado.

Entretanto, novo eflúvio emanado de Lourdes o alcançou. Sentiu-se sonolento, como que anestesiado. Alguém o tocou e, com esforço, reconheceu Augusto. Ele lhe sorria e o abraçou. Depois adormeceu.

XXI. **A face oculta**

Quem menos procura dominar é quem, sem o pretender, governa as almas.

Aguarod, Angel. *Grandes e pequenos problemas*. 5. ed. Brasília: FEB. p. 100.

À saída do serviço fúnebre, a família Guimarães Lins, à porta do cemitério, despedia-se dos amigos, de alguns parentes e de muitos parceiros de negócios.

Maria da Glória, impecável, ao lado de Silvério, justificava a ausência de Marieta, informando que se encontrava em um monastério feminino de uma conceituada ordem religiosa católica na Europa.

— Ela compreenderá — afirmava a mãe que, lacrimejando, enxugava delicadamente o canto dos olhos com a ponta de um alvo lenço enfeitado com renda. — Não esperávamos que José Theodoro partisse assim... tão rápido. Era um homem tão saudável! Desejamos e confiamos até o último instante na recuperação dele, por isso não a avisamos. Ela era muito apegada ao pai, nem sei como dar-lhe a notícia.

— Vá visitá-la — sugeriam. — Notícia desse teor não se pode enviar por carta. E, de mais a mais, far-lhe-á bem uma viagem. Ajudará a superar esse momento doloroso. Sua filha está em um monastério? Quem diria que uma jovem bonita e alegre como ela se inclinaria à vida religiosa?! É uma surpresa!

— É, para nós também foi — respondia Maria da Glória, com expressão compungida. — Eu que sonhava com um belo casamento, uma festa inesquecível... Mas é a vontade de Deus.

Vários convidados disfarçaram o assombro de ver Rubens de mãos dadas com Lourdes. À boca pequena cochichavam, esquecidos de onde estavam e a que evento compareciam. A fofoca da hora era mais importante que reflexões sobre a vida e a morte, e a ela se entregavam com indisfarçável prazer e interesse. Somando-se a isso a notícia da recém-descoberta, e já em execução, vocação religiosa de Marieta, o funeral era dos mais animados dos últimos tempos.

Na calçada, grupos se formavam, aparentemente de maneira espontânea. Cabeças baixas, vozes sussurradas e passos lentos não exigiam muito da imaginação de um observador atento para descobrir o que falavam.

— Vocês acreditaram nessa história de "vocação religiosa"?

— Eu não! Aquela menina sempre foi esquisita. Insolente. Vocês sabem que toda a cidade comentava a respeito... — paravam alguns segundos, aproximavam-se, e cabeças balançavam orquestradas por uma língua maledicente.

Sussurros de espanto e horror elevavam-se no ar, gerando um ruído incômodo que Maria da Glória e Silvério fingiam ignorar. Vez ou outra, alguém, no calor da revelação, erguia a voz, e palavras como *sexo*, *caçadora* e *problema antigo*, eram ouvidas com nitidez.

Rubens e Lourdes formavam um casal distinto, discreto e silencioso. Os familiares despediam-se de Maria da Glória e Silvério, e passavam por eles apenas dizendo:

— Adeus, Rubens.

Era como se Lourdes fosse invisível. No entanto, de braço com o marido, ela os encarava, com calma, e respondia à saudação como se lhe houvesse sido feita. Ele retribuía o gesto, tocando-lhe a mão, com carinho. Testemunhava publicamente o amor que o unia à mulher.

— Deixe-os ir — sussurrou Lourdes, quando os primeiros agiram daquele modo hostil. — Não vale a pena igualar-se, sabemos disso, não é verdade?

— Mas é um absurdo! — protestara Rubens.

— É. Mas não esperávamos exatamente isso? Não há nenhuma surpresa. Vamos deixá-los ir. Eu não serei grosseira. Vivo no interior e lá as pessoas costumam cumprimentar umas às outras. Aprendemos isso com os animais: eles nunca se ignoram. Essas criaturas devem viver muito afastadas da natureza, talvez olhem em demasia para ídolos de gesso ou pedra e ficaram parecidos.

Rubens engasgou com a resposta da mulher, teve vontade de rir, mas ela não estava brincando nem fazendo ironia. Era somente uma constatação crua de que, a pretexto de serem superiores, muitas pessoas descem abaixo do comportamento dos irracionais.

— Recuperam alguma coisa de muito humana na calçada — comentou Rubens, observando discretamente os grupos que cochichavam.

— Reproduzem a maneira como foram catequizados: santinhos de pau oco — retrucou Lourdes, tranquilamente.

— Não foram com os indígenas e africanos que fizeram isso, Lourdes?

— Foi, meu bem, e faz tempo. Mas os que os ensinaram foram os mesmos, podem ter variado no método, mas quer me parecer que a filosofia foi bem repassada. A hipocrisia reina inclusive nos cemitérios.

Entretanto, quando alguns parceiros de negócios aproximaram-se, Rubens os encarou sério e, tão logo recebidos os cumprimentos de praxe, anunciou:

— Obrigado por terem vindo. Gostaria de apresentar-lhes minha esposa, dona Lourdes.

Surpreendidos com a declaração e a ousadia de Rubens, que julgavam um inveterado viciado em trabalho e carregava a reputação de não gostar de mulheres, e sim de bebidas e homens, aquela faceta audaciosa e rebelde era nova. Porém, ele agora era o gestor de um grande patrimônio, com quem eles tinham negócios. Interesses financeiros entravam em jogo. Não valia a pena sobrepor questões de preconceito. Então, fria e educadamente, cumprimentavam Lourdes, alguns, inclusive, estendiam-lhe a mão.

Ela recebia as saudações com a mesma expressão com que havia contemplado a aberta hostilidade dos familiares: imperturbável e serena. Seu olhar não escondia sua compreensão da realidade além das aparências.

E também deles ouviram, a distância, algumas expressões ditas com maior entusiasmo, do tipo:

— Casado? Ora, veja só! Não sei o que tem na cabeça. Sempre foi esquisito. Agora diz que se casou com uma mulher de cor. Casado, veja bem! Será que não sabe que podia tê-la como amante. Isso seria comum. Mas... casado?!

Na fazenda, Bernardina prosseguia seu trabalho com Marieta. Conversavam bastante e, aos olhos da experiente senhora, as carências afetivas e a deficiente educação moral da jovem estavam patentes. Compadecia-se dela, consciente do quanto uma orientação adequada pode evitar sofrimentos.

Mas tinha diante de si mais um exemplar do pensamento geral: educação é sinônimo de bom comportamento social, e criar filhos é prover alimentação, moradia, vestuário, saúde e instrução escolar. Sendo do sexo feminino, a preocupação com o futuro resumia-se a garantir-lhe um bom casamento. Feito isso, nada mais haveria a se exigir dos pais. "Que engano!", pensava Bernardina contemplando a moça.

Mas restava uma questão: como surgira a compulsão de Marieta por sexo?

Desde sua chegada à fazenda, ela não demonstrara os graves problemas de conduta alertados por Rubens. Bernardina a observava com atenção, a fim de evitar constrangimento. Mas até o momento em vão. Marieta aparentava um caráter afável e despreocupado. Era tão infantil quanto Catarina.

Nem mesmo os sintomas desconfortáveis da gravidez, como enjoos ou tonturas, apareceram. Ela comia muito, estava sempre ávida por frutas frescas e dormia a qualquer hora e lugar. Parecia uma mulher serena, tranquila, entregando à natureza a tarefa de gerar um filho. Mas Bernardina não se iludia.

Intrigava-a Marieta não falar de amigos ou de familiares. Aparentava não sentir-lhes a ausência. Estava entre estranhos e, por suas palavras, não pensava em ninguém, sequer na criança em seu ventre.

— Essa moça é estranha, Bernardina — insistiu Dulce, enquanto observavam-na da janela da casa andando de balanço com Catarina. — Será que sabe que vai ser mãe? Às vezes, parece meio doente da cabeça. Ela deu para brincar demais com a Catarina, você não acha?

— Ela não é louca, Dulce — retrucou Bernardina. — Em muitos momentos da vida, a companhia de uma criança pode ser o que de melhor nos aconteça. Elas são inocentes e honestas. Catarina não fará perguntas sobre o que aconteceu, sobre a vida dela na capital, apenas ficará feliz em ter uma companhia. Você sabe que tanto ela quanto Denizar estão sentindo muito a falta de Lourdes e Rubens. Eles estavam acostumados às viagens do pai, mas nunca tinham se afastado da mãe.

— Ela pode não ser louca, não daquelas andarilhas que varrem rua, mas ela tem alguma coisa. Eu não sei o que é, mas ela é diferente, é esquisita. Parece que vive no mundo da lua. Para mim, é uma boneca que fala, igual às histórias que você lê para as crianças. É, mas a boneca das histórias é inteligente e furiosa, e a Marieta é uma tonta.

— Dulce, Dulce, não seja exagerada — pediu Bernardina, entretida com o ponto do crochê do guardanapo que tecia enquanto conversavam. — A moça vive uma situação difícil, talvez isso tudo seja só aparência. Quem sabe o que se passa no coração das pessoas? Por isso, falei que essa atenção com Catarina pode ser isso: ser mais fácil conviver com uma criança, com alguém que não julga, não faz comentários, muito menos recriminações veladas.

— Hum, isso é ruim. Nossa, dá vontade de bater na cara. Mas não se pode. Nem desaforo dá para responder. Mas aqui ninguém fez isso com ela, Bernardina?

— Não. Mas ela foi deixada aqui contra a vontade, não se esqueça. Talvez tenha tanto medo do futuro que não queira nem pensar, quanto mais falar. Não sei se ela sabe dos planos dos pais de enviá-la a um convento bem longe. Já pensei que a indiferença dela em relação à criança seja uma tentativa de não se apegar, para não sofrer depois com a separação.

— Pode ser — contemporizou Dulce, pensativa. — Mas que raio de mulher tonta ela é! Ela não seria a primeira nem a última a criar um filho sozinha. E, que diabo, não tem nada de mais nisso. Ninguém tem que ter vergonha por assumir o que faz. Se o pai da criança a abandonou, o safado é ele, e é quem tinha que ter vergonha do que fez.

— É, Dulce, eu sei. Mas você também sabe que as coisas não se passam desse jeito. Para ela qualquer um olha e vê que será mãe, e faz perguntas e julgamentos. Já para o homem, que é o pai desse anjinho que vai nascer, ninguém tem como saber que ele vai ser pai, não fica marcado na testa. Para ele ninguém faz perguntas, cara feia, censura, porque ninguém sabe o que ele fez. Por isso, o mundo está cheio deles, minha amiga, e hoje passam a conversa numa Marieta, amanhã em outra, e assim vão. A verdade é que não se educam os homens para serem pais. É um erro, e grave.

Repentinamente Dulce calou-se, estacou no parapeito da janela, pálida. Não ouviu a resposta da amiga. Seu olhar estava fixo em Marieta.

— Oh, Bernardina! — chamou Dulce, assustada. — Larga esse guardanapo e olha lá o que eu estou vendo.

Bernardina soltou o trabalho manual e fixou o olhar na direção apontada por Dulce.

— Jesus! Que horror! — exclamou Bernardina.

— O que você vai fazer? — questionou Dulce, preocupada. — Catarina está lá.

— Eu sei — respondeu Bernardina fitando a neta que se balançava rapidamente e ria da altura que alcançava. — Graças a Deus, ela não notou nada. Eu vou tirar Marieta dali.

Sem demora, saiu pela porta a passos largos. Marieta esfregava violentamente os genitais na tábua do balanço enquanto olhava, como se estivesse em transe, para alguns cães que corriam atrás de uma fêmea no cio.

Bernardina a observou com atenção. Marieta tinha os olhos vidrados, parecia fora de si. Uma sucessão de sentimentos estampava-se em sua fisionomia: havia luxúria, excitação animal, medo, fascinação e raiva misturados.

— Deus do céu! Minha filha, venha para dentro — convidou Bernardina, abraçando Marieta e retirando-a do balanço.

Ela parecia uma boneca falante. Com os olhos fixos nos cães, não protestou pelo afastamento. Mas seguiu masturbando-se com as mãos, em verdadeira aflição. Apesar de chocada com o comportamento da jovem, Bernardina apiedou-se dela.

— Vó! O que aconteceu? — perguntou Catarina tentando parar o balanço.

— Não houve nada, meu anjo. Tia Marieta precisa descansar, só isso. Ficou tonta no balanço. Vá procurar seu irmão, está na hora do lanche.

Dulce veio encontrá-las carregando um xale que cobria o sofá e envolveu Marieta.

— Ninguém mais precisa ver isso — asseverou Dulce.

Colocaram-na no quarto, mas ela não respondia às perguntas, não dava sinais de notar a presença das outras mulheres, totalmente absorta numa compulsão sexual de dar-se prazer, melhor seria dizer, alívio a algo que a torturava.

— O que você vai fazer? — interrogou Dulce, espantada.

— Nada — respondeu Bernardina, verificando se a janela estava bem fechada. — Vamos deixá-la aqui e trancar a porta. Mais tarde voltarei para vê-la. Agora não há nada a fazer. Chega de ver isso!

Dulce balançou a cabeça concordando. Enquanto atravessavam o corredor, Bernardina ouviu-a dizer para si mesma:

— Eu disse, eu falei que essa moça não era bem certa. Que coisa mais triste de ver!

Lembrou-se das recomendações de Rubens e concluiu que episódios daquele tipo existiam com certa frequência.

— Bom Deus, queridos amigos espirituais, por favor, ajudem-me! Orientem-me, peço-lhes uma luz de como conduzir da melhor forma possível o tempo de permanência de Marieta conosco. E, Senhor, dai-me força! Inspira-me, se houver algo que eu possa fazer para ajudá-la. Foi tão triste ver isso hoje! Senti um aperto tão grande no coração! Obrigada por terem me auxiliado naquele instante. Eu vi vultos em torno dela, senti que eram presenças ruins. Mas se afastaram quando a abracei. Obrigada pela proteção — dizia Bernardina em íntima conversa com Deus e os espíritos amigos.

— Reze por ela, Dulce — recomendou Bernardina. — E vamos esquecer isso. Não é bom ficar remoendo. Acabamos envolvidos nos mesmos pensamentos e atraindo os espíritos que andavam em volta dela. Vamos esquecer o fato, guardar apenas a lição: nunca deixar Marieta sozinha com as crianças. Já sabemos que ela se descontrola. Vamos redobrar a vigilância.

— Graças a Deus, a Catarina não percebeu nada — comentou Dulce. — Você viu coisa ruim com ela, foi?

— Dulce, eu já lhe expliquei: espírito ruim é um modo de falar do povo. Eles são ignorantes, por isso, fazem o mal ou ainda buscam prazer na matéria, como na comida, na bebida e no sexo. Muitos se divertem provocando brigas, desequilíbrios. Por isso, é preciso orar e vigiar nosso pensamento, evitar sentimentos como raiva, ódio, inveja, ganância. Procurar a libertação dos vícios, físicos ou morais. Sabe, falar mal dos outros, meter-se na vida alheia, é um vício moral, mas o povo acha que é normal.

Dulce a encarava sem esconder o medo, e Bernardina sorriu, abraçou-a e procurou tranquilizá-la:

— Não precisa ficar receosa. Basta cuidar da própria cabeça e do que vai no seu coração, que seja sempre para o bem, o bom e o justo, e estará protegida.

— É, eu sei. Mas será que a Marieta sabe?

— Acho que não. Precisamos conversar com ela sobre esses assuntos.

— Mas, Bernardina, você está lembrada do que ela contou sobre como a mãe dela ensinou a tratar da morte, da doença? Como se não existisse. Ponho minha mão no fogo, se você quiser, como essa menina nem rezar sabe. Educar, para os pais dela, acho que era ensinar a usar garfo e faca, sentar com a perna fechada, falar direito, cumprimentar as pessoas que fossem ricas que nem ela e coisas assim.

— É, você tem razão. Ela não deve ter nenhuma ideia a respeito de Deus, da vida, quanto mais da alma. Prece, provavelmente saiba alguma decorada. Deve ter feito a primeira comunhão.

XXII. **Desafios**

As próprias impaciências que causam as contrariedades, frequentemente pueris, prendem-se à importância que se atribui à própria personalidade diante da qual se crê que tudo deve se dobrar.

Kardec, Allan. *O Evangelho Segundo o Espiritismo.* Capítulo IX, item 9. Araras: IDE.

Semanas depois...

Catarina e Denizar chegavam à mansão dos Guimarães Lins, cientes de que ali seria o seu novo lar.

Lourdes não suportava mais a expectativa de abraçar os filhos, de tê-los ao seu lado. Não estava sendo fácil adaptar-se a ser alvo de olhares preconceituosos, mas o amor a Rubens e à família que construíam juntos compensava o sacrifício.

— Meu amor, pense no futuro — pedia-lhe Rubens. — Quantos casais iguais a nós poderão viver tranquilamente quando o preconceito for vencido. Não vamos nos importar com o pensamento, com o olhar, com as atitudes alheias. Algum dia eles acabarão sentindo e experimentando o que fazem os outros passarem. E isso não é praga.

Lourdes riu da argumentação de Rubens e afirmou:

— Mas parece.

— Não é. A questão é natural. Eu penso assim: aquilo que cultivo ao meu redor é com o que acabo convivendo. Se plantar limoeiros, não reclame de colher frutos azedos. Eles são preconceituosos, são agressivos, agindo assim...

— Mas não pensam que são. Eles ferem gratuitamente e se dizem ultrajados. São defensores da decência, da moral, da família e mais um amontoado de coisas. É como se nós não fôssemos família, não fôssemos honestos, dignos, não tivéssemos moral ou decência. Ainda me acusam de ser interesseira, prostituta negra, e a você de ser burro por estar comigo: uma mulher negra nascida na pobreza. Juro, faço o máximo para não me irritar, mas sabe o que eu ouvi outro dia? Diziam que eu devia ser muito boa na cama e tinha feito feitiço para você. Meu Deus! Eles não me conhecem e me julgam apenas pela cor da minha pele. Será que trago escrito na testa que sou incapaz, por mérito pessoal, de atrair um homem? Ou será que um homem branco é diferente de um negro? Aliás, fico me perguntando se fosse o contrário, se fosse um homem negro casado com uma mulher branca. E sabe o que eu acho: receberia maior tolerância.

Lourdes interrompeu seu desabafo, pois Rubens fazia esforço para não rir. Então ela indagou, séria:

— Qual é a graça? Não entendi.

Ele estendeu o braço, puxou-a para sentar-se no sofá ao seu lado e, mantendo-a junto de si, esclareceu:

— Querida! Você não percebeu que já respondeu a questão? Eles nos veem da seguinte forma: eu sou um homem branco e burro, logo, sou capaz de me casar com uma mulher negra. E, sim, concordo com você, se eu fosse um homem negro e me casasse com uma mulher branca, isso seria a minha ascensão social. Mas eu, como sou muito burro, fiz o oposto, desci de nível.

Lourdes ficou pensativa e acabou rindo e relaxando, aninhando-se no corpo de Rubens.

— Que tristeza! — exclamou ela. — E eu é que vim de uma classe pobre! Graças a Deus, apenas economicamente pobre. Minha mãe é uma alma rica.

Rubens abraçou-a, beijando-lhe a testa com carinho.

— Isso eles não sabem: minha sogra é uma grande dama. Ela virá com os meninos?

— Sim, mas já avisou que ficará poucos dias. Ela não aguentaria essa gente daqui, seria infeliz. Na fazenda está toda a vida dela, os amigos, o trabalho. E nós também passaremos bom tempo por lá, você prometeu.

— Sim, iremos sempre que possível. Mas, com a morte do meu pai, a situação mudou. Agora temos todos os negócios da família para administrar. Silvério não se envolve com nada; André somente se interessa por financiar seus interesses políticos. Tanto que negocia a si mesmo e a própria felicidade para abrir caminho na política. Marieta dispensa comentários.

— E sua mãe pegou o navio para a Europa, disposta a gastar e bem viver, aguardando o dinheiro que você enviará. Você herdou os negócios e os parasitas junto, querido.

— Por isso preciso muito de você.

— Rubens, tenho medo de expor as crianças. Que falem toda sorte de indignidades a meu respeito, eu tolero. Mas não sei como irei reagir se agredirem Catarina ou Denizar. Eles são mulatos.

— Lindos, por sinal. Puxaram ao pai, que é burro, mas é bonito — brincou Rubens. — Tomarei todas as providências para evitar isso. Falarei com o diretor da escola. Os professores não desejarão perder o trabalho.

— Nem eu quero que percam — protestou Lourdes. — E não me preocupo tanto com eles, mas, sim, com as outras crianças. Elas também sabem ser cruéis e agressivas. E reproduzem os comportamentos dos familiares adultos. Nossos filhos viveram em um ambiente muito diferente, protegido, simples, com pessoas preocupadas em trabalhar para viver, buscando e aceitando as felicidades que a vida dá. Aqui não é nem um pouquinho parecido. Há milhares de invencionices bobas que complicam tudo. Algumas pessoas que conheci me lembram cascas de árvore.

— O quê? Como assim, cascas de árvore?

— Apenas um produto humano, como a casca é produto da árvore, mas não é a essência. Além disso, queima rápido, tem pouca utilidade.

— Hum.

O som de um automóvel se aproximando os fez erguerem-se rapidamente e correram à porta, dispensando os criados.

Severo limpava o carro estacionado na alameda e sorriu ao ver o casal receber os filhos com gritos de alegria. Admirava a nova patroa e a transformação de Rubens. Aos olhos do velho servidor, ele se assemelhava a alguém que se despia de uma pesada fantasia e mostrava toda a satisfação de estar livre, sem se importar de pagar o preço dessa liberdade.

"A felicidade compensa", pensava o velho empregado, observando Rubens erguer a filha e rodopiar, fazendo-a agarrar-se ao seu pescoço. O som de risadas infantis havia anos não era ouvido naquele jardim. Iniciava-se um novo tempo.

Surpreendeu-se ainda mais quando Bernardina saltou do veículo. Não esperava uma mulher negra, idosa, gorducha, com um coque baixo e pentes prendendo os cabelos. Trajava-se com um simples vestido marrom, porém havia algo luminoso nela. Os olhos brilhavam vivazes, alegres, a distância conseguia vê-los. O sorriso era franco e aberto. A visitante despretensiosamente realizava o desejo de muitas mulheres: ser notada por si mesma. Marcava sua presença pela força da personalidade cativante.

Severo bateu na própria cabeça quando identificou ser a recém-chegada a mãe de Lourdes. "Burro! Só podia ser. A fruta não cai longe do pé", matutou consigo mesmo.

— Então, dona Bernardina, fez boa viagem? — perguntou Rubens após cumprimentá-la.

— Nunca fiz outra, meu filho — respondeu Bernardina.

— Então, foi boa. E você, como está? A dona Maria da Glória, como reagiu à morte do senhor José Theodoro?

225

— Estou bem, eu e Lourdes estamos nos adaptando à nova rotina. Minha mãe viajou, ficará alguns meses fora, foi para a Europa.

— Ahã, a Europa de verdade, não é, meu filho? Porque lá em casa ela não apareceu.

Rubens sorriu, adorava a velha senhora. Ela tinha o dom de simplificar tudo. Falava mansa e francamente, sem meias verdades, sem eufemismos, sem agredir ou ofender. Fazia humor ou ironia, em algumas situações, mas jamais eram grosseiros ou levianos, tratava-se de pura descontração quando o tema era pesado.

— Não, dona Bernardina, ela foi para a Europa mesmo. Foi de navio. A senhora conhece a minha mãe, sabe como ela é...

— Sim, meu filho, eu sei. Não precisa dizer mais nada. Espero que ela seja feliz por lá. Talvez a Europa seja tão boa quanto a nossa fazenda. Afinal de contas, ela não aguentou e fugiu.

Rubens baixou a cabeça, envergonhado com a atitude materna.

— Deixe disso — resmungou Bernardina, levantando-lhe o queixo com a ponta do dedo. — Foi melhor assim. Você fez o que queria, não fez?

— Trazer Lourdes e as crianças para cá era um sonho antigo, a senhora sabe.

— Então, vamos aceitar a vontade da sua mãe também. Ela sonhava vê-lo casado com uma moça branca, de família rica, uma grã-fina. A minha Lourdes é bem diferente disso. Quando a gente aprende a respeitar a vontade uns dos outros, a convivência melhora bastante. Escreva para ela, trate-a bem, aceite-a como ela é. Agora, vamos entrar, meu filho. Eu odeio sapatos, preciso tirá-los dos meus pés, eles estão me apertando. Meu sonho agora é uma bacia com água morna e meus chinelos velhos. Tem aqui ou preciso procurar na Europa?

226

— Temos aqui, dona Bernardina. Mas a senhora devia ter viajado com os chinelos. Os pés sempre incham nas viagens, ficamos muito tempo sentados — observou Rubens conduzindo a sogra para o interior da mansão.

Ao avistar Rosário parada ao lado da porta, Rubens fez as apresentações e solicitou que fosse atendido o desejo da visitante.

— E como eu podia saber? Mas, depois de hoje, nunca mais! Na volta irei de chinelos — acrescentou Bernardina e, depois que a governanta afastou-se, comentou: — Essa mulher está muito abatida, parece doente. E o seu irmão, o que não é padre, como reagiu?

— Mudou-se. Resolveu morar em um apartamento próximo do centro político da cidade — esclareceu Lourdes, intervindo na conversa, enquanto abraçava os filhos, ora apertando um, ora outro.

— Hum, entendo — resmungou Bernardina.

Não precisava ser um gênio para constatar que o casal havia sido condenado à segregação social, ao isolamento.

— E minha irmã, como está? — quis saber Rubens.

Bernardina olhou para os netos, fitou a filha sem esconder a preocupação, depois o encarou e respondeu:

— Bem, mas preciso lhes falar em particular — e meneando a cabeça na direção das crianças, concluiu: — Mais tarde, a sós. Preciso entender algumas coisas, compreende?

— Claro — concordou Rubens, sério, com um toque de tristeza na voz. — Se eu puder explicar "alguma coisa", será um milagre, pois adoraria que alguém me explicasse. Eu amei muito a minha irmã, fiquei tão feliz quando ela nasceu! Gostava de vê-la crescer, era uma criança alegre, saltitante, carinhosa. Na minha família, carinho era artigo de luxo demasiado caro, toda nossa fortuna não o comprava. E de repente nasceu Marieta, e ela era pródiga em beijos e abraços. E nós a mimamos, fechamos os olhos para o que deveria ser corrigido e continuamos agindo como se ela fosse um anjo. E, um dia, tudo veio abaixo.

— Depois, Rubens — advertiu Lourdes. — Vamos subir. Vou acomodá-la, mãe, no seu quarto, e depois ajeitarei as crianças. Precisam de banho e uma boa refeição antes de cair na cama. Estão cansados.

Rubens concordou e ficou observando a nova família que habitava a tradicional mansão. Sorriu satisfeito ao ver Lourdes de mãos dadas com os filhos subindo a escada, seguida por Bernardina. Seus filhos não seriam criados por babás e preceptoras que os banhavam e vestiam como se fossem bonecos. Aquele ato singelo, visto como cuidado, até como dever de higiene, ganhava uma dimensão diferente, de intimidade, zelo, carinho e diversão. Daria alguns minutos para que Lourdes acomodasse Bernardina e subiria para ajudá-la. Era assim que faziam na fazenda: Lourdes banhava Catarina, e ele, Denizar. Não havia por que mudar um hábito que os fazia felizes.

Apesar dos parcos recursos médicos, Giacomo recuperou-se. A constituição física forte e saudável venceu a luta contra a precariedade do atendimento. Completava um mês no presídio. As lições eram duras.

Revoltava-se com a situação, julgava-se injustiçado, não tivera a intenção de matar o policial, envolver-se com crimes. Seu lugar não era no presídio, afinal não era um marginal, e sim um trabalhador. Reafirmava, mil vezes ao dia, esse discurso e o sonho de ir para o Sul, "para as suas terras". Falava da esposa como se fosse casado com ela há muitos anos, e não um arranjo para contornar suas mentiras. Convenientemente, não comentava a aventura sexual com Marieta, os excessos de todo gênero aos quais se entregara, tampouco voltou a afligir-se com a situação dela. Esqueceu que seria pai. Imperava a importância do eu.

Zé, acostumado a lidar com moribundos, irritava-se com a ladainha. Gostava do silêncio da enfermaria, onde podia sentar-se alguns minutos durante o dia e ler seu surrado livro em paz. Giacomo e sua ladainha ansiosa o perturbavam.

Cansado de ouvir a mesma história, Zé deixou o italiano na enfermaria e dirigiu-se ao carcereiro do setor solicitando uma conversa com o diretor do presídio.

— Olha, se é para pedir remédio, camas e coisas desse tipo, já aviso: não tem dinheiro — antecipou-se o carcereiro, encarando o presidiário.

— Não quero nada disso — respondeu Zé, imperturbável. — É sobre o italiano.

— Ah! Então vem comigo.

Zé estava havia tantos anos no presídio, trabalhando naquele setor indesejado por causa das doenças, muitas contagiosas, e apresentava um comportamento tão dócil e sereno, que o tratavam como se não fosse um condenado, e sim um enfermeiro.

Deixado em frente à sala do diretor, Zé bateu à porta e aguardou a permissão para entrar.

— Com licença, doutor. Boa tarde!

— Boa tarde, Zé. Pode se aproximar. O que você deseja?

— Conversar sobre o italiano que está na enfermaria, doutor.

— Somente isso? Nenhum pedido mais?

— Não, senhor. Temos o necessário por lá.

— Bem, então, fale logo. Tenho muito trabalho.

— Doutor, quanto tempo ele ficará lá? Já está curado, pode transferi-lo.

— Eu sei, Zé — declarou o diretor, remexendo-se desconfortável na cadeira. — Esse italiano está se tornando uma dor de cabeça. O advogado dele tem pressionado muito, está usando o caso para promover uma discussão social em defesa dos trabalhadores e contra o que chama "abusos de autoridade" da polícia. Extrapolou os fatos e foi para a imprensa discutir a situação carcerária. Deve querer se candidatar a algum cargo político. Mas fato é que virou notícia. E tem muita gente interessada no assunto. Claro que não dele, mas usando o caso dele. E estou cansado de incômodo. Vou mantê-lo na enfermaria até tudo isso se acalmar.

— Comigo?! — protestou Zé. — Doutor, ele é... muito difícil de se conviver, entende? Lá é um lugar sossegado, de trabalho. Os homens lá estão morrendo ou muito doentes. Eu tenho muito que fazer e preciso de sossego. Aquele italiano não sabe o que é isso. Ele enlouquece até um santo. Não tem outro lugar em que o senhor possa... escondê-lo?

— Não, Zé. Lamento que ele seja tão inconveniente. Respeito o trabalho que você faz, é muito útil, mas não tenho outro local. Dê-lhe trabalho. Bata no infeliz. Faça o que quiser com ele. Se ele morrer, para mim, será um alívio. Odeio jornais!

— Certo! Entendi. Sendo assim, precisarei de algumas coisas na enfermaria.

O diretor fez uma expressão resignada, percebeu que acabara se colocando numa posição fragilizada no diálogo com a admissão da própria inconformidade com a presença do italiano.

— Cal, trinchas, baldes, vassouras, escovas e sabão.

O diretor sorriu, admirava o Zé, acompanhara sua jornada de transformação naquele presídio. Fato raro.

— Está bem — ergueu-se da cadeira, dirigiu-se à porta e abriu-a. Chamou o carcereiro e ordenou:

— Acompanhe o Zé ao depósito de material. Ele tem a minha permissão para levar o que desejar à enfermaria.

Zé o encarou erguendo a sobrancelha, cabreiro, mas resignado. Sério, despediu-se.

— Conseguiu um milagre, Zé — comentou o carcereiro enquanto acompanhava o trabalho do prisioneiro selecionando material no depósito.

— Tem muita coisa boa parada por aqui — falou Zé, admirando as pilhas de roupas, material de limpeza e móveis amontoados no local.

Depois de examiná-las e considerar-lhes a utilidade, voltou-se ao carcereiro e avisou:

— O diretor disse que posso levar o que eu quiser. Então, é bom você conseguir dois carrinhos de mão e mais alguns ajudantes.

Reclamando, o carcereiro afastou-se. Zé apenas ouviu o correr do ferrolho e a batida do cadeado. Não se importava com a porta aberta ou fechada, havia muito abandonara planos de fuga. Encontrara um sentido para sua vida naquele lugar, mas isso era algo que os carcereiros ignoravam.

Giacomo, travado na piedade de si mesmo, seguia construindo castelos no ar e lamentando-se para um enfermo em crise de hemoptise.

Zé irritou-se ainda mais ao retornar e deparar-se com a cena. Jurou a si mesmo pôr fim naquela tortura. "Esse italiano vai aprender a ficar de boca fechada e encarar o que está na frente do nariz", pensou decidido.

Os carcereiros haviam deixado o material na entrada da enfermaria, mas havia alguns móveis pesados para transportar.

— Giacomo! — chamou Zé. — Precisamos de você. Venha comigo!

Desconfiado, Giacomo olhou os carcereiros. Todos com fisionomia fechada, mal-humorados, movimentos rígidos, pesados, expressão facial azeda, inclusive a pele sem viço, amarelada. Despertavam medo, desejo de afastar-se, nenhuma disposição ao diálogo. Além disso, eram homens fisicamente fortes. Embora Giacomo tivesse desenvolvido muito os músculos no trabalho da estiva, debilitado, depois da prisão, não era páreo, então obedeceu.

Zé marchou atrás dele. Ao longo dos corredores o fez tomar consciência dos gritos, imprecações, palavrões e sons de violência, comentando cada um deles e esclarecendo como era a vida no presídio fora da enfermaria. Mostrou-lhe alguns apenados no pátio, caminhando acorrentados uns aos outros. Apontou-lhe outros, informando o quanto eram violentos, as mortes que carregavam nas costas. Identificou alguns líderes, aos quais, fora da enfermaria, teria de se submeter. Contou-lhe a respeito da violência sexual empregada para humilhar e submeter os presos "à sua autoridade e liderança". Notando o pavor e o medo em seus olhos, intimamente regozijou-se: trouxera o italiano à realidade naquele passeio de esclarecimento.

Chegaram silenciosos ao depósito. Zé apontou uma pilha de camas desmontadas, uma mesa rústica e algumas cadeiras, e informou:

— Vamos levar tudo.

Trabalharam harmoniosamente. Giacomo, a cada caminhada entre o depósito e a enfermaria, lançava olhares temerosos ao pátio e aos corredores sombrios e barulhentos.

Terminada a tarefa, Zé examinou seu novo e indesejado ajudante. Sinais de exaustão saltavam aos olhos.

— Por hoje, basta! Vá descansar, Giacomo. Amanhã conversaremos. Obrigado por sua ajuda.

Giacomo baixou a cabeça, murmurando palavras ininteligíveis. Tinha a sensação de formigamento nas pernas, as costas doíam, não tinha força nem para falar. Deitou-se e adormeceu.

— Ufa! Acabei com ele e com a danada da matraca. Amanhã terá mais, ele terá sossego e eu também — falou Zé, baixinho.

O enfermo em crise de hemoptise sorriu e olhou demonstrando compartilhar do contentamento.

— Cansativo. Que Deus me perdoe, mas não sou santo — comentou Zé, referindo-se a Giacomo. — É um bobo, um iludido. Tem muito a aprender. Vai trabalhar para ter e nos dar paz.

Obedecendo às orientações de Bernardina, Dulce procurava envolver Marieta nas atividades rotineiras da casa da fazenda, porém esbarrava na educação mimada e equivocada da jovem. Ela julgava que não necessitava trabalhar, sua família era rica. Sequer cogitava outras utilidades para o trabalho.

— Mas, senhorinha, trabalhar não tira pedaço. Eu sei que a senhorinha é de família rica, não precisa de dinheiro. Mas não é só por isso que se trabalha. Fazer as coisas dá satisfação. É bom ver que as pessoas gostaram de alguma comida, de um doce, do pão, ou que acharam bonito um crochê, um bordado. Eu nem preciso que os outros gostem de alguma coisa que eu fiz. Se eu gostar, já está mais que bom. Estou feliz. Sabe, enquanto a gente está fazendo alguma coisa, não pensa em bobagem. É como o povo diz: "Cabeça vazia, oficina do diabo". E quem tem a cabeça vazia também tem as mãos vazias — argumentava a empregada.

Marieta ouviu, olhou ao redor. A casa bem cuidada falava de trabalho. Mais além, os pátios, as lavouras e os pastos cantavam o mesmo hino. Somente ao meio-dia todos paravam, iam para suas casas compartilhar a refeição e o sagrado horário de descanso; no entanto, era breve. Logo recomeçavam a lida até o sol se pôr.

— É, imagino que sim, Dulce. Mas eu não sei cozinhar. Naquele dia em que fizemos o doce de batata com Bernardina foi que aprendi a descascá-las. Eu nunca havia feito isso. Também, para quê? Há um exército de empregados na nossa casa no Rio de Janeiro — falou Marieta, dando de ombros com descaso. — Amanhã ou depois, se tiver vontade, eu verei você cozinhar. Hoje estou cansada, com sono, vou deitar e descansar. Ainda bem que esse ar do campo me faz dormir, ou é a gravidez. É só o que ela tem de bom.

Dulce a olhou dirigir-se ao quarto, enrolando a ponta dos cabelos nos dedos, como se estivesse no mundo da lua.

— Como pode ser tão preguiçosa?! — indignou-se Dulce, resmungando sozinha. — Não enxerga que está de favor na casa dos outros? A Bernardina que vá me desculpar, mas essa daí não tem miolo, não pensa.

233

— Eh, *muié*, agora deu pra falar sozinha, é? — questionou Bernardo apoiado à janela da sala pelo lado de fora. — Que houve?

— Pois é, isso é da velhice. Mulher velha é rabugenta mesmo. Não é o que dizem? Pois é, estou ficando velha, já não entendo mais esses moços de hoje em dia. A Bernardina me mandou ensinar alguma coisa para a senhorinha Marieta enquanto ela estivesse fora, disse para eu fazer ela trabalhar, que é bom para a saúde.

— E é verdade!

— Eu sei, mas pergunta se eu consegui? Nenhum dia. Vive encerrada no quarto. Sei lá fazendo o quê! Diz que dorme. Mas vá ter tanto sono assim lá...

— Calma, Dulce! Você está fazendo o que a Bernardina pediu, não tem culpa se ela não lhe obedece. A moça não é empregada, não pode mandar nela, não é mesmo?

— É, Bernardo, não posso. Mas fico passada com tanta falta de vontade de fazer alguma coisa útil na vida. Que será que ela fazia no Rio de Janeiro?

— Namorava. Não é por isso que está aqui?

Dulce riu da maliciosa espontaneidade de Bernardo. Descontraiu. Ele tinha razão. Marieta era mulher feita, não conseguiria modificá-la, a única possibilidade era tentar. Não podia obrigá-la.

— É, você está tapado de razão até a raiz dos cabelos, criatura de Deus! Eu é que não vou azedar meu dia e estragar meu fígado por causa da preguiça dela. Quer saber? A vida ensina. Ela tem muito tempo para aprender.

Por diferentes caminhos, todos passavam pelo desafio da mudança, pela necessidade de exercitar a paciência. As condições sociais e econômicas adversas, cheias de carências de toda ordem, são ótimas educadoras da paciência, embora realizem o exercício dessa virtude na ignorância de seu significado profundo e, muitas vezes, ela seja uma atitude forçada, um ato de submissão e não paciência real, portanto não uma conquista da alma. Contudo, gera o costume, o hábito, mais tarde virão a reflexão, o conhecimento, e o esforço deles será menor para adequar a conduta.

Alguns venciam a tarefa, outros eram vencidos pela própria inércia. E assim, entre pequenas lições do dia a dia, o tempo avançou.

XXIII. Ver a luz

O destino do Espírito não é sofrer; contudo, é necessário que sofra, para chegar a tornar-se invulnerável ao sofrimento.

Aguarod, Angel. *Grandes e pequenos problemas.* 5. ed. Brasília: FEB. p. 119.

Patrizia fechou a porta da hospedaria, encostou-se nela fitando o teto. Ansiava por uma luz, consultava o Alto na esperança de um sinal milagroso apontando-lhe o rumo a seguir.

Há mais de dez meses no Brasil, conscientizara-se de ter apenas trocado de trabalho e conquistado a liberdade. Logicamente isso fazia diferença, sentia-se bem-disposta, recuperara o peso e o viço da juventude, estava mais bonita. Auxiliar dona Bella era uma tarefa árdua, ocupava-lhe o dia todo, mas o serviço doméstico não se comparava ao rigor das lavouras de trigo. Tinha amigos, e estava longe e livre das vistas de dona Ambrogina. Todavia, tinha sonhos maiores.

Recebera a negativa oficial da liberação de terras no Sul. Não havia previsão da data do julgamento de Giacomo e, por consequência, não sabia quanto tempo ele permaneceria preso.

O alvoroço em torno do caso cessara. No Brasil, as notícias nasciam e morriam rapidamente. Ninguém mais discutia o destino de Giacomo Baccagini, e a situação carcerária voltava ao esquecimento.

Sacramentado o fim do sonho ou da ilusão de tornar-se senhora de terras, Patrizia encarava seriamente o futuro.

"*Dio mio*, me acode! Me manda uma luz. Eu não posso passar a vida aqui, trabalhando por cama e comida. Dona Bella é uma boa mulher, me ajudou e ainda me ajuda, mas... mas, *Dio*, não foi *per* isso que cruzei os mares! É melhor aqui, *si*, bem melhor, eu sei e Te agradeço. Mas não posso viver desse jeito. Sou moça, *mio Dio*. Quero a minha casa! Quero a minha família! Não tenho medo do trabalho, mas quero dinheiro. Preciso dele. Senão, como faço o resto? *Dio*, eu nem sei se o Senhor me considera uma mulher casada. Tudo que eu tenho é um papel assinado pelo sem-vergonha do padre Assis, aquele porco! Me perdoa! Mas é verdade. Até gosto do Giacomo, ele é simpático, mas é só amigo. *Dio*, o Senhor me entende, não existe como obedecer à lei de crescer e multiplicar. *Dio*, só se eu fosse louca! Imagina se me deito com ele e arrumo um filho. *Dio*, por tudo que é sagrado, isso não! E eu não gosto do presídio. Eu tenho horror de ir até lá. Só de pensar fico doente. Mas não vejo saída, *Dio* mio. Me manda uma saída, *per favore*!"

Dona Bella entrou no salão cantarolando uma canção folclórica, carregando vassouras nas mãos e um pano sobre o ombro esquerdo. Deparando-se com Patrizia encostada à porta, imóvel, fitando o teto, com expressão angustiada, parou de supetão e indagou:

— Ih! O que aconteceu? Você está com uma cara...

— Os agentes da imigração, aqueles que negociam as terras no Sul, acabaram de sair — informou Patrizia lacônica.

— Sei. E qual foi a resposta, minha filha?

Patrizia fitou a amiga, séria, e respondeu:

— O que eu esperava: não tenho chance. Reafirmaram que a preferência é para famílias, que precisam de trabalhadores para ocupar e cultivar as terras imediatamente. Já sabíamos disso, certo? Acabou.

— Fico triste por você, Patrizia. *Ma*, como você disse, isso já era coisa certa. Sabe, minha filha, eu tenho vontade de bater naquele teu marido cabeça de vento. Nada disso precisava ter acontecido, se ele tivesse um pouco mais de juízo e menos...

Patrizia havia meses desconfiava de mentiras na história de Giacomo. Aprendera a conhecê-lo e enxergava que ele não tinha os pés na realidade. A rapidez com que criava justificativas mirabolantes, planos e interpretação de algumas ações e situações do cotidiano a faziam pensar que Giacomo era mais do que um cabeça de vento, no entanto, não sabia defini-lo.

Mas dona Bella sabia. Por isso, aproximou-se, tirou-lhe as vassouras das mãos e as escorou em uma mesa próxima. Tomou-lhe as mãos e, com o olhar suplicante, pediu-lhe:

— Dona Bella, pelo que há de mais sagrado nessa vida, pela Nossa Senhora, eu lhe imploro: conte-me o que a senhora sabe da vida de Giacomo. Eu preciso saber, preciso tocar a minha vida para a frente e, faz algum tempo, desconfio haver muita coisa que eu não sei nessa história.

Dona Bella sentou-se. Patrizia fez o mesmo, colocando-se à sua frente. Fitou a jovem, admirava-lhe o caráter e a persistência, mas tinha piedade da ignorância dela a respeito do passado do marido.

— Está bem, hã. Vou lhe contar, mas não é coisa boa — declarou Bella séria, preocupada com as revelações que faria. — *Prego*?

Patrizia assentiu e pôs-se a ouvir atentamente. Para surpresa de dona Bella, não houve nenhuma explosão de ira, sequer indignação. Calada, conheceu o passado recente do marido.

— *Ma* como você é fria, *ragazza*! Eu, no teu lugar, esganava o Giacomo.

Patrizia a olhou, considerou a necessidade ou não de contar-lhe a verdade sobre aquele casamento. Necessário, não era. Afinal, nada mudaria. Entretanto, decidiu falar, pois isso lhe faria bem e permitiria à amiga compreendê-la.

— *Grazie*, dona Bella. Eu suspeitava de algo assim. Homens! São poucos os que pensam quando aparece uma mulher do tipo que a senhora descreveu: bonita, rica e vagabunda. Prazer fácil os faz esquecer até de si mesmos. Giacomo é apenas mais um, dona Bella. Apenas mais um! E não se surpreenda por eu não esganá-lo. Ele, de fato, nunca me traiu. Não como um homem trai sua esposa. Traiu-me ao não pensar na responsabilidade que assumiu de me trazer da Itália para cá com a promessa de um lar, um marido, trabalho, família, enfim, de um futuro a ser construído juntos...

— *Si*, Patrizia, e não é assim que se trai uma esposa também? Ele se esfregou naquela safada. Dá raiva, mas passa. Não vale sujar as mãos com sangue, ahã? Pensa que eu não tive uma dose disso na vida? Ah, pois eu tive. Meu marido, agora, está domesticado, mas nem sempre foi assim... Mas, bem burra seria eu se quisesse matar por causa das vadias. Se não tivesse jeito, eu capava o desgraçado, mas matar por causa de sexo? Não! A família é mais importante. Giacomo brincou com você, não assumiu a responsabilidade de marido. Que se esfregasse o quanto quisesse, até fazer ferida, naquela outra, mas não podia faltar à responsabilidade contigo! Botou fora o trabalho, as esperanças de vocês, envolvendo-se daquele jeito com a vadia. Perdeu tudo, acabou preso.

— A senhora não entendeu: eu nunca fui casada com Giacomo. Nunca esperei um filho dele. Foi tudo mentira. Ele inventou para conseguir as tais terras no Sul. Giacomo não era casado. Eu era viúva e o tinha visto apenas uma vez...

Dona Bella fazia caretas de espanto conforme a narrativa de Patrizia se desenrolava. Enquanto a jovem ouvira as revelações calada por não se sentir tão afetada emocionalmente, a outra ouvia calada de susto.

— *Dio santo! Ma* que confusão vocês me fizeram, não?! Pelo menos, a vida melhorou para você. Oh, eu sei o que é morar com a sogra! O inferno há de ser melhor, bem melhor! O diabo não tem sogra, *eco*! Senão, já tinha imigrado. Eu comi o pão que aquela diaba amassou, de verdade. Dei graças a todos os santos quando meu marido decidiu vir para o Brasil. A *nona* não saiu da Itália, nunca. Morreu lá! Que Deus a tenha e não permita que saia de perto Dele! E você é tão nova! Tão moça, *ma* tão azarada com homem! O primeiro marido morreu cedo, e o segundo... bem... fez tudo isso. Nem sei o que vai ser feito dele. Eu não acredito que vão soltá-lo.

Patrizia ficou pensativa. Nos primeiros meses, alimentara a esperança de vê-lo livre, mas, passado tanto tempo, admitia a hipótese de uma condenação considerável. Precisava dar rumo à própria vida.

— Dona Bella, cometi o mesmo erro duas vezes: acreditei que outra pessoa me daria a liberdade e a felicidade. Com o meu primeiro marido, eu fui feliz, mas ele morreu, e eu fiquei presa e infeliz. Casei-me, desse modo estranho que contei, com Giacomo para escapar daquela vida, buscando ser livre e feliz. Eis-me aqui! Do jeito que a senhora bem sabe. Atravessei o oceano sozinha, e isso me fez mais forte. Acredito que sou mais forte do que imaginava e posso viver e ser feliz sozinha. Eu tenho que fazer isso, ninguém mais. Hoje entendo: não serão as pessoas nem as coisas que me darão felicidade. Devo ser feliz comigo mesma, na minha própria pele, o resto vem de acréscimo. Eu, Patrizia, uma mulher, imigrante, sem profissão, sem filho, com marido preso. Sobrenome, já tive dois. Minha mãe dizia que mulher tem só o primeiro nome, porque depois vai perder o nome da família e usar o nome do marido, e mais que isso, todo mundo conhece assim: Patrizia, mulher do Giacomo; Patrizia, mãe do fulano ou do beltrano. Então, eu sou Patrizia. E vou dar um jeito de viver feliz assim.

— *Bene, cara! Dio* te proteja! É assim que se fala! Que bom que você entendeu! Isso é ser inteligente, hã! É absurdo, e se paga caro, muito caro, se revoltar com o que é fato consumado. Não tem volta, então está resolvido. Acabou-se a história de terras no Sul. Vai ficar aqui, não é mesmo?

— *Eco! Si*, vou ficar e cuidar da minha vida.

Rubens e Lourdes despachavam no escritório da firma. Vencida a turbulência da transição de comando com a morte de José Theodoro, a rotina de trabalho sob a nova direção estava consolidada. As mudanças gradativamente implantadas davam frutos. A principal delas era a do próprio Rubens: assumira sua verdade, assumira a família e o amor por uma mulher negra. Mil boatos circulavam, mas ninguém mais dizia que ele era alcoólatra ou sugeria maliciosamente que ele não gostava de mulheres. Assim, acabara-se a fachada de viciado em trabalho. Havia um expediente igual para todos. Depois disso, era o momento do convívio familiar. Embora o casal não fosse convidado a jantares e banquetes promovidos pela elite local, iam aonde o ingresso fosse pago e do interesse deles, como teatros, corridas de cavalo, restaurantes.

A nova rotina causara surpresa e certo relaxamento, mas a disciplina bem conduzida recolocara o bom funcionamento, o que resultou em aumento da produtividade.

— O cansaço não produz, meu bem — repetira Lourdes, muitas vezes. — Terra que não descansa, que está sempre embaixo do arado e produzindo, acaba não produzindo mais. O descanso é lei da natureza, tanto quanto o trabalho.

Por isso, ela não se surpreendera com os resultados da implantação de uma rotina menos fatigante. Horrorizara-se ao constatar jornadas de trabalho superiores a quinze horas por dia. Reduziram para dez horas e observaram melhoras.

— Não é o número de horas que determina o rendimento do trabalho, mas as condições dos trabalhadores. Exaustos, tanto fará ficarem na fábrica doze ou treze horas, gerarão mais despesas do que lucros — argumentava Lourdes.

— E, quando for a época da safra, será que essa produtividade se manterá e conseguiremos dar conta? — questionava Rubens, debatendo o tema com a mulher.

— Faremos como na fazenda: contrataremos mão de obra para esse período. Se for mesmo preciso trabalhar à noite, poderemos contratar pessoal para esse turno.

— É algo que fazemos. Papai sempre contratava na safra, faremos isso, é claro. Mas com a diferença de que será o dobro de pessoas, pois quem trabalhou durante o dia, não trabalhará à noite.

— Ótimo! Verá que correrá tudo bem. E preste atenção na comida. Lembre-se de dona Bernardina: saco vazio não para de pé, quanto mais terá condições de trabalhar! — enfatizou Lourdes.

Uma batida na porta interrompeu a conversa, e Rubens autorizou a entrada do secretário. Fora um dos antigos empregados que estranhara a constante presença de Lourdes junto de Rubens trabalhando ativamente, mas acostumara-se e, se intimamente fazia restrições, a condição de subalterno o obrigava a observar o fato calado.

— Um telegrama urgente, senhor — anunciou o secretário.

Rubens apanhou o envelope, agradeceu e dispensou-o.

— Falando nela... é da sua mãe — informou Rubens, encarando Lourdes, surpreso. — Deve ser o primeiro que ela envia na vida.

— Então... é algo sério. Leia logo. Espero que não tenha acontecido nada com a pequena.

Rubens rasgou o envelope e leu em voz alta a mensagem curta:

Filhos, voltem à fazenda! Preciso de vocês. Marieta fugiu e levou a Rita. Estamos procurando na região. Aconteceu essa madrugada.

Bernardina

Apenas uma troca de olhares bastou. O casal se entendeu e rapidamente tomou as providências para partir.

— Eu mesmo irei dirigindo — prontificou-se Rubens.

— Mandarei Severo para casa, avisar Rosário. As crianças ficarão bem com ele. Elas o adoram.

Executadas as decisões, partiram apressados. A viagem foi tensa, carregada de aflição, remoendo os últimos meses.

A culpa insistia em disputar lugar com o desespero, principalmente em Rubens, fazendo-o lembrar da menina alegre e carinhosa, depois da adolescente triste, insatisfeita, rebelde e, por fim, na dor de cabeça da família por causa da sexualidade desregrada, terminando por fugir ao controle deles.

Reconhecia dever a paz dos últimos meses à transfêrencia do "fardo" chamado Marieta para as mãos de Bernardina. Visitara-as ao longo daqueles meses e guardara a esperança de que a sabedoria da sogra conseguiria promover melhoras no caráter da irmã. As lembranças desfilaram em sua mente.

Ela parecia mais dócil, tranquila. Entretanto, Bernardina não lhe escondera a permanência dos transtornos e desatinos sexuais de Marieta. Relatara-lhe as dificuldades, pois não conseguira evitar que ela mantivesse relações sexuais com alguns trabalhadores da fazenda. Agradecera a Deus por serem trabalhadores temporários, assim os demitiu sem peso na consciência.

Por fim, a natureza fizera sua parte, e os últimos meses de gestação ela passara bastante indisposta. Queixara-se de tudo e de todos, e ficara muito tempo isolada, descansando no quarto.

Bernardina temera o parto. As reações de Marieta a surpreenderam. Ela aparentava sentir prazer na dor e reagira de uma forma animal, instintiva, inclusive em relação à filha. Deu-lhe o nome de Rita, uma menina linda, pele e cabelos claros, os olhos castanhos tinham um tom esverdeado e prometiam definir-se pelo verde. Traços finos, delicados.

243

— É uma boneca de porcelana — derretia-se Dulce, mimando a menina. — Tão rosada, tão branquinha. Olha a boquinha, Bernardina, que mimosa!

— É linda, sim! Ainda bem que as roupinhas da Catarina ficaram aqui — concordava Bernardina, observando Dulce banhar a menina.

Marieta encantara-se pela filha, acariciava-a e beijava-a. Passava horas com a bebê no colo, admirando-a, observando cada movimento. Mostrara-se interessada em aprender a cuidar dela e não se opusera em amamentar, ao contrário, deleitava-se em expor os seios para a menina sugar.

Rubens recordou a conversa que ouvira entre a sogra e a empregada. Dulce achara natural nos primeiros dias, mas o tempo foi passando e ela começou a desconfiar. Comentou com Bernardina, em um fim de tarde, quando acreditavam estar sozinhas na varanda! Não o tinham visto e o teor do diálogo o fez permanecer incógnito.

— Isso está exagerado, mulher. Nós já tivemos filho, sabemos como é. Tem algo diferente no olhar dela, no jeito, não é só carinho de mãe, não é cuidado com a Ritinha. Ela fica passando a mão na teta, já disse que não precisa, mas não adiantou. Vai por mim, Bernardina, essa moça não é bem certa da cabeça, não é normal. Parece que só pensa em sexo. Deus me perdoe, mas ela gosta daquele outro jeito, entendeu, que a nenê... — nervosa, Dulce não conseguia expor em palavras o pensamento.

Condenava-se por expressá-lo, lutava com a própria convicção instintiva da leitura da conduta libidinosa de Marieta ao amamentar.

— Entendi — declarou Bernardina sucintamente.

As emoções estampadas na expressão e no olhar de Bernardina diziam que ela chegara à mesma conclusão e enfrentara os próprios pudores para admiti-la a si mesma, que se admoestara severamente, em pensamento, recriminando-se, sentindo-se muito pouco benevolente com a jovem.

— Ah, cruz-credo! Isso é horrível, mas é o que eu acho, Bernardina. Eu não sei o que o seu Rubens vai fazer com ela, mas, Bernardina, ela não vai se sujeitar aqui por muito tempo mais. Ainda mais agora que está leviana de novo. E eu tenho medo do que ela possa fazer. Aquele problema com os homens da lavoura... Vamos fazer o quê? Mandar todos embora? E quem vai cuidar do serviço? E as famílias?... Olha, não quero ser ruim, mas, sendo bem realista, o melhor lugar para ela é numa dessas casas de tolerância. Vai ser mulher da vida, ia ser feliz, não é mesmo? Ia ganhar a vida dela, e os homens que vão lá estão procurando isso mesmo, não tinha confusão. Meu medo é pela Ritinha. O anjinho não merece isso. Não deve ser bom para a criança. Que Deus me livre! É um anjo que não sabe de nada.

Bernardina calou-se, demonstrando respeito às coerentes opiniões da amiga.

Durante aqueles meses convivendo com Marieta, havia tentado entendê-la, mas a conduta dela estava além de sua compreensão. Testemunhou a infelicidade da moça, os dias em que a tortura interior transparecia-lhe nos olhos. Apiedava-se. Rezara muito pedindo ajuda aos amigos espirituais, a Deus e, sinceramente, agradecia-lhes cada dia de tranquilidade e a força necessária. Pedira-lhes orientação, explicação, mas não recebera senão exortações à calma, à paciência, enfim, conforto para si mesma.

Esse era o passado próximo. No dia anterior à fuga, Bernardina decidira, enquanto contemplava a paisagem, que era hora de tomar uma atitude. Conversaria abertamente com Rubens e Marieta. Seria difícil, considerando a natureza sexual do problema e todos os preconceitos envolvidos. Concordava com Dulce, havia doença na conduta da moça, não se tratava de pura e simples devassidão. Com esse propósito, recolhera-se. E pela manhã fora despertada com o chamado desesperado de Dulce, informando o sumiço de Marieta e Rita.

— Ah, meu Deus, permita que não seja tarde demais! — murmurou Bernardina, assustada, saltando da cama e vestindo-se apressada. — Chame os homens, Dulce! Vamos procurá-la, não pode ter ido muito longe. Ela não conhece os caminhos. Deve estar pelos arredores.

Após o meio-dia, convenceu-se de que Marieta não estava na fazenda e decidiu comunicar os acontecimentos a Rubens e Lourdes. Rabiscou as frases e mandou um dos trabalhadores à cidade para enviar o telegrama.

Ao cair da tarde, estavam todos reunidos na sala de jantar da fazenda. A mesa farta, os pratos servidos, porém quase intocados, revelavam a preocupação e a ansiedade. Momentos de pesado silêncio, seguidos de conversas parecidas com monólogos a três, pois cada um expunha suas emoções e seus pensamentos como tentativa de esvaziar a angústia, o medo, a culpa pelo que consideravam um fracasso pessoal. Exagero. Sofrimento desnecessário, pois não nos cabe louros nem arrependimentos quanto às decisões alheias. Eles não eram responsáveis pela atitude de Marieta, mas acreditavam ser e vivenciavam o fracasso dessa ilusão como culpa. Rubens, habituado ao problema havia anos, irritava-se e recriminava-se mais que as outras, pois se considerava responsável também pelo sofrimento que a irmã causava à Lourdes, à Bernardina, à Dulce e às demais famílias da fazenda.

Por fim, cansado, mentalmente exaurido, desculpou-se e abandonou o jantar, alegando:

— Preciso de ar, caminharei um pouco lá fora.

Lourdes sorriu compreensiva e concordou com um gesto rápido.

— Tomara que a polícia encontre essa desmiolada logo! — falou Dulce. — Fico aflita pensando na Ritinha. Eu sei que vocês não pensam como eu, mas isso não me faz diferença. Eu acho que ela é louca, não pode ser certa. Gente! Ela passava os dias encerrada no quarto, sabe-se lá

246

fazendo o quê, mas até imagino. De vez em quando, ainda mais quando se é moça solteira, é comum acontecer de se fazer aquilo. Os homens também fazem, a gente sabe. Mas não todo santo dia! E ela não podia ver homem, meu Deus do céu! Nem o Bernardo escapou do assanhamento dela. O coitado é boa pessoa, gosto dele, mas é um matuto, é o caipira das histórias que a Bernardina lê para Catarina. E a Marieta é moça, é bonita, é educada, fina, mas não dá nenhum valor para isso quando se trata de...

— Rubens dizia que bastava usar calças — interrompeu Lourdes.

— Pois é. Mas, Lourdes, nem eu que sou mulher simples, pobre, nunca pensei assim. Até meus namorados de quermesse, eu escolhia a dedo. Ela não se dá valor nenhum.

— Não, absolutamente nenhum — referendou Bernardina e completou: — Não valoriza nada na vida. A mente dela funciona em torno de sexo. Eu tenho pena, mas também fico com raiva, porque afinal Marieta tem tudo para ser feliz e não dá valor a nada. Às vezes, concordo plenamente com a Dulce e vejo essa moça como uma doente, uma demente, talvez. Em outras, ela me enoja. Confesso que já senti vontade de bater nela, principalmente quando começou a se envolver com os trabalhadores da fazenda. Com a barriga saindo na boca, provocava essas criaturas simples. Ah, como foi difícil! Em outros momentos, ela parecia tão torturada, tão arrependida, envergonhada. Eu pensei que ela estava melhorando, tomando juízo. Mas qual?!

— Rubens me contou que a adolescência dela foi muito complicada. Até fiquei com pena do falecido José Theodoro e da dona Glória. Soube que brigavam muito por causa dela. Mas, por fim, desistiram e só queriam casá-la o quanto antes. Não conseguiram — lamentou Lourdes. — Eu não entendo por que ela levou a menina.

— Eu não entendo nada, minha filha. Sabe, vou ler um pouco e fazer as minhas preces. É o possível, agora.

Bernardina afastou-se da mesa, caminhando devagar até a poltrona onde deixava sua caixa de costura e um exemplar de *O Evangelho Segundo o Espiritismo*. Sentou-se, localizou o capítulo "Bem-aventurados os aflitos" e entregou-se à leitura, procurando conforto, um novo entendimento da situação.

Lourdes admirou a mãe. Ela era ativa demais, precisava gastar energia para acalmar-se, por isso levantou-se e perguntou a Dulce:

— Está servida?

— Ué, eu é que tenho que perguntar isso — rebateu Dulce saltando da cadeira e começando a recolher os pratos.

— Preciso fazer alguma coisa, Dulce. Vou limpar a cozinha. Não consigo ficar parada. Pedirei a Deus para que os bons espíritos acompanhem e guiem os policiais para encontrarem logo a Marieta e a Ritinha bem de saúde. Mas preciso mexer as mãos.

— Vamos lá, vou esquentar água e fazer um chá de cidreira com casca de maracujá, bem forte. É bom para acalmar os nervos.

Passaram-se os dias, e as buscas foram em vão. Marieta desaparecera inexplicável e rapidamente. Rubens e Lourdes retornaram ao Rio de Janeiro. A família Guimarães Lins precisava ser informada do desaparecimento de Marieta e Rita.

XXIV. Reforçando causas

Porque, tantas outras vezes quantas gerardes a mesma causa, produzirá ela os mesmos efeitos desagradáveis e, aos demais, ampliados, pela maior força que nela se desenvolveu, devido à repetição. Vedes que, quando se adquire um vício, seus efeitos, a princípio, são leves; porém, à força de repetir-se, cada vez mais se vão agravando aqueles efeitos, até tomarem caracteres de extrema gravidade, que obrigam o ser a corrigir-se radicalmente.

Aguarod, Angel. *Grandes e pequenos problemas.* Capítulo V. Rio de Janeiro: FEB. p. 123.

— O quê?! — indagou Silvério, estupefato. — Como declara com toda essa calma que Marieta está desaparecida há oito dias e não há nenhuma pista? Eu não acredito. Não é possível uma mulher e uma criança sumirem no vento.

— Bem, meu irmão, eu relatei os fatos. Procure à vontade. Eu não sei mais o que fazer, exatamente por isso chamei vocês — esclareceu Rubens encarando Silvério e André.

— Eu aceito a explicação — falou André, indiferente. — Nosso irmão Silvério é clérigo, mas nem sempre aceita a sabedoria e a vontade de Deus. Diz o povo que Ele escreve certo por linhas tortas. É verdade. O desaparecimento de Marieta resolve nossos problemas...

— Cale a boca, André! — rosnou Silvério, enfurecido. — Será que você não tem um pingo de sentimento?

— Não como os seus, irmão. Marieta há muitos anos é para mim apenas um problema, já para você foi... bem mais que irmã — relembrou André, pisando na ferida do relacionamento incestuoso.

Silvério avançou sobre André com o punho fechado, esquecido da batina que envergava e do que deveria representar. Rubens, com esforço, conteve-o, segurando-o pela cintura.

— Acalmem-se! — ordenou Rubens. — André, você sabe que não se toca nesse assunto. Não é porque papai morreu que mudaremos a regra. Concordamos, há anos, em não falarmos sobre isso. É o melhor para a família.

— Ahã, família? — repetiu André, erguendo as sobrancelhas. — É assim que a lei e a sociedade nos definem. Está bem, eu peço desculpas, Rubens. Não infringirei as "regras". Minha opinião é a mesma: devemos acionar nossos advogados para dar andamento à declaração legal de desaparecimento. Ainda temos um inventário a fazer, não é? Marieta tinha alguns direitos. Então, quanto antes fizermos isso, mais cedo colocaremos um ponto final nessa história.

— Quanta frieza! Quanto interesse! — resmungou Silvério, agora do outro lado da sala, de costas para André e Rubens.

A notícia do desaparecimento de Marieta o devastara emocionalmente. Estava desesperado, sentia-se uma fera enjaulada. Mil pensamentos desconexos cruzavam-lhe a mente. Temia o destino da irmã.

Rubens observou os irmãos. O clima era tenso. Silvério estava à beira de uma explosão, e descontaria a frustração e a ira em André. Não havia novidade no procedimento calculista de André, assim como também não era surpresa o desespero apaixonado de Silvério. Enganara-se ao considerar que o tempo e o afastamento houvessem operado o fim dos sentimentos dele por Marieta. Eles apenas haviam sido calados.

— Está bem, André, falarei com os advogados e o avisarei. Agradeço-lhe por ter vindo. Já conheço a sua posição. Não quero tomar mais o seu tempo, sei que sua agenda de candidato está cheia de compromissos.

250

— É verdade. Está na minha hora. Adeus, irmãos — despediu-se André, apanhando o chapéu e o paletó que deixara dependurado no encosto da cadeira e dirigindo-se à saída. — Passar bem.

Um longo suspiro acompanhou o fechamento da porta do escritório. Rubens deixou-se cair pesadamente sobre a cadeira, levou a mão à cabeça e respirou fundo.

— Graças a Deus! — exclamou.

Depois de alguns instantes, recobrando a calma, voltou a atenção a Silvério, que chorava, agarrado à cortina de veludo verde. Extravasava um pranto sentido, expressão de emoção intensa e sofrida, a dor daqueles longos anos.

"Meu Deus, o que eu faço?", perguntou-se Rubens. "O que eu digo? Santo Cristo, ele sofre. Não posso condená-lo. Ai, Jesus, como posso consolá-lo?"

Perdido na indecisão, Rubens deixou os sentimentos e os instintos guiarem-no. Vencido pela piedade, presenciando a pungente e solitária dor de Silvério, esqueceu-se de que era seu irmão, de que ele chorava por uma paixão incestuosa e de que a irmã era o espinho na carne da família. Lembrou-se do quanto amava Lourdes, do quanto sofreria se tivesse que se afastar dela, dos anos que vivera um amor clandestino, e compreendeu o sofrimento de Silvério. Não havia o que dizer. Aproximou-se, afastou-o da cortina à qual se agarrava e o abraçou. Deixou-o chorar, dizendo sem palavras que não estava sozinho.

Permaneceram assim por muito tempo. Rubens, desajeitado, acariciava-lhe o cabelo, dava-lhe leves tapinhas nas costas, como fazia para confortar Denizar.

Silvério estava exaurido pela dor. Rubens o arrastou ao sofá de couro escuro e sentou-o, como se fosse um boneco. Foi até o armário e serviu-lhe uma dose de conhaque.

— Eu não gosto de álcool, mas agora lhe fará bem. Beba! Pedirei a Rosário para arrumar o seu quarto e levar-lhe um remédio para dormir. Mandarei avisar na paróquia.

— Obrigado! — agradeceu Silvério, com voz muito baixa. — Estou arrasado, nervoso, cansado, desnorteado. Não consigo pensar. Preciso procurá-la. Eu sempre a encontrei, sempre soube o que fazia, onde andava. Acompanhava seus passos para evitar... mas não consegui. Essa criança... Deus do céu... não podia ter acontecido. Marieta deveria ter ido para o convento na Polônia. Estava tudo certo. Esperamos demais. Ela deveria ter partido assim que a criança nasceu. Eu devia ter insistido...

— Não se recrimine, Silvério — ponderou Rubens, servindo-se de uma dose pequena do conhaque. — Agimos na intenção de fazer o melhor...

Silvério balançou a cabeça, sentindo um leve torpor esparramar-se por seu corpo tenso. Tinha mil argumentos para contestar "o melhor" da família, porém sentia-se culpado, envergonhado, sem condições morais de exigir alguma coisa. Era solitário.

Solidão era o sentimento predominante em sua alma, uma fria, silenciosa e dura solidão. Sob ela, ardia a paixão por Marieta.

Rubens serviu-lhe outra dose exagerada e provou da bebida incentivando-o. Por certo, aquela estava longe de ser a solução adequada, mas foi a única que lhe ocorreu. No íntimo não desejava ouvir o irmão. Encobrir e silenciar a situação sempre havia sido a atitude adotada e, naquele momento, Rubens não se sentia preparado para modificá-la. Não queria conhecer o universo humano daquela dor.

Encobri-la, fazer de conta que não existia e lembrar-se constantemente da ilicitude daquele sentimento fora o caminho adotado pelo próprio Silvério. Havia anos calado, silencioso, externamente ostentava uma conduta rígida, severa, inatacável; por dentro, vivia um conflito de fogo e sangue, lutando contra o desejo de pôr fim à própria vida e assim assumir, segundo pensava, integralmente a sua realidade: viveria para sempre calado, só, isolado em uma sepultura no reino dos mortos.

Procurara nos braços da Igreja o alívio. Fora sincero. Não se internara em um convento apenas para afastar-se da família. Para isso, haveria outros caminhos. Tornara-se um sacerdote desejando entregar a alma a Deus para encontrar a paz. Acreditou que o conhecimento religioso lhe trouxesse compreensão, e o trabalho, a devoção o fariam perdoar-se. No entanto, ali estava, vencido pelas emoções, vazio da sabedoria que buscara e não encontrara. O mundo clerical revelou-se uma extensão da sociedade mundana. Floresciam hipocrisia, paixões de toda ordem, ganância, poder e violência. Por algum tempo, considerou ter encontrado o equilíbrio interior, depois descobriu que se tratava de indiferença, rompida quando descobrira o envolvimento de Marieta com o imigrante italiano e a gravidez. O ciúme o cegou.

Essas mazelas, contudo, ninguém desejava conhecer. Esses cânceres que roem a alma têm dificuldade em encontrar uma mão caridosa para tratar-lhe a ferida. Expô-los significa reconhecer que rótulos e papéis não significam absolutamente nada diante da verdade da vida espiritual, único caminho capaz de fazer compreender como sendo humanas as "imoralidades e ilicitudes" de algumas paixões, mostrando-nos que são duras provas, exercícios penosos do espírito para vencer-se e dominar-se. Obriga a lançar um olhar e uma indagação em direção ao berço e perguntar se realmente tudo começa ali.

Rubens suspirou, suportando com dificuldade a angústia de presenciar o desespero de Silvério, e decidiu afastar-se. Tocou-lhe o ombro e disse:

— Vou subir, irmão. Descanse. Eu gostaria de poder ajudá-lo, mas não sei como.

Displicentemente, deixou sobre a mesa de centro, em frente a Silvério, a garrafa de conhaque.

Na manhã seguinte, Lourdes observava a fisionomia cansada, marcada por olheiras, de Rubens. Agitado, insone, revolvera-se dezenas de vezes no leito, até que ela acendera

253

o abajur e o fizera falar. A narrativa do encontro com Silvério sensibilizou-a e estava longe do esperado. Por fim, Rubens adormeceu, e ela permaneceu acordada. Viu a luz do sol infiltrar-se devagarinho pelos vãos das venezianas. Vestiu o roupão, apanhou seu livro de cabeceira e foi ler na sacada.

Refletia a respeito dos desencontros da família Guimarães Lins, tentando encontrar uma ligação. Tudo a fazia mergulhar no passado nebuloso e pouco conhecido. Ela e a mãe viviam na fazenda. Dona Glória, depois do nascimento de Marieta, não voltara mais lá. Elas não acompanharam o seu crescimento. O que sabia vinha de informações de Rubens e, recordando os fatos recentes, concluiu que a vida maior não as queria juntas, pois, quando Marieta fora para a fazenda e ela a acolhera, poucos dias depois precisou abandonar o local, deixando a jovem aos cuidados de sua mãe Bernadina, e vir à capital. Seus caminhos não se cruzavam.

Naquela noite, a angústia de Silvério contaminou-os. Com os olhos perdidos no bem cuidado jardim, Lourdes decidiu ler e, como era seu costume, abriu o *Evangelho Segundo o Espiritismo*, ao acaso. Já o lera inteiro, mas, como lhe fazia bem as ideias e os ensinamentos contidos na obra, desenvolvera o hábito de "conversar" com o livro. Abria-o aleatoriamente e meditava sobre o tema. Sorriu ao se deparar com o capítulo: "Bem-aventurados os aflitos".

Leu-o. A justiça era um tema fascinante, ainda mais sob o enfoque de encontrar felicidade nas aflições. "Quem não precisa disso?", refletiu Lourdes. E, no embalo dos últimos acontecimentos, não havia leitura mais indicada. Deus, criador supremo, legislador divino, cuja inteligência máxima elaborou as leis imateriais que regem a vida física e moral, autor da natureza, nela escreveu Sua máxima sabedoria com pena e tinta que nenhum homem conseguiria imitar. A vida — Seu grande livro, código de todas as Suas leis — somente pode ser estudada, não reescrita, nem reinventada. Ele não age por caprichos, é imparcial, é justo; logo, as dores e mazelas da vida suportadas pela criatura humana têm uma causa que é justa. Lourdes leu e pensou muito a respeito das inúmeras vezes em que caímos, por imprevidência, por falta de perseverança, porque agimos de forma interesseira, de quantas brigas por picuinhas, das doenças causadas pelos excessos. Recordou-se de seus sogros (que não a consideravam sua nora) e em como foram infelizes por terem dirigido a educação dos filhos apenas aos interesses materiais, nunca os observando para conhecer-lhes o caráter. Daí, ao descobrir o grave problema de Marieta e Silvério, a brilhante solução fora encobrir tudo e fazer de conta que nada houve — adultos brincando de casinha e de faz de conta que era uma vez uma família feliz. Um parágrafo em especial chamou-lhe a atenção:

"A quem, pois, culpar de todas as suas aflições senão a si mesmo? O homem é, assim, num grande número de casos, o artífice dos seus próprios infortúnios; mas, ao invés de o reconhecer, ele acha mais simples, menos humilhante para sua vaidade, acusar a sorte, a Providência, a chance desfavorável, sua má estrela, enquanto sua má estrela está na sua incúria."[8]

"Será que o senhor José Theodoro está repensando a sua existência finda? Se estiver, há de estar arrependido do que fez, de como viveu", pensou.

Prosseguiu a leitura. Avidamente, levada pelo anseio, aliás, mais que anseio, pela imperativa necessidade de compreender o que se passava sob seu teto e as angústias daquela noite, devorou o texto a respeito das causas anteriores da aflição. A reencarnação era a chave para explicar tantos males; deveria ser também para explicar aquele drama doméstico. Que dor pungente deveria sentir Silvério! Amar apaixonadamente a irmã, uma jovem, no mínimo, transtornada.

---

8 Kardec, Allan. *O Evangelho Segundo o Espiritismo*. Capítulo V, item 4. Araras: IDE.

"E agora?", pensou Lourdes. "Ela se transtornou por esse amor? Será que sofre como Silvério? Ou essa paixão do irmão a enlouqueceu e não foi livre da violência que acompanha algumas paixões de caráter sexual? Ou terá sido ela a seduzi-lo? Seja como for, e independentemente de quem iniciou esse drama, não pode ter começado nessa vida. É doloroso, não importa sob qual ângulo se observe. E temos a pequena Rita... Bom Deus, onde anda Marieta? Permita que ela seja encontrada viva ou morta, Pai. A incerteza de seu destino somente agravará o problema. Dai-nos força, para que ele não fique insolúvel. Que consigamos acertar as contas com o passado, não importa quais tenham sido. Que aprendamos as lições e nos libertemos para sempre."

Ao concluir a leitura, estava calma. Amanhecera. O orvalho brilhava sobre as plantas. Respirou profundamente, desejosa de encher-se de boas energias.

Com a mente em paz, fechou o livro e ia voltar aos aposentos quando teve a inspiração de oferecê-lo ao cunhado.

Uma boa ideia sempre merece acolhida, não importa saber se própria ou sugerida pelos amigos espirituais. Apressou-se e, em seu quarto de vestir, encontrou uma fita branca larga. Envolveu o livro com ela e fez um laço, prendendo nele um pequeno rolinho, um bilhete sucinto:

Um manual para encontrar a felicidade. Leia-o quando decidir buscá-la.

Lourdes

Arrumou-se para encarar mais um dia. Ao passar pelo quarto ocupado por Silvério, testou a porta e abriu-a facilmente. Ele dormia, trajando a desconfortável batina. Não estava deitado, mas jogado sobre a cama, sem tê-la sequer desfeito. Almofadas e travesseiros sobre o tapete e, ao lado, a garrafa de conhaque vazia.

Lourdes balançou a cabeça. "Triste ideia! Homens! Quanta dificuldade em lidar com sentimentos!", pensou. Largou em cima da garrafa o seu manuseado e precioso presente. Silenciosamente, fechou a porta e desceu.

Orientou as tarefas da casa, preparou as crianças, acompanhando-as na refeição matinal. Entregou-as a Severo, explicando-lhes que Rubens iria dormir até mais tarde. Com as advertências maternas, Denizar e Catarina foram encaminhados à escola.

Voltou à sala de refeições e, surpresa, encontrou Rubens. Beijou-o e observou as marcas da noite maldormida. Ele estava quieto, distraído, depois perguntou repentinamente:

— Você viu Silvério, querida? Ele já desceu? Costuma acordar muito cedo.

— Confesso que espiei. Ele estava dormindo de batina e tudo. Havia uma garrafa de conhaque vazia no quarto. Então...

A explicação foi interrompida por Rosário, que entrou na sala carregando uma folha de papel dobrada.

— É para a senhora — informou, entregando-a para Lourdes. — O padre Silvério deixou comigo. Ele foi embora enquanto a senhora e Severo aprontavam os meninos para a escola. Tomou uma xícara de café na cozinha e fez questão de sair pelos fundos. Mas pediu que lhe entregasse isso.

Rubens a olhou curioso. Silvério mal cumprimentava Lourdes, não fizera nenhum gesto de aproximação com seus filhos, por que deixaria uma carta ou algo do gênero para ela?

Lourdes desdobrou a folha, um sorriso enigmático, sutil, quase de Monalisa, desenhou-se em seu rosto. Displicente, passou-lhe a folha de papel na qual estava escrito:

Não esperava receber um presente seu. Mas ele se abriu em minhas mãos como se estivesse marcado por leitura repetitiva de suas páginas. Dizia: 'A calma e a resignação, hauridas na maneira de encarar a vida terrestre e a fé no futuro, dão ao espírito uma serenidade que é o melhor preservativo contra a loucura e o suicídio."[9] *Talvez ele venha a ser um manual para a minha serenidade, e já será muito. Apesar da batina amarrotada que envergo, sou um homem, minha roupa já não representa minhas crenças, nem o que sou ou o que gostaria de ter sido. Paz é tudo que desejo e não sei onde encontrar. Obrigado. Adeus.*

Silvério

— O que significa isso, Lourdes? Acho que já li essa citação...

— Eu dei o meu velho *Evangelho*, de Kardec, para seu irmão padre. Foi isso! Deixei esta manhã no quarto dele, sobre a garrafa vazia...

Rubens balançou a cabeça, apanhou a mão da mulher e beijou-a carinhosamente. Em sua mente fixou-se a imagem dos dois presentes: o seu, a garrafa de conhaque, tipicamente masculino; e o outro, o livro, bem feminino. Duas formas diferentes de lidar com o mesmo problema.

---

9   Kardec, Allan. *O Evangelho Segundo o Espiritismo*. Capítulo V, item 14. Araras: IDE.

XXV. **Desespero**

Quem come com sofreguidão acaba por se asfixiar com os próprios alimentos.

Shakespeare, Willian. *A tragédia do Rei Ricardo II*, ato II, cena: Gaunt, extraído de *O livro das citações*. Porto Alegre: L&PM Pocket. p. 124.

O trem cortava devagar as montanhas. O som rítmico das rodas sobre os trilhos fizera Marieta e muitos passageiros adormecer. Rita, aconchegada ao corpo da mãe, emitia débeis ruídos, movimentava as mãozinhas. Inocentemente a olhava com confiança. Era seu porto seguro.

Seus movimentos chamaram a atenção da jovem mulher sentada ao lado. Ela fechou o livro e observou a menina. Encantou-se com a sua beleza e tranquilidade. Cuidadosa, acariciou-lhe com um dedo levemente as bochechas rosadas e murmurou:

— Que menina boazinha! E muito linda.

A mulher emitiu alguns sons guturais baixinhos, estimulando a pequena Rita. Foi recompensada com um amplo sorriso desdentado no rostinho rosado.

— Mas que coisinha querida! Tão alegre e calminha! — falou a jovem, a cada minuto mais encantada com a menina.

Marieta mexeu-se e Rita resmungou sentindo afrouxar o abraço materno. O medo desperta reações imediatas desde cedo. Ela olhou a filha, sorriu e ajeitou-a no braço.

— Ela é muito doce! — elogiou a companheira de banco, referindo-se a Rita e puxando conversa. — É sua filha?

— Sim — respondeu Marieta. — Chama-se Rita. Está com dois meses e meio.

— Meus parabéns! Estou encantada com ela. Você tem sorte de ter uma filha tão tranquila. Já fiz essa viagem com outras mães e seus bebês, e asseguro-lhe: nem sempre são boas companhias. Pobrezinhos! Alguns choram muito. Estranham. É desconfortável para eles, acostumados aos berços, ao silêncio. Mas a Rita é uma boa menina, uma ótima companheira de viagem, nem um chorinho de fome. Como é o seu nome? Ah! Desculpe-me não chamá-la de senhora, mas acho que somos quase da mesma idade. Espero que não se importe, detesto formalidades. Meu nome é Maria Cândida — disse, estendendo-lhe a mão no espaço restrito.

Marieta a cumprimentou e, simpatizando com a mulher, respondeu:

— Meu nome é Maria — propositadamente omitiu o sobrenome, como o fizera à comunicativa companheira.

Não comentou os cuidados com o bebê na viagem. Não pensara neles, sequer cogitava haver dificuldades. Sabia muito pouco das necessidades de um bebê.

— Somos milhares! — prosseguiu Maria Cândida fingindo desgosto, erguendo os olhos aos céus.

Porém, notou que "Maria" não havia compreendido. "Cândida, você precisa ser mais atenta com o que diz e para quem fala", recriminou-se Maria Cândida. "Pobre moça! Apesar da boa aparência, é do campo, é simples." Então, explicou-se:

— As Marias. Milhares de mulheres têm esse nome. Encontro uma em cada esquina do Rio de Janeiro e em todos os cantos aonde vou. É impressionante. Há Marias de mil modos. Você é só Maria ou tem um segundo nome?

— Ah! Eu não tinha entendido. Sou apenas Maria. E não tinha pensando no que você disse, mas é verdade, há muitas Marias. Sempre achei natural, acho que as mães dão

260

esse nome às filhas menores por causa da Nossa Senhora. É uma homenagem.

— É, eu concordo. Têm algumas que inclusive se referem a santas, quer dizer, aos diferentes cultos a Maria, mãe de Jesus. Conheço muitas Marias das Dores. Pobres criaturas! Pois todas que eu conheço foram apelidadas e chamam-nas simplesmente "das Dores". É horrível, não é?

— Melhor ser apenas Maria — reafirmou Marieta, ajeitando a menina. O braço estava dormente, pela posição e pelo peso do bebê.

Cândida notou o desconforto e ofereceu:

— Se quiser, posso segurar a Rita. Daí você descansa um pouco.

— Não quero incomodá-la — tornou Marieta, mas foi logo interrompida.

— Não é incômodo, na verdade eu quero segurar a menina. Desejei pegá-la assim que ela sorriu para mim. Por favor...

Aliviada e satisfeita por poder esticar o braço e movimentar-se, rapidamente entregou a menina para Cândida e disse:

— Se é assim, aproveite!

Marieta notou o brilho da aliança na mão esquerda de Cândida, indicando que era casada, e perguntou:

— Você tem filhos?

— Não, ainda não. Casei-me há pouco mais de um mês. Ainda não deu tempo. Mas adoro crianças, de preferência bonitas e tranquilas como a sua — respondeu Cândida, sem afastar os olhos da criança.

— Meu Deus! Está em lua de mel. E seu marido onde está? — questionou Marieta olhando ao redor, buscando identificar o marido de Cândida.

— Ele não me acompanhou. Foi uma visita breve a algumas amigas, somente um dia. Parti da capital ontem e estou retornando hoje, foi somente uma noite.

— Cansativo.

— Estou acostumada. É parte do meu trabalho.

— Você trabalha? — indagou Marieta interessada. — Que interessante! Diga-me: o que faz? Você gosta?

Cândida afastou o olhar do bebê e a encarou, examinando-a com atenção. Seduzida pela criança, não prestara atenção na mãe. Agora notou detalhes sugestivos. "Talvez fosse uma mulher necessitando de ajuda", considerou intimamente.

— Participo do Partido Feminista do Rio de Janeiro. Já ouviu falar?

Ante a vigorosa negativa e o ar de espanto de "Maria", Cândida prosseguiu entusiasmada:

— Defendemos a igualdade de direitos políticos entre homens e mulheres. A luta pelo direito ao trabalho e à educação é, lógico, nossa também, mas entendemos que sem direitos políticos dificilmente consolidaremos a condição de respeito necessária para termos nossas reivindicações atendidas. Veja hoje a situação das mulheres: é revoltante, especialmente as mulheres pobres, entre as quais me incluo. Sou filha de estivador. Conseguimos trabalho nas fábricas, é verdade, mas recebemos um salário ainda mais miserável do que o pago aos operários homens pelo mesmo trabalho. E as horas de trabalho não são diminuídas, trabalhamos tanto quanto qualquer um deles. Não é justo valorar-se o trabalho pela condição do trabalhador. O trabalho vale por si mesmo, não importa se quem o executa é homem ou mulher. Não há justificativa para esse rebaixamento feminino. Além disso, existe muita exploração, transformam mulheres em escravas, inclusive sexuais, obrigando-as a situações indignas. Exploram o trabalho infantil, pois muitas dessas mulheres são mães e não têm onde deixar os filhos enquanto trabalham. As crianças acabam tão exploradas quanto as mães, em troca de uma ninharia que nem se pode chamar de pagamento, que dirá de salário. A justiça, minha cara, ainda não chegou a essa história. Algumas mulheres já conseguiram acesso às universidades, mas se contam nos dedos. No entanto, a grande massa da população feminina é analfabeta. Somos consideradas cidadãs de segunda classe. Isso é um absurdo! Imagine que, mesmo que eu pague com o dinheiro ganho pelo meu trabalho, não posso comprar a crédito, por exemplo. Só poderei fazer isso se o meu marido assinar como responsável. Tratam-nos como incapazes, burras, sem inteligência. Servimos para muita coisa: trabalhar, servir, criar filhos, cuidar de doentes, mas não temos liberdade de ir sozinhas a um comércio e negociar a compra de um balde furado! Absurdo. E sabe por quê? Porque não podemos votar. Nesse país, só vale alguma coisa quem vota. Pense bem: quem faz as leis?

Marieta a olhava espantada. Nunca ouvira nada parecido antes. Dona Glória morreria vitimada por um ataque histérico se alguém tivesse lhe dito bem menos da metade do que Cândida expunha. Aquela realidade da mulher pobre e trabalhadora não era vista, ainda que circulassem pelas mansões na feição de empregadas, copeiras, cozinheiras, faxineiras. Pensando bem, não fazia ideia de qual era o salário que pagavam a Rosário, a Diva ou a qualquer uma das outras. Elas não tinham horário, moravam em quartos nos fundos da casa. Havia outras que iam embora, mas não fazia ideia de onde moravam, ou se trabalhavam em outras casas. Pela primeira vez, o medo e a dúvida pelo futuro trouxeram-lhe arrepios gelados.

Cândida, tomada pela paixão, não lhe percebeu o estado de ânimo. Notou o silêncio e que ela mantinha os olhos fixos em seu rosto. Prosseguiu:

— Os deputados, são eles que fazem as nossas leis ou, deveria dizer, a falta delas. Esses abusos e desmandos ocorrem exatamente porque é escassa a legislação em torno do trabalho, especialmente do trabalho feminino e infantil. Não temos direitos sociais. Mas esses cidadãos são eleitos. Quem os elege? Os homens. E podre como é a nossa política, hã! Dá nojo! Voto a cabresto, as oligarquias... — Cândida observou sua interlocutora assim que pronunciou a palavra e emendou consciente de que falava para uma jovem iletrada e do interior: — As famílias ricas, que são donas de terras, de propriedades, dos meios de produção, acabam com representantes na política e dominam a cena. Fazem com que pobres coitados, trabalhadores que nunca saíram do eito de terra onde lavram de manhã à noite, votem neles, seus patrões. É uma vergonha nacional o estado da nossa política. As eleições são uma aparência de democracia, pois o resultado já é sabido de antemão, negociado nos bastidores. Para mudar isso, é preciso fazer esse povo entender o poder que possui. A exploração é grande, mas olha só: os operários do país, quem são? Ex-escravos, que não votam; imigrantes, que não votam; mulheres e crianças, que não votam. E os eleitores são os operários homens alfabetizados. E, ainda por cima, obrigados a votar de forma aberta, sem sigilo. Imagina o que significa não votar no patrão! — completou com fingida inocência Cândida.

Marieta a olhava assustada. Não conhecia aquele mundo descrito pela estranha. Vira algumas cenas, porém não tinha se interessado por elas, não lhe diziam respeito. Mas isso fora em outros tempos.

— E como pensam mudar isso? — questionou Marieta.

— É um trabalho difícil, Maria, mas precisa ser feito. Sabe, dizer que algo é difícil ou que sempre foi assim não pode ter a capacidade de barrar nossa ação. Esse é o discurso dos conservadores, daqueles que não desejam o progresso. Temos um plano de ação. É necessário organizar a sociedade, em primeiro lugar. Já temos associações de várias classes. Meu pai é presidente de uma delas. Também trabalho lá. Existe uma imprensa operária muito atuante, os imigrantes estão ajudando muito. Apesar de terem abandonado seus países procurando oportunidade melhor, eles trazem vivências importantes, são conscientes de que precisamos progredir, muitos deles têm profissão, são alfabetizados. Trazem a experiência das lutas operárias na Europa há mais de cem anos. Especialmente São Paulo, sabe, é o Estado que desponta nessa luta. Meu pai, meu marido e eu, assim como o movimento operário do Rio de Janeiro,

264

pensamos um pouco diferente deles. Os paulistas são mais radicais. Já ouviu falar dos anarquistas?

Marieta concordou, lembrando-se das infindáveis discussões entre o pai, Rubens e André a respeito da questão. Fez um comentário superficial, revelando conhecer o mínimo do assunto. Foi o bastante para Cândida prosseguir, afinal, para ela, bastava ser ouvida. Sua ânsia de propagar seus ideais políticos e sociais imperava.

— Pois é, os paulistas defendem atitudes mais radicais, como o anarquismo. Nós defendemos o ingresso da classe operária na arena política nacional, elegendo representantes do povo para legislar nas causas sociais. Precisamos de leis, de direitos reconhecidos, para termos com o que lutar — esclareceu Cândida. — Por isso, trabalhamos organizando a sociedade. Criamos associações de trabalhadores, várias já têm caixas de pensões. Criamos escolas leigas e até clandestinas para alfabetizar pobres, mulheres e crianças. Como disse, há uma imprensa forte. Existem muitos caminhos para conquistar o que desejamos, é preciso trabalhar. E eu, simplesmente, amo isso. Você não imagina como fico feliz quando vejo trabalhadores estudando, aprendendo a ler e escrever, para terem um título de eleitor, entre outras coisas.

— Eu sou alfabetizada — afirmou Marieta.

— Eu também, mas somos mulheres.

— Eu vivi longe dessas coisas... muito longe — comentou Marieta, pensativa, olhando a paisagem.

— Viveu?! Por que disse isso, Maria?

— Eu não precisava trabalhar, vivia com a minha família. Sinceramente, eu nunca tinha ouvido falar desses assuntos. Mas agora, tudo mudou... — declarou Marieta voltando o olhar significativamente para o bebê. — Tenho uma filha, estou sozinha e...

Cândida alarmou-se. Instintivamente, apertou protetoramente a pequena Rita.

265

— Eu entendo — apressou-se Cândida, penalizada, em confortar a moça. — Conheço outras jovens na mesma situação. Olha, você não precisa me contar nada, nem justificar-se. Não precisa. Apenas se quiser, se lhe fizer bem falar sobre o assunto, certo?

Marieta sorriu agradecida.

— Você tem trabalho no Rio de Janeiro, Maria? Já pensou no que irá fazer?

— Para dizer a verdade, não. Eu não suportava mais viver na fazenda sob vigilância constante. Estava asfixiada. Aliás, não suporto mais a minha família, é um caso de desentendimento recíproco, compreende?

— Acho que sim. Eu sou órfã de mãe, fui criada pelo meu pai. Nunca brigamos. Casei-me recentemente, e meu marido e meu pai são ótimos amigos. É uma família pequena e unida. Sou uma sortuda!

— Cândida, é esse o seu nome? Desculpe-me, sou muito desatenta e tenho dificuldade de concentração, piorou depois da gravidez. Bernardina diz que eu vivo no mundo da lua.

— Sim — respondeu Cândida, observando a jovem com apreensão e piedade. — Está certo, é esse o meu nome.

— Pois bem, você não poderia me indicar algum lugar no Rio de Janeiro onde eu possa ficar e alguma fábrica onde procurar trabalho? Eu quero mudar a minha vida, quero ser livre e nunca mais ver ninguém da família.

A raiva transparecia nas palavras de Marieta. O silêncio instalou-se entre as duas. Cândida pensava, tomada de angústia, no destino que aguardava aquelas duas mulheres. Marieta observava em volta. Havia uma expressão irada, algo transtornada em seus olhos. Cândida percebeu e intimamente sentiu um desassossego. Travou uma luta consigo mesma entre a piedade e a desconfiança. A lógica em seu diálogo mental dizia para ter pena da jovem e sua triste história. Pesavam nessa avaliação as próprias ideias feministas de Cândida e a tendência a ver a mulher como vítima em todas as situações, o que por si só já se torna uma injustiça e um preconceito. De outro lado, seu instinto incomodava-a, sugerindo cuidado, desconfiança, prudência, maior análise.

Entretanto, nesse instante, Rita chorou. Marieta, prontamente, tomou-a de volta e ofereceu-lhe o seio. A menina sugou faminta.

Cândida notou que a atitude da jovem incomodou algumas pessoas. Ouviu resmungos e críticas à falta de pudor das mulheres modernas. Olhou Marieta, admirando sua completa entrega ao ato de amamentar. Ela sorria, expondo o seio farto ao bebê. Ignorava os olhares dos passageiros, inclusive de um cavalheiro, próximo dos cinquenta anos, que não escondia a lascívia.

Aquilo irritou Cândida e a fez silenciar a voz do instinto. Em segundos, traçava planos para encaminhar Maria e a pequena Rita aos cuidados de uma conhecida em um cortiço da cidade, pobre, mas limpo e decente.

O diretor do presídio inspecionava a enfermaria. As paredes caiadas, o piso lavado, as janelas limpas, até os enfermos estavam mais bem cuidados, barbas e cabelos aparados.

— Zé, estou impressionado. Meus parabéns! Seu trabalho é exemplar. Quisera encontrar mais detentos como você! — elogiou o diretor.

O enfermeiro aceitou o elogio com humildade, não trabalhava para receber aplausos do diretor, mas, sim, da própria consciência. Tudo o que fazia pelos enfermos era compensado na realização pessoal. Descobrira que o trabalho era uma fonte de felicidade, e fazer o bem aos outros lhe fazia bem, em primeiro lugar.

— Giacomo tem me ajudado muito. Apesar de revoltado e do mau humor constante, é um bom trabalhador. Tem descarregado sua ira no piso. Como pode ver, nunca foi tão escovado — informou Zé, sorrindo. — Aliás, falando nele, tem alguma novidade do caso?

— Nem me fale! Graças a Deus, parece que serenaram os ânimos. Ainda publicam uma nota aqui e outra acolá, mas os policiais estão levando a melhor nesse jogo. Empregam a velha tática de matar no cansaço. O juiz parece estar de acordo com eles. Assim, embroma daqui e dali, foi-se o ano e, quando cair no esquecimento, irá julgá-lo e condená-lo, encerrando a questão sem alarde. O advogado dele, o doutor Marques, é insistente. Age por ideal, está convencido de que precisamos construir uma legislação mais humana, com direitos sociais para os trabalhadores pobres. Coisa rara! Talvez seja a juventude, quando amadurecer vai se convencer de que os pobres já possuem uma legislação para eles: as leis penais. Pobreza e delinquência parecem ser um par natural, e o direito penal é para eles. Você é uma exceção, Zé. E é inteligente, sabe que vivendo aqui está melhor do que em liberdade, afinal tem abrigo, comida, roupas, e até construiu uma atividade digna e uma profissão. O nosso médico elogia muito o seu trabalho.

O enfermeiro conhecia o discurso e a realidade das práticas protelatórias. Desconhecia como faziam, no entanto, o resultado lhe era muito familiar: doença ou morte violenta em uma briga entre detentos. Tinha suas teorias a respeito das causas de algumas mortes. O médico informava: tuberculose, infecção respiratória e outros diagnósticos. Ele escreveria: morreu de tristeza, de desengano, de raiva. Em outros, quando havia uma briga, por exemplo, poderia escrever: morreu por falta de paz consigo mesmo, morreu porque não sabia quem era, nem a força que possuía, e acabou se explodindo. Nos muitos suicídios, atestaria: o desengano deprime e debilita o corpo, a mente e a alma, levando ao desespero.

Ele ignorou a condescendente ironia do diretor. Ninguém poderia estar melhor em um presídio do que em liberdade. Somente quem não conhece a realidade ou não quer vê-la faz tal afirmação. A história de Zé era uma em um milhão.

Sem comentar as colocações do diretor, ele retomou a discussão a respeito de Giacomo.

— Ele não está bem. Há dias que praticamente não fala, come pouco, não faz nada. Fica jogado na cama. Não gosto do olhar dele...

— Há poucos meses você não gostava porque ele falava demais. Estava revoltado, lembra-se? Que é isso, Zé? É impossível mudar os olhos dele — interrompeu o diretor, cruzando as mãos nas costas.

— O senhor sabe o que eu quis dizer, ele parece transtornado. Vivo aqui há décadas, já vi muito pobre-diabo enlouquecer entre essas paredes. É disso que estou falando, diretor — corrigiu Zé, calmo e firme.

— Bem, você disse que é ele o responsável pela limpeza, e essa ala nunca esteve tão limpa. Então, ele trabalha. Se um dia ou outro não está disposto, bem, há que se compreender. Ele danou a vida, mandou todos os sonhos às favas numa crise de fúria e frustração, segundo sabemos. Deve ter vontade de morder o próprio rabo, ficar furioso consigo mesmo. Creio que seja normal nessas circunstâncias.

— Entre saber o porquê das coisas e aceitá-lo, agindo de forma coerente, diretor, há uma distância tão grande quanto entre a minha vida e a sua. Reafirmo meu ponto de vista, ele é um homem fraco, um sonhador, encheu-se de ilusões e nunca realizou nenhuma. É indisciplinado e de inteligência limitada também. Não tem um grama de espiritualidade nesse couro, isso é ruim. Ele é intempestivo, acredita que brigar, dizer desaforos e outras coisas do tipo fazem parte do ser homem. Esqueceu que esse homem precisa ser racional e agir como tal.

— Matou um homem, um policial, enquanto vadiava, desacatou autoridades. Era questão de tempo tornar-se um criminoso reincidente. Aliás, é exatamente o que aconteceria se fosse solto. Onde está esse italiano?

— Lá fora. Mandei-o tomar sol, está branco como as paredes e perdeu peso, isso também me preocupa. Contaminar-se é fácil, o senhor sabe.

O diretor olhou a distância os enfermos. Evitava a proximidade, pois bastava um espirro, um acesso de tosse e poderia contaminar-se com o vírus da tuberculose, doença epidêmica nos presídios.

Silvério caminhava nas docas do porto. Carregava uma foto de Marieta e indagava a alguns imigrantes se a tinham visto.

— Não, padre. Sua bênção — essa resposta começava a irritá-lo. — Automaticamente acrescentava:

— Deus o abençoe.

E seguia sua busca infrutífera. Antônio Mina, encostado no tronco de uma árvore, usufruindo a sombra e a brisa fresca do fim da tarde, estudava-o. Percebia nele um manto de tristeza mais escuro do que a batina. Adivinhava um drama oculto, embora não soubesse detalhes. Quando passou à sua frente, observou:

— Conheço todo mundo que vive nesta zona ou que trabalha por aqui, padre. O senhor procura alguém, eu notei. Se quiser me dizer quem é, talvez eu possa lhe ser útil.

Surpreso, Silvério o encarou. Pés descalços, calça de algodão escura surrada, tronco nu, uma camisa suada jogada sobre o ombro, um rosto forte, pele bem escura, destacava-se a boca vermelha, os dentes brancos, os olhos sagazes, um chapéu de palha cobria-lhe a cabeça.

Antônio sorriu da inspeção, estava habituado. O olhar dos outros não o afetava, pois sabia que podia desconcertá-los também. E inferioridade era-lhe um sentimento desconhecido.

— Procuro esta jovem — respondeu Silvério lacônico, mostrando-lhe a foto.

Antônio aproximou-se, tentou pegar a foto. Silvério resistiu.

— Só quero ver bem o rosto da moça, padre. Não se preocupe.

Silvério cedeu, entregou-lhe a pequena joia de prata, um camafeu, no interior do qual estava a fotografia.

— Sim, eu sei quem é a moça — declarou Mina. — Ela vinha muito aqui, mas faz mais de ano que sumiu. Desculpe, padre, mas a verdade é para ser dita: ela procurava homem aqui no porto. Por causa dela um conhecido meu desgraçou a vida.

— O que quer dizer com desgraçar a vida? Fale-me o que sabe a respeito.

— Ele se enrabichou por ela, sabe? Não trabalhava, passou a beber muito, e fazia isso com essa moça. Acabou que ela engravidou, a família a mandou embora. Ele ficou desatinado, envolveu-se numa briga com a polícia, teve o azar de descontar a raiva em um meganha, e o infeliz morreu na briga. Acabou no presídio. É isso que sei.

Antônio notou o abalo causado no padre pela súbita palidez do rosto coberto de gotículas de suor. Tomou-lhe o braço e o fez sentar-se no chão, à sombra da árvore.

— O senhor está tremendo, padre — constatou Mina. — A moça é importante para o senhor?

— Muito... E eu não sabia o que havia acontecido com o rapaz. Lamento o destino dele.

— Não lamente, padre — advertiu Mina, sentando-se ao lado de Silvério. — Nessa vida cada um colhe o que planta. Giacomo, é assim que ele se chama, é cabeça de vento, um sonhador. Eu o avisei de que havia confusão em torno dele, mas não me deu ouvidos. Então, não o lamente. A vida é sábia e o ensinará a pensar. Ele entenderá que não é feita só de paixões e desejos. Mas a moça também precisa aprender com a vida, padre.

Silvério estranhou as palavras do africano e o encarou. Recordou, vagamente, algumas ideias lidas no livro presenteado por Lourdes. "Elas me perseguem", pensou Silvério.

Mina sustentou o olhar de Silvério. Num arroubo tomou-lhe a mão e fechou os olhos. A sensação de tristeza e solidão profunda e dolorida como uma fratura exposta o invadiu. Sentiu um nó apertado na garganta, tão apertado que em um primeiro momento julgou não poder falar. Depois compreendeu: eram vivências caladas à força, emoções represadas. Intensificou a percepção. Suspirou. Naquele caldo escuro e denso, identificou alegria, amor infantil, uma paixão desabrochando, viu jovens se amando — isso era uma imagem fixa na mente do padre.

— O senhor sofre muito, padre. Há muita tortura escondida dentro de si. Um amor forte e triste por essa moça. É um espinho cravado no seu coração. Dói demais, não sei como aguenta. Mas desista, sua busca será inútil.

— Como sabe? — inquiriu Silvério, assustado.

"Que Deus me perdoe! Mas meu desespero é tanto que não temo em consultar videntes. O caminho da paz é interditado ao meu espírito, não sonho com o paraíso depois da morte", pensou Silvério, mandando às favas os preceitos do catolicismo e entregando-se de bom grado ao místico africano.

— Eu sinto a sua energia, posso sentir as suas emoções e os seus pensamentos — respondeu Mina, calmo, com os olhos fechados.

Depois, emitiu um grunhido baixo de assentimento, como se falasse com alguém e, com voz profunda, rouca, serena e muito segura, afirmou:

— Há uma amiga, um espírito, que o senhor não conheceu nessa vida. É de um passado distante. Ela diz que é seu anjo da guarda e conhece toda a história do senhor e da moça. É um amor torturado e clandestino, responsável por ambos terem cometido desatinos graves. Ela me mostra muitas pessoas mortas, parece uma batalha. Não. É um duelo por ela. Seu opositor é um homem jovem, mas muito mais frágil e em desvantagem. Vejo-o morto. Outros homens o enfrentam, são irmãos dela, sentem-se ofendidos com a sua sedução. Acabam muito feridos, devem ter morrido, sangram demais. Vocês fogem. Ela é uma dama jovem e bela. Agora vejo uma fortaleza. E ela está encerrada em um quarto, gritando transtornada. Em volta dela as almas dos mortos no duelo exigem vingança, incitam-na à devassidão, instigam-lhe os desejos sensuais em sonhos, levam-na ao desequilíbrio. Você, um chefe militar, sentindo-se culpado, humilhado e traído, suicida-se. Ela, perturbada, acaba seus dias de forma muito triste. Abusada e violentada por muitos homens, mantida numa cela, onde viveu e morreu cercada de violência, vingança e sexo.

Silvério arregalou os olhos, faltava-lhe o ar. Sentia a verdade de cada palavra dita pelo africano. Revivia as emoções e imagens desconexas de lugares e pessoas desconhecidos. Estava zonzo.

— Renasceram juntos. Na mesma família, com a intenção de ajudarem-se mutuamente a se recuperarem desse passado, harmonizando esses sentimentos com uma feição mais fraterna. Faliram, mas você está lutando consigo mesmo e tentando ajudá-la. Todavia, as marcas nela são muito fortes. Mergulhada em sentimentos contraditórios, ao chegar próximo à juventude, as paixões reacenderam-se, porém nela carregam a marca do vício. Ela está doente, muito doente. Ela cai, cada dia mais fundo, na doença, nos vícios. Mas esse é o caminho da reabilitação, embora pareça estranho. Algumas criaturas precisam viver a degradação extrema, a dor suprema, para, então, cansados do sofrimento, entender que depende delas viver bem.

Mina fez uma pausa, soltou a mão de Silvério. Depois prosseguiu:

— Cuide de si. Reze por ela. Confie em Deus e faça o bem de coração. Doe-se ao seu semelhante e procure crescer, aprender. Já lhe apontaram caminhos de renovação. Aproveite o tempo.

Silvério, embora assustado e arrepiado, a despeito do calor do sol, sentia-se como alguém sedento a quem é dado sorver um gole de água fresca e depois o afastam da fonte. Buscava incansavelmente notícias de Marieta e, de repente, tropeçou na resposta procurada por toda a vida. Suas crenças passavam longe de ideias místicas, como reencarnação e comunicação com os mortos, mas sabia que elas existiam. Nos tempos de seminarista, esses temas haviam sido ventilados, mas não se detivera em questioná-los. Aliás, se algum colega o fez, foi muito intimamente, pois assimilaram a doutrina da Igreja a respeito, e sabia, na ponta da língua, as refutações da teologia. Entretanto, aquela tarde as respostas da ponta da língua foram abafadas pelas respostas gritadas por sua consciência e sentidas em seu íntimo.

Como duvidar do estivador com quem nunca falara? Além disso, nunca conversara com ninguém a respeito de seus sentimentos por Marieta, muito menos sobre sua conduta sexual perturbada.

Enquanto Silvério ruminava as informações e a vivência do momento, Mina abriu os olhos. Viu o vulto feminino apagar-se à sua visão, deixando-lhe a lembrança de um sorriso de gratidão.

Sem saber o que dizer ao padre e agora temeroso do que ele poderia fazer, levantou-se e murmurou:

— Fique com Deus, padre.

Afastou-se a passos rápidos. Quando Silvério recuperou-se e o procurou, não encontrou nem a poeira de seu rastro. Atônito, deixou-se ficar sentado à sombra da árvore, contemplando as ondas quebrando na praia. O entardecer trazia muitas gaivotas à caça de alimento. O som delas, misturado ao das ondas, transformava-se em uma música calma, convidando seu espírito sofrido ao descanso. Precisava pensar.

XXVI. **Caminhos cruzados**

Porém, a paz não pode vir do exterior, como quer a maioria dos pacifistas; há de brotar do fundo da alma de cada um, mediante um renascimento interior que todos devem cuidar de fazer se opere o quanto antes.

Aguarod, Angel. *Grandes e pequenos problemas*. Capítulo VI, item III. 5. ed. Rio de Janeiro: FEB. p. 146.

Patrizia levara a última bandeja com a louça suja do café da manhã e voltara ao salão empunhando a vassoura. Mal começara a limpeza quando soaram fortes batidas no tampo do balcão, chamando-lhe a atenção.

— Gente nervosa! — resmungou Patrizia, cabeça baixa. — Não sou surda, uma vez era o bastante.

Ergueu a cabeça com a expressão fechada, irritada, que se dissipou como por encanto ao contemplar um belo homem, bem-vestido, moreno, aparentando trinta e cinco anos. Usava o bigode fino, moda da época, ao estilo dos atores de cinema mudo. Carregava uma mala de boa qualidade e um sobretudo.

— Bom dia! — saudou Patrizia, sorrindo.

Ajeitou o lenço nos cabelos e, rapidamente, endireitou o avental. Escondeu a vassoura nas costas e ao primeiro passo, deixou-a encostada em uma das mesas, aproximando-se do recém-chegado.

— Bom dia, senhorita. Ainda é aqui a hospedaria da dona Bella?

— Sim. Em que posso ajudá-lo?

— Preciso de um quarto. Será por poucos dias, três ou quatro, no máximo.

Patrizia correu os olhos de cima a baixo no visitante. O homem não era o tipo que se hospedava ali. Usava roupas boas, obviamente caras e novas. A mala de couro e os sapatos lustrados, por ali, nem em vitrine se via.

— É claro, senhor. Mas a hospedaria é simples. Atendemos trabalhadores e imigrantes recém-chegados...

— Sim, eu sei. Hospedei-me aqui quando cheguei ao Brasil. Faz muito tempo, mais de dez anos — informou o homem. Observando o lugar, sorriu e declarou: — Isso não mudou nada! Espero que ainda tenha a melhor comida da região.

— Sim, sem dúvida. Comida simples, boa, bem italiana — respondeu Patrizia, sorrindo. Simpatizara com o homem bem-vestido. Ele era gentil e alegre. — Por favor, entre. Sente-se. Já tomou café da manhã? Se quiser, posso servi-lo.

— É uma boa ideia, eu aceito. Traga-me um café completo. Era assim que se chamava quando morei aqui, continua...

Patrizia riu e respondeu rapidamente.

— *Si, si,* tudo igual, hã! Sente-se. Trarei o café e chamarei dona Bella para acertar com o senhor a estadia.

— É claro! A senhorita é italiana. De que região veio?

— De Trento, senhor.

— Do Norte. A vida continua muito difícil lá?

— Difícil?! — exclamou Patrizia, relembrando num lance episódios da vida na Itália, e respondeu: — Difícil é pouco. A miséria é uma tragédia. Fome, doença, exploração, falta de trabalho... Uma terra tão linda e tão boa, mas que não dá chance aos seus filhos. O senhor também é italiano, de onde veio?

— Da Toscana, de Florença. Sou Bruno Cerutti — apresentou-se informalmente, enquanto se acomodava em uma mesa próxima.

— Prazer, senhor. Meu nome é Patrizia. Fique à vontade.

Apressada, dirigiu-se à cozinha.

A porta estava aberta e avistou dona Bella. Falando ligeiro, informou-a do homem bem-vestido esperando-a no salão.

— Bruno Cerutti, Bruno Cerutti. De Florença. Não é comum virem para cá — repetia dona Bella tentando lembrar-se. — Não adianta, estou velha e esquecida. Melhor atendê-lo logo.

Patrizia terminou de arrumar a bandeja e fez sinal a dona Bella para ir à sua frente.

Augusto caminhava nos jardins da instituição espiritual Liberdade, que acolheu José Theodoro. Haviam assistido à palestra de um dirigente do local. Seu tutelado ficara muito sensibilizado e surpreso. Deixara-o sozinho propositadamente, para meditar as lições recebidas.

Ao longe, ouvia os acordes finais de *Sonata ao Luar*. Por ali, sempre havia música. Às vezes, eram executadas composições conhecidas da música terrena, tanto clássica quanto popular, desde que trouxessem elementos de paz e reflexão. Localizava-se em uma região espiritual entre o Brasil e a África, e acolhia espíritos libertos da matéria e provenientes destes continentes. Por isso, espalhados pela extensão de campo ao redor, facilmente encontravam-se grupos cantando, dançando, e ouviam-se também as percussões dos ritmos africanos.

Sentado sobre a relva, sozinho, banhando-se com a luz solar, encontrou Pai João. Admirou-o por um segundo. Ele irradiava profunda paz. Mas logo sua presença foi notada e Pai João bateu com a mão na relva macia ao seu lado e convidou:

— Sente aqui comigo. Aproveite essa fonte maravilhosa de energia, meu filho.

Augusto acomodou-se prazerosamente ao lado do amigo. Silenciosos, olhos fechados, usufruíram a serenidade dada pela contemplação.

Respirando a longos haustos, Pai João indagou:

— Como está seu tutelado?

— Adaptando-se. Cheio de surpresas e questionamentos.

— Esperamos que seja chegado o tempo dele, não é mesmo? Para todos há um tempo em que os questionamentos surgem. As descobertas causam surpresas. É natural. Preocupa-me quando os indivíduos não têm dúvidas, não se surpreendem com nada. Vivem um estado de grave ignorância, pois creem saber tudo. É o cume da ignorância espiritual. Confundem paz com pasmaceira. Frequentemente consideram a vida tediosa, sem graça, sem sentido. Quando não são estúpidos completos, são arrogantes. Embora seja um estado natural e transitório, preocupo-me quando vejo criaturas nele se demorarem em demasia. É um desperdício de tempo e, cedo ou tarde, constroem sofrimentos, a consequência inevitável da ignorância.

— José Theodoro é um bom exemplo. Foi homem rico, senhor de posses, bom conceito social, não cometeu crimes, dizia-se religioso e até cumpria as "obrigações" da fé católica. Deu à sua família o bom e o melhor, em termos materiais. Havia abundância. Era trabalhador e honrado. Como muitos, nunca consagrou um segundo para pensar em algo além do imediato ou dos negócios, quanto mais para pensar na morte. Fugia do assunto. Logo, não se preparou. Consequência: nunca pensou na morte, não pensou também na vida; assim, aproveitou o mínimo da oportunidade oferecida na última encarnação. Ampliou um pouco a capacidade intelectual. Uma lástima!

— Comum, meu amigo. É muito comum os espíritos retornarem à vida espiritual nessa condição. Devo concluir que o balanço reencarnatório dele é negativo.

Augusto riu da maneira descontraída de Pai João colocar o tema.

— Sim, chegou como um falido. Recebeu muitas oportunidades de esclarecer-se, teve todas as oportunidades materiais para expandir conhecimentos próprios e alheios. A manutenção não lhe exigia vinte horas de trabalho. Seu grupo familiar exigia sua presença e orientação. Era um desafio para que buscasse a espiritualidade, o conhecimento, construísse virtudes de compreensão, tolerância e, acima de tudo, que, além das habilidades de chefia e liderança, fosse um ser humano, um educador. Desabrochar a capacidade de amar era primordial.

— Imagino que tenha feito o oposto — comentou Pai João.

— Exatamente. Entregou-se a uma jornada de trabalho extenuante apenas para amealhar mais e mais dinheiro. Explorou trabalhadores pobres e pouco instruídos. Exerceu a chefia com a fria mão de ferro no trabalho e na vida doméstica. Foi um tirano, obedecido, temido e odiado. Seu saldo — Augusto olhou Pai João e sorriu por imitar-lhe as expressões financeiras — é lastimável. Como detentor de riquezas materiais, deveria ter proporcionado trabalho e conhecimento. Apenas ajuntou para si, vislumbrou na atividade econômica somente o lucro, sem se importar se esse dinheiro vinha marcado com a exploração de outro ser humano. Faliu na prova da riqueza. De todo seu fatigante trabalho, aproveita-se o desenvolvimento do pensamento lógico. Mas, para obter esse resultado, teriam sido suficientes algumas horas semanais. Para alguém tão avaro e interessado em riquezas, José Theodoro dilapidou o maior dos patrimônios: o tempo e a oportunidade de evoluir espiritualmente.

— Sei. É a inversão de valores, meu querido Augusto. Um dos sérios problemas do ignorante. A falência de José Theodoro é caso típico. Como disse, nas mesmas condições dele, retornam milhares de espíritos diariamente. Chegam aqui, literalmente, de mãos abanando e cabeça vazia. São irados, revoltados, zangados, querem o céu e o paraíso.

279

Tão equivocados estão que clamam por justiça, sentem-se enganados, injustiçados, traídos pela vida. Conheço essa realidade triste e humana, ainda é da natureza da Terra. Penso que eles acreditam que virtude, conhecimento, paz interior, espiritualidade, realização pessoal caem dos céus, e que é algo alcançado sem esforço. Tão enganados eles estão.

— Sim, Pai João, e pensam também que o trabalho, as riquezas, nada têm a ver com espiritualidade. Como o amigo bem disse, eles ainda não questionam, não pensam, têm uma visão tão simplória e superficial das experiências que acabam por despertar nossa piedade. Para eles, espiritualidade, religiosidade, é algo que se desenvolve em um templo. O que se faz, no que chamam de vida material, é ganhar dinheiro, e isto está isento de questionamentos espirituais. Alguns que pensam já ter atingido a santidade contentam-se que seja lícito. Não cogitam que, na "economia real", enquanto ganham, estão perdendo, que investem o patrimônio das horas em repetições inúteis e forçadas que pouco ou nada acrescentará à sua evolução.

— A piedade não é um sentimento apreciável. Nenhum filho de Deus é digno de piedade. Ele nos deu um corpo material ou espiritual, ambos quando estamos encarnados, perfeitos, completos, plenamente adequados às nossas necessidades evolutivas, à dimensão na qual vivemos. Tanto que os projetamos antes de encarnar adaptando-os ao que precisamos, escolhemos as marcas da saúde ou da doença, da eficiência ou da deficiência, conforme o melhor para nossa evolução. A tudo ele nos serve. O Criador nos dá por lar um universo infinito, com milhões de lares adequados às nossas naturezas, alguns mais hostis, habitados por criaturas violentas; outros com natureza pacífica, harmoniosa, habitado por seres igualmente pacíficos e harmoniosos. É o lar onde cada um pode ser feliz, crescer, tornar-se sempre melhor. Ele não pune, a vida somente pede responsabilidade com os próprios atos. Então, erramos, caímos e levantamos, assumindo as responsabilidades por esses desequilíbrios. Esse é o processo de aprendizagem, de maturidade. A nenhum de nós Ele aponta caminhos de sofrimento. Não. Ele aponta caminhos de crescimento, de liberdade, de responsabilidade pelas escolhas, de trabalho por concluir a obra Dele, que é plena, por ser potencialidade pura. Somos deuses, embora ainda não pensemos nem ajamos como tal, estamos inacabados. Precisamos nos desenvolver. Piedade por um filho de Deus, nunca! Entristeço-me quando algum dos meus irmãos desperta-me tal sentimento, pois significa o reconhecimento emocional de que ele é um preguiçoso, um ser ingrato que não reconhece e valoriza a vida, uma criatura muito orgulhosa, cheia de vaidade, que não se permite um questionamento, uma dúvida. Seja na matéria ou fora dela, eles, em geral, não percebem que estão mergulhados na abundância divina. Tudo que nos cerca é amor, é inteligência, é sabedoria, é justiça, é bondade de Deus materializada. E o tempo é a materialização das oportunidades divinas, bênção sempre renovada. Mas nem por isso pode ser desperdiçada. Criaturas como José Theodoro são como bebês brincando com ouro, como se fosse areia, esparramando ao vento.

— Esta foi, em outras palavras, Pai João, a temática da exposição do amigo Tião. José Theodoro ficou chocado — comentou Augusto, rindo.

— Imagino! Aquele *nego* foi um aprendiz danado de bom! — brincou Pai João.

— José Theodoro ficou assustado nos primeiros instantes com a forma de expressar-se do Tião. Bem típico. Esperava a perfeição da forma.

— E recebeu a de fundo — comentou Pai João, pensativo. — Com certeza, foi a melhor que o Tião podia oferecer. É bom quebrar essas ideias equivocadas. Há algumas coisas a que sou favorável, ao que chamo de "o princípio do arado": é preciso virar e cortar de uma vez, depois separar e afofar, só assim o solo estará renovado para semeadura. Se propuser novas ideias ao José Theodoro do jeito que está, vai ser semente posta fora. Então, vamos chocá-lo, ará-lo, lavrá-lo até o fundo. Aliás, falando nisso, já presenciaram a reunião dos herdeiros para a divisão da herança material?

Augusto ergueu as sobrancelhas, olhou ao longe, coçou a cabeça, sorriu e respondeu:

— Essa experiência será breve. Perto dela, o encontro com o Tião foi apenas uma "queimada".

— É, foi uma limpeza de superfície, Augusto. Suave. Não tão agressiva quanto são as queimadas para a mãe Terra. Mas, em geral, uma experiência frustrante deixa as intenções e os sentimentos nus, claros. Sempre ajuda a dissipar as ilusões dos papéis sociais terrenos. Acaba-se a história do fulano, pai de beltrano, irmão do sicrano etc. Restam os espíritos afins que formaram laços de família conosco. O reconhecimento dos valores determinantes da afinidade espiritual é um bom processo de autoconhecimento. Infelizmente, ainda é mais fácil enxergar os defeitos alheios do que os pessoais. Assim, reconhecendo os vícios ou virtudes dos herdeiros, acabará por reconhecer em si a mesma carga.

Augusto balançou a cabeça concordando. Erguendo-se e voltando o olhar ao grupo de edifícios que abrigava a instituição, concluiu:

— Adoro conversar contigo, Pai João, mas preciso continuar meu trabalho e preparar José Theodoro para mais uma etapa de "queimadas". Meu pupilo é de lento desenvolvimento.

Pai João o encarou estampando na face uma expressão compreensiva. Devagar, um sorriso desenhou-se em seu rosto enrugado.

— Vá! Acredite em mim quando digo que o entendo. Sei muito bem o que é cultivar pupilos retardatários, lentos. É a nossa tarefa para aprimoramento da calma, do respeito, da aceitação da liberdade do outro. Há quem pense que a tarefa é isenta de sofrimento, mas é apenas uma ilusão e uma ideia distorcida a mais.

282

XXVII. **Devassidão?**

Meu alimento é a cólera; ceio a mim mesma; e assim morro de fome, de tanto me fartar.

Shakespeare, William. *Coriolano*. Ato IV, cena II: Volúmnia.

— **B**astiana! — chamou Cândida, parada na calçada junto ao portão de madeira do cortiço dos operários da fábrica de vidro.

Construção simples em alvenaria, algumas partes sem reboco, pequenas peças erguidas nas duas laterais e, no fundo, dando o formato da letra U, várias portas e janelas. No centro, o pátio com muitos varais de roupas e algumas crianças mulatas que se divertiam com latas velhas, transformadas em brinquedos pela imaginação criativa.

Uma mulata, ainda jovem e bonita, espiou de uma das portas no fundo do cortiço. Olhou em direção ao portão, reconheceu Cândida e apressou-se em atendê-la. Ficou surpresa por vê-la acompanhada.

Cumprimentaram-se alegremente e dirigiram-se à casa do fundo. Cândida fez as apresentações, informando Marieta a respeito da longa amizade com Bastiana, e a esta como conhecera "Maria" no trem.

— Entrem! — convidou Bastiana, abrindo a porta. — É casa de pobre, muito simples, mas fiquem à vontade. Não quer me dar a nenê para colocar na cama? Pobrezinha, deve estar dolorida. Viajaram várias horas.

— Ótima ideia. Meus braços estão doendo. Ela é pesada. Eu nunca tinha viajado de trem, achei que fosse mais confortável — comentou Marieta entregando-lhe a filha.

— Eu sei como é — respondeu Bastiana, admirando encantada a beleza da menina. — É tão clarinha, parece um ovo cozido descascado.

Ante o olhar espantado de Marieta e o ar de riso de Cândida, apressou-se a esclarecer:

— Ela é tão branquinha, a pele, o cabelinho, tudo clarinho. Estou acostumada com negrinhos e mulatos. Acho que nunca peguei um nenê tão branquinho. Ela é linda como uma boneca de porcelana. Qual é a cor dos olhinhos?

— Verdes — respondeu Marieta, sorrindo.

Bastiana olhou Marieta, depois encarou Cândida, que balançou a cabeça, de modo sutil, afirmativamente. A sintonia da amizade verdadeira produz esses estranhos fenômenos de comunicação telepática. Bastiana e Cândida entenderam-se acerca do que pensavam ser a situação de Maria sem recorrer ao uso das palavras. Os olhos falam nesses casos.

Sem comentários, Bastiana desapareceu atrás de uma cortina de tecido estampada que dividia a peça, deixando-as sentadas em cadeiras rústicas de madeira com assento de palha trançada. Marieta observou o local: um cômodo muito simples, com piso de cimento, paredes internas rebocadas, pintadas de branco a cal; não havia forro, deixando ver as telhas de barro e o madeiramento. Poucos móveis, uma mesa retangular coberta por uma toalha velha, puída, com algumas manchas, quatro cadeiras, um armário e um balcão feito de tijolos sobre o qual havia uma bacia cheia de louça suja. No canto, um velho fogão a lenha. Sem os pés, apoiava-se em duas pedras regulares, do tipo empregado na construção civil. Dele exalava o inconfundível cheiro de pão de milho assando. Na parede, sobre a porta, uma

284

pequena prateleira servia de nicho à imagem de uma santa feita em gesso. Ao lado dela, algumas flores em um copo d'água enfeitavam-na. Olhou-a rapidamente. Era tosca demais para ser bonita. Deduziu que atrás da cortina ficava o dormitório, pois Bastiana falara em cama.

Pela primeira vez, desde que deixara a mansão dos Guimarães Lins, lembrou-se do conforto e do luxo. Na fazenda, não sentira falta. Não sofrera nenhuma privação, tivera conforto, boa alimentação, empregados. Não era luxuosa como a mansão, mas, comparada à realidade da casa de Bastiana, a fazenda era principesca. Estava chocada com a pobreza. O cheiro do pão fez roncar seu estômago, havia horas não se alimentava.

Bastiana retornou sorridente, sentou-se ao lado de Cândida e disse:

— Pronto, amiga, agora me diga: o que quer de mim?

— Você já deve imaginar: preciso de um lugar para Maria e a nenê. Ela quer trabalhar, vai precisar deixar a pequena e lembrei-me daqui. Sei como são unidas e, lógico, eu ajudarei no que puder até elas se estabelecerem — respondeu Cândida.

Marieta ouvia calada, pensativa. Há poucos meses teria em sua bolsa dinheiro suficiente para comprar o cortiço inteiro. Como chegara ao estado de mendigar?

Abandonara a fazenda em um impulso, não aguentava mais a fiscalização constante de Bernardina e Dulce. Não suportava mais a solidão, precisava divertir-se, sentia falta da liberdade. A tortura mental do desejo insatisfeito a enlouqueceria. Sofria com sonhos eróticos diariamente nas últimas semanas. Seu pensamento estava fixo em sexo. O estado de expectativa e ansiedade não lhe dava paz. Nem mesmo no álcool encontrara alívio. Aliás, consumira apenas três garrafas de cachaça na cozinha da fazenda. Bernardina permitia pouca bebida alcoólica, resumia-se a licores elaborados com frutas do pomar, cachaça e açúcar. Durante

285

a gestação encontrara garrafas de cachaça e bebera-as uma depois da outra, em poucos minutos. Rendera-lhe severa admoestação de Bernardina e o desaparecimento da casa de qualquer bebida com álcool.

Na semana anterior à fuga, encontrara as garrafas escondidas no armário de mantimentos, em meio aos sacos de farinha. Farejara a bebida, igual a uma cadela farejando a caça. Puro instinto. Mas precisava de algo que entorpecesse seus pensamentos. Não tinha sossego nem mesmo dormindo, perseguida pelos sonhos eróticos.

Na sociedade das primeiras décadas do século XX, falar sobre sexo era tabu. No máximo, as mães dariam algumas instruções às filhas às vésperas da noite de núpcias. Sabiam pouquíssimo a respeito das funções reprodutivas do corpo, que dirá das dimensões psíquicas, emocionais e espirituais do tema. Falar em enfermidades relacionadas a sexo era referir-se a sífilis, gonorreia e outras doenças venéreas, incuráveis na época. Isto era comentado em casas de prostituição e na classe médica. Não cogitavam a possibilidade de outras doenças, quanto mais de ordem psicológica. Tratava-se de pura falta de vergonha. E, como as pessoas não abordavam o assunto, ninguém sabia o que se passava. Pesado silêncio encobria a questão.

Rememorando os fatos recentes, Marieta considerou a própria atitude e reafirmou seu ponto de vista: precisava ser livre, viver. A família não a entendia e a colocariam em um convento onde, com certeza, enlouqueceria. A abstinência sexual a tornava uma criatura irascível. Sentia-se capaz de destruir qualquer coisa e até de matar quando não dava vazão à sua compulsão por sexo. O álcool, além de alegrá-la, dava-lhe a paz do esquecimento, do sono pesado, embora ela não se desse conta da quantidade ingerida para deixá-la "apagada".

Trabalhar para ganhar a vida, como diziam as criadas da mansão, não poderia ser pior do que a abstinência forçada, pensava Marieta. E havia a filha, gostava da ideia de ter alguém que lhe pertencesse.

Envolvida em tais lembranças e pensamentos, surpreendeu-se quando Cândida cutucou-lhe o braço perguntando pela segunda ou terceira vez:

— Você concorda, Maria? Fica bem assim?

— O quê? Desculpem, eu não ouvi. Estava pensando em minha vida, na casa que ficou para trás e... nas dificuldades que terei pela frente. Eu nunca trabalhei, mas não posso voltar. Eles querem me internar em um convento e dar a minha filha para outra família — justificou Marieta, dizendo propositalmente meias verdades.

Percebera que as outras mulheres haviam entendido a situação de forma completamente diferente do ocorrido. Julgavam-na uma moça do interior "enganada e abandonada" pelo pai da menina, possivelmente seu namorado ou noivo. Apiedavam-se dela. Então, reforçou o papel de sofredora, baixou os olhos, fitando o piso de cimento, e mexeu nervosamente as mãos sobre os joelhos. Transparecia verdadeira aflição em sua postura, mas as causas não eram as imaginadas por Cândida e Bastiana. E, fitando-as rapidamente, perguntou baixinho:

— O que diziam mesmo?

Cândida tomou-lhe as mãos entre as suas, segurando-as firme, demonstrando intenção de apoiá-la incondicionalmente. Paciente, repetiu as informações:

— Bastiana é a dona deste cortiço, Maria. Ela aluga cômodos iguais a este para outras famílias, muitas iguais a sua, somente mãe e filhos. As mulheres e as crianças maiores trabalham nas fábricas dos arredores, e ela cuida dos menores. Há uma vaga. Então, se quiser, poderá ficar aqui e procurar trabalho.

— Eu quero. Nem sei como lhe agradecer. Você é uma pessoa maravilhosa. Um anjo! Foi Deus que a colocou no meu caminho — agradeceu Marieta, com sinceridade.

Contudo, seus sentimentos eram volúveis e instáveis demais. As necessidades a dominavam e dirigiam a bel-prazer.

Cândida, alheia à realidade emocional de sua nova tutelada e agindo sob domínio do impulso e de ideias preconcebidas, eximindo-se de analisar, catalogou automaticamente Maria como vítima da sociedade patriarcal e sorriu feliz. Sentia-se gratificada ajudando uma jovem mãe em apuros. O que também era uma meia verdade.

— Ótimo! Combinei com Bastiana, pagarei o primeiro mês de aluguel e ajudarei nas despesas de alimentação. Bastiana cuidará de Rita gratuitamente. Assim não ficará pesado para nenhuma de nós. Creio que a união faz a força.

Bastiana observava Maria, com um misto de curiosidade e pena. A situação da moça não era novidade. Conhecera outras. Ela mesma a vivenciara. Por isso, estranhava-lhe as atitudes de indiferença.

— Acredito que esteja com fome. Vou aquecer o feijão e daqui a uns minutinhos lhe darei um prato com broa de milho fresquinha, recém-saída do forno. Os meninos devem estar com fome também. Mandarei eles se lavarem e já volto. Ficam imundos e suados. Se não se lavarem agora, vão comer e dormir nessa sujeira — falou Bastiana, enquanto colocava uma panela grande sobre a chapa do fogão, derramando um pouco de água nela e mexendo o conteúdo. — Cândida, pode dar uma olhadinha no feijão para mim? Volto já.

Cândida ergueu-se prontamente, aproximou-se do fogão, observando a panela, e prontificou-se:

— É claro. Vá cuidar da criançada!

Passado algum tempo, começaram a surgir meninos e meninas fazendo barulho na agitação típica da infância. Silenciaram ao ver Cândida. Bastiana vinha atrás trazendo duas meninas com os cabelos presos em finas tranças amarradas com fitas coloridas nas pontas. As crianças eram magras, mas saudáveis, olhos brilhantes e muito ágeis.

— Cumprimentem dona Cândida e dona Maria — ordenou Bastiana.

Obedientes, um por um estenderam-lhe a mão educadamente. Marieta sorriu, encantada com a simplicidade deles.

— Dona Maria vai morar aqui — informou Bastiana.

— Aqui? — surpreendeu-se um dos meninos maiores. — Por quê?

— Porque ela não tem casa e pretende trabalhar nas fábricas — esclareceu Bastiana, enquanto pegava uma pilha de pratos de louça e um punhado de colheres de cobre.

Os sinais de uso dos móveis e utensílios iam desde a louça lascada até a finura dos talheres com alguns cabos tortos, porém limpos.

Marieta observou a limpeza. Assustou-se com a pobreza. Não havia um único objeto que escapasse à marca da miséria.

Cândida viu que a tarde caía rapidamente. Precisava voltar para casa. O marido ficaria preocupado com o atraso inesperado. Despediu-se da amiga antes que a convidassem para compartilhar a refeição, pois sabia ser escassa para eles.

Caminhava pelo pátio quando ouviu Bastiana pedir a Maria que cortasse o pão.

— Cortar o pão? — repetiu ela, surpresa. Nunca fizera nenhum trabalho doméstico, estava acostumada a ser servida.

— Sim. Corte e sirva o pão às crianças — reafirmou Bastiana. E, sem dar-lhe atenção, voltou a encher outro prato com feijão. — A faca e a tábua estão sobre o balcão. O pão deve estar morno.

Entendendo que não seria servida e dando-se conta de que aquela era a rotina de Bastiana, Marieta apressou-se a atendê-la. O pão estava sobre a mesa e ficou indecisa de como deveria cortá-lo.

— Como você fatia o pão, Bastiana?

— O quê?

— Como quer que corte o pão? Fatias finas? Inteiras ou metades?

289

— Uma fatia para cada criança. Eu faço isso com os olhos fechados, nem penso — Bastiana riu. — São onze crianças. Corte fatias não muito grossas para dar uma para cada uma e sobrar um pouco para nós, que também somos filhas de Deus.

De costas, atenta ao trabalho de servir as crianças, Bastiana não viu a dificuldade de Marieta. Apenas quando ouviu o riso abafado de algumas crianças e se voltou, notou que ela não tinha habilidade para fatiar o pão.

Não disse nada. Decidiu observá-la e descobrir sua história.

— Você é bonita, Maria — elogiou uma das meninas com o cabelo preso em tranças finas. — Adoro sapatos. Acho tão bonito!

— É mesmo? Você não tem sapatos? Como é seu nome? — respondeu Marieta entregando-lhe uma fatia irregular da broa.

— É Gina. Eu nunca usei sapato, minha mãe diz que é muito caro. Tenho chinelos, mas só posso usar quando tem festa ou para passear. Todo dia, estraga.

Marieta emudeceu, lembrou-se dos seus muitos pares de sapatos na mansão. Alguns calçara uma única vez, forrados especialmente com o tecido de vestidos que usara na ocasião e esquecera jogados no armário. Nunca se dera ao trabalho de refletir sobre o cotidiano de uma menina pobre, para quem possuir um par de sapatos era um sonho. Olhou os pés de Gina. Eram magros, tinham a sola endurecida, ressecada, maltratada por viver exposta.

Então resolveu mudar o assunto e comentou:

— Gina é um apelido para Regina, ou o seu nome é somente Gina mesmo?

— É Gina. Era o nome da minha avó.

— Ah! Que interessante!

— A maioria do povo que mora no cortiço é filho de negros que foram escravos. Gina é um nome africano — interveio

Bastiana. — A avó dela era uma mulher muito forte, valente, era a nossa parteira. Eu nasci pelas mãos dela. Depois de liberta, voltou a usá-lo. Nasceu na África, veio para cá nos navios negreiros. Uma vez me contou que o seu nome queria dizer "mãe poderosa do povo negro". E ela era mesmo. Morreu muito velha, acho que tinha mais de cem anos.

— É mesmo?! Conheço negros bem velhos, mas não tanto.

Gina, curiosa, observava o serviço de Marieta e advertiu:

— Você não sabe cortar pão. Deixa que eu faço isso — tomou-lhe a faca da mão e cortou rapidamente várias fatias. — Viu, é assim. Do jeito que estava fazendo ia se cortar. Sua mão é tão branca e macia!

A observação espantada de Gina fez Bastiana olhá-la com atenção. Não viu sinais comuns a alguém habituado ao trabalho. A conversa sobre os sapatos também lhe aguçara a curiosidade. Na chegada, ficara tão atônita, preocupada em ouvir Cândida, que não atentara para detalhes. A jovem estava bem-vestida, mas julgou que devia ter posto sua melhor roupa para viajar. Mesmo que tivesse fugido, uma maltrapilha não seria bem-vista no trem, nem na estação.

"Maria não tem apenas sapatos, suas roupas são boas, tem bolsa, chapéu e luvas. O enxoval do neném é de qualidade e não falta nenhuma peça: tem babeiro, meias e sapatilhas. Coisas caras. Filho de pobre não usa", avaliou Bastiana, intrigada.

As crianças davam sinais de cansaço e ela foi levando cada um para sua casa.

— Eles dormem sozinhos? — interrogou Marieta espantada.

Nunca fora deixada sozinha. A babá dormia ao seu lado.

— É claro. Os pais chegarão mais tarde. Eles são pequenos, ainda não podem trabalhar. Quando completarem seis ou sete anos, irão para as fábricas com os outros — explicou Bastiana.

"Ela não conhece a vida dos pobres. Mesmo vinda do interior, é claro que pobre não era. Fala bem, como uma moça fina, educada. Não sabe nada da lida doméstica, já vi", ponderou Bastiana intimamente, analisando sua hóspede inesperada.

— Mas são muito pequenos! — protestou Marieta. — O que fazem em uma fábrica?

— Trabalham. As mães precisam trabalhar, ajudar os homens, não têm onde deixar as crianças. Então, levam as maiores junto, e os patrões as empregam. Não tem uma fábrica nesta cidade que não tenha pelo menos uma quantidade de moleques trabalhando. Eles carregam coisas, limpam, enfim, vão aprendendo alguma profissão.

— Entendi.

— Onde você morava, Maria? Era numa fazenda, não é? — ante a confirmação de Marieta, Bastiana prosseguiu: — Pois é, lá as crianças não fazem a lida do campo?

Marieta pensou um pouco, apenas lhe vinha à mente a imagem de Catarina e Denizar brincando no pátio, recebendo aulas. Esforçou-se e recordou alguns meninos tirando leite, limpando as cocheiras e fazendo serviços mais leves. Mas, com certeza, a fazenda administrada por Lourdes não era como a maioria.

— Sim, é claro que fazem — respondeu Marieta. — Mas no campo parece tudo mais natural, divertido e livre, até mesmo limpar cocheiras.

— Talvez seja. Eu nunca vivi numa fazenda — declarou Bastiana.

— E eu nunca fui a uma fábrica — revelou Marieta, e em pensamento completou: "nem mesmo as que pertenciam ao meu pai".

Bastiana apanhou um cesto de costura, sentou-se próximo à porta, acendeu um lampião a querosene e pôs-se a bordar uma bela toalha de linho com linhas de seda. Marieta aproximou-se e reconheceu a beleza da peça.

— Você borda maravilhosamente bem — elogiou com sinceridade. — Tem muito bom gosto. O desenho é belíssimo! Muito delicado!

— Obrigada. Eu faço com prazer e ainda me dá um bom dinheiro. Bordo por encomenda. Tenho várias clientes ricas, elas pagam bem pelo trabalho, ainda mais quando são vestidos para festa. Dá muito trabalho! — informou Bastiana.

Marieta se esforçou para conter os bocejos. Bastiana sorriu e acrescentou:

— Quando quiser, pode ir se deitar. Aumentei a cama. Deve estar cansada.

— Muito! Vou dormir, sim. Obrigada por tudo, Bastiana. Você é muito boa. Não conheço alguém que fizesse o mesmo que fez por mim hoje.

Bastiana ouviu o agradecimento, sorriu, pensou, demorou alguns instantes e emendou:

— Aprendi com a pobreza, Maria. É sempre bom poder ajudar. Boa noite!

— Boa noite!

Afastando a cortina improvisada, Marieta entendeu o que queria dizer "aumentei a cama". Sobre o piso havia uma camada de caixas de madeira desmanchadas servindo como estrado e em cima colchões de palha e velhos lençóis. Bastiana aumentara a cama, pois antes devia usar os colchões de palha, um sobre o outro, e agora os colocara lado a lado. O mesmo valia para os lençóis. Rita estava deitada em um deles, e Marieta deduziu que era para elas, o outro, para Bastiana.

Nem os cachorros da casa do meu pai dormem tão mal assim! Comparou Marieta, em pensamento, penalizada.

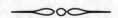

Após o encontro com Antônio Mina, Silvério regressou à casa paroquial. Caminhou à beira-mar, sem ver ou ouvir a beleza natural, sem perceber o movimento das pessoas.

Os pés estavam sobre a terra, mas os pensamentos vagavam, tumultuados, aflitos. Era como se houvesse um vespeiro em sua mente. Estava atordoado, porém, não contestava as afirmações do negro do cais. Eram reais.

Aceitava a revelação do presente e do passado, mas elas se confundiam em seu interior. Pensara muito, mas precisava encontrar calma e silêncio para refletir mais. As informações de outras vidas, de certa forma, respondiam muitos de seus questionamentos, embora ainda se sentisse uma criatura monstruosa, absolutamente fora da sociedade humana, condenado a viver uma pena de silêncio eterno.

Nunca pudera falar do amor que sentia por Marieta. Nunca pudera comprar-lhe flores, nem dar-lhe um vestido, uma joia. Seus beijos e carinhos haviam sido escondidos e marcados pela sensação de insanidade. Sentia-se uma criatura com vida dupla. Instantes de amor, paixão e felicidade roubados, para depois sentir-se traído, culpado e condenado, para sempre, a viver calado. O homem que amava não podia falar, nem ser visto, estava à sombra, e era um monstro, um degenerado, um pecador. E o que respirava e enxergava à luz do sol não podia amar. Por Deus, como viver assim?!

Mil sentimentos rugiam em seu peito em absoluto desalinho. Eram seus demônios a persegui-lo. A conversa com o estranho os libertara, e isso o fazia caminhar para o único lugar onde se sentia seguro: sua cela.

Mandara fazer a primeira, ainda seminarista. O dinheiro de sua família concedia-lhe muitos privilégios na carreira clerical. Facilidades que, de outra forma, não teria. Por isso, não encontrou barreiras para transformar seu quarto de seminarista em uma cela. Um pedido estranho, mas o superior concedeu de bom grado ante uma generosa doação.

Nela havia apenas uma grande cruz, em tamanho natural. Pregado a ela uma imagem do Cristo crucificado, coroado de espinhos, com ferimentos sangrando. Era com esse homem que ele se identificava. Ali não se sentia solitário nem,

294

de todo, incompreendido. "O outro também sabia o que era a dor", pensava Silvério.

Entre aquelas paredes, podia desabafar-se com aquele sujeito ferido. Contar-lhe tudo. Abrir seu coração machucado.

XXVIII. **Entre vielas e esquinas**

Não parece que nessas manifestações, em que os sentimentos baixos tomam tão grande parte, ande o amor de permeio. Entretanto, é assim; somente, é um amor rudimentar, ou desviado de seu curso natural, e que se manifesta como se amor não fosse.

Aguarod, Angel. *Grandes e pequenos problemas*. Capítulo VIII, item III. Rio de Janeiro: FEB.

— Rubens, estou preocupada com Silvério — afirmou Lourdes, enquanto servia-lhe a xícara de café, após o almoço de domingo.

As crianças estavam no jardim com Severo aprendendo sobre a mais recente paixão, o automóvel.

Rubens largou o guardanapo de linho sobre a mesa e encarou a esposa.

— Ele está muito calado. Emagreceu demais. O olhar é pura tristeza. Eu acho isso preocupante. Ontem veio me visitar e me contou que pediu afastamento dos deveres paroquiais — tornou Lourdes, enfrentando o olhar do marido.

— Compreensível, não acha? Caiu a armadura. Aliás, a morte de meu pai e o desaparecimento de Marieta promoveram esse fenômeno, não somente com Silvério, mas comigo, com você, com André, com mamãe e até com Rosário. Confesso que no passado eu não pensava a respeito do sofrimento dele. Não quero culpar meus pais, mas o fato é que seguimos, sem questionar, o julgamento e a conduta deles.

Ao fazerem do tema um tabu, não nos permitiram ver o drama humano, o sofrimento que ele carrega. Ainda tenho dificuldades para lidar com o assunto, para despir a situação dos laços consanguíneos de irmãos, vê-los como você propôs e eu mesmo senti: espíritos imortais encarnados carregando muitas histórias. Dolorosas histórias. Não percebia que a "quase perfeita dona Glória" estava sufocada e vivia prisioneira. Fugiu daqui igual a um pássaro quando se abre a gaiola. André mostrou que sua armadura é autêntica. Lamentável! Rosário vaga por essa casa entre suspiros. Minha querida, o saldo positivo parece ser a descoberta da coragem para enfrentar os preconceitos e viver as nossas verdades.

— Sim, já pensei sobre isso também. Mas sinto pena dele. Acho que é meu lado materno, tenho vontade de pegá-lo no colo e confortá-lo como se fosse uma criança. E aí me dou conta de que isso não resolveria. Entende?

Rubens estendeu a mão, cobriu a de Lourdes e apertou-a com suavidade, transmitindo conforto.

— Entendo, sim. Chama-se impotência.

— Acho que sim. Não está em minhas mãos acalmar a dor dele, não tenho esse poder — refletiu Lourdes, expressando o pensamento em palavras.

— Ouvi-lo, apoiá-lo é o que podemos fazer. E, sejamos sinceros, é um aprendizado para nós, é uma confrontação e libertação de nossos julgamentos e preconceitos. É difícil. Quando penso sobre o que estamos vivendo... Sabe... Não é só despir-se de armaduras sociais, é a visão e o entendimento dos sentimentos, do amor em si. Será que estou divagando muito?

Lourdes calou-se. Confrontar o amor, essa essência dos sentimentos presente em toda gama emocional da criatura humana, não era algo simples. Tinha diante dos olhos, ou melhor, estava mergulhada numa situação na qual não faltariam julgamentos de devassidão, perversidade e mau-caratismo. E lá, no fundo de todos os horrores e sofrimentos, brilhava o amor.

297

— Por isso tenho esperança — declarou Lourdes, pensando alto, falando mais para si do que em resposta aos argumentos de Rubens. — Eu não tinha isso muito claro na mente, mas sempre acreditei que valia a pena, que as coisas poderiam melhorar. Nunca me repugnou a paixão de Silvério por Marieta. Mas eu não sabia dizer a razão. Agora sei: no fundo de tudo está o amor. Não posso condenar esse sentimento.

— É, eu também não. Quando constatei isso, fiquei sem ação, sem palavras, como diz o povo: me caiu o queixo. E sei que o fato de eles estarem separados facilita a minha aceitação, diminui meu espanto e desconforto. Se os visse juntos e abraçados, não sei qual seria a minha reação. Quando tudo aconteceu, meus pais encobriram o máximo e foi muito rápido. Depois decretaram silêncio absoluto. Era mais fácil viver como se aquilo não tivesse acontecido. E eu, muito preocupado com meu próprio amor proibido, não pensei a respeito. A notícia foi um choque. A terapia foi calar e esquecer.

— Sim, entendo, Rubens. De certa maneira, apenas aprofundamos o olhar sobre um ponto: Silvério. E Marieta?

Através da janela aberta, Rubens avistou Catarina, brincando no jardim com o gato de estimação. Embalava-se na cadeira de balanço em ferro torneado. Pintado de branco, o móvel de jardim realçava seu vestido azul contra o verde exuberante das folhagens. Uma cena singela e encantadora, que o fez recordar a infância da irmã.

Fora uma criança amada e mimada, mas tão encantadora quanto Catarina em sua pureza infantil. Ela sempre preferira Silvério. Desde pequena corria para ele pedindo proteção ou carinho. Eram muito apegados, afetuosos, por isso, acreditava que nem ele, como irmão mais velho, nem seus pais notaram quando aquela relação ganhou contornos de paixão sensual.

Depois do afastamento de Silvério da mansão, ela mudara completamente. Tornara-se arredia, isolada, fechada. Admitia, revendo o passado, que ela não sorrira mais de

298

forma genuína. Não ouvira mais suas risadas. Parou de cantar as canções populares de que tanto gostava. Calara-se. Depois começara a sair sozinha. Acompanhava a família a festas e obrigações sociais, mas sempre muito vigiada pela mãe. Nessa época, ria e falava de forma irônica, amarga. E a cada dia tornara-se mais e mais inquieta. Passavam-se semanas sem que ele a encontrasse.

A família refletia a conduta dela ou ela a deles? Rubens não soube decifrar. Mas o fato era que ele mergulhara no trabalho, vivera, por muitos anos, um amor escondido, obedecendo, sem perceber, ao medo da condenação dos outros, do preconceito.

André vivera à margem. Usufruindo da fortuna da família, estudara, envolvera-se com a política e tornara-se um candidato patrocinado pelo poderoso José Theodoro Lins.

Testemunhando o luto desesperado de Rosário nos últimos meses, aceitou que seu pai calou o que quer que sentisse entregando-se a um caso com a governanta. E sua mãe amargou a prisão doméstica das aparências. Acusações e atribuições de culpa roeram até o cerne a relação conjugal. Por isso, ela fora embora para bem longe. Queria liberdade e esquecimento. "E Marieta?", perguntou-se.

— Não sei, Lourdes — concluiu Rubens após instantes de reflexão e avaliação, ainda olhando a filha no jardim. — Sinceramente, não sei. Acredito que ela nunca falou sobre isso com alguém. E ela era jovem, muito jovem quando aconteceu. Quando eu soube, ela tinha quatorze anos. Minha mãe andava às voltas com os preparativos de debutante.

— Aposto em tristeza e abandono — arriscou Lourdes. — Eu vi as fotos de debutante dela. Salta aos olhos a tristeza. Ela tem uma expressão vazia e ansiosa na face, e os olhos são poços de tristeza.

— Essa foto deve ter sido escondida pela minha mãe, não me lembro dela — declarou Rubens. — Bem, eu não me interessei muito. Sentia-me mal aqui, preferia ficar na fazenda com você e dona Bernardina. Mas a partir daí ela rolou para um precipício de degradação. Nas festas que passou a frequentar acompanhando mamãe, conheceu a bebida. Notei que eles nunca saíam de casa sem beber, e ela participava. Ficavam mais descontraídos, e eu achava aquilo bom, confesso. No entanto, o tempo foi passando, e o hábito converteu-se em vício. Marieta bebia a qualquer hora do dia, de segunda-feira a domingo. Quando a proibiam de sair, era ainda pior. Carregava para o quarto o que encontrasse. Lembro que uma vez, quando chegava da fazenda, encontrei mamãe apavorada, pois Marieta havia ingerido muito absinto e alguns remédios calmantes. Chamamos o médico da família, ele sugeriu uma tentativa de suicídio. Já havia suspeita de outras... Irritado, assim que vi que a situação estava sob controle, voltei à fazenda. Lavei as mãos, eis a verdade. Todos lavaram. Ninguém se envolveu com o drama deles. Não houve julgamento, só condenação. E condenamos a todos nós impondo a eles o isolamento e o silêncio.

— Silvério continua sua ronda à procura de Marieta. Pediu-me para hospedar-se na fazenda, pois quer vasculhar as redondezas e cidades próximas — informou Lourdes, com cautela.

— Jesus! Espero que ele não enlouqueça. Quando foi isso?

— Ontem à tarde. Disse-lhe que podia ir quando quisesse.

Rubens balançou a cabeça concordando e sorriu com tristeza.

— Não adianta impedir. Talvez tenha sorte e a encontre. Eu temo que ela tenha se matado e nunca venhamos a encontrá-la nem a menina.

No cortiço de Bastiana, a vida seguia sua rotina, embora alterada pela presença de Marieta. Nos primeiros dias, causara surpresa entre os moradores, pois percebiam que ela não pertencia àquele mundo de trabalho e privações. Todavia, não era a primeira mãe solteira a ser acolhida, e as moradoras comentavam, enquanto lavavam as roupas no riacho próximo:

— Minha mãe já dizia: para baixo todo santo ajuda.

— É, cair é fácil, quero ver levantar. Ela não parece uma mulher forte, determinada. Viu como ela olhava as bolhas das mãos quando voltamos da fábrica?

— Eu vi — gritou uma que, agachada, esfregava a roupa do outro lado do riacho. — Estava morrendo de peninha dela mesma. Mas o cansaço era tanto que não abriu o bico. Gente! Eu sei como é carregar água um dia inteiro. Doem os ombros, os braços, as costas e as pernas. Só sobra a cabeça inteira.

— Bom, mas ela não sabe fazer outra coisa! — comentou outra mais distante. — Os meninos se divertiram ensinando ela! Até fiquei contente, quem sabe ela fica fazendo esse serviço, e o patrão não vai tirar o couro das nossas crianças. Bem ou mal, ela é mais forte.

— Pois eu acho que vocês todas estão é muito enganadas com aquela dali! Não viram o olho do patrão para cima das coxas e das tetas dela? Eu vi e, olha, nessas coisas não me engano — provocou uma das lavadeiras.

— É, eu também vi — acrescentou a que estava ao lado. — E sabem do que mais? Vi ela de agarramento, até acho que não era só agarramento, não. Era aquilo mesmo. No beco escuro atrás da fábrica. A saia estava quase na cabeça e era barulhenta igual a uma gata no cio.

— Não tenho nada com isso. Se não era com meu homem, ela que dê para quem quiser — bradou a que estava agachada na margem oposta do riacho. — Se não for burra, e se o patrão quiser, pode até se fazer vivendo à custa dele. Ela é bonita, é moça, é branca.

— Estou é com dó da Bastiana — falou a primeira. — Está muito apegada à criança. A gente sabe como ela queria uma criança, e Deus não deu para ela. Olha, se não é Bastiana cuidar, aquele anjinho já tinha morrido.

A conversa mudou de rumo, e logo as cestas de vime estavam cheias de roupas molhadas. Conforme terminavam seus fardos de roupa, elas iam saindo da beira do riacho, carregando as pesadas cestas.

Aquelas mulheres eram sobreviventes, falavam com conhecimento de causa. Mas desconheciam a compulsão sexual e seu caráter doentio. Por isso, o julgamento moral a respeito de Marieta estava equivocado. Seria pedir demais para aquela época e local. A vida nos pede apenas o possível e o necessário.

Entretanto, haviam percebido, à perfeição, as intenções de Genésio. Um homem vivendo a crise da meia-idade. Casado, pai de filhos jovens, condição financeira estável, queria "aproveitar" a vida.

Joana, sua esposa, elogiava-o muito. Ele gozava de bom conceito público, tido como responsável pai de família e bom marido, afora o pecado da infidelidade. No entanto, Joana fora educada para tolerar as infidelidades matrimoniais. As visitas frequentes de Genésio aos bordéis justificavam-se, pois uma mulher honesta não oferece ao marido os mesmos prazeres que ele busca com uma prostituta. Isso fazia parte da natureza animal masculina.

A ela, mulher virtuosa, esposa e mãe, não cabia dar-lhe aquele tipo de satisfação promíscuo e pecaminoso. Católica devota e praticante, usava o véu negro que lhe cobria a cabeça para não ver as escapadelas de Genésio. Porém, verdade seja dita, ele nunca tivera uma amante, uma vida dupla. Considerava diversão as noites passadas nos prostíbulos.

Na fábrica, a maioria das operárias eram negras ou mulatas. Genésio poderia tê-las, à força, quando quisesse. Sabia de muitos empresários que abusavam sexualmente da mão de obra feminina, dando continuidade ao que era praxe na época da escravidão. Contudo, isso não o atraía e jamais se envolvera com uma delas.

Mas Marieta era diferente. Era branca, jovem, bonita, e ele percebera que era fogosa. Sem querer, na semana anterior, após fechar a fábrica, enquanto fumava um cigarro, testemunhou um encontro dela com um desconhecido, encostada ao muro vizinho. Desde então tinha dificuldade de dormir, perseguido pelo desejo de possuí-la.

Julgou que ela se prostituía, pois o salário era insuficiente. Talvez não quisesse morar em um bordel. Era sabido que a vida naquelas casas podia ser muito violenta, preferia arriscar-se sozinha, prostituindo-se nas ruas.

Pensando como comerciante, Genésio louvou a iniciativa da jovem, pois era lógico não dividir o dinheiro ganho com seu trabalho. Assumir riscos é comum a todos os negócios, afinal de contas.

Assim, começou a observá-la, a fazer-se presente onde ela trabalhava. Esgotado depois de outra noite maldormida, Genésio chegou à fábrica próximo do meio-dia e mandou trazer Marieta à sua sala de trabalho.

— O patrão quer falar com você agora — avisou o funcionário do escritório. — Venha!

Marieta olhou os meninos com os quais trabalhava. Estavam molhados, os pés enlameados e os cabelos sujos de fuligem. O trabalho nas indústrias de vidro, naquela época, era árduo e submetido a temperaturas extremas. Muitas, iguais a de Genésio, empregavam, por míseros trocados, crianças que transitavam de doze a quatorze horas entre a água fria e a alta temperatura dos fornos. Carregavam baldes muitas vezes mais pesados que eles próprios.

Entretanto, o funcionário do escritório, acreditando-se melhor que a "escória", sequer olhava o drama daquela infância mutilada. Acreditava que era um "bem" para eles o trabalho e não cogitava as condições nem as consequências. Já para Marieta dedicou um olhar demorado e apreciativo, afinal as roupas molhadas colavam-se ao corpo e revelavam-lhe os contornos como se ela estivesse nua. Afora isso, ouvira comentários a respeito dela. Os homens dos arredores falavam, e no bar próximo havia até apostas e candidatos a entretê-la sexualmente após o fim do expediente.

— O que aconteceu? — indagou Marieta, assustada.

— Não sei, moça. Mas é melhor se apressar. O patrão não gosta de esperar.

Largando o balde no chão e sorrindo para os meninos que a olhavam assustados, recomendou-lhes:

— Eu volto, cuidem do meu balde. Quero ver quem vai voltar mais rápido com o balde vazio.

— Ah, não vai ter graça — resmungou um dos mais velhos, referindo-se à brincadeira que ela instituíra com o grupo. — Enquanto você falar com o senhor Genésio, a gente vai ficar carregando água. Você vai descansar, é claro que vai correr mais depois.

— É, você é bem esperto. Então vamos fazer assim: eu não correrei, serei a juíza do jogo.

— A... o quê? — perguntou um dos menores.

— Olha, moça, o tempo está passando, e o patrão esperando. Ele não vai gostar se eu disser que você está brincando com os meninos. Apesar de que, eu vejo, você tem muito jeito com... meninos — e, aproximando-se dela, segurou-lhe uma das nádegas e murmurou no ouvido de forma lasciva: — Ouvi dizer que também sabe alegrar os homens. Quer que eu a espere no beco mais tarde?

Marieta o olhou com certo desagrado, não sabia o que era, mas não simpatizou com o sujeito. Agarrou a mão dele e a retirou do local onde estava dizendo-lhe, irônica e irada:

— Sim, eu brinco com os meninos, mas eu escolho. Não gosto dos pirralhos e metidos. Eles sabem!

Ofendido com a resposta, o homem tomou-a pelo braço e puxou-a com força em direção à sala de Genésio. Literalmente, após rápida batida, sequer esperou a ordem de entrar, jogou-a para dentro e bateu a porta.

Marieta desequilibrou-se e caiu, rindo, sobre uma poltrona. Divertira-se com a irritação do funcionário. Havia alguns homens que ela gostava de espezinhar, de desprezar, e ele era um deles. Sentia prazer só de vê-los oferecerem-se a ela. Dava-lhe uma sensação de poder inebriante. Fazia ter vontade de vê-los jogados ao chão, sob seus pés. Sentia raiva e desejo de humilhá-los.

Genésio não ouvia nem pensava, apenas olhava, tomado de paixão, aquele corpo molhado que lhe tirava o sono nos últimos dias. Esquecido dos seus propósitos, afastou-se de sua mesa e agarrou Marieta, beijando-a e acariciando-a, com fúria e desespero.

XXIX. **Fora de controle**

Somos fracos somente perante o mal, não perante o bem, pois os prazeres nos fortalecem; os padecimentos, pelo contrário, nos enfraquecem.

Epicuro. O pensamento de Epicuro, citado em *A arte de viver.* São Paulo: Martin Claret. p. 69.

Zé observava Giacomo, que agarrava a escova como se fosse uma arma e desejava esfolar o piso em vez de esfregá-lo.

"A revolta vai acabar com ele", pensou. "Já vi tanto dessa doença que posso diagnosticá-la na primeira palidez e ao cuspir das primeiras palavras. Vejo o misto da ira, do medo, da surpresa e a suprema sensação de sentir-se vítima, daí, impotente, carente, penalizado por si mesmo. Senti isso, sei como é. Acho que esse italiano não se levanta mais. Ele escolhe mal as forças. Não gasta um minuto do seu tempo para refletir, para conhecer o que sente e decidir o que fazer com isso. Não! Está todinho perdido em pensamentos, dominado por sentimentos contraditórios, típicos da revolta, sem nenhuma vontade de aprender. É uma criatura perdida em si mesma. Deus do céu, como somos grandes! Tanto que é fácil se perder sem sequer sair do lugar. Estamos em um presídio. O prédio, apesar de grande, não é suficiente para a quantidade de homens, talvez cada um tenha aqui uns dois ou três metros quadrados. Vemos o céu por pequenas janelas, bem altas, gradeadas ou por sobre os muros. Nossa única paisagem são as nuvens, as estrelas, a lua, o sol, às vezes, a chuva. E ainda assim Giacomo não é o único perdido em si mesmo aqui. Se eu ouvisse o que se passa na cabeça dele, iria querê-lo ainda mais longe. Deve ser uma briga infernal misturada a uma tragédia que, no mínimo, faz par com a paixão de Cristo, com direito a vinagre nas feridas e tudo mais. Mas ele, Giacomo, ainda demorará muito para dizer: 'Perdoai--lhes, pois não sabem o que fazem'. Ele urrará por vingança ou chorará como um menino perdido. Tenho pena dele. E não gosto disso. Afinal, ele não está aqui de graça. Fez besteira por não pensar. Deus sabe o que faz! Aqui o italiano deveria aprender a pensar, a comedir seus atos, a manter seus propósitos, desenvolvê-los, levá-los até o fim, concluir algo. Mas não creio que aproveitará o tempo para aprender a lição."

Giacomo escovava e resmungava. Largou a limpeza do piso e começou a esfregar o tampo de uma mesa.

— Ei, Giacomo! Pelo menos troque a água — advertiu Zé, aproximando-se e pegando o balde para garantir que o italiano, em sua fúria cega, não esfregasse a mesa sobre a qual faziam as refeições com a mesma água que esfregava o piso.

Giacomo o olhou aturdido e somente compreendeu a intenção do companheiro quando o viu jogar fora a água suja e encher o balde com água limpa.

— Ah! Nem tinha me dado conta — comentou Giacomo, como se fosse algo sem importância.

— Eu vi. Você faz seu trabalho com os braços, e a sua mente nunca participa — disse Zé e pensou: "Por isso você repete tantas ações, trabalha, como diz o povo, igual a um animal, em todos os aspectos mesmo. Que tristeza!" — Preste atenção ao que faz, Giacomo, e você sofrerá muito menos nessa vida.

— Zé, não sei de onde você tira essas ideias. Aqui não tem isso de sofrer mais ou menos, todos nós sofremos do mesmo jeito: estamos presos.

— Nunca! Você só diz isso porque é incapaz de olhar para o lado e ver o que acontece. Eu estou aqui há décadas, meu amigo, e lhe digo: deixei de sofrer, eu sou feliz aqui. Mas você, que gosta de olhar o sofrimento, preste atenção nos doentes. A paisagem deles é o forro. Você caminha, movimenta-se, trabalha, seu corpo não dói, ainda. Ele não é a sua prisão, mas pode vir a ser. Já pensou na humilhação de alguém ter que limpar você depois de fazer as necessidades em trapos velhos?

— Detesto limpar esses homens! É um fedor do cão! — retrucou Giacomo. — Eles estão podres!

— Sim, eu sei. Mas eles pensam e sentem igual a você e a mim. Nunca pensou como eles se sentem?

— Eu teria muita raiva. Ninguém merece passar por isso. Não quero nem pensar. Procuro nem olhar para eles, me dá nojo.

— Pois é, não lhe parece que eles sofrem mais do que você? Estão duplamente presos.

— Hum. Pensando assim, até pode ser. Eles estão presos no prédio e no corpo — concluiu Giacomo.

— Sim. Você ainda não está preso no corpo, deveria cuidar para que isso não aconteça. Se pensasse enquanto trabalha e não saísse que nem um boi de canga, só puxando o arado, teria notado que, ao esfregar a mesa com a água suja do chão, colocaria nela toda sujeira e coisas nojentas que estavam no chão, e aí comeríamos isso com nossos alimentos. Italiano, presta atenção, que eu canso de avisar: é preciso cuidar da saúde quando se lida com doença. Limpeza, banho e ar puro, janela aberta, entendeu? — insistiu Zé, pois Giacomo não gostava de vento. — São garantias para nós mesmos, garantias de que sofreremos menos.

— Você é engraçado, Zé. Já o ouvi dizendo para os moribundos que o sofrimento deve ser suportado com calma, sem reclamação, que faz bem para a alma. E, para mim, o discurso é sofrer menos. Afinal, não sei em qual dos dois você acredita. É pura conversa fiada.

— Viu como você não pensa? — alertou Zé, impaciente com Giacomo. — Você não pensa e não se deixa ensinar. Isso é péssimo para você, não para mim. Eu me canso, me irrito, mas é só. Mas você... você se condena a repetir mil e quinhentas vezes o caminho. Aliás, o mesmo. Homem, pensa! Se alguém está sofrendo e todo possível e necessário foi feito, do que adianta reclamar, berrar? Se ainda tem algo a ser feito, reclamar é perda de tempo, deve-se agir. Sofrer e reclamar, excomungar, só serve para aumentar o padecimento. Você bota fora a força que ainda tinha. Ao não suportar, escolhe sofrer dobrado reclamando e prestando atenção ao que incomoda, enquanto poderia colocar a atenção, o pensamento, em outra coisa que iria até aliviá-la, que o faria esquecer. Viu? Suportar com calma, sem queixa, é escolher sofrer menos. Cadê as duas conversas? Eu acredito em viver sem sofrer. Eu me libertei do sofrimento. Mas, se vejo alguém ainda preso ao sofrimento, sempre procurarei dizer: sofra o mínimo, diminua a sua dor.

Giacomo ia responder quando ouviram correr o ferrolho da porta da enfermaria e o carcereiro chamar:

— Giacomo Baccagini, visita no salão.

— Hoje? Quem?

— A sua mulher.

— Vá se lavar, Giacomo! — mandou o Zé. — Ela não merece as doenças que têm aqui. Lave bem as mãos e o rosto, esfregue com sabão e troque a camisa.

Giacomo lançou um olhar raivoso ao enfermeiro, mas obedeceu.

Enquanto caminhava, escoltado pelo carcereiro, seu pensamento não dava trégua. Dominado pela ansiedade e pelo egoísmo, esquecera a verdade de sua relação com Patrizia. Considerava que, por ser sua mulher, tinha obrigação de trazer-lhe comida, material de higiene e, principalmente, lutar para tirá-lo da prisão. Ao longo daqueles meses, nunca perguntara como ela se sentia com aquela situação, sequer se estava bem de saúde ou como estava se adaptando ao novo país. O assunto era ele e a injustiça de que era vítima.

No início, Patrizia fora visitá-lo todas as semanas, porém se cansou dele e de suas queixas, de sua raiva e impotência. O movimento social em torno do caso cessou, estabeleceu-se a rotina da visita ao instituto prisional, e o pesado clima de violência a prostrou. E Giacomo, além de não perceber o seu enfado, não contribuía para tornar a visita menos sacrificante. Ao fim do primeiro semestre, ela o visitava duas vezes ao mês, depois ia apenas no último domingo de cada mês. Daí a surpresa e ansiedade dele com a visita: acreditou haver novidades.

Literalmente atropelou Patrizia com uma enxurrada de perguntas sobre mil causas hipotéticas, criadas pela imaginação exaltada, para justificar a visita conformando-a aos seus interesses.

Ela o olhou friamente. Se lhe faltasse segurança na mudança do seu destino, naquele momento ela teria se cristalizado em seu íntimo, com a dureza de um diamante. Ouviu, indiferente, o discurso, registrando tratar-se, com exclusividade, de interesse próprio.

"Hum. Desse aí não tenho que esperar nada. Se sair daqui é para deitar com outra vadia e fazer bobagem. Ainda vai demorar a aprender a usar a cabeça. Não vou jogar meu tempo fora esperando esse dia chegar. Vai demorar demais!", pensou Patrizia.

— Giacomo! — falou Patrizia. — Escuta, por favor! Para um pouco de falar e fazer perguntas. Você sabe as respostas. Não tem novidade no seu caso. Não apareceu nenhuma testemunha a seu favor. Você ouviu o depoimento dos policiais. O doutor Marques já lhe disse: ele está tentando diminuir a pena, só isso. Não há o que fazer. Agora me escuta.

Patrizia respirou fundo, olhou o teto, depois fixou Giacomo. Ele parecia derrotado, abatido. Estava calado, mas ela teve dúvidas se Giacomo prestava atenção à suas palavras e se compreendia o significado daquela visita.

— Giacomo, eu vou embora para São Paulo. Consegui trabalho com uma família de Florença. Eles têm um ofício, são tipógrafos e abriram uma gráfica. Estão muito bem de vida. Precisam de uma babá e para tomar conta da casa. O senhor Bruno ficou viúvo há um ano e recentemente morreu a sogra dele, que cuidava das crianças e da casa. Contratou dois funcionários que chegaram da Itália, a mulher de um deles ia fazer esse serviço, mas adoeceu e ele não quer que ela cuide das crianças. Ela está tísica, pobre criatura. Veio morrer aqui.

Ele permaneceu calado. Patrizia levantou-se, ajeitou a saia preta e velha, porém impecavelmente limpa e passada. Pensou em estender-lhe a mão, mas reconsiderou e apenas falou:

— Adeus, Giacomo!

Ele a encarou, mas nada disse. Havia condenação em seu olhar. Mas Patrizia, apesar da pouca idade, vivera muito para saber instintivamente esquivar-se daquele tipo de jogo de culpa e vitimismo. Sabia o quanto podia fazer mal. Ambrogina fora uma mestra insuperável. Devia-lhe isso.

Por isso, enfrentou-o com calma indiferença, virou-se e saiu do presídio sem olhar para trás. Bruno a esperava do outro lado da calçada. Acenou e sorriu ao vê-la cruzar o portão.

— Não mudou de ideia? — indagou Bruno quando parou à sua frente. — Sua mala está no carro.

— Senhor Bruno, eu não mudo de ideia facilmente. Atravessei o oceano sozinha, cheguei aqui, e conhece a minha história, vim da Itália e vivo aqui sozinha. Sei o que estou fazendo. Vamos à estação, sempre ouvi dizer que o trem não espera — declarou Patrizia sorrindo.

Bruno sorriu e estendeu-lhe a mão, ajudando-a a embarcar. Apreciava a força da jovem, além de achá-la encantadora.

311

Sentaram-se no banco traseiro. Ele ordenou ao motorista que partissem para a estação de trem. Retomando a conversa com Patrizia, falou entusiasmado sobre o crescimento espantoso da cidade de São Paulo e das inúmeras e boas oportunidades de trabalho.

— Você verá, em breve será a maior cidade do Brasil! E das mais ricas também. Tem muita gente nossa lá, mas não são imigrantes do campo, são profissionais, que trabalhavam nas cidades, nas fábricas. Vieram para cá, pois aqui não tem mão de obra qualificada. Importavam tudo da Europa. O povo daqui só plantava e explorava minério. Mas os tempos mudaram. Com a iminência da guerra, fica cada vez mais difícil importar. E há coisas, como as da área gráfica, que precisam ser produzidas aqui. Há um bom mercado. Abriram muitos jornais operários. Além disso, imprimimos documentos comerciais, cartões, convites. As máquinas não param. E, claro, fazemos os papéis decorados. Você vai gostar.

— Senhor Bruno, foi por acreditar em trabalho e liberdade para ser feliz que deixei a Itália. Gostarei de São Paulo, pode ter certeza.

Silvério orava, ajoelhado, na última fila de bancos. A Igreja de São Cristóvão estava vazia, apenas o zelador testemunhava a demorada meditação do padre licenciado e notou, ao passar próximo, sem fazer barulho, as lágrimas silenciosas a correrem pela face.

"Um homem torturado", pensou Jandir, o zelador. "Ele é calado, irritado, exigente, triste e solitário. É infeliz. Parece mais precisar de Deus e de ter fé, do que poder ensinar, por isso é severo. Os paroquianos não gostam muito dele, é frio. As missas eram recitações. O padre que o substitui é bem melhor, tanto que a frequência à missa aumentou. Mas faz tanto tempo que esse homem está aborrecido! Deve ter um problema sério. Notei que há mais de ano a irmã sumiu daqui. Ela sumiu e levou junto o brilho dos olhos dele, parece morto. E era só para ela que ele sorria. Deve ter a ver com aquele italiano. Sumiram os dois e faz tempo!"

Jandir continuou seu trabalho, quieto, pensando a respeito da vida de Silvério. Estava tomado de compaixão pelo sofrimento intenso, mas não sabia o que fazer. Terminou o trabalho, olhou a última fileira, e Silvério continuava do mesmo jeito.

"Deus do céu, as pernas dele devem estar formigando. É muito tempo para alguém ficar de joelhos", considerou o zelador observando-o preocupado. Lentamente aproximou-se, tossiu, na tentativa de chamar a atenção, mas Silvério não o notou.

— Padre! O serviço está pronto. O senhor precisa de alguma coisa? — indagou Jandir, falando baixo.

Silvério limitou-se a negar com a cabeça. Jandir franziu o cenho, sentindo que ele estava muito mal, aflito.

— Bem, então vou embora. Boa noite, padre.

Silvério balançou a cabeça concordando. Jandir afastou-se, cabisbaixo, compungido. Era como se a aura de profunda dor do padre o tivesse contaminado. Sentia-se pesado e dividido: o zelador cumprira sua tarefa e estava na hora de descansar em seu lar, mas o homem com o coração tocado pelo sofrimento alheio e a compaixão pedia-lhe para permanecer.

Chegava aos primeiros degraus para descer a escadaria da entrada da igreja quando ouviu gemidos de dor que o fizeram olhar em volta à procura de alguém machucado. Não havia ninguém. Os lamentos repetiram-se até romper em um pranto desesperado. Silvério chorava. Jandir identificou e voltou ao interior da igreja.

Silvério estava caído no corredor central e soluçava como um menino abandonado e ferido. Jandir correu ao seu encontro, abaixou-se e perguntou:

— Padre, o senhor se machucou?

313

Silvério não deu sinais de ouvi-lo e ele entendeu que o corpo do padre estava são, no entanto a alma estava estraçalhada. Sentou-se no piso e, decidido, tomou-o nos braços, abraçando-o apertado, oferecendo-lhe conforto.

— Chore, padre! — murmurou. — Alivia a alma.

Sentindo o calor do corpo de Jandir, o carinho de sua atitude, Silvério agarrou-se a ele como um náufrago a uma tábua de salvação. Naquele mar de revolta que dominava seu espírito, a solidão e o silêncio cobravam pesados tributos. O abraço do zelador devolvia-lhe o senso de humanidade, de não chorar sozinho. Esquecido de tudo, entregou-se, chorou suas dores à exaustão, sustentado pelo abraço de Jandir. Por fim, soluçava sem forças.

Assustado, Jandir pediu-lhe:

— Agora, acalme-se. Respire devagar. Pare de chorar, meu rapaz.

Reconhecendo a voz do zelador, Silvério emergiu da crise. Dominado pela emoção, esquecera quem era e onde estava. O descontrole venceu a meditação, a tentativa de compreender e aceitar a prova em curso. Ajoelhado, recordava trechos inteiros de O Evangelho Segundo o Espiritismo e buscava confortar-se. Entretanto, esmorecera na vigilância mental, e as lembranças do passado abriram as portas de seu inferno particular. Esqueceu-se de tudo e de todos, vencido pela antiga agonia.

Envergonhado, queria escapar do abraço que fora tão acolhedor, fugir do olhar que julgava inquisidor, embora não o fosse.

Notando a tensão no corpo de Silvério, o zelador imediatamente afrouxou o abraço e começou a erguer-se, obrigando-o a fazer o mesmo.

— Sente-se melhor? — indagou Jandir, constrangido. Com dificuldade de entender a súbita mudança do padre.

— Sim, obrigado. Estou bem — respondeu Silvério, com a voz rouca do choro, porém inexpressiva como de costume.

— Se... — Jandir fez uma pausa e, desejoso em ajudá-lo, ofereceu: — Se quiser conversar, padre, estou à disposição. Falar faz muito bem. Não toda hora, é claro, mas, quando algo incomoda, é muito bom pôr para fora.

— Obrigado! Já estou bem. Por favor, esqueça o que aconteceu aqui. Boa noite! — finalizou Silvério, unindo as mãos em frente ao corpo e caminhando em direção à sacristia e dali à casa paroquial.

Jandir, imóvel, observou-o ir. Há muito acompanhava e pressentia um drama cruel na vida do padre, mas não sabia qual era, apenas que era doloroso e envolvia a família, especialmente a irmã. "Moça muito estranha, de mau comportamento", lembrou. Balançou a cabeça, desconsolado, depois se virou e ganhou a rua. Não era possível ajudar a quem não se ajudava. Lembrou-se de frases dos evangelhos: "Ajuda-te que o céu te ajudará"; "Pedi e obtereis"; "A cada dia basta o seu mal". Elas falavam em adotar condutas para não sofrer ou aliviar o sofrimento, e todas implicavam ação, atitude, compromisso de quem sofre com a ajuda que quer receber. Silvério não pedira ajuda. Fizera o possível ao abraçá-lo. Pensando assim, foi à padaria, precisava comprar pão novo para o jantar.

Cândida chegou ao cortiço carregando muitas sacolas. Semanalmente visitava Maria e sua filhinha. Auxiliava-as com roupas e alimentos. Poucas vezes a encontrara, pois estava trabalhando em uma das fábricas da região. Entregava à Bastiana as doações e divertiam-se cuidando da menina, apelidada de Belinha.

Chamou a amiga no portão como sempre e estranhou quando Gina veio recebê-la.

— Olá, Gina! Aconteceu alguma coisa com a Bastiana?

— Acho que não — respondeu a menina após olhar preocupada a casa de Bastiana. — Acho que ela só está triste. A mãe diz que vai passar, e a gente não deve incomodar, nem fazer muito barulho.

— É mesmo?! E por que ela está tão triste?

— Por causa da Maria. Ela levou a Belinha embora.

— O quê?!

XXX. Saturação

(...) a vingança é um indício certo do estado atrasado dos homens que a ela se entregam, e dos Espíritos que podem ainda inspirá-la.

Kardec, Allan. *O Evangelho Segundo o Espiritismo*. Capítulo XII, item 9. Araras: IDE.

Marieta, sob o nome de Maria e a duvidosa proteção da louca paixão de Genésio, mudou-se para uma das casas da vila dos operários da fábrica. Casas simples, todas iguais, geminadas, ocupavam os dois lados de uma rua próxima. Ali residiam os funcionários mais bem remunerados e alguns imigrantes, artesãos qualificados, que desempenhavam funções de comando na arte do trabalho com o vidro.

A vila não se comparava ao cortiço. Marieta morava na última casa, pois os fundos davam acesso ao beco atrás da fábrica. Por aquele caminho, Genésio pretendia manter sigilosas suas visitas a Maria.

Após a cena do escritório, quando ele pretendia exorcizar a paixão pela "jovem fogosa", deu-se justamente o contrário: não conseguia esquecer-se dela. A paixão licenciosa e incendiária dominava-o por completo. Nunca conhecera outra mulher igual, nem entre as prostitutas. Conhecera muitas ao longo da vida e não encontrara em outra tal disposição para o sexo. Estava extasiado. Jurava ter tirado a sorte grande. Após três dias de tórridos encontros no escritório da fábrica, decidiu-se a acomodá-la na vila.

— Irá morar em uma das casas da vila — afirmou Genésio, naquele dia. — Mude-se amanhã. Lá poderemos nos "divertir" com maior privacidade. Aqui, na fábrica, você não voltará mais. Logo os empregados começarão a falar e nunca gostei disso.

Entendendo a proposta, mas desejando vê-la claramente expressa, Marieta, ainda jogada sobre o velho tapete em frente à mesa de trabalho, com as vestes em total desalinho e sem nenhum pudor, encarou-o e questionou:

— Viverei do quê? Se não devo voltar à fábrica, não posso trabalhar com os meninos e...

— Você não precisará desses tostões. Darei um salário decente para você, casa e comida. O que me diz?

Ela sentou-se sobre o tapete, sem se preocupar em abotoar a blusa, deixando expostos os seios. Abandonara o uso das roupas inferiores durante a gravidez e habituara-se à liberdade, como dizia.

— Qual será meu trabalho, senhor Genésio?

— Servir-me, sempre que eu quiser. E só a mim. Não precisará mais levantar a saia atrás dos muros e nos becos para qualquer um em troca de moedas.

Marieta riu com gosto da resposta. Nunca recebera nada dos homens. Mas o deixou pensar que sim. Afinal, estava cansada do trabalho na fábrica, da miséria e do desconforto do cortiço. A mudança seria benéfica.

— Hum, isso é bom — comentou Marieta. — Dinheiro, casa e comida em troca de sexo. Um bom negócio. E minha filha? Posso levá-la?

— Que idade tem?

— Três meses.

— Ah, é claro. Mas arrume uma negrinha para cuidar dela. Quando eu for visitá-la, não quero ninguém incomodando, entendido?

— Certo. Pode me dar a chave e o endereço, eu me mudarei hoje.

Genésio sorriu muito satisfeito, antegozando a futura ventura da exclusividade de uma amante jovem e fogosa. "Nunca se deve dizer dessa água não bebo", pensou ele enquanto separava um maço de notas de dinheiro e a chave da casa. Tantas vezes condenara amigos por manterem amantes e agora se via feliz a fazer o mesmo. Entregou-lhe o dinheiro, a chave e informou o endereço.

— Amanhã, no fim da tarde, irei visitá-la.

Marieta balançou a cabeça concordando, levantou-se e abotoou apressadamente a blusa, ajeitou a saia, prendeu os cabelos e saiu caminhando rápido, sem dar a menor importância aos risinhos maliciosos dos funcionários do escritório.

Estabeleceu-se na mesma noite na nova residência. Um breve adeus e um leve abraço em Bastiana foram suficientes para despedir-se do cortiço sem maiores lembranças. Dedicou atenção às crianças, beijando-as, uma a uma, e dando-lhes as costumeiras advertências sobre bom comportamento. Mas tudo isso não demandou quinze minutos, e ela partiu sem deixar endereço, apesar do insistente pedido de Bastiana.

A pobre mulher, em lágrimas, observava Marieta levar a trouxinha cor-de-rosa com a adorável Belinha, a quem havia se apegado emocionalmente. Apaixonara-se pela pequena como se fosse sua filha. Ao longo daqueles dias, cuidara dela com zelo e encantara-se — como determina a sábia natureza —, dando-lhe o afeto e a atenção necessários. Porém, de uma hora para outra, viu-se afastada da pequena, restando-lhe rezar para que a desmiolada jovem mãe se lembrasse de visitá-la.

A casa da vila estava mobiliada com o essencial.

— Amanhã iremos às compras — falou Marieta, com ternura, para a pequena Rita. — Você vai gostar de conhecer lojas, são muito coloridas. Vamos comprar roupinhas novas para você. Está precisando, já cresceu. E mais algumas coisinhas para nós. Aqui estamos mais bem acomodadas. Ah, comprarei um bercinho para você, bem enfeitado, com lacinhos. E vamos arrumar uma menina maiorzinha para morar conosco.

E, apertando-a contra o peito, beijou-lhe o alto da cabeça e murmurou:

— Vai ser bom, eu prometo!

Seguiu falando com a filha:

— Não precisa ter medo. Eu amo você! Sabe, Rita, já me afastaram de quem eu amo, mas ninguém vai me tirar você. Eu não suportaria. As pessoas têm dificuldade de me entender, eu mesmo não me entendo, às vezes. Mas eu a amo muito. Você vai crescer, vai ser uma moça linda. Por enquanto, a gente conseguiu se virar e estamos melhorando. Não sou burra, filhinha, sei que isso não será para sempre. O senhor Genésio está sendo bom conosco. Mas essa situação pode ser complicada, ele é casado, tem família. Eles podem não gostar da gente. Sabe, meu benzinho, a mamãe vivia numa casa grande, tinha tudo e não tinha nada. Eu fui feliz lá até certo dia, depois eu fui muito, muito infeliz. Por isso, serei uma boa mãe para você. Não a obrigarei a ser uma cópia minha. Deus a livre desse destino! Às vezes, dói muito, dói demais não entender a si mesma. Eu faço coisas e nem sei por quê, mas faço! Simplesmente não consigo resistir. Mas, por você, minha filha, eu vou tentar. Eu a amo! E ninguém vai nos afastar.

Enquanto falava, algumas lágrimas traiçoeiras rolavam pela face de Marieta e em sua mente desfilavam lembranças da infância e da primeira juventude. Recordações dos irmãos, especialmente o rosto sorridente de Silvério, sempre a acompanhá-la.

Instintivamente, em resposta à dor negada, apertou a filha contra o peito, protegendo-a de uma ameaça inexistente e possuindo pela primeira vez, em muitos anos, alguém a quem abraçar enquanto permitia-se viver a saudade. Aquele sofrimento torturante aprendera a anestesiar com o álcool e com a excitação do sexo. Sentira-se tão profundamente humilhada pelos pais quando descobriram o relacionamento com o irmão, que brotara, como reação, das profundezas de seu ser, uma natureza dura, enrijecida, debochada, agressiva. Mas, no íntimo, sentia-se suja, muito suja, nojenta, indigna. E isso doía até os ossos. Ninguém quisera ouvir a sua dor, não entenderam que ela e Silvério sofriam por um amor condenado, que lutaram — ele mais do que ela reconhecia isso — para resistir, mas perderam para si mesmos.

Marieta permaneceu muitas horas abraçada à filha, andando a esmo, sem ver os cômodos da pequena casa. Recordações, saudades e o desejo de rever Silvério a dominavam. "Há quanto tempo não vou à paróquia de São Cristóvão! A separação mais longa entre nós foi quando o levaram para o seminário, na mesma fatídica semana em que tudo foi descoberto. Um ano se passou até que pude revê-lo brevemente", lembrou-se Marieta. Depois, nunca ficara tanto tempo sem vê-lo. Fazia mais de ano desde que fora levada à fazenda de Rubens.

Despertou daquele transe quando Rita começou a se mexer inquieta e a resmungar à procura do seio materno.

— Chega! — ordenou a si mesma. — Isso não me levará a lugar algum. Basta de tortura! Tenho que viver como dá.

Na manhã seguinte, as vizinhas especulavam na calçada sobre a moça que se mudara à noite. Marieta saiu logo cedo, carregando Rita, conversando com a menina e ignorando-as. Preferia não se envolver com as pessoas.

No entanto, a atitude distante e fria não impediu o falatório, a curiosidade natural do ser humano.

Procurou o comércio dos arredores, evitando o centro e as zonas da cidade onde poderia ser reconhecida. Adquiriu o que necessitava e voltou à vila operária seguida de uma carroça carregada com suas compras. Um menino franzino e sujo a conduzia com habilidade. Marieta notou o interesse dele por Rita e a vivaz inteligência de sua conversa. Surpresa, indagou:

— Como é seu nome?

— Juliano. E o da senhora?

— Bonito seu nome. Eu me chamo Maria. E quantos anos você tem?

— Onze, mas poucas pessoas acreditam. Todo mundo. pensa que sou menor e tem medo de subir na carroça. Pensam que não sei conduzir os cavalos e vou me perder na cidade.

— É comum as pessoas se enganarem com as aparências, Juliano. Comigo também acontece.

— É, eu sei. Mas isso dificulta a minha vida. Há dias que faço um frete e, às vezes, nenhum. Preferem esperar que chegue outra carroça. Daí falta dinheiro.

— Entendo. E onde você mora? Com quem?

— Eu moro com a minha mãe, mas ela não para muito em casa. Trabalha do outro lado da cidade. Tem dia que nem vem dormir em casa.

— Sei. E são apenas vocês dois?

— Agora, sim, meu pai foi para o leprosário. Não deixaram mais ele ficar com a gente. Disseram que ia passar a doença para todo mundo, e ele ficou com medo. Foi embora. Eu tinha uma irmãzinha... — Juliano se calou, olhou com ternura para Rita, e Marieta compreendeu a razão de seu interesse: saudade da irmã.

— Tinha? O que aconteceu?

— Minha mãe teve que dar a pobrezinha para outra família. Estava doente e a gente não tinha dinheiro para cuidar dela. Era pequena, igual à sua filha. Foi ruim, sabe? Mas foi melhor. Se eu cuidasse dela, não podia trabalhar nas carroças. A família que a levou é boa. Não são ricos, mas podem cuidar dela direito. Meninas são fracas, tem que cuidar muito — declarou sério, como se ele fosse a força e a saúde personificadas.

Decidindo que não faria diferença ter uma negrinha ou um mulatinho em casa para cuidar de Rita, Marieta perguntou:

— Quanto você ganha trabalhando com a carroça?

— Ah, isso depende. Tem dia que dá para ganhar dois ou três réis, até mais. Mas tem outros que não ganho nada — lamentou Juliano.

— Você não pensou em outro trabalho?

— Nas fábricas? Não! Já trabalhei em algumas, e é comum baterem na gente, não quero. Essa carroça era do meu pai. Quando ele foi para o leprosário, eu continuei o trabalho dele. Aprendi com ele — declarou orgulhoso. — Desde pequeno, meu pai me carregava, por isso conheço a cidade.

— E se eu lhe oferecesse trabalho, Juliano, você aceitaria?

— Depende. O que a senhora quer que eu faça?

— Preciso de alguém que me ajude na mudança e a tomar conta da Rita. Você poderia morar comigo, dormiria no quarto com a Rita e teria comida e roupa.

Juliano a encarou surpreso e desconfiado.

— Isso é serviço de menina! — protestou.

— Não é, não. Você mesmo disse que cuidava da sua irmã e acho que gostava de cuidar dela. É um trabalho. Eu trabalhei em fábrica fazendo serviço de meninos: carregando baldes de água.

— É?

— É.

— E a minha mãe? E a minha carroça? O cavalo...

— Ficam com você — respondeu Marieta. Observou o lombo magro do animal e comentou: — Vai ser bom para o cavalo descansar um pouco. Na casa onde moro tem um terreno grande e baldio nos fundos, ele pode ficar lá.

— E de noite?

— O que tem? — indagou Marieta sem entender a preocupação do menino.

— Onde ele vai ficar? Agora, ele fica num canto do barraco onde eu moro. Não deixo na rua. É meu parceiro, sem ele a carroça não anda.

— Ah, entendi. Bem, dentro de casa não dá para ele ficar, mas talvez você consiga fazer um barraco para ele dormir. O terreno é grande.

— E a minha mãe?

323

— Você pode ir visitá-la todos os domingos. Converse com ela, eu não quero separar vocês. Apenas preciso de ajuda e acho que viver comigo será melhor para você. Vi que gostou da Rita e quero que ela cresça com pessoas que gostem dela. E eu gostei de você, Juliano. É um menino inteligente.

— E a senhora não tem marido?

— Não, não tenho.

— E trabalha no quê?

Marieta ficou pensando, após alguns instantes respondeu:

— Recebo um dinheiro de herança.

— Ah! Está bem. Vou conhecer a sua casa. Vou ficar até amanhã. Se eu gostar, vou falar com a minha mãe e fico de vez, combinado?

— Combinado — respondeu Marieta sorrindo.

Sentia-se bem com as crianças. Descobrira isso na fábrica. Elas não cobravam, não julgavam, não puniam; divertiam-se. Eventualmente, podiam ser cruéis e mordazes em suas brincadeiras, mas notara que, não havendo nenhum adulto para transformar a situação em drama, a questão se resolvia ao natural. Gostara daquela simplicidade infantil. Havia dor, havia sofrimento naquela infância miserável, naqueles dias roubados pela necessidade e pelo trabalho escravo, mas havia também uma força nascida da alegria de ser criança. Uma coisa boa e até incompreensível, dadas as condições materiais; entretanto, se observada sob o ponto de vista espiritual, a alegria de ser criança tem suas raízes na oportunidade de renascer na matéria, de o espírito aventurar-se em nova existência, de ver o futuro e nele poder construir o próprio progresso. A alegria infantil brota da alma.

Marieta e as crianças estabeleceram-se na vila operária. Esquivou-se do contato com os demais moradores, evitou sair dos limites de seu pátio. Genésio vivia transportado ao sétimo céu. Considerava-a a mulher ideal: pacata em público, discreta, bonita, quem a visse na rua diria se tratar de uma mulher refinada, mas ele conhecia o outro lado. Tinha encontrado a amante perfeita.

O humor melhorara consideravelmente, cuidava mais da aparência, rejuvenescera. Seus amigos, atentos à mudança, o provocavam:

— Encontrou a melhor vitamina para um homem: mulher nova — diziam.

— Alegra mais que a melhor cachaça de alambique.

E obscenidades que não cabe comentar. Ele sorria, sem nada responder. Sentia-se possessivo em relação a Marieta, não queria dividi-la com outros homens, nem sequer em palavras. As típicas gabolices masculinas não o atraíam.

Às suas costas, porém, os comentários dos amigos eram outros:

— Apaixonou-se por uma vadia. Pobre homem, não sabe o destino que o espera.

— É burro! Não tenho pena. Esperou tanto tempo para arrumar uma amante, e para quê? Para se apaixonar depois de velho por uma vagabunda nova de peitos duros. Vai tirar-lhe muito dinheiro e enfeitar-lhe a cabeça com mil chifres.

— O pior é que se apaixonou mesmo. Viram que nem fala dela, sumiu da casa da Preta, e ia lá religiosamente. A mulher dele faltava à missa quando chovia, mas ele... estava lá na Preta. Deve ser bonita, e ele está comendo o filé sozinho — debochava outro fingindo tristeza, para depois sorrir maliciosamente e completar: — Por enquanto.

— Esse tipo de coisa não termina bem. Só falta o bobão acreditar que é amado.

E riam-se.

Em casa, dona Joana o espreitava com o canto dos olhos. Notara cada uma, até as mínimas mudanças no comportamento do marido. Sentira o cheiro de Marieta na pele dele, sempre o mesmo. Dia a dia, mais bem-humorado, tolerava todas as suas vontades, não reclamava da novena que rezava em casa reunindo as amigas da igreja. Entrava e saía, cumprimentando-as sorridente e amável. Nem da presença do padre no almoço de domingo se queixara. E, por certo, sentira o desinteresse dele pelas obrigações matrimoniais, não a procurara no leito. Fato que ela agradecia, já lhe dera dois filhos e cumprira as funções de esposa. Contando quase cinquenta anos, sentia-se velha. A idade de procriar estava encerrada. E a convivência sexual com o marido, a seu ver, bem podia ter o mesmo destino. Todavia, vivera o bastante para saber dos inúmeros problemas que uma amante fixa e uma eventual família paralela podem ocasionar.

— Bastardos, nem pensar! — resmungava pelos cantos. — Exijo respeito! Sou a mãe dos filhos dele, entreguei-lhe minha juventude e beleza, agora, na velhice, arrumar uma amante para explorá-lo, para tirar-lhe dinheiro... Só por cima do meu cadáver! Genésio nunca me desrespeitou assim, mas eu sei que está enrabichado com alguma ordinária. Mulher sente essas coisas. Eu pego ele, é só observar.

Contudo, somente o padre ouviu suas confissões e a exortou à paciência cristã, lembrou-a dos valores da família, do pecado da ira e do falso-testemunho. Prescreveu-lhe longa penitência e saiu do confessionário cansado, suando, afinal o verão no Rio de Janeiro estava quente demais para gastar as horas com aquelas conversas. "São sempre as mesmas, no máximo mudam de endereço. Estou cheio delas", pensava o sacerdote.

As aparências enganam. A calma de Marieta era ilusória. O humor dela oscilava, o equilíbrio era um sonho, tão distante quanto uma visita a Júpiter. Quando a tristeza emergia, impunha uma parada em todos os impulsos, condenava-a a momentos de introspecção, de solidão. A companhia de Juliano e Rita deu-lhe alento. Por alguns meses, viveu a ilusão de que poderia ter a sua família, um futuro, pessoas a quem amar e em quem confiar. Genésio aparecia nesse cenário como um mal necessário. Além de prover as necessidades materiais, o relacionamento sexual a mantinha em relativa estabilidade, diríamos necessidades básicas minimamente satisfeitas. A tristeza afetava-lhe a libido e mesmo a compulsão aparentava certa "normalidade".

A bola de emoções internas sufocadas e desconhecidas, por assim dizer, murchava e não causava tanta tensão. O vazio torturante, a angústia ficavam temporariamente anestesiados.

Não cedera ao desejo de encontrar Silvério. Impusera-se, em nome do amor à filha, o dever de lutar e viver longe dele. Eis a causa da tristeza.

Giacomo, na história de Marieta e Silvério, não passara de um mata-borrão. Alguém em quem ela extravasara os excessos. Usara-o, também para ferir Silvério, para provocar-lhe ciúme. Por isso, marcava os encontros na paróquia de São Cristóvão: queria que ele visse, soubesse e, num arroubo insano, fora capaz de desejar infligir sofrimento ao ser amado.

Marieta não aceitava a opção do irmão pela religião. Sabia que era amada e o queria com todas as suas forças, diga-se, em muito aumentadas pela compulsão desencadeada posteriormente. Nessa fase doentia, não titubeava em assediá-lo, torturando-o com visitas frequentes, com carícias, com toques, com cenas dramáticas em que lhe implorava carinho, amor e sexo. Haviam sucumbido e, por isso, cada vez mais ele se penitenciava. Ao ver-lhe as marcas nas costas, ela sentia um estranho prazer, como se a dor dele a satisfizesse. E, logo em seguida, caía em pranto, arrependida.

Nesses dias, entregava-se à bebida e procurava esgotar todas as forças no sexo. Literalmente, punia seus amantes, sugando-lhes as energias. Gostava de vê-los "transformados em trapos". Então, descartava-os. Era como se desejasse esgotar a ira destruindo o impulso à vida, tornando-o abjeto, rebaixando-o e degradando-se muito abaixo do instinto meramente animal. Afogava-se em um mar interior da mais pura revolta. Maremotos de confusão emocional tumultuavam-lhe a vida interior, a respeito da qual não refletia, apenas, cegamente, procurava alívio. Em última análise, buscava a destruição.

Não se importava com seus parceiros. Seus relacionamentos, na maioria das vezes múltiplos, assemelhavam-se a qualquer outro objeto de uso pessoal. Nada mais. Procurava várias vezes o mesmo homem da mesma maneira como repetia o perfume ou uma roupa. Sem vínculos afetivos. Seu amor, carinho, sua ternura e paixão pertenciam apenas a Silvério. E não titubeava em fazê-lo sofrer.

Por isso, não falava, não pensava em Giacomo. Era como uma roupa que virara pano de chão e depois fora jogada fora, sem serventia.

Os tempos de tristeza eram cíclicos. Sombras rodeavam-na, insuflando-lhe pensamentos, despertando-lhe desejo, agitando o mar de revolta em seu íntimo. Dele irrompia um enorme vulcão em chamas, banindo a calmaria imposta pela tristeza. De sua enorme cratera exalava angústia, insatisfação e ódio à vida. Nada disso ela trazia à consciência, sentia e agia às cegas. Aflita, torturada, a casa tornara-se uma prisão, carecia andar, sair para a rua. Tinha na boca o gosto de álcool, embora não o ingerisse havia muitos dias, e os órgãos sexuais pulsavam. "Preciso beber e divertir-me com um homem, com urgência. Genésio não me satisfará nesse estado. Preciso de um amante jovem, forte, bem-disposto. Não posso esperar até a noite, tem que ser o quanto antes", pensava, dominada por necessidades prementes, sem freios. Esqueceu-se da filha, de Juliano, de tudo, e aventurou-se nas ruas em busca de satisfação.

Amanheceu assim. Poderia se dizer que, não mais do que de repente, se da vida admitir-se apenas a matéria, e por consequência, crer-se viver só em estado de vigília e com as pessoas que compartilham o curto espaço de tempo entre o nascimento e a morte.

XXXI. À espreita

Dai palavras à dor. Quando a tristeza perde a fala, sibila o coração, provocando de pronto uma explosão.

Shakespeare, William. *Macbeth*. Ato IV, cena III: Malcolm (1605-1606).

— Onde está Maria? — indagou Genésio a Juliano, ao ir visitá-la inesperadamente um domingo.

Passadas as primeiras semanas, ele estabelecera uma rotina de encontros às terças e sextas-feiras ao cair da noite.

— Não sei, senhor Genésio — respondeu o menino. — Ela saiu depois do almoço e ainda não voltou.

— Estranho. Maria não é mulher de andar na rua. Não tem necessidade. Ela estava bem?

— Sim, senhor. Quero dizer, não estava doente.

— Hum... Deve ter algum motivo. Esperarei — afirmou consultando o relógio. — Tenho tempo.

Juliano disfarçou o medo causado pela declaração e afastou-se do corredor que ligava a cozinha à sala de visita.

— Está bem. Vou cuidar da Rita — e afastou-se.

Genésio acomodou-se na sala, inquieto, não estava acostumado a aguardar. Resolveu servir-se de um bom uísque. Abriu o armário e surpreendeu-se ao encontrá-lo vazio.

— Juliano!

Carregando a risonha Rita no colo, encantadora em seu vestido branco e vermelho, mordendo as mãozinhas no afã de coçar as gengivas, o menino surgiu no corredor, olhos arregalados, mas voz firme, submissa.

— Sim, senhor.

— O que aconteceu com as minhas bebidas? O armário está vazio.

— Ah, é mesmo — falou Juliano e emendou rápido: — É, foi ontem. Tinha ratos no armário. Derrubaram as garrafas e, como tinha sujeira deles, a dona Maria pôs tudo fora.

— Ratos?!

— É, tem muitos aqui. O senhor não deve ter notado, mas eles vêm do esgoto. E tem esse terreno grande aqui nos fundos. Nunca viu na fábrica? Deve ter por lá também.

Genésio ficou pensativo. Observou o menino, depois o armário vazio, sacudiu a cabeça, afastando as dúvidas.

"Deve ser isso mesmo. Maria gosta de uma boa bebida, mas não exagera. É uma mulher fina, educada, honesta. Há de ter-lhe acontecido uma grande desgraça na vida para eu tê-la encontrado. Ela gosta de tudo arrumado e da casa limpa. A negra que vem arrumar a casa é muito caprichosa, deve mesmo ter encontrado ratos", considerou Genésio.

— E não há nenhuma bebida nesta casa, menino?

— Tem cachaça na cozinha.

— Cachaça? Nunca soube que Maria comprasse cachaça.

— Comprou a semana passada para fazer xarope.

— Hum, está bem. Traga-me a garrafa.

Juliano apressou-se e pegou bem no fundo do armário, em um canto, atrás de várias latas de mantimentos. Não percebeu que Genésio o seguiu e assustou-se ao ouvi-lo dizer:

— Santo Deus! Até parece que esconderam essa garrafa.

— Ah, é. Dona Maria guardou bem no fundo para não ocupar espaço. E tem só um restinho, ela usou quase toda... no xarope.

Genésio apanhou a garrafa, leu o rótulo: Paraty. Uma aguardente comum, mas boa. Serviu-se de uma dose generosa e deixou a garrafa sobre a mesa.

— Juliano, não está na hora de a menina dormir? Vão daqui. Quero descansar na sala.

— Sim, senhor.

Mais do que ligeiro, Juliano abraçou a pequena Rita e rumou para o quarto. Fechou a porta, colocou-a sobre a cama e suspirou aliviado:

— Ufa!

Depois recordou o lamentável estado em que Maria voltava para casa nos últimos dias: desgrenhada, bêbada, alterada. Continuava tratando-o bem, era carinhosa com a filha, mas ficava pouco tempo em casa. Dormia algumas horas, insuficientes para recuperar-se dos abusos do dia anterior. Alimentava-se mal. Como chegava tarde, já na madrugada, às vezes nem tomava banho. Cheirava a cigarro, cachaça e sujeira.

Fazia algumas semanas que estava assim. Lembrava-se do susto da primeira noite em que, após ter desaparecido o dia todo, regressou à casa bem tarde, embriagada, amparada por dois homens desconhecidos. Eles riam muito e diziam palavras obscenas. Ficara triste, preocupado. Lembrou-se de ver a própria mãe daquele jeito algumas vezes. Tentou conversar com ela, mas não havia condições, então simplesmente a arrastou até a cama e a deixou dormir. Cuidou dela no dia seguinte, fez-lhe chá, café, e a faxineira preparou um caldo de frango. Não sabiam o que tinha acontecido.

— Não fique assim, menino — consolou-o Benvinda, a faxineira negra que limpava a casa, cozinhava e lavava roupa. — As pessoas são burras mesmo. Têm seus problemas, mas quem não tem? Eles pensam que bebendo e se atirando na vida vão esquecer ou resolver alguma coisa. Ilusão! Tenho pena dela. Uma moça bonita, com saúde. Está certo que podia arrumar um homem melhor, mas... o que ela tem dá do bom e do melhor para vocês. Então... Vamos cuidar dela e garantir o nosso ganha-pão. É uma infeliz. Amanhã vai passar tudo isso.

Juliano ficara triste, aprendera a gostar de Maria. Ela era boa para ele como poucas pessoas tinham sido. E adorava a pequena Rita. Elas eram a sua família. Sua mãe o visitara apenas uma vez desde que morava com Maria. Ele, sim, a procurara. Mas ela vivia numa casa de tolerância, com outras mulheres, e tinha pouco tempo para conversar com ele. Beijava-o, dizia-lhe algumas palavras e o mandava embora, alegando que ali não era lugar de meninos. Já fazia mais de um mês desde a última tentativa de visitá-la. Desistira.

Maria o confortara. Abraçara-o. Deixara-o chorar sem recriminá-lo por ser um menino. Gostava dela, era sua única amiga. Sofria ao vê-la naquele estado e cuidava para não deixar Rita vê-la.

Aflito com o que poderia acontecer se Genésio descobrisse as loucuras dela nos últimos dias, Juliano juntava pedaços desconexos de orações, algumas católicas, outras africanas, e implorava ajuda aos céus. Genésio ainda não descobrira nem desconfiara do que se passava, graças a Benvinda, que, às terças e sextas-feiras, conversava muito com Maria e a segurava em casa. Ela somente saía depois da partida do amante.

— Espero que ele vá embora logo, antes de ela chegar. Por que veio hoje?! Maldição! — resmungava Juliano baixinho, enquanto Rita brincava inocentemente sobre a cama.

Genésio cansou-se e decidiu ir embora. Porém não foi só, levou consigo a dúvida, embrião do ciúme.

Marieta foi alertada e severamente confrontada por Benvinda quanto à necessidade de manter Genésio "satisfeito", pois ele era o provedor da subsistência, da moradia, do conforto — coisas que Marieta muito apreciava —, apelou para os sentimentos maternos, a responsabilidade com a manutenção das crianças. Logicamente, Benvinda tinha

332

anos de experiência na "assistência" a jovens na condição de Marieta, por isso dourou a pílula dizendo-lhe:

— Maria, sacrifícios são precisos. Todo mundo faz dum jeito ou do outro. É da vida, minha filha. Você tem a faca e o queijo na mão. O velhote baba por ti, menina. Tire dele o máximo que você puder e mantenha-o feliz. É fácil! Difícil é aguentar um homem o dia inteiro à sua volta, entra ano, sai ano. É ter que fazer conta para pagar as despesas no fim do mês e sabe que o bandido vai gastar em alguma bobagem, bebendo, jogando, fumando. E se reclamar, minha nega, ele te diz na cara que isso é coisa de homem, que trabalhou feito bicho e tem direito de se divertir. É como se a mulher não fizesse nada, ficasse o dia inteiro de perna para cima. E tem que engolir, porque tem os neguinhos para criar, é preciso morar em algum canto. E como diz o povo: ruim com ele, pior sem ele. Isso é ruim. Mas veja o seu caso assim, Maria: o velhote vem aqui, passa umas horas contigo na cama, se levanta e vai embora. Olha bem, até recolhe as roupas do chão e leva as cuecas sujas para lavar em casa. Só deixa o dinheiro em cima da mesa. Ele nem come aqui, não suja um prato. Não perde o velhote, menina. Sai, vai aproveitar a vida, como se diz, com os homens mais novos, mais bonitos, mais garbosos, mas lembra que, por essas bandas, são todos pobres. Cuida para o velho não desconfiar das escapadelas. Segura o passarinho na mão, e bem fechada, viu? É melhor um passarinho velho na mão que um bando voando na volta, morto de fome. Esses, minha filha, vão se fartar com o que você quer oferecer e vão-se embora, não deixam nada na mesinha, entendeu?

Marieta compreendia os conselhos de Benvinda. A necessidade é grande mestra, eficiente, em geral é lição dada e lição aprendida. Os dias no cortiço tinham lhe mostrado a outra face do dinheiro, uma na qual nunca pensara, pois não conhecera até então a escassez de recursos. Não sabia o que era juntar moedas para comprar um pão. Sabia gastar sem limites para satisfação de seus desejos e prazeres. Agora era responsável por suas necessidades, as das crianças e as de Benvinda, pessoas que, em última análise, viviam sob sua dependência financeira. Genésio mostrava-se um amante apaixonado e generoso.

A casa não se comparava à mansão onde vivera, mas lhe proporcionava, confortavelmente, o necessário e mesmo alguns supérfluos. Meditou sobre as advertências de Benvinda e esforçou-se para mantê-lo feliz e satisfeito.

No entanto, embora mantivesse suas dúvidas caladas, Genésio a observava e, para seu desagrado, descobriu falatórios entre os operários que residiam na vila a respeito da conduta da moça da "última casa".

E Marieta não contava com a oposição feminina. Aliás, em toda sua existência, somente se relacionou com as mulheres que, de alguma forma, a serviam, não tinha amigas. Dulce, Bernardina, Cândida e Bastiana tinham tentado.

Tinha vida dupla havia anos: em sociedade, era a moça refinada; solta nas ruas pobres e operárias, era a caçadora compulsiva. Mas antes agia em classes sociais diferentes, em bairros distintos, nos quais a fronteira econômica delimitava as relações. Não se apercebera de que agora estava inserida no ambiente e sem proteção econômica. Ali as mulheres da vizinhança observavam seus atos da janela, por sobre as cercas floridas e nas calçadas. Viam e comentavam.

Acrescente-se a isso que os homens com os quais ela "se divertia" propagandeavam os feitos uns para os outros. E misturavam-se os boatos femininos e os masculinos. Não demorou a Marieta tornar-se o assunto da vila. Os seus constantes atos escandalosos forneciam farta lenha para a fogueira da fofoca na qual acabaria queimada.

Todavia, entre todas as adversárias femininas, havia uma espreitando-a com raiva, desejosa de vingança: Joana.

Em sua doença e desvario, Marieta sequer lembrava-se de Genésio, muito menos cogitava a respeito dos pensamentos e sentimentos da esposa dele. Sabia o seu nome, a título de mera informação, não lhe interessava, eis tudo. Portanto, ignorava-lhe a existência. Situação perigosa, pois se colocava na posição da presa fácil e ingênua que desconhecia estar sob a mira inimiga.

Joana observava atrás das cortinas. Aguardava, silenciosa, o regresso do marido. Não comentava a mudança de atitude, mantinha a normalidade da relação conjugal e da vida familiar. Parecia inerte diante da situação. Mas o predador para antes do ataque.

Ela contratara um policial, chamado Onofre, para seguir Genésio. Todas as tratativas haviam sido feitas no pátio da paróquia à luz do sol. Joana não era boba para esconder-se e ser descoberta. Ninguém suspeitara da breve conversa com o policial, nem, depois, dos casuais encontros nas missas, quando ela distribuía os missais e panfletos, e recebia dele, à guisa de devolução de material em dobro, um desses impressos com um sucinto relatório da investigação das atividades do marido. Assim, no segundo mês do relacionamento de Genésio com Marieta, ela sabia de todos os pormenores. Permanecia incógnita a origem da tal Maria. E, com paciência de discípula de Jó, esperou a hora certa. Enquanto isso, por meses, viu o marido tornar-se um bobo, enfeitando-se e desejando parecer muito mais jovem, alheio, distraído, quase um estranho dormindo ao seu lado.

Quando soube dos escândalos e desvarios de Marieta, exultou. Esperara por eles não por pensar que a jovem fosse afetada por algum transtorno, não cogitava isso, mas simplesmente por saber que fora daquela forma o início da relação com Genésio. "Pau que nasce torto morre torto", pensava sorrindo enquanto lia o relatório.

Os fatos posteriores a deleitaram. Adorou, deliciou-se com as noites em que Genésio fora à procura da tal Maria e dera com o nariz na porta, esperando em vão. Poderia ter contado tudo, mas não perderia o prazer de ver o idiota do marido humilhado. Ele pagaria caro a traição conjugal, mas não veria jamais a mão de quem cobrava a dívida.

Quando o estado de Marieta atingiu o auge e pouco ficava em casa, Benvinda a buscava nos bares e becos. Cuidava dela, sempre pensando em manter o dono da fábrica satisfeito. Já tivera uma patroa prostituta, aprendera os macetes. Marieta dava-lhe mais trabalho, pois não pensava em dinheiro. Sexo não era trabalho, mas necessidade extrema. Benvinda chocava-se com aquilo, considerava descontrole. E, até para uma prostituta, era muita falta de vergonha, pois não cobrava pelo "serviço" nem selecionava a clientela. Advertira-a, várias vezes, sobre as doenças. Falara da sífilis, que não tinha cura e a morte era triste. Horrorizava-se, constatando que Marieta não tomava sequer cuidados para não engravidar. "Já tem uma, daqui a uns dias terá uma penca de filhos", pensou. E, antes que tal acontecesse, pelo sim, pelo não, a fazia beber chás e poções abortivas todos os dias.

Benvinda comentou com Juliano haver notado um homem que seguia Marieta, pois passava por ele com frequência quando ia buscá-la nos bares.

O menino ficara cabreiro, pensativo. Arrependida de ter contado, tratou de desconversar com medo de que ele fizesse alguma bobagem.

— Deve ser besteira minha — declarou. — Não fique com isso na cachola, moleque. Nesse lugar acaba que vão sempre as mesmas caras. Conheço bem essa história, já lhe contei da outra patroa. Vá cuidar do nosso anjinho!

Como um abutre sobrevoando a presa à espera de sua morte para deleitar-se com a carniça, Joana acompanhava cada passo, cada pessoa que fazia parte da vida daquela tal de "Maria". Enchia seu cálice interior de veneno e preparava o momento de vertê-lo sobre Genésio e Marieta.

Um mês depois...

Onofre ingressou na igreja, molhou os dedos na água benta, flexionou rapidamente os joelhos e fez o sinal da cruz.

Sorriu ao ver dona Joana em sua usual atividade, trajando um vestido escuro, os cabelos bem presos em um coque na nuca, poucas joias, apenas brincos de pérola, o anel e a aliança de casamento. Seu terço era de madrepérola e ouro. Poderia ser considerado uma joia, mas para ela era um objeto religioso.

O policial aproximou-se e cumprimentou-a educadamente:

— Bom dia, dona Joana.

— Bom dia, senhor Onofre. Necessita do missal?

— Sim, senhora. Vim do trabalho, como sabe, e o meu ficou em casa.

Ela lhe estendeu o livreto e os folhetos distribuídos na paróquia. Ele os apanhou e, fingindo examiná-los, enfiou seu relatório entre as páginas e devolveu-lhe com fingida afetação. Prosseguiram um diálogo dúbio, aparentemente banal.

— Como vai o seu trabalho, senhor Onofre? Muita confusão, creio eu.

— Sempre, minha senhora. Isso é o que mais acontece. Há muitas almas perdidas nesse mundo. É de apavorar do que são capazes. Os jornais estão cheios de histórias, não é fato?

— Realmente, tenho lido verdadeiros escândalos. Mas trabalhamos para que algumas almas se salvem e se afastem desses caminhos de perdição. Inclusive, amanhã, haverá uma reunião para tratarmos desse assunto aqui na paróquia. Planejamos algumas atividades.

— A que horas será, senhora?

— Às quinze horas. Algumas paroquianas chegarão um pouco mais tarde, mas quanto mais cedo começarmos melhor.

— Sem dúvida, conte comigo.

O padre iniciou a missa dominical. Onofre despediu-se. Procurou um banco em frente à porta lateral da igreja e sentou-se na beirada junto ao corredor da parede. Na primeira oportunidade em que o sacerdote solicitou aos fiéis para ficarem de pé, ele saiu rápido.

Na tarde seguinte, após o encontro com dona Joana, buscou um banco à sombra de uma árvore e sentou-se. A cabeça rodava. Jamais imaginara esconder-se uma mente tão perversa por detrás da fachada de beata piedosa.

Aceitara aquele trabalho, julgando-o igual a tantos outros que fizera, por necessidade, para aumentar a renda. Tornara-se uma espécie de investigador particular nas horas de folga. Traições conjugais eram a sua especialidade. Pensava nessas investigações como algo fácil: descobria, relatava, reunia provas, serviço encerrado e o seu dinheiro no bolso. No entanto, com dona Joana a situação era outra.

Ela lhe pagava por semana, e o dobro do valor que costumava cobrar. Não entendia a razão, mas pouco lhe importou a esquisitice do pedido. Estava ganhando bem. Considerou alguma espécie de sadismo ela querer detalhes da vida da amante do marido e dos encontros deles, especialmente as vulgaridades da conduta de "Maria" contidas nos relatórios. Corava só de pensar no quanto precisara escolher os termos para redigi-los, pois, usando de uma linguagem vulgar, teria dito tudo de forma muito compreensível apenas com uma palavra. Pensara em não chocar uma mulher puritana, religiosa. "Para quê? Tudo em vão. Ela é pior que a outra, que apenas é uma vadia. Vadia mesmo!", pensava Onofre.

Joana acenara-lhe com uma quantia tentadora demais, a solução de seus problemas. Sonhava adquirir uma boa casa em um bairro melhor. Por isso, aceitara executar aquele plano diabólico e perverso. Agora não podia voltar atrás, mas não o fazia sem sentimento de culpa, não sem que a consciência doesse. Metade do dinheiro já estava no bolso de seu casaco e receberia a outra metade no fim de tudo.

XXXII. Vingança

Tal como algumas feridas incitam o contato das mãos que as irritam ou tal como o corpo tomado pela sarna se compraz com o gesto de coçar, assim diria eu que, nessas mentes, a modo de chagas, brotam malévolas paixões cujo tormento equivale à sensação do prazer.

Sêneca. *A tranquilidade da alma.* Capítulo II, item 11. São Paulo: Escala.

Marieta vagava pelas ruas sujas próximas à vila. Entediara-se no bar onde costumava beber e conversar. Não notou que quatro homens a seguiam. Com a mente embotada, andava sem pensar, sem observar, desejosa de esquecer a própria vida. Dia a dia alienava-se mais da realidade. Bebida, sexo e perambular pelas ruas consumiam as suas horas.

Em lampejos, lembrava-se da filha, de Juliano, da casa, então voltava. Tomava banho, alimentava-se, descansava, por um dia ou dois se tranquilizava. Mas depois a sede dos vícios, de andar a esmo a vencia.

Benvinda prosseguia em sua tarefa de subsistência, rastreando e carregando Marieta para casa nos dias de encontro com Genésio. Mas ela começava a rebelar-se, não o suportava mais, não o queria como amante. Conhecedora dos meandros da prostituição, Benvinda trazia-lhe drogas, como ópio e absinto, e assim mantinha a relação. Genésio notava as alterações, mas ela ficava ainda mais desinibida e tudo o que desejava era viver uma paixão desvairada e sem compromisso. Esquecia-se dos boatos, atribuindo-os à inveja.

Após a visita das terças-feiras, Marieta tinha plena liberdade até a noite de quinta ou manhã de sexta, quando Benvinda a buscava. Naquela quarta-feira, estava particularmente fragilizada. Seu comportamento eufórico, desinibido em demasia, encobria a beira do precipício, do abismo da tristeza. Bebia muito, qualquer coisa que lhe dessem, para anestesiar as torturantes recordações de seu passado, das quais não se libertava.

Nesse estado era presa fácil, aliás, sempre fora. Quando seus perseguidores a viram entrar num beco escuro, reduto de marginais, decidiram agir.

Pegaram-na pelas costas, amarraram-lhe a boca e a carregaram como se fosse um saco de batatas. Ela se debateu, teve medo. O instinto de sobrevivência despertou aturdido, pois a mente mergulhada em álcool emitia sinais desconexos.

— Belas coxas, dona — elogiou o homem carregando-a sobre os ombros. — E tetas fartas.

Depois lhe passou a mão nas nádegas e suspirou deliciado.

Bastou isso para Marieta mudar completamente.

— Hum! Vocês gostam de uma "diversão" mais apimentada? — indagou rindo, de maneira vulgar.

— Dona, a gente se diverte de qualquer jeito — respondeu o que estava ao lado, aproveitando para acariciá-la da mesma forma lasciva.

— Hum! E para onde vamos? Por que não pode ser aqui? E não me venha com essa de que estamos na rua, na calçada, todo mundo faz por aqui — falou Marieta, correndo as mãos pelas costas do homem que a carregava. — Hum! Você é forte! Gosto de homens fortes, grandes...

O outro homem que vinha atrás lhe puxou os cabelos, fazendo-a erguer a cabeça e a beijou com violência, mordendo-lhe os lábios.

— Uau! Faz de novo — pediu ela, surpreendendo o homem.

340

— Vadia! Hoje você vai pedir para a gente parar. Vamos acabar com você — ameaçou ele. — Você gosta de apanhar?

— Adoro — murmurou ela, puxando-o para beijá-lo e mordê-lo, contorcendo-se contra o homem que a carregava.

— Cruz-credo! Até parece possuída pelo demo — exclamou o terceiro.

Ela riu da expressão de assombro dele e, fazendo beiço, perguntou:

— Tem medo de mim, grandão? Eu sou o demônio, sou uma cobra, mas lhe faço arder no inferno, tenho brasa dentro de mim, fogo puro. Está com medo de provar? Você não tem cara de gostar de mulher...

Desnecessário relatar a conversa obscena. Fato é que eles pensaram que nunca ganhariam um dinheiro tão fácil e tão "divertido". E ela, disposta à orgia, não notou a cilada. Sequer reconheceu a fábrica de Genésio para onde a carregaram.

O local estava na penumbra. Aquele setor não funcionava à noite. Apenas no alto da escada havia luz.

Genésio trabalhava no escritório quando ouviu risadas, gritos, palavrões, expressões chulas, gemidos e barulho de caixas e objetos caindo, vidros quebrados. Assustado, pegou o revólver na gaveta e saiu. Parou no alto da escada, viu vultos.

— Santo Deus! O que é isso? — murmurou.

Identificou a orgia nas dependências da fábrica: três homens e uma mulher. Algo vulgar e obsceno. Gritavam como se fossem animais.

Enfurecido, disparou tiros à queima-roupa e viu os homens fugirem como ratos. A mulher ficou jogada sobre uma esteira, nua, rindo, chamando os homens.

— Vagabunda! Ordinária! — berrou Genésio, descendo as escadas disposto a enxotá-la aos pontapés da fábrica.

— Ordinários! Estão todos no olho da rua. Identificarei cada um. Que falta de respeito! — gritava, mas calou-se ao reconhecer Marieta.

A raiva ferveu dentro dele. Sentiu-se traído, desrespeitado, humilhado. Desferiu-lhe todos os desaforos verbais que conhecia e, sem pensar, tirou a cinta e surrou-a brutalmente. Ela não teve chance: drogada, nua, em total desequilíbrio, surpreendida pelo flagrante e pela fúria do amante a quem mal reconheceu. As palavras de reprovação dele despertaram as lembranças das recriminações paternas quando descobriu o relacionamento com Silvério. Ele também os tinha agredido. Passado e presente misturaram-se para Marieta. Não se importava mais com a dor física, rasgavam suas carnes, arrancavam-lhe os cabelos, mas o que era isso comparado à velha dor que carregava calada dentro de si?

A nuvem escura de suas testemunhas desencarnadas apreciava a cena, deleitando-se e insuflando a ira de Genésio.

Por fim, exausto, ele se afastou. Marieta estava inconsciente, nua, extremamente machucada, deitada sobre a esteira da fábrica. Sangue, cabelos e trapos jaziam no chão.

Genésio a olhou e, caindo em si, assustou-se, pensou tê-la matado. Olhou as próprias roupas sujas com o sangue de Maria e afligiu-se:

— Preciso me livrar do corpo dessa vagabunda...

Agindo sob o império da emoção, enrolou-a em uma lona e a arrastou pelos fundos da fábrica, jogando-a no terreno baldio próximo à casa da vila. Estava escuro e não viu movimento de pessoas. Voltou à fábrica. Precisava apagar as marcas da agressão, o que não seria difícil, o chão era imundo mesmo, água e depois cinzas, misturaria as manchas novas às velhas, sem chamar atenção. Agradeceu aos céus ter roupas limpas. Lavou-se e trocou as vestes. Jogou as sujas nos fornos, queimando-as com os trapos e cabelos de Maria.

Sentindo-se febril, agitado, nervoso, foi para casa. Joana lia a Bíblia e rezava, com o terço enrolado nas mãos. Somou-se ao seu mal-estar o sentimento de culpa, de inadequação, de inferioridade. Julgava-se sujo. Depois do que tinha visto e feito na fábrica, a esposa lhe pareceu uma santa.

342

Calma, Joana sorriu e repetiu a fala de todos os dias:

— Está cansado? Pobre marido, como trabalha! Deus o abençoe! Seu banho o espera e, assim que estiver pronto, mandarei servir o jantar.

Aturdido, balbuciou algumas palavras e foi para o quarto de banho. Precisava lavar-se muito, o cheiro de sangue o enojava. Queria ficar sozinho. O segredo de seu crime lhe queimava a mente e o aturdia.

— Como você demorou, Genésio! — censurou Joana. — O jantar esfriou.

— Não faz mal, estou sem apetite.

Joana fingiu ignorar o abatimento do marido. Ouvira no corredor o som e os gemidos dele esfregando-se com força.

— O que houve com seus braços? — perguntou, fingindo preocupação com os arranhões e a vermelhidão da pele irritada pela forte escovação.

— Ah! Não foi nada. Cadê a comida?

— Vou mandar servir. Pode sentar, trarei o vinho.

— O garrafão, por favor.

Ela baixou a cabeça e sorriu, dando-lhe as costas. Retornou seguida pela empregada. Serviram o jantar: filé malpassado, arroz, salada de beterraba e tomate.

Joana apanhou o prato do marido e serviu uma generosa porção de carne, dizendo ao colocar o prato à sua frente:

— Como você gosta.

A carne estava praticamente crua.

— Bem suculenta, correndo sangue — insistiu.

Ele olhou o prato, enojou-se, recordando a cena protagonizada na fábrica. Mas não podia falar. Naquele instante daria boa parte de sua fortuna para jantar leite e pão, não aquele prato vermelho, cheirando a carne e sangue.

A empregada encheu-lhe a taça de vinho, escuro, encorpado. Ele a tomou ávido, pedindo-lhe mais. Foram quatro, até que, nervoso, derramou o vinho sobre a própria mão

343

e tomou-se de horror. Parecia sangue, afastou-se da mesa aos gritos.

— O que aconteceu, dona Joana? O patrão adoeceu? — perguntou a empregada.

— Não. Ele está bem. É só a mão de Deus tocando-lhe a consciência, nada mais. Vá cuidar do seu serviço. Pode levar essa carne, eu não gosto. Traga-me o frango assado.

— Sim, senhora.

XXXIII. Tragédia

(...) a tristeza excessiva é inimiga da vida.

Shakespeare, William. *A tragédia do Rei Ricardo II.* Ato I, cena I: Lafeu
(1595-1596).

Juliano acordou, espiou o berço de Rita e tranquilizou-
-se. A menina dormia candidamente. Zonzo, decidiu tomar
água e ver se Maria havia retornado. Na cozinha, a agitação
dos cachorros no terreno dos fundos chamou-lhe atenção.
Ouviu o cavalo relinchar assustado. Afastou a cortina da janela
e, na semiescuridão da lua cheia, divisou a matilha movimen-
tando-se. Andavam em círculo, latiam, mas não atacavam.

— Estão chamando — murmurou Juliano. — Há alguma coisa lá.

Recordando-se de quando ajudara Benvinda a recolher Maria nas ruas, decidiu verificar, pensando que ela pudesse estar adormecida por ali.

Abriu a porta. O ar fresco o despertou. Olhou à volta,
não viu perigo, e caminhou até o local.

— Xô! Saiam! — ordenou aos cachorros.

Os animais o olharam, balançaram as caudas, latiram
e afastaram-se. Então deparou-se com um corpo nu, muito
machucado, de bruços.

— Nossa Senhora! — exclamou Juliano, assustado.

Aproximou-se mais e reconheceu a pessoa caída.

— Ah, não! Maria! — gritou.

Tocou-a, estava inconsciente, mas respirava. Os cães latiam à volta, e não demorou a aparecer um vizinho carregando um lampião.

— Menino, o que se passa? — perguntou.

— Preciso de ajuda, por favor. É Maria, bateram muito nela. Ouvi o barulho dos cachorros, vim ver o que era, e a achei. Veja!

O homem iluminou o corpo, sentiu revirar o estômago e afastou a luz, com piedade do menino. Perguntou:

— A casa de vocês é a última, não é?

— É, sim, senhor. É perto. Eu posso ajudar...

— Não precisa, garoto. Pegue o lampião e vá à frente, abra a por...

— Eu deixei aberta — falou Juliano, já com o lampião em mãos, ansioso, aguardando o outro carregar Maria.

Deitaram-na no quarto e o vizinho alertou:

— Ela não tem família? Precisa de cuidados, um médico seria muito bom. Devem ter quebrado ossos dela, já ouvi dizer que costelas quebradas podem furar os pulmões, e isso mata. Arrancaram-lhe até os cabelos...

Juliano olhou a cabeça de Maria, o couro cabeludo em muitas partes estava à mostra e muito ferido. Haviam lhe arrancado os cabelos, sem dúvida.

— Não. A Benvinda vai saber cuidar dela e procurar o médico — respondeu Juliano, tremendo.

— Pobre criança! — disse o vizinho observando-o. — Onde está essa mulher?

— Ela vem de manhã, não mora aqui.

— Sei. Então, traga-me água, pano e sabão. Vamos limpá-la um pouco. Ah, traga um cobertor também. E um lençol.

Juliano sorriu agradecido, mas seu rosto pálido e os olhos arregalados revelavam o medo, não sabia como agir. Apressou-se em atender ao pedido.

346

Limpa e aquecida, com improvisadas ataduras nos ferimentos maiores, Marieta balbuciou sons ininteligíveis e fez a tentativa de mover a cabeça. A dor possivelmente impediu-lhe os movimentos.

— Eu vou embora, garoto.

— Obrigado, senhor. Muito obrigado!

— Não há muito a fazer. Já está amanhecendo, a mulher de que me falou chegará logo. Ela cuidará do resto. Vá se lavar e mudar de roupa. Tome um café — orientou o vizinho.

Ele estava penalizado pelo menino e o bebê dormindo que conhecera em meio ao socorro da mulher ferida e alcoolizada. Sentira o cheiro da bebida e do fumo misturado ao sangue e à sujeira. Ao passar pela porta, correu as mãos sobre os cabelos de Juliano e o elogiou:

— Você agiu como um homem de fibra.

O menino o encarou e respondeu:

— O senhor me ajudou.

O vizinho despediu-se e saiu pensativo. Amanhecia. O movimento na casa de Maria chamara atenção dos outros vizinhos.

— O que aconteceu? — perguntavam-lhe.

— Não sei. O menino a encontrou machucada no terreno. Apanhou muito, não sei se sobrevive — declarou.

Benvinda foi cercada ao chegar à vila e crivada de perguntas. Aflita, dizia não saber de nada. Por fim livrou-se dos importunos e correu à casa.

Deparou-se com Juliano, ajoelhado ao lado de Maria, inconsciente. O menino trocava-lhe as compressas do rosto e balbuciava preces, rogativas sentidas pela saúde de sua benfeitora.

— Juliano, como foi isso? — questionou Benvinda, com os olhos arregalados ante a gravidade dos ferimentos da moça.

— Eu não sei. Estava assim, jogada no terreno dos fundos, perto da cocheira.

— Santo Deus! E quando aconteceu?

— Eu a achei de madrugada. Os cachorros latiam muito e fui ver o que era — contou Juliano com voz pausada. — Um vizinho me ajudou. Disse que ela precisa de um médico. Você conhece algum?

— Já deve estar caduco de tão velho, nem sei se ainda vive. Mas, e dinheiro?

— Eu tenho. Maria me dava dinheiro todas as semanas. Nunca gastei.

— Deixa eu ver, conheço osso quebrado. Só chamo o médico se encontrar algum — declarou Benvinda, decidida, e ergueu o cobertor.

— Meu Deus! Juliano, quem fez isso estava com vontade de acabar com a Maria.

— É, mas não conseguiu.

As mãos de Benvinda deslizaram ágeis sobre o corpo de Marieta, apalpando, batendo, examinando os cortes.

— Está muito machucada, mas acho que posso cuidar dela. Não tem febre. Está cheirando a cachaça, é por isso que não acorda. Mas até que é bom, assim não sente dor. Vou fazer uns unguentos para curar as feridas. Já lhe deu água?

Juliano negou. Ela se ergueu e, arrastando os chinelos gastos, foi à cozinha. Regressou com um copo de água e uma colher de chá. Entregou ao menino orientando-o:

— Dê-lhe água com a colherinha, devagar para que não se afogue. Com cuidado. Vocês limparam a boca?

— Não, Benvinda.

Ela não respondeu, saiu e voltou logo com uma toalha pequena e uma bacia com água.

Umedeceu uma ponta da toalha, enrolou-a no dedo indicador, infiltrou-o pela boca de Marieta, limpando a cavidade bucal. Sentiu-lhe alguns dentes frouxos, prestes a cair e balançou a cabeça penalizada. Encerrada a higiene, mostrou-lhe como dar a água. E afastou-se outra vez para preparar os unguentos.

Marieta acordou no início da tarde. Muito confusa, balbuciava palavras desconexas, mas reconheceu Benvinda e Juliano.

— Vou lhe dar uma mistura para dormir mais um pouco — decidiu Benvinda.

Na manhã seguinte, um mensageiro de Genésio informou que a casa deveria ser desocupada até o fim da semana.

Após a saída do rapaz, Benvinda encarou Juliano e comentou:

— Está tudo explicado. Ele descobriu.

— Eu mato aquele velho! — declarou Juliano irado. — Não precisava ter feito isso com a Maria. Ela não estava bem.

— Nem pense em desgraçar a vida, menino. Vamos cuidar da Maria e deixa que eu falo com ele. Se for preciso, peço para a gente ficar mais uns dias até ela poder ficar de pé.

No dia seguinte, Marieta despertou. Sentia dores horríveis, mas conseguiu movimentar-se. Permitiu que Benvinda a banhasse, trocasse sua camisola. O contato da roupa era doloroso. Sentada, ouviu a empregada relatar os fatos dos últimos dias.

Falava com dificuldade, a boca inchada, cortada, dentes frouxos, a língua pesada arrastava-se.

— Foi o Genésio — disse para Benvinda.

— Isso eu já sabia. Bem que eu lhe avisei, Maria.

Marieta balançou a cabeça. Lágrimas começaram a rolar. Lembrou-se da cena, da humilhação, recordou o passado envolvendo Silvério e o pai. Chorou desesperadamente e o sangue misturou-se ao pranto.

Benvinda tentou abraçá-la, mas ela estava muito machucada e retraiu-se ao toque. Limitou-se a ficar ao seu lado. Marieta não falava, mas revia mentalmente seu passado numa catarse emocional sofrida. Em meio ao desespero, surgiu a imagem da filha e, com esforço, arrastou-se até o quarto onde Rita brincava com Juliano, ensaiando os primeiros passos no entorno da cama. A menina ria.

Parada sob o umbral da porta, Marieta viu sua imagem no espelho da penteadeira. Rosto inchado, cabelo desgrenhado. Benvinda o cortara como fora possível, diga-se: cortara o pouco que restou. Olhou os braços, o peito, enfim, todas as partes de seu corpo não cobertas pela camisola estavam feridas. Os olhos vermelhos, cercados de hematomas, semiabertos. Os dentes caindo.

"Meu Deus, eu sou mesmo um monstro, um demônio!", pensou Marieta, chocada com a própria imagem.

Desistiu de aproximar-se da filha e voltou ao outro quarto. Sentou-se na beira da cama, muda, olhar distante, inexpressivo.

"Enlouqueceu de vez", deduziu Benvinda. Apavorada, começou a exortá-la a pensar na responsabilidade com a filha, do quanto a menina precisava dela, e misturava isso com a esperança de que, recuperada, conseguiria outro amante para sustentá-los.

Marieta ora ouvia, ora não. Mas a argumentação da empregada, embora cheia de boas intenções, aos seus ouvidos eram sentenças de condenação, dificuldades insolúveis, não havia escapatória, e a dor não teria fim.

— Você precisa dormir mais um pouco — decidiu Benvinda nervosa. — Vou fazer um chá de cidreira bem forte e doce.

Deixou Marieta catatônica, olhar perdido no vazio. Mas, assim que ouviu a porta dos fundos bater, Marieta arrastou-se até o armário da sala, abriu a gaveta, retirou um caderno e lápis. Rabiscou, com dificuldade, algumas linhas e chamou Juliano.

O menino a atendeu e, notando que ela vacilava apoiada à mesa, apressou-se a amparcá-la.

— Venha sentar — convidou ele, com voz paciente.

— Vo... cê es... tá tris... te — falou Marieta com muita dificuldade, observando os olhos e a expressão do menino.

— É claro! Você está muito machucada, está com dor, e eu não posso fazer nada para você não sofrer.

Marieta sorriu, estendeu a mão e, ao sentir o toque da mão de Juliano, puxou-o para perto de si, abraçando-o com carinho.

— Pode me ajudar, sim. Você é meu único amigo e atenderá o meu pedido. É importante, ouça: quero que pegue suas coisas e as da Rita, e vá com ela à Igreja de São Cristóvão. Procure por Silvério Guimarães Lins. É meu irmão. Entregue-lhe esta carta.

— Quer que eu vá embora com a Rita? Por quê? E você, Maria?

— Juliano, não discuta. Obedeça. E meu nome verdadeiro é Marieta Guimarães Lins. Faça o que pedi, agora.

— Agora? Mas e você, Maria?

— Eu ficarei bem. Confie em mim. Silvério cuidará de você e da Rita. Vocês são as pessoas que eu amo. Vá!

Beijou-lhe o alto da cabeça e depois o afastou. Viu lágrimas deslizando pelo rosto moreno de Juliano, desviou o olhar e empurrou-o fracamente, insistindo:

— Vá! Pegue a Rita e vá a São Cristóvão. Leve o dinheiro que tem no quarto. Vá!

Juliano correu de volta para ela, abraçou-a forte, beijou-lhe o rosto deformado pelos ferimentos e saiu correndo, com a carta no bolso. Chorando, reuniu as suas poucas roupas e as da pequena Rita em duas sacolas. Tomou a menina nos braços e saiu pelos fundos. Rapidamente prendeu o cavalo na velha carroça. Acomodou Rita em um cesto, no qual a levava para passear, e deixou a vila com a certeza de que nunca mais voltaria.

Benvinda colhia ervas de chá e conversava com o vizinho que socorrera Maria. Distraída com a conversa sobre quem teria feito aquela maldade com a moça, viu o movimento do menino, mas jamais imaginou o que estava acontecendo. Ficou ainda algum tempo conversando com o homem até que um alarido e uma agitação incomum na pacata vila chamaram-lhe a atenção.

— Santo Cristo! É a Maria — falou Benvinda.

Marieta saíra pela frente da casa, apenas com a camisola. Seu estado despertava curiosidade, e as mulheres debruçavam-se nas janelas olhando-a desfilar, seminua, o corpo ferido.

Não faltaram condenações feitas em tom alto o bastante para serem ouvidas por ela, assim como escárnio, deboche e os "É bem feito, essa vadia teve o que mereceu".

Aquelas vozes se somavam às que ecoavam em sua mente de outras vidas, das condenações de seus pais, e das risadas e frases de abominação dos espíritos que a acompanhavam, deleitando-se com outra vingança.

Benvinda correu e a alcançou, tentou segurá-la, mas, com uma força inesperada, Marieta desvencilhou-se.

— Maria, volte para casa. Vou fazer o chá. Vem comigo.

— Não, Benvinda. Volte para casa, pegue tudo que ficou lá e vá embora.

— Maria... Mas o que vai fazer, mulher? Não faz bobagem, pelo amor de Deus! Pensa na Ritinha. Vem comigo, vamos para casa. Tudo vai se resolver. É só uns dias difíceis. Vai passar.

— Faça o que mandei, Benvinda. Deixe-me sozinha.

Sem dizer mais nada, Maria seguiu, caminhava rápido, considerando o seu estado. A vizinhança baixou o tom, ao ouvir os apelos desesperados de Benvinda e sua luta infrutífera.

— Maria, você não pode beber do jeito que está — gritou Benvinda. — Venha para casa.

Marieta ignorou-a.

— Eu vou buscar você — gritou Benvinda.

Mas Marieta sequer a olhou. Caminhava decidida, sem dar atenção a nada, com a expressão determinada e o olhar vazio.

— Parece um zumbi. Que desgraça de vício! — lamentou Benvinda e pôs-se a rezar, enquanto voltava para casa, pensando em buscá-la no bar com a carroça.

Foi então que se assustou, lembrando-se de que Juliano saíra com Rita e da ordem para que fosse embora.

— Não, Santo Deus, isso não! — falou alto, concluindo que Marieta tramava uma ação desesperada.

E correu para casa. Entrou no quarto e viu os armários abertos e vazios.

Espiou pela janela e não viu nem rastro dela.

— Não faça isso, mulher. Ninguém merece uma coisa dessas — lamentou apoiada ao parapeito.

Marieta caminhou algumas quadras. Esgotando todas as forças, chegou à ponte, uma construção alta. Embaixo admirou o rio caudaloso, profundo, o leito de pedras, com águas escuras, avermelhadas. Fechou os olhos e lançou-se nas águas.

XXXIV. **Novo início**

Menos ama quem só fala de amor.

Shakespeare, William. *Os dois cavalheiros de Verona*. Ato I, cena II: Luceta (1594-1595).

Jandir assustou-se ao ver as crianças paradas na porta da igreja. O menino tinha a expressão tão triste que o comoveu e, instintivamente, o fez moderar a voz ao lhe dirigir a palavra.

— Bom dia! O que faz aqui, garoto?

— Preciso falar com o "seu" Silvério. O senhor sabe onde ele está? — falou Juliano, segurando firme a mão de Rita.

— Não seria o padre Silvério, quem você veio procurar?

— Não sei se ele é padre, eu nunca falei com ele.

— E por que deseja vê-lo?

— Tenho uma carta da irmã dele...

— Aguarde aqui. Irei chamá-lo. Ele apreciará saber notícias da irmã. Como é o seu nome? — interrogou Jandir apressado.

"Enfim, graças a São Cristóvão, padre Silvério saberá da irmã. Assim haverá de recuperar-se dessa tristeza", pensou o zelador, contemplando o menino.

— Juliano.

— Espere aqui, Juliano. Não demoro.

Apesar de nunca haver entrado em uma igreja, Juliano não sentiu nenhuma curiosidade. Somente o cuidado com Rita o chamava para o presente; do contrário, revia incessantemente os últimos acontecimentos. A dor de perder Maria somava-se às outras grandes perdas de sua curta existência. Estava sozinho, de novo. A palidez sob a pele morena e a tristeza falavam do peso em sua alma.

Jandir voltou, acompanhado de Silvério. Apontou as crianças paradas no corredor central da igreja, exatamente onde os deixara, e disse:

— É aquele menino, padre. Diz trazer uma carta de sua irmã.

Silvério sentiu um frio injustificado no calor da manhã. Foi como se uma nuvem gelada o envolvesse. Estava desassossegado havia alguns dias, sem saber como, nem por quê, pressentia notícias ruins.

As crianças chamavam atenção. O menino mulato, magro, triste, roupas simples, limpas. A menina, bem menor, mal caminhava, segurava-se nas pernas do garoto e olhava tudo com interesse. Parecia com os anjos das pinturas sacras: loira, pele clara, bochechas rosadas, vestido e sapatinhos brancos. Era a imagem do contraste.

Silvério observou-os alguns instantes. Sentia o coração apertado. Medo e expectativa lutavam em seu íntimo. Notou o cuidado, o afeto de Juliano pela menina. Sabia o que era amar um pequeno anjo. Tremeu, e Jandir perguntou:

— Padre, o senhor não vai falar com o menino?

— Irei, sim — respondeu Silvério e, reunindo as forças, dirigiu-se às crianças.

— Você é o Juliano? — perguntou com calma, a voz passando com dificuldade pelo nó em sua garganta.

— Sou — respondeu o menino, encarando-o.

O medo refletia-se nos olhos castanho-escuros, mas Juliano empertigou-se, apertou a mão de Rita e indagou:

355

— Você é o seu Silvério? É irmão da Maria, quer dizer, da Marieta?

Silvério respirou fundo, pedindo a Deus em pensamento que lhe desse força. Não sabia do que, mas aquelas crianças eram estranhas mensageiras. Não conseguiu responder e apenas balançou a cabeça afirmativamente.

Juliano sacou do bolso da calça uma folha de papel e a estendeu ao padre.

— Ela pediu que eu trouxesse a Rita e essa carta para o senhor. Disse que eu podia confiar que o senhor cuidaria da gente.

Trêmulo e calado, Silvério apanhou a carta. Desdobrou-a, reconheceu a letra de Marieta e sentou-se.

Não suporto mais viver. Não tenho mais forças para lutar, se é que lutei. Por favor, cuide das minhas crianças. Além de você, elas são tudo que tenho e amo. Mas não posso mais ficar com elas, não posso fazê-las sofrer. Rita é minha filha. Juliano, meu melhor e único amigo. Cuide deles!

Não me procure mais, não me encontrará.

Meu amor será seu para a eternidade.

Marieta Guimarães Lins

O nó apertou na garganta de Silvério, e grossas lágrimas caíram sobre o papel. Juliano falava baixinho com Rita, que ameaçava chorar, acalmando-a.

Jandir observava a distância. Compreendeu a dificuldade do momento, e afastou-se. Se não podia ajudar, de nada adiantava testemunhar o sofrimento.

— O que aconteceu? — interrogou Silvério. — O que a Marieta fez?

— Eu não sei, seu Silvério. Ela estava muito mal, mas hoje me pediu para pegar a Rita e as nossas roupas, escreveu isso para o senhor, despediu-se de mim e me mandou embora. Acho que ela queria morrer.

— Mal? Ela estava doente? Onde vocês viviam? Procurei por ela todos os dias...

— Eu conheci a Maria... — e Juliano relatou rapidamente a vida de Marieta nos últimos meses. — E essa aqui é a Rita. Eu ajudo a cuidar dela desde que era bem pequena. Eu e a Maria cuidamos dela. O que o senhor vai fazer? Nós não temos casa...

— Têm, sim, menino — declarou Silvério, comovido com a história do garoto e a dedicação dele a Marieta e a Rita. — Vocês ficarão comigo. Faz muito tempo que não cuido de uma menina, precisarei da sua ajuda.

Juliano suspirou aliviado, pegou Rita no colo e apertou-a contra o peito, beijando-lhe as bochechas rosadas. A menina, não entendendo o que se passava, esperneou.

Silvério não conseguia falar, pensar ou se mexer. Não sabia o que fazer. Por fim, apontou a porta lateral e convidou:

— Venham! Vou lhes mostrar a casa. Jandir irá acomodá-los.

O zelador aguardava no alpendre da casa paroquial. Surpreso, viu o menino dirigir-se à carroça e apanhar duas sacolas.

— Eles ficarão aqui, padre Silvério? — indagou Jandir, curioso.

— Sim, são meus sobrinhos.

— Os dois? — questionou Jandir, incrédulo.

— Sim, por quê?

— Bem, padre, é que eles são muito diferentes para serem irmãos. Só isso.

— Eu e você também somos diferentes um do outro, Jandir. No entanto, somos irmãos em Cristo. Eles também são e, além disso, são meus sobrinhos. Viverão comigo. Marieta faleceu hoje, as crianças viviam com ela.

— Meus pêsames, padre — Jandir apressou-se em dar as condolências.

357

Interessante como a morte é um tema pesado para a maioria das pessoas. A simples referência dela tem o poder de silenciar. No caso, a declaração da morte da irmã de Silvério acabou com a curiosidade do zelador. Silencioso, como se estivesse em um funeral, obedeceu às orientações, acomodando as crianças. Somente voltou ao estado usual quando Juliano indagou:

— Onde posso acomodar o cavalo e a carroça?

— O quê?

— O meu cavalo, ele está lá fora, amarrado no pátio do lado da igreja. Não pode ficar ali. Deve ter uma cocheira...

— Vou falar com o padre Silvério. Não temos cavalos aqui, ele usa um automóvel. A cocheira foi transformada em garagem.

— Ah! Diga a ele que é só por uns dias, até eu fazer uma cocheira para ele e a carroça. Ele está velho, e eu nunca o deixei dormir na rua.

Enquanto acomodava as roupas de Rita na cômoda, Juliano contou rapidamente ao zelador a sua história com o animal.

— Sei... — disse Jandir comovido e encantado com o menino.

— Seu Jandir, onde fica a cozinha? Preciso dar mamadeira a Rita.

— Eu não sei fazer mamadeira. Se quiser, busco a minha esposa, ela sab...

— Não precisa. Eu faço. Sou eu que cuido dela. A Maria também não era muito boa nisso. Fui eu que a ensinei como se fazia — respondeu Juliano.

Jandir notou que, ao falar da mulher que chamava de Maria, os olhos do menino primeiro se iluminaram e depois se encheram de lágrimas. "Ele gostava dela, pobre criança", constatou Jandir.

— Venha. Trouxe a mamadeira, Juliano?

358

Apanhando a mamadeira na sacola, mostrou-a a Jandir. Tomou a mão de Rita e disse-lhe:

— Vem, Rita. Está na hora do leite. Você está com fome? A gente só comeu de manhã cedo. Não sei como não está chorando. Vem.

Jandir enterneceu-se. Emocionado, tinha dificuldade de falar, lutava para conter as lágrimas. Em poucos minutos, aquele menino desfilara diante dele uma dura realidade de amor e miséria. Questionava-se como poderia a desmiolada irmã do padre Silvério ter encontrado e abrigado aquelas crianças. A menina tinha as feições da família Guimarães Lins, apenas os cabelos, a pele e os olhos claros sugeriam descendência europeia. Pensando nisso, recordou-se do italiano que anos antes a encontrava na igreja. "É possível! Isso explica o desaparecimento. A menina é filha dela, mas e o menino?"

Deixou as crianças na cozinha e foi ao escritório à procura de Silvério. Bateu e entrou.

Silvério estava sentado na poltrona de leitura, tinha o olhar perdido, segurava a carta. Jandir chamou-o várias vezes, mas o padre parecia não ouvi-lo, tão longe estava seu pensamento.

— Padre! — chamou Jandir, movendo uma mão em frente ao rosto de Silvério. — Padre, o senhor está bem?

— Hã? O que foi? — tornou Silvério saindo da introspecção.

Jandir narrou-lhe a conversa com Juliano e o problema do cavalo e da carroça.

— Marieta deixou-o ficar com essas coisas, tinha motivos para ter feito isso. Acomode o cavalo e a carroça na garagem — ordenou Silvério.

— Mas e o carro, padre? Não sei se há lugar para tudo, e o cavalo pode estragar...

— Ponha o carro na rua, se não couber. Ele é feito de lata e ferro. O cavalo é um ser vivo, trabalha e ajudou essas crianças. Um carro nunca fará isso. Ponha o meu carro na rua e acomode o cavalo na garagem.

359

Surpreso, o zelador obedeceu à ordem de Silvério. "Tudo tem salvação! Quem sabe o padre Silvério não se torna mais humano, mais sensível com as pessoas", ponderou satisfeito.

Silvério telefonou para a fábrica, pedindo a Rubens e Lourdes que viessem à casa paroquial imediatamente.

Pouco depois, os três reuniam-se na sala. Jandir serviu-lhes limonada, deixou a bandeja com a jarra sobre a mesa e retirou-se.

— Suponho que tenha ocorrido algo sério ou não nos chamaria no meio do dia — argumentou Rubens, iniciando a conversa, pois notara o abalo emocional do irmão.

— Sim. Recebi notícias de Marieta, hoje de manhã.

Lourdes, notando a tristeza do cunhado, olhou para o marido. Em seu rosto, Rubens leu o pedido: "Cuidado, Silvério está fragilizado demais". Encarou-a e moveu lentamente a cabeça, concordando.

— E? — incentivou Rubens, cauteloso.

— Acabou.

— Como assim? Acabou? — indagou Lourdes. — O que aconteceu?

— Hoje pela manhã ela mandou um menino, chamado Juliano, procurar-me. Ele trazia duas sacolas de roupa, um cavalo, uma carroça velha, a filha de Marieta e uma carta. Ainda não conversamos muito, mas ele me contou que viveu com Marieta, que dizia se chamar Maria, em uma vila de operários do outro lado da cidade. Bem, nós sabemos dos problemas de Marieta. Há alguns dias foi espancada com muita violência. Isso a debilitou, segundo Juliano, e esta manhã ela me escreveu, entregando-me a filha e o menino que vivia com ela. Despediu-se... — o nó na garganta voltou e Silvério não conseguiu concluir a frase, sacou a carta do bolso da batina e entregou-a ao irmão.

Rubens leu sem surpreender-se. Há tempos percebia a tendência da irmã ao suicídio. Triste, ofertou a carta a Lourdes.

360

— Acho que não devo ler — disse ela e devolveu-a a Silvério. — É íntima. E creio que já entendi o que houve. Marieta suicidou-se, não é?

— Sim. É isso mesmo. Hoje de manhã — respondeu Rubens e, voltando-se para Silvério, indagou:

— O que pretende fazer? Ou o que vamos fazer?

— Eu não farei nada — declarou Silvério, para espanto do casal. — Marieta pediu que eu não a procurasse mais. Meu futuro é ao lado das crianças que ela me legou. Não olharei mais para trás. E, sinceramente, não tenho força para procurar um cadáver, nem para sepultá-la em um lugar qualquer. Vocês sabem que a Igreja não permite sepultamento de suicidas nos cemitérios, nem poderei como sacerdote encomendar-lhe a alma.

— Nós cuidaremos disso — declarou Lourdes, após consultar o marido com um olhar, e erguendo-se perguntou: — Mas antes quero ver as crianças. Posso falar com o menino?

— Claro. Jandir o chamará — afirmou Silvério. — Agradeço-lhe de coração, Lourdes.

— Não é preciso — emendou Lourdes, com um sorriso delicado — nem agradecer, nem chamar Jandir. Eu vou até onde eles estão. Quero ver Rita. Depois faremos o que é necessário.

Lourdes abriu a porta do quarto das crianças e ouviu um severo:

— Psiu!

Ela parou e sorriu. Juliano adormecera Rita e a acomodava no leito. Depois do alerta de silêncio, fez-lhe um gesto para sair do quarto, ao qual Lourdes respondeu com outro, chamando-o para fora. Mas, compreendendo a necessidade de o bebê descansar e a dificuldade de adaptar-se em uma casa estranha, Lourdes, impressionada com a habilidade do menino, obedeceu e ficou aguardando no corredor.

Minutos depois, Juliano veio encontrá-la.

— A senhora quer falar comigo? — perguntou Juliano, curioso.

A naturalidade das crianças é o seu encanto e o motivo pelo qual confiamos nelas. Juliano, curioso, olhava para Lourdes. Não era preciso muito para adivinhar-lhe os motivos: nunca vira uma mulher negra tão bem arrumada.

— Quero, sim. Meu nome é Lourdes, eu sou tia da Rita. Ela nasceu na minha casa. Minha mãe cuidou dela quando era bem pequena e eu estava ansiosa por revê-la. Ficamos mais de um ano sem saber onde ela e Marieta estavam. Hoje é um dia difícil para todos, mas muito mais para vocês dois. Então, quando a vi dormindo, resolvi que posso esperar. Pensei que ela pudesse estar com fome, ou precisasse mudar a roupa, essas coisas, mas vi que ela estava bem ou não teria dormido. Você é muito habilidoso, não é fácil fazer uma criança dormir em casa estranha.

— É? Eu não sabia. A Rita nunca foi à casa de estranhos, é a primeira vez. Quando a Maria nos levava para passear, era na praça, para tomar sorvete, comer doces, fazer compras. Mas eu sei cuidar dela, dou banho, troco roupa, faço mamadeira, dou comida. Eu gosto! Ela está aprendendo a caminhar e fala um pouquinho. Só eu e a Maria cuidamos da Rita — declarou Juliano e a voz tremeu.

Lourdes reconheceu tristeza e medo na expressão do menino, e tratou de acalmá-lo:

— Que bom que vocês estão juntos e continuarão assim! Nós não o afastaremos dela, fique tranquilo. Eu só queria vê-la e conhecer você. Silvério me disse que seu nome é Juliano, é isso mesmo?

— Sim, senhora.

— Você já comeu alguma coisa hoje? Não quer ir até a cozinha comigo?

— Eu vou, mas não estou com fome.

— Quando se alimentou pela última vez, Juliano?

— Ontem, eu jantei. Hoje de manhã tomei um copo de leite. E depois...

Lourdes colocou o braço sobre os ombros do menino franzino e falou com carinho:

— Sim, eu sei. Silvério contou. Mas vamos ver o que encontramos na cozinha, quem sabe um suco? Uma fruta? Outro copo de leite...

Sentados na cozinha, partilhando um lanche frugal, Lourdes e Juliano conversaram. Enfim, ele chorou seus medos e a dor pela decisão de Marieta. Contou os fatos vividos desde que conhecera Marieta no ponto de frete.

— Dona Lourdes, será que ela se matou? Ela era tão boa! Ela bebia e saía muito. Tinha dias que parecia com os cachorros quando têm bicheiras e as moscas ficam atazanando. Eles correm desesperados, nem sabem para onde vão. Ela fazia igual, dava um desespero nela, mudava o rosto, os olhos, ela ficava nervosa e aí a gente sabia que não adiantava conversar com ela. No início, foi estranho. Depois a Benvinda tentou falar, mas não adiantou. Quando passava, ela voltava a ser alegre, boa comigo, com a Rita e até com a Benvinda. Ela beijava e abraçava a Rita, mas me abraçava também. Quando dava algo para Rita, eu também ganhava. Ela me tratava melhor que a minha mãe, me deu roupas, comida, sapato e dizia que ia me dar uma bicicleta no meu aniversário porque o meu cavalo está muito velho. Eu gosto dela, mas todo mundo que eu gosto vai embora, fica doente...

Lourdes controlava a emoção com esforço diante do menino. Ele não pedia nem precisava de piedade, precisava de alguém que o apoiasse no momento de sofrimento e o ajudasse em mais uma transição. "É preciso ver além da matéria, Lourdes", repreendeu-se em pensamento. "Só o corpo é de menino. Vem de um meio miserável, poderia ser rebelde, revoltado, mas não, é maduro e equilibrado. Aliás, bem mais do que alguns adultos. Aquisições do espírito, sem dúvida. A vida de Silvério é um chamado a conhecer a reencarnação. Ainda bem que ele tem lido bastante a respeito, senão enlouqueceria."

Pensando assim e enternecida pelo menino, aproximou-se dele e o abraçou forte, murmurando-lhe ao ouvido:

— Sua amiga Maria não o deixou sozinho. Deixou-lhe Rita e Silvério, eu, meu marido e meus filhos. Você ficará conosco, Juliano. A Rita precisa, nós queremos e foi o que a Maria lhe pediu, não é verdade? Ela era uma boa pessoa. Apenas era diferente. Minha mãe pensa que ela tinha alguma doença. Mas isso não importa mais. Eu acredito que ela tenha se matado. Como disse, ela se despediu de você. A situação era horrível, pode ter se desesperado demais e feito realmente isso. Você sabe me dizer o endereço de onde vocês moravam, os lugares aonde ela ia, ou pode me ensinar o caminho...

— A senhora irá procurá-la? — quis saber Juliano com os olhos brilhantes. Havia neles uma tênue esperança, porém ainda forte o bastante para iluminá-los.

— Não sei como a encontrarei, mas, sim, eu preciso procurá-la. Precisamos saber o que aconteceu — respondeu Lourdes, cautelosa.

— Quer que eu vá com a senhora? Posso lhe mostrar...

— Não, Juliano. Acho melhor você ficar com a Rita. Cuide dela, como Marieta pediu. Pode deixar que eu procuro a Marieta e, assim que eu tiver notícias, prometo, virei falar com você.

Juliano conformou-se e deu as informações pedidas.

— Ótimo! Agora, que tal você ir para o quarto, deitar-se e descansar um pouco? Vai ser bom. Aproveite que a Rita dormiu e faça o mesmo. Você fez muito, mais do que seria de esperar de um homem adulto, é justo que descanse.

— Precisamos limpar a cozinha — lembrou o menino, olhando os copos, os pratos com farelos de bolo e a casca de banana sobre a toalha.

— Nada disso. Jandir cuidará da limpeza depois. Vamos apenas colocar tudo na pia.

Juliano não discutiu. De índole dócil, ele se levantou, executou a tarefa, despediu-se de Lourdes e foi para o quarto.

Ela respirou fundo, sentindo o peso daquele drama da vida real. Diante daquelas experiências reunidas sob o teto da casa paroquial, os romances que gostava de ler pareciam suaves demais. Sua própria história perdia qualquer tom de sofrimento que um dia julgou ter. Sua vida era um mar de rosas se comparada com o mar de revolta da existência de Marieta.

Lourdes, Rubens e Silvério combinaram as providências para deslindar a situação. O casal iria à polícia e daria início às buscas nas proximidades da vila operária. Silvério cuidaria das crianças.

O corpo de Marieta foi encontrado dois dias depois, praticamente irreconhecível. Identificaram-na por uma pequena cicatriz na perna.

— Aconteceu quando ela era criança, um acidente comum — respondeu Rubens ao oficial. — É minha irmã.

— Muito bem! Caso encerrado — declarou o oficial carimbando os documentos que tinha sobre a mesa. — Apenas queríamos ter certeza. Pela descrição dada pelo senhor, sabíamos que conferia altura, cor da pele, cabelo, idade aproximada, mas a sua confirmação é fundamental.

Lourdes acariciou suavemente o braço do marido, transmitindo-lhe solidariedade. Havia sido muito difícil confrontar o cadáver da cunhada. Um corpo dilacerado, ferido, em nada lembrava a moça bonita e mimada conhecida na sociedade carioca. Ao testemunhar aquele fim, lembrou-se de uma lição de seu livro favorito falando sobre a aparência dos espíritos. "Isso também é um exemplo de uma transfiguração pelas impressões interiores[10]. Se a saúde e elevação espiritual resplandecem em beleza, o contrário é

---

10 Referência a *O Evangelho Segundo o Espiritismo*. Capítulo III, item 9.

igualmente possível, é o mesmo fenômeno. Toda dor e revolta vividas por Marieta estavam ocultas sob a aparência bem cuidada, mas vieram à superfície. Seu cadáver ficou com as marcas da dor carregada pelo espírito, como a terra revirada depois que se arranca uma raiz. Ela precisará de muitas preces. Que a misericórdia divina a envolva! Que ela seja dócil ao amparo dos bons espíritos!", cogitou compadecida.

— Ela é suicida — relembrou o oficial. — Não poderá ser enterrada no cemitério, a Igreja não permite. Aliás, os padres não comparecem, nem sequer farão uma prece por essa infeliz. Penso eu que eles são os maiores pecadores, mas quem sou eu para falar disso. Toquei no assunto porque conheço a história, li a documentação desde o desaparecimento dela, então, se o senhor quiser, podemos nos encarregar do sepultamento. Se quiser...

Rubens olhou para a esposa em busca de orientação. Lourdes pensou alguns instantes e opinou:

— A dona Maria da Glória está na Europa, acho que definitivamente. Não voltará para o sepultamento. Seu irmão André muito menos interromperá seus compromissos políticos para isso. Silvério já disse que obedecerá ao pedido de Marieta. Sobramos nós e Juliano. Não acho justo expor aquele menino a uma situação dessas. Concordo que o oficial se encarregue do sepultamento. Eu não saberia nem onde fazer isso, considerando a posição dos cemitérios católicos, assim como onde sua família tem o mausoléu. Devemos respeitá-los. Eles têm direito de agir conforme as suas crenças. Não podemos obrigá-los a mudar. Faremos melhor nos reunindo em casa para orar por ela e cuidando bem das crianças.

Rubens ponderou os argumentos da mulher e concordou.

Uma semana depois, Silvério deixava o Rio de Janeiro com as crianças. Abandonara a vida sacerdotal. Seguiu para as fazendas da família. Ficaria algum tempo com Bernardina, adaptando-se à vida rural e ao cuidado com as crianças.

366

Aprenderia sobre as experiências da velha senhora a respeito da vida dos espíritos e, em última análise, da Vida, em sentido amplo, com V maiúsculo. Lourdes contara-lhe que Bernardina reunia-se com algumas pessoas da região, sob a direção de um professor estrangeiro, e realizavam reuniões mediúnicas e de estudos espíritas.

Lera muitos livros depois do primeiro presenteado por Lourdes. *O Livro dos Espíritos* fora fundamental na mudança de rota de sua vida, embora a compreensão tenha ocorrido com breves palavras de Juliano.

No primeiro dia após a chegada, o menino o surpreendera em sua cela. A porta estava aberta. Muito surpreso, Juliano havia entrado e comentado, com a liberdade típica da infância e de quem cresceu longe dos sofismas sociais:

— Seu Silvério, o senhor dorme aqui?

— Sim.

— Por quê? Tem outros quartos com camas, com móveis...

— Eu preciso sofrer — respondera, pensando que uma criança não poderia avaliar sua resposta.

— Hum. O senhor é mais burro do que o meu cavalo, sabia? Ele procura um bom lugar para dormir. Os cachorros, os gatos... Os bichos fazem isso, e as pessoas também, viu? Mesmo sendo pobre, não tendo uma casa igual a esta aqui. A gente procura um lugar para se abrigar, um monte de palha para deitar. Para sofrer se tem muitos motivos de verdade, não precisa inventar. O senhor me desculpe, mas nem os loucos que andam pelas ruas fazem isso. Para que serve se encerrar aqui neste quarto feio? Não é melhor aproveitar as coisas boas e sofrer quando tem motivo?

Silvério desconcertara-se com a argumentação simples, verdadeira e lógica do menino. Recordara-se de uma frase grifada em seu exemplar de *O Livro dos Espíritos*: "Os únicos sofrimentos que elevam são os naturais, porque vêm de Deus. Os sofrimentos voluntários não servem para nada,

367

quando nada valem para o bem dos outros"[11]. Sua vida inteira não fazia sentido, dedicara-se a punir-se por amar. Marieta, mesmo em seu devaneio, fizera algo de bom: recolhera aquele menino do abandono. Fora útil a alguém. E ele, encarcerado em seu sofrimento, fizera o quê? O caminho não era aquele, precisava mudar e dependia apenas dele. Compreendendo isso, sorriu, coisa rara nos últimos anos.

— Você tem razão, Juliano — respondeu Silvério sorrindo, sentindo-se estranhamente livre, como se aquele menino tivesse aberto sua prisão íntima e o libertado. — Vou dormir com vocês esta noite, posso?

— Pode. Você tem medo de dormir sozinho?

— Não, Juliano, é porque já vivi sozinho tempo demais.

— Ah! — disse Juliano com ares de compreensão, sorriu, estendeu-lhe a mão e convidou: — Então vamos brincar com a Rita. Vem!

Depois daquela conversa, sua mente se iluminou. Decidiu mudar sua vida, tornar-se fazendeiro, estabelecer-se em uma das propriedades da família. Lourdes aplaudira entusiasticamente a proposta e falou-lhe a respeito da mãe e do grupo de amigos que se reunia. Um motivo a mais, uma busca a mais, no novo início de sua vida.

---

11 Kardec, Allan. *O Livro dos Espíritos*. RJ: Edicel. q. 726.

XXXV. **Dois Rios**

Há espíritos que, sem serem maus, sejam indiferentes à própria sorte?
— Há espíritos que não se ocupam de nada útil: estão na expectativa. Mas sofrem de acordo com a situação e como em tudo deve haver progresso, este se manifesta pela dor.

Kardec, Allan. *O Livro dos Espíritos*. RJ: Edicel. q. 995.

Giacomo adoeceu. A tristeza minou-lhe as forças, perdeu a vontade de comer e beber. Deitou-se, pouco falava.

O quadro não surpreendeu. Zé, havia meses, esperava por aquele dia. Acompanhara sua construção ato a ato. Não era novidade na rotina do presídio. Situações iguais, contava-as às centenas. Decidido, solicitou outra entrevista com o diretor.

— O que houve agora, Zé? — indagou o diretor sorrindo e apontando-lhe uma cadeira.

— É o Giacomo, doutor. Adoeceu de tristeza. Lavar e esfregar já não adianta mais. Seria bom transferi-lo para Dois Rios.

— Isso não é tão simples. Precisamos falar com o doutor Henrique. O caso dele deverá ser julgado nos próximos dias. Você acha que não dá para esperar?

— Para esperar até dá, mas vai depender de como o senhor quer apresentá-lo: vivo ou morto? Faz três dias que ele não come. Acho que tomou uns dois copos de água, a muito rogo, é bom que se diga. Ele já não estava bem, nunca esteve, não é verdade? E, para não tomar o seu tempo, digo logo que ele pode se pendurar a qualquer hora.

— Seria só mais um, Zé — falou o diretor sério. — Sabemos o quanto isso é comum. O tribunal da consciência é impiedoso e, muitas vezes, não dá outra chance.

— Concordo em parte, doutor. A punição dos homens também tem sua parcela de responsabilidade em todos os "pendurados". Sabemos que aqui ninguém é anjo, mas se obrigam a ser demônios, piores do que realmente são, para sobreviver.

— Você não se tornou um demônio pior, Zé; ao contrário, aprendeu um ofício e é de extrema utilidade — rebateu o diretor.

— Eu sei, doutor, mas são poucos os que escolhem esse caminho. E, de qualquer maneira, não haveria lugar para todos na enfermaria. O Giacomo não é um criminoso comum. Sim, eu sei e concordo: é um criminoso, matou uma pessoa. Mas tem chance de melhorar, ele fez uma bobagem na vida por falta de usar a cabeça. Transferi-lo para Dois Rios será uma medida prudente, boa para ele, para o senhor e para mim. Lá ele poderá trabalhar ao ar livre. Dê-lhe uma enxada e terra para cavar, é tudo que esse infeliz sabe fazer. Acredito que a mente dele não esteja muito sã, mas ainda não está louco de todo. Talvez ainda possa aproveitar algo de bom nessa bagunça que fez da própria vida.

— É provável que nunca tenha sido completamente são — comentou o médico que entrara na sala esbaforido, sem ser notado e a tempo de ouvir a argumentação de Zé. Deduzira que falavam de Giacomo, sabia como seu "auxiliar" incomodava-se com o italiano de temperamento difícil. Dócil apenas na aparência, interiormente revoltado, mal-humorado.

— Desculpem ter entrado sem avisar — prosseguiu o médico: — Entendi que falam de Giacomo Baccagini. Aquele italiano não está nada bem. Perdeu a luta para si mesmo e quer fugir da vida. É um cidadão muito iludido, aliás, como tantos que se veem por aí. Alguns perambulam nesse estado pelas ruas e até conseguem ser úteis, suas fantasias não sofrem frustração nem realização. Então, até se confrontarem com adversidades, vão indo aos trancos e barrancos. Mas, se elas surgem, desestruturam-se, agem movidos pela paixão, sem racionalidade, e obviamente perdem, fazem mil e uma bobagens, alguns acabam por aqui. Ausentar-se da vida na alienação mental parece-lhes uma saída ao sofrimento. Constroem a doença e não percebem, assim acabam julgando-se "vítimas", e a vida algo injusto, inglório. É triste! Mas, diretor, o que o Zé está pedindo?

— A transferência do preso para Dois Rios por motivo de saúde — respondeu o diretor.

— Endosso o pedido — replicou o médico, batendo amistosamente no ombro de Zé, ao dizer-lhe: — Você será um bom médico em breve, meu amigo. É muito sensível e observador, essas qualidades ajudam muito. Conhecer o caráter do paciente ajuda a formar o diagnóstico e o prognóstico, acredite em mim.

— Obrigado, doutor — agradeceu Zé ao médico. — Se é assim, reforço o que disse: Giacomo precisa de enxada e terra para cavar. É tudo que ele sabe fazer da vida. Desde que veio para o Brasil, é um peixe fora d'água. Acredito que a lucidez dele esteja comprometida. Não quero um "pendurado" na enfermaria.

— Hum, sei. Também não gosto de "pendurados". Entristece-me vê-los. Sei que não temos responsabilidade nessa escolha, mas, ainda assim, a derrota deles me abate — comentou o médico. — Giacomo, como toda criatura com a mente cheia de fantasias, vive em estado de expectativa, literalmente sofre a ação de viver, porque nunca agem, apenas reagem, com frequência de forma infeliz, às circunstâncias da existência. A eles se aplica muito bem o ditado: é sofrendo que se aprende.

371

— Vejo que, para variar, vocês trabalham em equipe — declarou o diretor. — Está bem, farei o que me pedem. Chamarei o doutor Henrique e lhe exporei os fatos. Será mais rápido se ele concordar com a transferência. O conceito de colônia penal agrícola ainda é novo. Como sabem, desconheço o posicionamento dele a respeito.

Zé suspirou aliviado. Grato, estendeu a mão ao médico e depois ao diretor, asseverou:

— Muito obrigado! Sinto-me bem melhor. Não poderia ficar calado vendo isso acontecer debaixo do meu nariz. Espero que dê tudo certo. Será para o bem dele.

O médico sorriu e piscou para o diretor. Zé despediu-se e saiu.

— O Zé é uma figura e tanto! Sabe que eu o admiro? E, coisa estranha, sinto-me bem com ele, em paz. Às vezes, até esqueço que estamos em um presídio e ele é um apenado — comentou o diretor. — A vida é difícil de entender ou de viver, não é mesmo? Veja: o Zé é um bom homem, mas há algum tempo era o horror da cidade, matava, roubava, crianças e velhos, sem pestanejar. E hoje é uma criatura exemplar. Preciso reler a ficha dele para lembrar-me do passado e tenho dificuldade de associar o trabalhador de agora com o criminoso de ontem.

— Pois é, meu amigo, ainda bem que podemos ver e dizer isso. E a vida não é difícil, é exigente. Você sabe das minhas crenças. Eu acho maravilhoso poder encontrar uma criatura arrependendo-se e reparando seu caminho e a si mesmo no curso da existência. Ele ganha tempo e avança. Torna-se melhor e melhora o mundo. O que acontece é que poucas pessoas usam a vontade, ou sequer reconhecem essa centelha divina criadora dentro de si. São Giacomos, sofrerão até se tornarem Zés. Entendeu por que eu sou reencarnacionista?

O diretor sorriu, reconhecia que o médico era um bom debatedor. Calou-se, afinal ele apenas amplificara seu próprio pensamento, distendendo-o no tempo. Não confessava, por um tolo orgulho, mas a teoria do amigo abria brechas em seu professado ateísmo. Aquela visão racional e tranquila da experiência humana partindo do imperfeito e inacabado até a perfeição o atraía. Mostrava-lhe uma forma de pensar em algo divino que não repugnava a lógica ou exigia uma crença cega.

— Quanto a sentir-se bem na companhia dele e admirá-lo, isso se explica: o Zé irradia o que tem dentro de si. É um fenômeno comum, acontece com todos. Ele se transformou de dentro para fora e conseguiu mudar a sua realidade material: de presidiário passou a "enfermeiro". Veja o quanto pode a vontade posta em ação. Ele descobriu a vontade real de viver, encontrou motivação e sentido. Eis todo o milagre. Mas, se a inveja for muita — provocou o médico, com um sorriso bonachão —, peça-lhe alguns livros. Fui eu que os dei a ele, só não lhe peça aquele bem surrado.

O diretor meneou a cabeça, sorriu outra vez e comentou:

— Até isso, aprender a ler, o Zé conseguiu fazer aqui dentro. Você deve se sentir orgulhoso por tê-lo influenciado tanto.

— Salvar vidas é o meu trabalho — respondeu o médico de maneira propositalmente dúbia. — Por isso, atenda a prescrição do meu auxiliar, por favor.

— O italiano? Já prometi que o farei. Mas não sei se é caso de salvação.

— Bem, façamos o possível e o necessário. Nem sempre salvo vidas, muitas vezes apenas recupero corpos. Mas é preciso tentar.

Dois dias depois, Giacomo Baccagini, em total apatia, embarcou para a colônia penal de Dois Rios. Zé o abraçou, desejou-lhe sorte e, quando a porta se fechou, suspirou. Olhou o céu, azul e branco, pelas grades da janela alta, e agradeceu a Deus rapidamente em pensamento. Observou os enfermos, estavam calmos. Caminhou até a mesinha onde ficavam seus livros e colocou de lado o exemplar surrado da Bíblia, cujas histórias do Novo e do Velho Testamento lia para os doentes, usando-as para explicar lições de pacificação interior. Apanhou o seu, também surrado, exemplar de *O Livro dos Espíritos,* retomando a vigésima releitura da obra.

Na associação dos estivadores, Maria Cândida lutava para controlar a ansiedade. Desde menina habituara-se a descarregar o nervosismo em trabalhos de arrumação e limpeza. Aquela tarde decidira organizar os arquivos, limpar as gavetas e prateleiras. Fazia isso em meio à atividade normal, atendendo os carregadores e seus familiares.

Nessa azáfama, Antônio Mina a encontrou em cima de uma escada arrumando prateleiras próximo ao forro.

— Boa tarde! — cumprimentou o africano alegremente. — Precisando de ajuda?

— Ah! Olá, Antônio — respondeu Cândida olhando-o por sobre o ombro. — Chegou tarde, meu amigo. Esta é a última. O que faz aqui a esta hora?

— Descarreguei de madrugada. Estou ficando velho, dona Cândida, não aguento mais o dia todo. Vim conversar um pouco. Pode seguir seu serviço. Sabe como é, se eu ficasse pelo cais, os meganhas acabavam me levando. Negro não pode descansar.

— Entendi. Senta aí. Aliás, se você não se importar, podia buscar duas canecas de café para nós — sugeriu Cândida e completou: — Estou terminando. Henrique e papai devem retornar logo.

Antônio Mina não se fez de rogado e, com a desenvoltura dos íntimos, foi à cozinha.

— Ufa, acabei! — declarou Cândida descendo o último degrau da escada. — Fazia tempo que esse lugar pedia uma faxina.

— Hum, e hoje é o dia — disse Antônio aproximando-se pelo corredor.

— Não suporto ficar parada esperando. Preciso fazer alguma coisa, tenho medo de explodir — brincou Cândida.

— E o que a deixou tão nervosa? — perguntou Mina entregando-lhe a caneca.

— Transferiram o Giacomo Baccagini para Dois Rios. Henrique e papai foram ao presídio.

Antônio Mina levou a caneca aos lábios, calado, pensativo.

— O que foi, Antônio? — indagou Cândida aflita pelo prolongado silêncio.

— Estava pensando. Às vezes, ver o futuro não basta para conhecer e falar a respeito. Tempos atrás, logo que Giacomo chegou, eu vi que tinha confusão na vida dele, mas nunca vi claramente de que tipo. Depois ele se enrabichou, como diz a dona Bella, pela ricaça e só fez bobagem em cima de bobagem. Mas ele tinha o sonho de ir para o Sul, de ter terras, e aquela história toda. Um dia, eu tive uma visão: ele trabalhava a terra em um lugar alto, com muitos morros e muitas árvores. Disse-lhe que iria para o Sul, pois dizem que lá é assim, mas Dois Rios também é.

— As pessoas costumam ter uma lógica, mesmo as mais doidas. Se você via confusão e nunca viu solução, apenas trabalho, tem lógica pensar em colônia penal — argumentou Cândida.

— É. Agora eu entendo. Mas, na época, isso aconteceu sem eu consultar o Ifá, foi natural, no meio do trabalho. Era um aviso para o italiano, mas ele não deu ouvidos. E eu pensei que a visão era a realização da vontade dele, mas não era.

— Costumamos interpretar tudo da maneira mais favorável aos nossos amigos, Antônio. Sua visão se cumpriu, mas não da maneira que você pensou. Sabe, essa história do Giacomo me comoveu muito e me faz pensar também. Eu faria novamente tudo o que fiz se visse alguém nas condições dele jogado na prisão. Não acho humano tratar alguém com tamanha crueldade, não acredito que a violência seja a resposta ideal ao crime, muito menos que tenha um caráter educativo, potencialmente reformador do criminoso. Não, de jeito nenhum. Sei que Dois Rios não é a sétima maravilha do mundo, mas a proposta de trabalho, de desenvolver potencialidades, de não permitir a tortura do ócio, agrada-me. É mais saudável. Giacomo não é santo, errou, e feio. Basta pensar na Patrizia. Ainda bem que ela foi inteligente e o mandou às favas, foi cuidar da vida. E, até onde sei, está muito bem em São Paulo. Lá, na colônia, ele poderá pensar, trabalhar e, queira Deus, reformular as atitudes, abandonar as fantasias e as paixões desgovernadas. Raiva irrefletida é direção certa de arrependimento.

— A gente tem o que precisa, não o que quer, dona Cândida. E, no fim, é sempre para o nosso bem. Quer uma vida mais tumultuada do que a minha? Até escravo eu fui, apanhei, e muito. E, sempre digo, apanhei até aprender que eu tinha que mudar meu jeito de ser, de pensar, de fazer as coisas. Quando descobri o caminho, tudo mudou, tudo se abriu. E não dependia de ninguém, só de mim. Eu gosto da dona Patrizia, tem os pés no chão e coragem para viver, não sofre à toa.

Cândida observou a face serena de Antônio e sorriu considerando-o um filósofo do povo. Com poucas e simples palavras, ele resumira longas discussões dela e Henrique acerca dos "porquês" na história de Giacomo Baccagini.

A brisa fresca revelou a aproximação do entardecer. Envolvidos na conversa, eles não notaram o passar das horas. Somente quando Henrique estacionou o carro em frente à associação, foi que perceberam o fim do dia. Mas não deram importância, ansiavam saber como havia transcorrido a transferência.

— Melhor do que o esperado — informou Henrique. — Giacomo estava apático, cordato, não falou, nem perguntou pelo julgamento.

— Silêncio nem sempre é bom — advertiu Antônio Mina. — Tenho medo quando os negos ficam quietos demais, não dá boa coisa. As maiores crueldades são feitas por pessoas pacatas, caladas. Cuidado! Tem outro por dentro.

— O médico do presídio concordaria contigo, Mina — acrescentou Paulo Medeiros. — É um bom homem, interessado pelas pessoas, nós nos conhecemos há anos. Inclusive ajuda a nossa associação, atendendo alguns doentes, quando pode. Ele diz que o Giacomo não está cem por cento são nem do corpo, nem da cabeça.

Antônio baixou a cabeça, a notícia o entristeceu.

— Doido, é? — perguntou Mina. — Isso é ruim, muito ruim.

— Não de todo, mas... Acho que não carrega água em balde sem fundo, nem está furioso, mas... estranho, entendeu?

— Um pé lá, outro cá — completou Antônio. — Pensando bem, as atitudes dele nunca foram das mais sensatas. Ele se envolveu com a moça rica, irmã do padre da paróquia...

— Qual deles? — indagou Cândida. — O atual ou o que abandonou a batina?

— O que foi embora. Esqueci o nome dele. Encontrei-o na praia faz um tempo... — narrou brevemente o encontro com Silvério e o conhecimento a respeito do romance com Marieta.

— Espere aí — interveio Henrique. — Mina, você está dizendo que o Giacomo tinha encontros com a irmã do padre Silvério? Você sabe que ela pertence a uma das famílias mais ricas da cidade?

— Sei, sim. Eu converso com o Jandir, o zelador da igreja. Ele vai ao meu barraco. Ele me contou que... — relatou os episódios envolvendo as crianças e as informações truncadas a respeito dos últimos meses de vida de Marieta.

— Jesus! — exclamou Cândida, encostando-se na parede. — Eu acho que conheci essa mulher. Lembra-se, Henrique, da moça chamada Maria, que tinha uma filhinha pequena de nome Rita, que ajudávamos?

— A que morou no cortiço da Bastiana? — indagou Henrique, interessado.

— Sim. Os dados fecham.

377

— É. O Jandir contou que o menino a chamava de Maria, e a filha é Rita. Ela fugiu de uma fazenda da família no Vale do Paraíba — reafirmou Antônio.

— Eu a conheci no trem, mas a história era outra. Aliás, pensando bem, ela não disse muita coisa. Eu e Bastiana falamos mais, e ela confirmou ou nos deixou acreditar no que queríamos — rememorou Cândida, ainda espantada.

Lembrando-se da amiga, Cândida comentou:

— Que bom saber que a menina está bem! Bastiana não se conforma com o sumiço da Belinha. Ela vai gostar de saber que a menina está com a família.

— Marieta tinha um comportamento estranho — declarou Henrique. — Aliás, aquela família toda é esquisita. Rubens é o melhorzinho.

Recordando a dolorosa história revelada pelo espírito na praia, da qual lembrava apenas o suficiente para julgar o sofrimento e a luta dos envolvidos, Antônio Mina comentou:

— Tem muita coisa que a gente não sabe. A nossa vida é como os dias, anoitecem e escurecem sempre, mas eles são novos. Eu não sei o que pode ter acontecido ontem, mas sei que hoje pode ter muita coisa mal resolvida que vem de lá, que a noite não apagou e, apesar de o dia ser novo, o serviço é velho, e eu tenho que dar conta. Quem é melhor, quem é pior, quem é bom ou ruim, não interessa. Esse julgamento é difícil de fazer. Além do mais, quem de nós sabe o que se passa no coração do outro? A gente não se lembra de quando era criança e, mesmo assim, estava vivendo, não é mesmo? Por que teríamos que lembrar o que fomos e fizemos na outra vida para acreditar que ela existiu?

Os outros três silenciaram, cessaram a curiosidade e a vontade de opinar na história. Reconheceram que Mina tinha razão. Cada um deles tivera contato com fragmentos daquelas vidas, não tinham elementos para emitir julgamentos. E, do ponto de vista do africano, os próprios protagonistas do drama não o enxergavam na íntegra. Mina recolheu o chapéu que deixara no cabide na chegada, alegou o adiantado da hora e que Janaína o esperava. Despediu-se e, pensativo, cabisbaixo, caminhou pelas ruas mal iluminadas da zona.

  Na barca que transportava os presos à colônia agrícola, na Ilha Grande, Giacomo vinha calado. A brisa e o balanço do mar evocaram-lhe lembranças da viagem de imigração, dos sonhos, das ambições, da vida que desejava ter no Brasil. Pensou na situação dramática da miséria na Itália, não lamentou a família que ficara para trás e não cogitou se poderia ou não tê-los auxiliado. Nunca considerara os interesses de ninguém a não ser os próprios. Recapitulou os dias antes da prisão. Os destinos de Patrizia, de Marieta e do filho seguiram o mesmo rumo de desinteresse dado aos familiares da Itália. Já não interessavam mais. Reconheceu que houvera uma confusão em sua vida, inclusive voltaram-lhe à mente as advertências de Antônio Mina, mas não reconheceu a responsabilidade na construção do problema. Pensava em si, naquele momento, como uma vítima de tudo e de todos. E assim desembarcou em Dois Rios.
  Meses depois, foi julgado e condenado. Não cumpriu a pena, morreu em um surto de malária três anos após sua chegada. Pouco mudou.

XXXVI. **A vida continua**

Aquele que deseja cometer uma ação má, pelo simples fato de querer, chama em seu auxílio os maus Espíritos, ficando obrigado a servi-los como eles o auxiliam, pois eles também necessitam dele para fazer o mal que desejam fazer. É somente nisso que consiste o pacto.

Kardec, Allan. *O Livro dos Espíritos*. RJ: Edicel. q. 549.

Região Sul do Brasil, outono de 2011.

Alice abriu a porta da clínica médica, vazia e silenciosa de manhã, mas não demorariam a chegar os pacientes e os colegas de trabalho. Respirou fundo, guardou a bolsa no armário e iniciou a rotina diária: pôr café para passar, ligar os climatizadores, verificar a arrumação dos consultórios e das demais salas de exames. Feito isso, acomodou-se em sua mesa na recepção, consultando a agenda.

— Ah, que tempo horrível! Não aguento mais isso! — falou Suelen chegando ao local de trabalho, às voltas com bolsa, capa e guarda-chuva. — Odeio dias assim! Não dá nem vontade de sair de casa. Tive que levar a Pamela para a escolinha, e o trânsito fica caótico, um horror... — e seguiu reclamando contra o clima e as atribulações do dia começado às avessas.

"Só para variar, Suelen está mal-humorada", constatou Alice, observando a colega. "Dai-me paciência, Senhor! Porque é dureza aguentar essa cara azeda e as explosões de fúria a todo instante. Pobre família! Eu suporto oito horas por dia e estou cansada. Imagina o marido e a filha! Coitados! Ele deve ter um saco de sessenta quilos, daqueles bem grandes, senão já tinha mandado essa daí catar coquinho no redondo da praça há horas."

— Tem café, Alice? — indagou Suelen. — Não tive tempo de tomar sequer um gole em casa. A Pamela teve outra crise essa noite, por isso eu dormi mal de novo. Estou cansada, sabe? Acho que vou mandá-la para a casa da minha mãe hoje.

Alice olhou a companheira de trabalho e considerou se a saudava ou não. Desejar-lhe "bom dia" parecia até irônico. Suelen não sabia o que era ter um bom dia, simplesmente porque não se permitia. Reclamar, resmungar e xingar podia ser seu sobrenome. Senhora de uma personalidade controladora ao extremo, exasperava-se quando algo fugia ao seu governo. Eis por que o clima jamais a agradava. Ao que tudo indica, as forças da natureza desconheciam seu poder de comando, por isso ela se enfurecia ou com a chuva, ou com o vento, com o sol forte, com o pólen da primavera, entre outras situações que ela não podia agarrar e determinar como seria. Obviamente, as atitudes das outras pessoas entravam no rol de suas insatisfações e as condenava, culpando-as por alguns de seus problemas, já que elas não agiam como deveriam, segundo seu ponto de vista.

Havia menos de um ano, ela trabalhava na clínica. Alice apostava que não fecharia o período aquisitivo de férias, ou não voltaria delas. Não era a única cansada da companhia da colega. Lembrou-se de quando fizera sua admissão: os muitos contratos de curta duração em sua carteira de trabalho a avisaram. Mas a situação de urgência exigia uma funcionária, e os donos da clínica desconsideraram seu alerta. Agora, lá estava o problema.

— Na cafeteira — respondeu Alice, observando-a servir-se.

— Alice, será que é possível conceder um adiantamento do meu salário?

— Já? Mas hoje é dia 8, recebemos há três dias! — comentou surpresa.

— É, eu sei, mas é preciso completar um valor, é uma despesa inesperada — justificou Suelen.

— Falarei com o doutor Samuel. Ele é quem decide.

— Será que ele vem antes das três da tarde?

— Como eu vou saber? Hoje é dia de cirurgia, se tudo correr bem, pode ser que sim, mas ninguém sabe.

— Eu preciso do valor em dinheiro.

— E de quanto é o adiantamento que você quer?

— Preciso de mil reais.

Alice enrugou a testa, erguendo as sobrancelhas. Perplexa, fixou o olhar na colega e disse:

— Mas isso não é um adiantamento, você quer praticamente o salário do mês adiantado. Acho melhor você falar com o doutor Samuel quando ele chegar.

A porta abriu-se novamente. Laura e Cristina chegavam, rindo.

— Bom dia! — falou Cristina.

— *Hello*! — cumprimentou Laura, treinando as lições do curso de inglês iniciado naquela semana. — Como se diz guarda-chuva em inglês?

— Pergunte ao seu professor bonitão — respondeu Cristina. — Eu vou estacionar o meu carro e já volto, Alice.

— Está bem! — tornou Alice, sorrindo. — Coloque-o ao lado do meu, tem vaga.

— Ah, sim, temos estacionamento privativo. Gente fina, sabe como é... — zombou Cristina, dirigindo-se ao vestuário e colocando o guarda-chuva em um balde atrás da porta, junto ao das outras colegas.

— Passei na padaria e trouxe biscoitinhos. Já tomaram café? — indagou Cristina ao retornar à sala.

— Ainda não, mas está pronto — respondeu Alice. — Estava esperando vocês.

— Então, venha! Daqui a pouco começa a loucura e não teremos tempo para mais nada — disse Laura. — E tenho que contar o que aconteceu na aula ontem...

Laura e Alice se olharam e riram, dizendo ao mesmo tempo:

— O bonitão!

Suelen torceu o nariz, com ar de pouco caso, porém intimamente incomodada pelo clima alegre e amistoso das colegas.

— Panela! — resmungou irritada.

Atribuía a sua dificuldade de formar laços de amizade às outras funcionárias. Elas trabalhavam juntas havia mais tempo e não a aceitavam, pensava, e daí acusava-as de fecharem-se, não a admitindo no grupo.

As três foram para a pequena cozinha e sentaram-se nos altos bancos.

— A outra hoje está com uma cara — observou Cristina, meneando a cabeça na direção da recepção onde ficara Suelen. — Você já sabe a razão, Alice?

— Talvez. Disse que a filha teve outra crise, por isso não dormiu bem. Mas também quer um adiantamento de quase um mês de salário.

— Ih, de novo?! — retrucou Cristina, surpresa. — Outra macumba para o marido?

Laura sacudiu a cabeça inconformada e comentou debochada:

— Pobre homem! Se macumba pega mesmo, aquele coitado deve viver cercado. Olha que tem sapo nessa cidade, mas é bem capaz de mais de sessenta por cento deles estarem com a boca costurada com o nome dele dentro.

— Fazer o quê se ela acredita que o Pedro é o último homem da Terra? — lamentou Cristina, dando de ombros. — Mulheres assim me dão nojo. Se não são capazes de agarrar e manter um homem sozinhas, por mérito próprio, deviam dar jeito de se melhorarem e não ficar apelando para feitiços. Se ela gastasse esse dinheiro em roupas, num salão de beleza, sei lá, numa academia fazendo ginástica... quem sabe melhorava a autoestima.

— Tudo isso é bom, mas eu investiria em melhorar a cabeça — sugeriu Alice. — Por mais bonita que seja, se abrir a boca e não der para aguentar a conversa, pode crer, minha filha, o cara dá o fora. Vai embora mais ligeiro que o Pernalonga. Respondam, com sinceridade, quem suporta um general vinte e quatro horas por dia comandando a sua vida? Pior, doze meses no ano, sem férias. E todo santo dia está mal-humorada, Deus me livre! Ela é capaz de controlar até a hora do sono REM do coitado, para evitar que ele sonhe com outra mulher. Eu investiria o dinheiro da macumba em uma análise, procuraria um grupo de autoajuda, compraria alguns livros, um curso. Convenhamos, ter como única meta viver casada é de uma pobreza de espírito sem igual.

— Falou a voz da sabedoria, meninas! Meu irmão me diz a mesma coisa. É claro que o visual conta para uma primeira impressão, mas depois é o recheio que garante o relacionamento. É igual a uma torta. Tem algumas que são lindas! A gente olha e a boca fica cheia d'água, mas, quando prova, é aquilo: uma massinha de pão de ló e creme de leite condensado batizado com amido. Não vai! Embucha e não desce. O camarada come uma vez, mas não repete.

— Alice, você acordou venenosa hoje, hein? Credo! Mas sonhar com ela é pesadelo, né? Fala sério! Já chega aguentar acordada — falou Cristina, mordendo um biscoito. — Isso é uma tentação. Eu como um pacote inteirinho.

— Lembre-se do professor bonitão e maneire as calorias — advertiu Laura. — Gostosura e gordura são coisas diferentes.

— Estraga prazer! — ralhou Cristina, rindo. — Você acha que eu devia investir dinheiro em melhorar a cabeça, Alice?

— Querida, isso nunca é demais. Mas você tem como meta caçar, quer dizer, casar com o bonitão? É tudo o que quer da vida? — perguntou Alice, mesclando brincadeira com seriedade.

— É claro que não. Esse tempo já passou, se é que existiu. Recordo a história da minha avó, uma italiana aventureira e ousada, que casou com um, deu um pé nele, e foi viver com meu avô e ser feliz, mandando tudo e todos às favas. No tempo em que mulher honesta tinha que ser casada, ela assumiu viver sozinha, trabalhar, ser feliz por conta própria. O meu avô pintou depois. Ele afirmava que teve que conquistá-la, encantou-se desde que a viu, mas ela só queria saber de trabalho, liberdade e aprender uma boa profissão. Começou como doméstica e se tornou uma tipógrafa de primeira. E não tinha mulheres nesse ramo naquele tempo. Acho que isso de mulher viver para casar é mito, história da carochinha. Ela fez a vida, trabalhou duro, conquistou tudo que desejou. Lembro-me de quando eu era menina e ela conversava comigo. Tinha mais de oitenta anos, mas era uma mulher atualizada, não ficou enfiada em casa criando teia de aranha no cérebro, como ela dizia. Sempre aconselhava as netas a procurarem ser felizes, que a vida é algo pessoal e, portanto, cada um tem que decidir o que quer e fazer. Quanto a casamento ou a ter alguém especial, ela nos ensinou que era bom, falava do vovô com amor, se adoravam. Mas ela dizia que, para dar certo um relacionamento, é preciso que cada um seja feliz, deseje construir para si uma boa vida, esteja bem consigo mesmo. Se aparecer alguém com esse mesmo propósito, para andar ao nosso lado, então as realizações se somarão. Não sendo assim, ela dizia que era só para lavar cueca e desfilar para as vizinhas. Pura perda de tempo. É burrice esperar que um homem nos faça feliz ou casar para fazer alguém feliz.

— Essa, sim, é a voz da sabedoria — comentou Alice, referindo-se às lições da avó de Cristina. — Endosso as palavras dela. Agora, gente, chega de fofoca, está na hora do serviço.

— A velha Patrizia sabia das coisas. Italiana porreta! Sinto falta dela, sabe? — declarou Cristina, com uma sombra de saudade no olhar.

— Vamos! Está na hora — repetiu Alice. — Chega de conversa.

Suelen passou o expediente ansiosa, aguardando o chefe. Conjecturou mil discursos e justificativas falsas para solicitar o adiantamento. No entanto, foi pega desprevenida pela argumentação lógica e direta do doutor Samuel, principalmente por ele ter ido à sua mesa, falando francamente e sem rodeios na frente de todos.

— Suelen, a Alice me falou que você pediu um adiantamento de mais de mil reais. Você está doente?

— Não, doutor.

— Sua filha?

— Não, graças a Deus, está com saúde. É um problema particular...

— Suelen, se eu lhe adiantar o salário do próximo mês, sabemos que essa dívida virará uma bola de neve, subvertendo as bases da nossa relação de trabalho. Então, se não é caso de doença, não há adiantamento. Não é política da clínica — decidiu o doutor Samuel, falando claro e alto, depois se afastou dirigindo-se à sala de exames.

Era um homem maduro, bem-apessoado, gentil, mas severo no trato com as pessoas, em especial com os funcionários. Rédea curta era o seu lema.

Ao vê-lo de costas, Suelen, zangada, mostrou a língua e fez sinal de chifres com os dedos.

— Que é isso? Não seja criança, Suelen — repreendeu Alice surpreendendo-a. — Ele não tem obrigação de conceder-lhe o adiantamento.

— Mas não lhe custaria nada. Ganha rios de dinheiro nesta clínica. Não faria falta — insistiu Suelen.

— Como sabe? Você cuida da contabilidade da clínica? Eu não sabia. E da vida pessoal dele? Além do mais, ele foi muito claro: você não teria como repor esse dinheiro, o seu orçamento é que ficaria a descoberto por dois meses. Isso é uma bola de neve e tanto. Quando se ganha pouco, economizar é difícil. Praticamente não há o que cortar.

— Isso é problema meu! — retrucou Suelen zangada.

— E dele, que lhe emprestaria o dinheiro gerando um problema desnecessário aqui — argumentou Alice. — Ele é um bom patrão, não merece o que estava fazendo, apenas porque não lhe fez a vontade. Parece coisa de criança frustrada.

— Você não entende, eu preciso desse dinheiro. Preciso muito.

— Para quê?

— Problema particular, pessoal.

— Bem, então procure um banco, uma financeira, um agiota, qualquer um deles lhe emprestará dinheiro. Basta você preencher os requisitos — sugeriu Alice, indiferente.

— Cobram juros altíssimos. Pensa que já não fiz isso? Se eu pegar dois mil, pagarei provavelmente mais de quatro.

Alice arregalou os olhos. Citara fontes de financiamento, mas nunca imaginara que alguém recorreria a elas por bobagem. Indignada, perguntou:

— Você quer esse dinheiro para pagar algum trabalho para o seu marido?

— Como sabe? Ah, esqueci, você é médium. Então, deveria me entender, sabe que não se deve brincar com as entidades. Eu preciso salvar meu casamento. O Pedro quer me deixar. Eu não sei viver sem ele, e tem a Pamela. Nós precisamos dele, eu o amo, eu o quero. Manter a minha família unida é tudo para mim. Pago o que for preciso. E eu já mandei fazer, entende. Agora preciso pagar. O cara foi superlegal comigo, permitiu pagar em três parcelas, mas, se eu não cumprir, "eles" também não cumprem, você sabe.

— Eu não sei coisa nenhuma. Não fazemos isso no nosso centro. É pequeno, mas é sério e é do bem. Nossos pretos aconselham, dão passes, orientam chás e coisas para a saúde e o bem-estar. Não cobramos por isso, é bom que se diga. O que você está fazendo é interferir na mente do seu marido, nas decisões dele. Olha, Suelen, histórias como a sua têm como banana em penca, e não conheço nenhuma com bom resultado. Isso não se faz. Você está mexendo com o que não conhece. Acredite, a cobrança "deles" poderá ser bem maior do que as centenas de reais que o "cara" lhe cobrou. Desista dessa ideia. Não existe família unida sem amor verdadeiro. E o que é forçado não é verdadeiro. Tente outras táticas para reconquistar o amor do seu marido — ralhou Alice, séria.

E, sem dar oportunidade para Suelen responder, deu-lhe as costas, resmungando e balançando a cabeça irritada. Cristina e Laura olharam-se em silêncio.

XXXVII. **Pamela**

Algumas pessoas têm um poder magnético muito grande, do qual podem fazer mau uso, se o seu próprio Espírito for mau. Nesse caso poderão ser secundadas por maus Espíritos.

Allan Kardec. *O Livro dos Espíritos*. RJ: Edicel. q. 552.

Aflita, angustiada e muito irritada, ao fim do expediente Suelen deixou a clínica. Apesar da chuva persistente, decidiu retornar a pé para casa, distante alguns quilômetros.

Precisava do exercício, costumava acalmá-la. No entanto, naquele dia seu estado de ânimo só piorou. Para completar, quando aguardava em uma esquina para atravessar uma movimentada rua, um motorista pouco educado passou em velocidade considerável sobre a água acumulada no meio-fio misturada ao esgoto, lançando um forte jato d'água suja sobre ela.

— Porco! Desgraçado! Vá para o diabo! Tomara que se arrebente! Está pensando que é melhor do que os outros só porque anda num carrão?! Vá se ferrar, ordinário! — bradou Suelen, furiosa, extravasando os sentimentos que borbulhavam em seu íntimo.

Como de hábito, não viu no simples episódio a lei de atração ou um alerta das pequenas lições semeadas no caminho. Seguiu aos trambolhões, batendo nos demais pedestres e xingando. A cada passo, seus traços tornavam-se mais carregados, a pele mais vermelha, a expressão mais rígida, os gestos mais exacerbados, o andar pesado. Bastava vê-la para desejar afastar-se. Irradiava energias desagradáveis, típicas do desequilíbrio.

Nesse estado, chegou ao lar. Não trazia consigo sequer uma gota de paciência, definia-se como "estando estourada". Fato mais profundo do que meramente um estado de ânimo passageiro é a constante da vida interior de um espírito imortal infeliz e ignorante. Tanto, que é frequente ver algumas criaturas desse tipo orgulharem-se de estar assim. Consideram esse mundo interior estraçalhado e embrutecido algo bom e a ser cultivado. Quadros a lamentar num mundo em transformação.

Suelen, por si mesma, agregou uma densa massa de energia deletéria. Pode-se dizer que uma nuvem negra e destrutiva a envolvia. Tudo em nós atrai o que é semelhante. Somos seres magnéticos. Temos sombra e luz. Dependendo do que priorizamos desenvolver, e por qual força pautar nossas ações e pensamentos, chamamos as testemunhas — encarnadas e desencarnadas — da nossa existência. Movemo-nos para cá ou para lá atendendo a essa lei invisível.

Dona Luíza, mãe de Suelen, cuidava da neta. Entretinha-a na cozinha assando biscoitos de aveia e mel, cortados em formatos de carinhas risonhas. As duas sorriram ao vê-la.

Pamela, com a franqueza das crianças, sorriu, constatando a sujeira da mãe. Já o sorriso de boas-vindas de dona Luíza murchou.

— Não acho graça! — ralhou Suelen dirigindo-se à filha e descarregando suas energias. — Faço isso por sua causa, para que você possa ficar se divertindo aí com a sua avó.

Sentindo a descarga de ira e culpa lançada na fala materna, a pequena Pamela calou-se e encolheu-se, sentindo-se absolutamente inadequada.

390

— Não diga isso, minha filha — pediu dona Luíza. — Pamela tem apenas três anos, ela não compreende muitas coisas ainda.

— Então está na hora de compreender. Tive um dia péssimo. Tudo deu errado. Ela chorou a madrugada inteirinha, não nos deu sossego. Estou cansada, exausta. É tempo de ela compreender que precisa colaborar. Desse jeito não dá para aguentar! Tem que crescer!

Notando o ar apavorado no rostinho da neta, dona Luíza abaixou-se, cochichou algumas palavras no ouvido de Pamela e, observando seus olhinhos brilharem, sorriu e incentivou-a:

— Vá para seu quarto e arrume a boneca e as escovas. Já irei penteá-la. Vamos fazer cachos? Ela fica tão bonita!

— E colocar o vestido de princesa, vó?

— Isso, meu amorzinho. Vá, eu vou conversar com a sua mãe e já a encontro — disse dona Luíza, empurrando a menina para fora da cozinha.

Voltou-se para Suelen, séria, e a repreendeu:

— Minha filha, para o seu bem, é bom que se controle. A criança reflete o seu destempero. É lógico que ela fica desnorteada, não entende por que você está assim, pensa que é culpa dela e fica infeliz, chora, tem medo. Os adultos precisam dar equilíbrio às crianças. É óbvio que Pamela adoece perto de você. Comigo ela é dócil, calma, serena, alegre. É uma criança saudável, como deve ser. Ela responde ao meu estado de espírito, filha. Assim como, quando tem essas crises, responde ao seu.

— Mas era o que me faltava. Depois de um dia do cão, chegar em casa e ouvir a minha própria mãe dizer que eu sou a culpada de tudo. Ninguém merece!

— Você não gostou? Então pense no que fez a pobrezinha da Pamela sentir, agora há pouco. Eu não a estou culpando, estou advertindo-a para a responsabilidade. Mostro-lhe o caminho, mas a caminhada é sua.

— Mãe, hoje não estou com saco para essa conversa de professora aposentada. Da época que a senhora ensinava crianças para hoje, muita coisa mudou.

— Engano seu, há coisas que não mudam, filha. São básicas, essenciais.

— Então está bem. Por favor, pegue a Pamela e leve com você. Aplique as suas teorias lá na sua casa. Preciso descansar. Eu e o Pedro temos que conversar. Faça isso por mim, sim?

— Suelen, tenha calma — pediu dona Luíza. — Homens detestam ceninhas. Aliás, qualquer pessoa de bom senso detesta. Você anda estressada demais. É difícil, muito difícil, conviver com você. Pense um pouco.

Suelen fitou o teto, ergueu o rosto e bateu com o pé, nervosamente, no piso de lajotas.

Desistindo de argumentar, dona Luíza foi ao encontro da neta. Minutos depois, com as bonecas e algumas roupas da menina em uma sacola retornável de algodão cru, segurando Pamela pela mão, trouxe-a para se despedir de Suelen, anunciando:

— Filha, a Pamela dormirá com a vovó hoje. Querida, dê um beijinho na mamãe. Vamos logo, pois a chuva parou.

Com cara azeda, Suelen participou da farsa armada pela mãe. Abaixou-se e deu o rosto para a menina beijar, passou-lhe a mão sobre os cabelos, mecanicamente, empurrando-a para dona Luíza.

— É, aproveitem que a chuva parou — repetiu.

— Pedro, vamos tomar uma cerveja no bar do Zeca? — convidou Mauro, entrando no banheiro onde estava o colega.

Pedro limpava as marcas de tinta das mãos esfregando um pano velho com solvente na pele. Olhou o colega e, considerando o convite, indagou:

— Quem vai?

— Todo o pessoal. O Gabriel foi comprar salsichão e pão, o Zeca está fazendo o braseiro e daqui a pouco tem um jogão de bola na televisão.

Lembrando-se da esposa, Pedro ficou ainda mais tentado a acompanhar os colegas. Depois de um dia exaustivo, merecia um pouco de diversão. A relação com Suelen não estava boa, brigavam muito. Bastava vê-la para sentir-se irritado. Protelava a separação por amor à filha, mas a convivência tornava-se mais difícil a cada dia.

— É uma boa ideia. Vou, sim — respondeu aliviado, feliz por ter aonde ir após o expediente.

— Beleza! Vamos tirar a graxa e a sujeira e dar o fora daqui. Chega de carros por hoje! Amanhã tem mais. Espere uns minutinhos e vamos juntos.

— Está bem!

Após o banho, Pedro apanhou o celular e enviou uma mensagem a Suelen, informando o atraso, e desligou o aparelho. Não queria retorno.

O bar do Zeca era um ponto de encontro do pessoal daquela zona da cidade, especialmente os trabalhadores, a maioria ligada ao ramo automobilístico, considerando-se as empresas instaladas por ali. Local simples, numa esquina, que vendia principalmente bebidas e lanches rápidos. Comumente grupos se reuniam ali para assistir ao futebol pela televisão, ou às sextas-feiras para um pagode improvisado. Mesas e cadeiras de plástico, com a marca de patrocinadores, enfileiravam-se na calçada à noite. A distância, ouvia-se a algazarra de vozes animadas, às vezes, alteradas pela paixão de torcedor, mas, apesar das altercações, em geral os frequentadores eram civilizados. Gastavam o tempo e as horas, consumiam-se emocionalmente, por nada. Pedro não era o único a fugir dos problemas por ali.

Luíza e Pamela assistiam a uma animação em DVD. Os olhos da menina brilhavam encantadas com seus personagens favoritos.

A avó a observou, pensativa. Suelen alegava preocupação com a saúde da pequena por ela não dormir bem, acordar durante a madrugada, chorando, com muito medo. Não queria dormir, pedia para ir ao pátio. Outras vezes, e isso a assustava muito, Pamela erguia-se da cama dormindo, andava pela casa, queria fugir, abrir portas e até pular janelas. Dizia que a menina falava com uma voz estranha e parecia conversar com outras pessoas. Algumas vezes, chorava e reagia com medo; outras parecia haver algo bom que a fazia rir, acalmava-a e ela voltava ao leito tranquila.

"Sonâmbula. Isso é comum e eu entendo. Mas o estranho são as reações. Meu irmão é sonâmbulo desde pequeno. Caminha, levanta. Cansei de encontrá-lo estudando durante as madrugadas, mas ele estava dormindo. Em geral, acabava fazendo o que o preocupava durante o dia. Não me lembro de crises emocionais. Ela não assiste a programas que poderiam assustá-la, procuramos entretê-la com histórias sem monstros e bruxas malvadas. De onde pode vir esse medo noturno? Acordada, durante o dia, ela é calma, não dá sinais de ansiedade. É sociável, adora a escolinha e os amigos. Do que virá isso?", questionava-se olhando Pamela, feliz e serena, ao seu lado.

A animação terminou. Luíza saltou do sofá, dizendo:

— Hora de irmos para a cama. Vá escovar os dentinhos!

A menina prontamente dirigiu-se ao banheiro e foi para o quarto da avó.

— Não precisa ler historinha, vó.

— Não? Por quê? Está com sono?

— Não, mas a gente pode falar do filme — sugeriu Pamela com expressão travessa.

— Ah, entendi. Mas vamos conversar só um pouquinho e depois tem que ficar quietinha para dormir.

— Está bem! Eu fico — e tagarelou sobre a animação, encantando a avó com as observações precoces para a idade.

"Calma, Luíza, você prometeu que não seria uma avó abobada, crente que sua netinha é um gênio. Tudo bem. Lembre-se de que as gerações avançam, os tempos são outros, há mil estimulações à infância e tudo isso desenvolve a capacidade das crianças. Não exagere! Você lidou com crianças quase a vida toda", advertiu Luíza a si mesma, em pensamento.

Entretanto, o cansaço não perdoa e, apesar da empolgação, o calor da cama fez Pamela relaxar e adormecer sem perceber.

Luíza acariciou os cachos loiros da neta, tão parecidos com os de Suelen quando tinha a mesma idade. Aliás, a neta era uma miniatura da própria filha e isso a emocionava. Trazia boas lembranças, de tempos de alegria e ternura, dos primeiros anos de seu casamento. "Parece que foi ontem!", pensou. Sentiu um aperto na garganta e os olhos úmidos, recordando-se do marido. Alberto fora um companheiro exemplar, um pai amoroso, apaixonado por ela e pela filha. Mas falecera quando Suelen tinha onze anos. Lutara bravamente contra o câncer por quatro anos, dizendo que não queria deixá-la com a filha tão pequena. Conseguira ver Suelen quase adolescente. "Seu avô adoraria você! Como iriam brincar! Ele sempre foi um menino grande."

— Nós brincamos, meu amor — respondeu o espírito de Alberto, sentado do outro lado da cama, com a mão sobreposta à de Luíza, acompanhando os afagos à neta. — Nós brincamos, não é, Pam?

O espírito da menina, minutos após adormecer profundamente, desprendeu-se do corpo físico e, reconhecendo Alberto, sorriu confiante, dando-lhe a mão quando ouviu o convite. Luíza, envolta na onda de nostalgia e ternura, sorriu ao ver a expressão angelical da neta. Sentiu-se

395

acompanhada, segura, abraçada por Alberto, como quando olhavam a filha pequena dormindo. "Estou ficando velha!", ralhou consigo mesmo, sem muito empenho, pois a sensação era agradável.

Nesse clima, adormeceu e julgou sonhar que passeava no parque próximo de sua casa com Pamela e Alberto. Acordou na manhã seguinte revigorada, alegre, cheia de disposição. Durante o banho, lembrou-se do sonho.

— Meu Deus, como foi real, foi tão bom! — falou, pensando alto.

— Bom dia, vó! — saudou Pamela, parada na porta do banheiro. — O que foi bom? Está pensando no desenho?

— Bom dia, querida. Não era no desenho. Eu estava só pensando em voz alta. Lembrei que tive um sonho muito bonito essa noite e foi bom.

— Ah! Eu sonhei com o vovô.

Luíza assustou-se, deixou cair o sabonete, depois se recompôs, deduzindo que a menina falava do avô paterno.

— Está com saudade do seu avô? O seu Joaquim gosta muito de você, quer ir visitá-lo?

— Eu não sonhei com o vô Joaquim — declarou Pamela. — Eu gosto de sonhar com o vô Alberto. O vô Joaquim não sabe brincar, nem conversar comigo, só me leva para passear de carro e tomar sorvete.

Luíza paralisou sob o chuveiro. Mas se recobrou, encerrou o banho, vestiu o roupão e aproximou-se de Pamela. Precisava, com muito cuidado, fazer indagações.

— Como você sabe que sonha com o vô Alberto? Você não o conheceu — falou Luíza, abaixando-se para encarar a neta com seriedade.

— Eu sei que é ele, porque ele me disse.

— É mesmo? E como foi isso, me conta? Você nunca tinha me contado que sonhava com ele.

— Eu tenho medo de dormir — confessou Pamela encabulada. — Eu sonho com coisa ruim, gente feia na minha casa. A casa cheia de gente feia. Eles brigam e sujam a casa e eu tenho medo. E o vô Alberto aparece e me tira de lá, me leva para brincar com ele.

— E como é o vô Alberto do seu sonho?

— Ah, ele é diferente da fotografia que a mamãe tem. Ele tem cabelo da mesma cor do meu, é mais bonito. Ele caminha, não anda em cadeira de roda, e ele também gosta de cachorro. Você me dá um cachorrinho, vó? Se você me der, eu vou chamar ele de Zezé, igual ao que o vô tinha.

Luiza sentiu as pernas amolecerem, levou a mão ao peito, respirou fundo, tentando controlar a emoção.

— Foi seu avô que contou sobre o Zezé?

— Foi. Ele disse que o Zezé era bem pretinho e peludo.

Luíza respirou fundo, precisava pensar, e muito.

— Está bem. Que bom que o vô Alberto cuida de você nos sonhos! Agora vamos tomar café. Vou fazer suco de mamão bem gostoso, o que acha?

— Oba! Depois vamos passear e ver os cachorrinhos. Pode ser que a gente encontre um parecido com o Zezé — insistiu a menina.

— Eu tenho outra ideia. Que tal irmos visitar a tia Judite? Ela tem cachorrinhos, e você pode brincar com eles. Podemos até comprar ossinhos na pet para dar de presente a eles.

— E uma bolinha para eles buscarem para mim?

— Está bem, e uma bolinha.

Luíza ligou para Suelen informando que ficaria com Pamela durante o dia. Era sábado e iriam passear. Não estranhou o mau humor e o azedume da filha. Depois ligou para a cunhada, Judite.

— Querida, preciso demais conversar com você. É a Pam. Ela me contou uma história agora a respeito de sonhos com o Alberto e me disse coisas que tenho absolutamente certeza de que ela não sabia — relatou, falando baixo ao telefone.

397

— Hum. Está bem, venham almoçar comigo. Luíza, fique calma. Meu irmão jamais faria mal a uma criança. A morte não transforma nosso caráter. Ele continua vivendo, sendo a mesma pessoa que amamos e ainda melhor. Conversaremos mais daqui a pouco. Venha logo, o dia está lindo, e a pequena aproveitará o meu jardim. Farei um bolo de chocolate com bastante cobertura para ela se lambuzar. Adoro carinha de criança lambuzada de doce.

XXXVIII. **Buscando ajuda**

O progresso é uma das leis da Natureza; todos os seres da Criação, animados e inanimados, a ele estão submetidos pela bondade de Deus, que quer que tudo engrandeça e prospere. A própria destruição, que parece aos homens o termo das coisas, não é senão um meio de atingir, pela transformação, um estado mais perfeito, porque tudo morre para renascer, e coisa alguma se torna nada.

Kardec, Allan. *O Evangelho Segundo o Espiritismo*. Capítulo III, item 19. Araras: IDE.

A casa antiga, de fachada simples, com paredes cinzentas, típicas do cimento penteado, e as janelas venezianas pintadas de vermelho brilhante, não chamava atenção. Parecia envolta por uma nuvem escura. Suas aberturas estavam sempre fechadas. Apenas um pedaço de papel colado ao vidro da janela informava o número de um telefone celular para agendar consultas com Pai Alexandre.

Suelen apertou a campainha e aguardou nervosa. A aura daquela casa a afetava. Sentia-se mais ansiosa do que usualmente era, chegava a ter dificuldade para respirar. A demora em ser atendida também não a agradava. Apesar de a rua ser pouco movimentada, na verdade um beco sem saída, havia outras casas, e temia ser reconhecida. A cidade não era tão grande para que pudesse perder-se na multidão.

As reuniões eram sempre à noite, mas à tarde Pai Alexandre atendia seus muitos consulentes, homens e mulheres, com pensamento semelhante ao de Suelen, que, ávidos para submeter a vontade alheia aos seus desejos afetivos, lhe garantiam um bom rendimento. Atendia empresários, profissionais liberais e uma infinidade de pessoas dispostas a manipular poderes ocultos para satisfazer os próprios interesses materiais imediatos.

Muitos, a maioria, não sabiam o que faziam, nem com o que se envolviam. No entanto, todos revelavam ali o lado escuro de si mesmos, a sombra que carregam na alma. Não reconhecem o desejo de subjugar alguém, nem se importam como isso pode ou não acontecer. Interessa ter a própria vontade, o interesse pessoal atendidos. E, nesse afã, as tardes de Pai Alexandre eram repletas de histórias do tipo: "quero que fulano(a) fique comigo; quero me ver livre de fulano(a); quero que fulano(a) se arrebente; quero meus negócios prósperos; meus interesses atendidos".

Desfilavam pelo corredor ódio, desejo de vingança, inveja, ganância e um medo descomunal, jamais admitido. Mas os consulentes eram, acima de tudo, criaturas inseguras e infantilizadas, presas em si mesmas. Crianças grandes mexendo com forças desconhecidas, revelando o que escondem nas profundezas de si mesmas.

A porta se entreabriu. Uma senhora, com expressão severa, cabelo escovado, maquiagem pesada, trajando uma calça tipo pijama marrom e uma bata vermelha, com o colo coberto de guias e colares de contas em vermelho, marrom e preto, olhou para ela e indagou:

— Dona Suelen?

— Sim, senhora. Tenho consulta marcada, é retorno.

— Eu sei. Entre.

Ao lado da porta, a casa dos exus, iluminada com luz vermelha, velas grossas, com oferendas de comida fresca e bebida alcoólica em frente. Haviam sido postas recentemente, pois o álcool exalava no ambiente, misturando-se aos incensos e às ervas queimadas nos braseiros. Muitas imagens, marrons e vermelhas, em diversos tamanhos, algumas com capas de cetim negro com forro vermelho e chifres, povoavam a sala. Na parede oposta, estavam expostas vestes de ritual, com capa e chapéu, ossos humanos e, no canto, uma pilha, em forma de pirâmide, de crânios.

Suelen repugnava a obscuridade do lugar. A visão daqueles crânios e ossadas lembrava cemitério e morte, coisas das quais não gostava, das quais tinha medo. As imagens, com sua expressão de fúria, perturbavam-na, provocavam-lhe temor. Baixava a cabeça e, apressada, seguia pelo corredor até a sala onde encontraria Pai Alexandre. Evitava olhar as salas pelas quais passava, escuras, cheias de imagens assustadoras e objetos cerimoniais. Baixava a cabeça e seguia quase de olhos fechados.

A mulher parou em frente à porta e anunciou:

— Entre. A consulta tem duração de quarenta e cinco minutos, avisarei o término.

— Está bem!

— Aproveite seu tempo, seja objetiva, Pai Alexandre e as entidades preferem assim. Controlamos o horário para resguardar a privacidade dos consulentes, assim evitamos encontros embaraçosos.

— Claro.

O medo e os interesses inconfessáveis dão uma docilidade aparente e total submissão a quem promete atendê-los. Mas naquela casa não entravam cordeirinhos, eram todos lobos. A lei de afinidade é infalível.

A mulher se retirou. Suelen avançou apressada ao encontro de Pai Alexandre, que observava, imperturbável e impassível, sentado em uma cadeira forrada de veludo vermelho, com espaldar e pés em madeira torneada escura. À sua frente, uma mesa igualmente trabalhada, coberta por uma toalha de veludo negro, com símbolos desenhados em um tom prateado, sobre a qual se espalhavam guias, velas, imagens pequenas, búzios, baralhos, um pequeno caixão, panos, linhas, alfinetes, agulhas e outros objetos que Suelen sequer sabia o que eram.

Atrás dele, um enorme altar, com imagens das entidades que ele evocava, cobria toda a parede, sobressaindo caveiras humanas cobertas por capas negras. Ardiam velas, incensos, e estava repleto de oferendas. De um animal sacrificado há pouco, recendia o cheiro de sangue. Imperava um silêncio pesado.

Em meio àquele cenário, macabro e bizarro, um homem jovem, aparentando trinta e poucos anos, atraente, alto, músculos definidos, cabelo castanho-claro, crespo, bem aparado, pele bronzeada, olhos grandes castanho-esverdeados, lábios desenhados, carnudos, nariz clássico, usava uma pequena argola de ouro na orelha esquerda, aparentemente, e só aparentemente, destoava do local.

Pai Alexandre estava longe do estereótipo de um feiticeiro. Jovem, atraente, simpático, encarnava o tipo sedutor. Trajava calça jeans justa e uma camiseta preta, sem mangas, expondo a musculatura invejável dos braços, com uma caveira tatuada no bíceps esquerdo, delineando o peito e abdome. Pés descalços, muitas guias, colares e anéis. Sorriu para Suelen, exibindo dentes brancos, alinhados. Sabia o impacto que causava nas pessoas e o explorava ao máximo.

Ela o olhou com reverência e cobiça mal disfarçada. Era o segundo encontro; porém, ainda estava sob o impacto do anterior. Em sua mente um "médium poderoso", como Pai Alexandre, não era jovem e atraente. Ele irradiava forte magnetismo e atraía homens e mulheres, como um ímã atrai o metal. Suelen esforçou-se para libertar-se da atração física e lembrar-se do motivo de sua consulta.

— E, então, minha querida Suelen, seu marido começou a tratá-la como você merece? — quis saber Pai Alexandre.

"Além dessa beleza toda, esse homem ainda tem essa voz! Papai do céu foi demais com ele", pensou Suelen, ao ouvir a voz grave e profunda de Alexandre.

— Mais ou menos — respondeu Suelen, cruzando as pernas, de modo a expor parte das coxas.

402

Fixando Alexandre, esqueceu-se do medo. Entregou-se às lamúrias a respeito das atitudes de Pedro, claramente desinteressado no casamento. Alexandre ouviu, sem interromper. Sorria e balançava a cabeça, concordando com as colocações de Suelen. Isso era suficiente para fazê-la prosseguir e mantê-la à mercê de seu domínio. Ao final, ele argumentou:

— Vejo melhoras. Na primeira vez que veio, relatou que vocês, havia alguns meses, não tinham relações sexuais. Bem, com a ajuda das entidades, parece que seu marido voltou a ver a mulher bonita que tem em casa e já não procura as outras, não é? Ele tem ficado mais com você e, quando sai com os amigos do trabalho, volta cedo.

— É claro! Eu tenho que agradecer a sua ajuda e, acredite, sou muito grata. Mas, sabe, eu sinto que ele não voltou a me amar. A gente voltou a transar, mas é diferente, eu não sei explicar. Ainda não é como era no início. Ele tem ficado em casa, mas, sei lá, parece contrariado, irritado. É como se ele estivesse perdido e, às vezes, fizesse as coisas sem saber por quê. Entende?

— Entendo. Suelen, tenha paciência. Nosso trabalho é recente. A intervenção das entidades a seu pedido tem poucos dias. Dê tempo ao tempo, mas colabore. Faça a sua parte, seduza-o, encante-o. Sintonize com as entidades que estão a nosso serviço, libere-se. Vocês, mulheres, já conquistaram grandes avanços, mas, às vezes, em matéria de sexo, ainda são muito reprimidas, recatadas. É ranço da Igreja, que polui a cabeça de vocês. Veja se ainda não há na sua e limpe-a. Areje. Será que não é isso que estranha? A falange da Pombajira Rosa Caveira está ajudando você. Ela não influencia somente o seu marido, mas você também, e tudo e todos na sua casa. Fez como mandei? Colocou as rosas amarelas? Fez as limpezas e os banhos? Esparramou o pó na cama e nas roupas dele? Entregou tudo à Rosa Caveira? Suas guias?

Suelen concordou balançando a cabeça e puxou do decote, tirando do sutiã, uma guia preta e amarela.

— Muito bem. Então vamos prosseguir.

Alexandre apanhou os pedaços de pano, tesoura e linha, entregou-os a Suelen e orientou-a:

— Faça um boneco. Ele representará o seu marido. Enquanto faz o boneco, pense nele, no que deseja que ele faça. E repita as minhas palavras.

Suelen entregou-se, animadamente, à confecção do boneco de pano. Não percebeu a passagem dos minutos, surpreendendo-se quando Regina bateu o sino ao lado da porta, avisando o fim da sessão.

Alexandre pronunciou algumas palavras em uma língua estranha, recolheu o boneco quase pronto, depositou no pequeno caixão, sobre a mesa, deitando sobre ele todos os objetos usados por Suelen. Tampou-o e, voltando-se à consulente, interrogou:

— Como se sente?

— Muito bem! Confiante, cheia de esperança. Tudo que eu quero vai acontecer! Obrigada!

— Ótimo! Agora, vá! Regina a espera. Tchau!

Suelen sorria, sentia-se pisando nas nuvens, eufórica, satisfeita. De bom grado, entregou o dinheiro a Regina e marcou o retorno para a semana seguinte. Não pensou como havia conseguido pagar Pai Alexandre. Todo sacrifício valia a pena, era por sua felicidade, acreditava a iludida criatura. Vendera de bom grado as lembranças deixadas pelo pai.

Ao sair, colocou os óculos escuros e ajeitou a bolsa sobre o ombro. Sentiu-se mais regozijada e justificada ao ver um carro luxuoso estacionando em frente à casa de Pai Alexandre. Sabia que ele atendia a ricos e famosos. Estava entre eles. Foi pela rua cogitando o que seria preciso para tornar-se uma "filha" de Alexandre.

Do outro lado da rua e da vida, o espírito de Alberto a aguardava. Lamentou o ambiente espiritual em que sua filha entrara. Espíritos viciados de todos os tipos, desequilibrados e violentos, pululavam em torno da casa. Cenas lamentáveis,

404

na matéria e fora dela, ali se desenrolavam. Contudo, Alberto sabia que, embora parecesse um caos, havia autoridade e era exercida com mão de ferro. Alberto fora policial em sua última existência, trabalhara em investigações ligadas ao crime organizado, identificara os procedimentos.

"A vida material é mesmo uma cópia da espiritual", pensou Alberto, desgostoso, acompanhando Suelen a distância. "Agora sei a origem dos problemas de Pamela. Precisarei de ajuda."

Sentadas à sombra de uma pequena árvore florida, Judite e Luíza conversavam a respeito dos sonhos e problemas noturnos de Pamela. Alheia à conversa, a menina deliciava-se brincando com os poodles da tia-avó. Risos e latidos enchiam o jardim.

— Parecem uns anjos — declarou Judite observando a criança e os animais. — É tão simples ser feliz, não é, Luíza?

— Para quem sabe viver, é sim. Basta o necessário à satisfação das necessidades e saber usufruir as oportunidades e as alegrias da vida. Valorizar pequenas coisas, não ter expectativas, nem desejos mirabolantes, aceitar a existência com sua porção de tragédia e comédia como algo natural. Penso assim e me considero tão feliz quanto poderia ser, estou bem.

— Pensamos de maneira muito parecida. Algumas pessoas me criticam, dizem que sou indiferente, egoísta e alienada. Tenho vontade de rir desses comentários, sabe? Por princípio, eu os analisei. Cheguei à conclusão de que temos uma enorme dificuldade de entender conceitos, tudo acaba no entendimento do senso comum. E como as coisas são idealizadas! Deus do céu! Não é para menos que o homem inventou o conceito de santidade. Deus, que é sábio, criou o conceito de humano — comentou Judite.

Luíza riu com gosto da tirada da cunhada, apreciava a forma lúcida e divertida de Judite encarar a vida.

— Sim, é isso mesmo. Não ria, Luíza. Estou dizendo bobagem? Não fomos nós, os humanos, que inventamos essa visão doida de santidade e passamos a exigir dos outros comportamentos simplesmente ideais? Fomos. Daí basta você se interessar por espiritualidade, buscar seu desenvolvimento pessoal, a sua espiritualização, e as pessoas confundem isso com santidade. Já ficam exigindo que mitos se transformem em realidade. Por favor! Estou ficando velha. E velhos perdem a paciência e a tolerância ao longo do caminho. E sabe que isso não é ruim? Quando eu era mais jovem, aí sim eu era indiferente ao valor do tempo. Eu era pródiga com ele, desperdiçava com facilidade. Passam-se os anos e você só vê esse patrimônio diminuir, então o gasta com sabedoria, não tolera desperdício, nem é pródiga. Somos exigentes, queremos o máximo e o melhor. Então, não tenho mais paciência com bobagens e aprendi a não fazer tempestade em copo d'água, a pensar mais, a controlar as emoções. Hoje eu sou mais racional, menos emotiva. Sentimento é algo mais profundo que ceninhas emocionais. Gargalhadas não são sinônimo de alegria, e uma choradeira sem fim não é sinônimo de tristeza. Cuido de mim. Penso em mim. Então sou egoísta, e me fazem pregação de que o cristão deve trocar a sua vida pela do outro, colocando o outro em primeiro lugar. Fiquei fula da vida quando me disseram isso, pedi à criatura que me mostrasse nas lições de Jesus onde estava dito aquilo. Fui condenada e execrada, mas não me mostraram onde dizia isso. Em contrapartida, lembrei-a de que Jesus ensinou, repetindo lições da filosofia oriental antiga, que deveríamos fazer aos outros o que gostaríamos que nos fizessem. Ora, amiga, se eu não sei o que quero para mim, o que poderei fazer pelos outros? Não parece impossível cumprir isso, se eu tirar o autoconhecimento da jogada? A mesma coisa com o amor. A lição não é: "Ama teu próximo como a ti mesmo"? Bom, então, preciso me amar primeiro, e a medida do amor que dou ao outro é a do amor que tenho por mim mesma. Alienado é quem não pensa, não é o meu caso.

— Você tem razão, Judite. Entendemos muitas coisas de forma equivocada, ou melhor, pensamos que entendemos e saímos reproduzindo bobagens, na maioria das vezes.

— É. E é, exatamente, o que eu temo que a sua filha esteja fazendo, Luíza. Bobagens, muitas bobagens. Suelen sempre foi dada a um pensamento místico, mágico. Ela acredita em milagres, desde que isso esteja de acordo com a vontade dela.

— Desde criança — concordou Luíza. — É triste dizer isso, e eu lamento demais, no entanto, não sou cega: minha filha tem um temperamento do cão, ela é geniosa demais, autoritária, birrenta. Nossa Senhora sabe o quanto eu lutei e luto para fazê-la pensar sobre essas atitudes, o quanto rezo para que ela mude, mas... até agora... não consegui grande coisa.

— Se Nossa Senhora testemunhará por você, eu não sei, mas acompanhei a educação que você e Alberto procuraram dar a Suelen. Ela recebeu bons valores, porém as características de personalidade que você enumerou dificultam muito conviver com ela. Acho que nem ela mesma sabe por que faz algumas coisas. Essa história com o Pedro, por exemplo. Quem não via que aquele casamento não duraria muito tempo? Eles são água e óleo. Muito diferentes! Não acredito na atração dos opostos. Isso também é invenção dos homens. Na natureza, vejo os iguais se unirem, e os opostos se separarem, em tudo: trabalho, amigos, família, relacionamentos amorosos. O tempo mostra a verdade. Pobre Pedro! Por ser autoritária, Suelen não admitirá jamais o fim do relacionamento, nem enxergará que não havia outro caminho. Para ela é. acima de tudo, uma humilhação a sua vontade não prevalecer. É por orgulho e não por amor que a minha sobrinha maluquete está fazendo bobagens.

— Desculpe, cunhada, não entendi.

407

— Simples: Pamela vê em sonhos espíritos que estão em volta do lar de Suelen e Pedro. Se causarem medo e provocarem a intervenção de um espírito familiar, boa coisa eles não são. O casamento deles está mais para lá do que para cá, não é? Somei dois mais dois e deu: Suelen, com seu pensamento mágico e autoritário, envolveu-se em alguma aventura maluca, mexendo com o que não conhece do astral, para "prender o homem dela".

— Será? Ah, Judite, não quero crer nisso. O que você diz tem lógica, mas não foi assim que a educamos.

— Eu sei, mas acontece que você formou apenas o corpo da sua filha, o espírito não. Esse é antigo, já viveu muito, carrega valores e crenças arraigados, traços de personalidade que, com frequência, precisam de muitas existências para se modificarem. Todos trazem características de personalidades, vícios e virtudes, de outras épocas, de outras vidas. Elas reaparecem na vida presente como inclinações, tendências, desejos inconfessados, dons, habilidades. Tanto as coisas boas como as ruins, ou a luz, ou a sombra, acabarão por se manifestarem no agora, pois é esse o tempo de mudança. Consolida-se e aprimora-se a luz, e afastamo-nos das trevas. A luz invade nosso ser. Isso é a iluminação, ou seja, a escolha do bom, do bem, do belo, do melhor, independentemente se satisfaz a nossa vontade ou não. Se eu preciso renunciar ou abraçar, é outro aspecto. Suelen ainda não entendeu isso, e esses traços não são legado seu, pertencem a ela há muito, muito tempo. Mas você tem razão, é preciso ajudar Pam. Conheço um lugar que poderá nos ajudar.

Luíza sorriu grata, confiava em Judite. Se ela indicava, então era bom. Judite sempre fora muito criteriosa.

O espírito de Alberto, atraído pelo pensamento da esposa, acompanhava-as e olhou o céu, grato, aliviado. A ajuda necessária estava encaminhada, e o problema fora corretamente interpretado por sua irmã.

XXXIX. Nada está perdido

Não se vendem dois pardais por um asse? E nenhum deles cairá em terra sem o consentimento de vosso Pai. E quanto a vós outros, até os cabelos todos da cabeça estão contados. Não temais, pois! Bem mais valeis vós do que muitos pardais.

Bíblia Sagrada, Mateus 10: 29-31.

Alberto imediatamente deslocou-se até a instituição citada por Judite. Elas pretendiam levar Pamela no dia seguinte, domingo, no trabalho de atendimento das dezenove horas. Ele não esperaria. Em geral, a espiritualidade movimenta-se nas atividades de socorro muito antes dos pedidos dos encarnados.

O local, bastante agradável, estava banhado em uma luz suave, emitia vibrações tranquilizadoras. Harmoniosas notas musicais de sons da natureza eram captadas. Havia cheiro de limpeza, atmosfera pura, indicando que predominavam o equilíbrio e as boas intenções. Alberto gostou. Judite fizera uma escolha correta. Aproximou-se. No portão de acesso, dois trabalhadores espirituais postavam-se amistosamente, recepcionando os interessados.

— Olá, amigos! — saudou Alberto. — Vim pedir auxílio à minha filha e à minha neta. Serão trazidas aqui amanhã.

— Pode nos dizer do que se trata? — perguntou um deles, de forma amável.

Alberto resumiu o motivo do atendimento.

— Por favor, venha comigo. Levarei você ao responsável pelo atendimento — convidou o trabalhador.

Avançaram por um jardim muito verde e florido, adentrando o prédio material, encaminharam-se a uma sala pequena e simples, com pouco mobiliário: mesa, cadeiras, um armário branco. Sobre a mesa, um vaso com flores do campo. Paredes pintadas em tom relaxante e delicado davam a nota de alegria.

Um espírito, sob a aparência de um negro, idoso, trajando calças e camisa de algodão rústico, cabelos grisalhos, estatura mediana e um amplo sorriso no rosto marcado por rugas, conversava com uma jovem, mas o avistou e disse:

— Entre. *Podi sentá*. Tião já fala *cum ocê*.

Alberto concordou. Observando a aura luminosa em torno de seu anfitrião, percebeu uma luz rósea, suave. Sentiu-se bem e confiante. Identificou, sem dificuldade, que se encontrava na presença de um bom espírito, muito superior à sua própria condição.

A moça retirou-se, e Tião voltou-se para Alberto, sempre sorridente.

— *Intão*, meu *amigu*, o *qui* o *traiz* aqui?

Alberto relatou em detalhes, abrindo seu coração sem medo ao benfeitor espiritual. Contou toda a história envolvendo a filha e afetando a neta. Deu todas as informações que tinha apurado. Tião ouviu atentamente, não escondeu a tristeza com que recebia a confidência.

— Vão *trazê* o anjinho aqui? Tião cuida da *minina* e *incaminha* o caso. *Vamu trabaiá* junto *pra ajudá* essa *neguinha* sem miolo *qui* renasceu *cumu* sua *fia*. *Pricisa di* juízo na vida, só *faiz bobage. Di onde ocê* vem?

— Liberdade. Conhece?

— Oh! *Craro qui* Tião *cunhece*. Vivi, aprendi e *trabaiei* muito lá. Amo muito Pai João. É *amigu* meu, do coração, *desdi quano* vivi nas senzalas, lá na Bahia.

Alberto baixou a cabeça envergonhado. Tião o olhou e sorriu compreensivo.

— *Num* se baixe. Se *ocê tá* lá agora, *feiz pur merecê*. O passado se *acabô*, graças a Deus! *Num* arraste ele, é *munto* pesado. Tião aprendeu *oiá prá* frente. A *genti vivi* de agora pra amanhã, *num* é *ansim*?

— É. Estou aprendendo essa lição ainda. Fui capitão do mato lá pelos idos de 1700, depois encarnei no Rio de Janeiro, tentando me corrigir e aprender a ser justo. Trabalhei na polícia, mas fui vencido pela ambição e cometi alguns erros sérios. Eles me vincularam a essa que hoje é minha filha. Ambos erramos muito. Voltei à matéria em uma existência curta e sofrida, marcada pela doença e pela dor, expiando a crueldade do meu caráter. Outra vez, trabalhei como policial. Fui investigador. Felizmente, dessa vez, no confronto com a crueldade, consegui dominá-la. A dor foi abençoada mestra. Sofrendo no físico, compreendi que de nada adianta torturar e causar dor, isso não mudará o caráter violento. Ao contrário, o fará cruel e o colocará à beira da loucura. O trabalho, a educação, o conhecimento e as experiências da vida é que são capazes de nos transformar. O resto são ilusões de criaturas orgulhosas e cruéis, como eu fui e ainda sou. Acreditava-me melhor do que os marginais e não via que várias vezes agi exatamente igual, apenas escudado por um distintivo.

— Hum! Tião *entendi*. Todos *nóis erramo*, meu *amigu. Mais* a vida dá *otra* chance. E *temu qui proveitá* da *mió manera. Num* se culpe, seja *responsavi*. É diferente. Se *culpano, ocê* se dobra, cai de *jueio, baxa* a cabeça e só *faiz pensá* coisa ruim. A vida *num* anda, me entendeu? Se *ocê fô responsavi*, bom, daí é diferente. *Ocê assumi* o *qui feiz* de infeliz, de errado, *num qué fazê* mais, vê *qui* foi ruim pra *ocê* e *pros outro*, e dá jeito de *trabaiá* pra se *miorá* e *fazê* o *qui pudé* de coisa boa. O neguinho luta um *cum* os *otro*, nem pra si *mostrá*, mais luta aqui — e apontou o próprio coração e depois a cabeça, prosseguindo — e aqui.

Estendeu as mãos na direção de Alberto e completou:

— Daí sai coisa boa das mãos *dus nego*. Só *dispois* que o *nego si* enxerga, entendeu? Vergonha é pra *nego qui num tá cum* disposição de *miorá*. É tipo tramela *qui* Deus usa *prus neguinho num fazê bobage dimais* de grande e *pra fazê* eles *pensá* um *poco*. Se *ocê* já *oiô* bem pra *dentru du* coração e da cabeça, *num pricisa di tê* vergonha, tem *qui trabaiá* pra *si miorá*. *Num* perca tempo *cum* frescura.

Alberto balançou a cabeça concordando. As palavras de Tião faziam-no lembrar das lições de Pai João.

— Tião aprendeu *cum* Pai João — respondeu o amoroso benfeitor, identificando o pensamento do visitante. — Meu *amigu*, é bom *qui ocê fiqui pur* aqui até se *resorvê* essa confusão da sua *fia*.

— Será um prazer.

Tião ergueu-se e convidou Alberto a acompanhá-lo ao local onde temporariamente ficaria abrigado.

— Mais *tardi* Tião chama *ocê*. *Vamu visitá* a sua *fia* e a *minina*.

A noite se aproximava, uma brisa suave amenizava o calor sufocante do dia. Pedro chegou à esquina de sua casa. Sentira-se bem o dia todo, leve, tranquilo. Trabalhara com disposição e, absorvido nas atividades, esquecera-se dos problemas pessoais. Com isso recuperara o equilíbrio emocional. Entretanto, bastou enxergar a fachada da sua residência, e a desgastante luta dos últimos meses se apossou dele novamente.

A convivência com Suelen tornara-se insustentável. Não sobrava nada mais a admirar nela. Restava o compromisso comum com a filha. O diálogo era escasso. Durante o dia, não encontrava um assunto, uma experiência, um comentário banal sequer que desejasse compartilhar com a esposa. O interesse comum se restringia às contas da casa, às compras do mercado e Pamela. A respeito da educação da filha, a divergência prevalecia sobre o consenso.

Com Suelen não havia diálogo, somente a vontade dela a ser reconhecida e atendida, se não por bem, o seria por ser insuportável aturar uma cara de velório, como se houvesse um defunto insepulto por dias a fio dentro de casa, respostas grosseiras e monossilábicas. Para evitar isso, acabava deixando que ela resolvesse como bem entendesse todos os assuntos. Mas isso conduz obrigatoriamente um relacionamento ao fim.

O exercício diário da tolerância torna-se pesado. É como lançar uma grande pedra sobre flores delicadas. Haverá uma tentativa tênue de sobrevivência do afeto, mas acabará restando sob a pedra um solo vazio, escuro, habitado por vermes. O mesmo se dá com os relacionamentos sobre os quais se lança diariamente uma forte dose de tolerância. Os sentimentos mais delicados morrem, sobrevivem outros na escuridão: a mágoa, a decepção, a antipatia, a raiva, por exemplo.

Suelen acabara inclusive com a atração física que Pedro sentia por ela. O magnetismo envolvido nos fenômenos de atração exige mais do que pernas, nádegas, abdome e seios firmes. A atração é imantada com o que vem do íntimo da pessoa. Isso dá as qualidades de suas energias, e estas não mentem. Sendo agradáveis ao convívio, à percepção, o íntimo da pessoa é saudável. Não precisa estar no ápice da evolução espiritual para ter boas energias, basta ter boa índole, boas intenções, isso garante saúde espiritual a manifestar-se em todo ser. Somam-se a inteligência e as habilidades sociais, e aí está o que dispensa a perfeição dos traços para tornar alguém atraente, ou por sua ausência faz de um corpo bonito algo semelhante a uma boneca. Suelen tornara-se uma boneca antipática aos sentidos do marido e o culpava, vigiava e fiscalizava com todo ciúme que sua alma pequena era capaz de extravasar. O autoritarismo é de essência medrosa, a insegurança de ser obedecido acompanha como sombra e com ela o ciúme, que não é, nem nunca foi, prova de amor. As flechas de Eros passam longe dos ciumentos. Neles prevalece posse, dominação, medo e orgulho.

Pedro estava sufocado. A ele literalmente cabia a expressão: "Estava enforcado pelo casamento". E vige na consciência humana a lei de liberdade, ninguém suporta escravidão. Para santo, ele não servia. Era um homem comum, em todos os sentidos, inclusive espirituais.

Andava de par com a maioria das pessoas, sempre econômicas no gozar e no sofrer. Era um temperamento morno. Trabalhava o dia todo, divertia-se com futebol, música e conversa fiada. Mantinha seus compromissos em dia e não pensava em nada além do que fazer no minuto seguinte. Questões transcendentais simplesmente não o interessavam.

Lia pouco, preferia filmes de ação a qualquer outro conteúdo. Bombas explodindo, tiros, fugas mirabolantes o entretinham sem pensar. E essa era a sua vontade. Literalmente, um ser neutro, tão propenso ao bem quanto ao mal, pois não se conhece e nele não há predomínio nítido da luz ou da sombra. Diga-se que o ar circula livremente entre os canais auditivos nessas mentes. Entretanto, sentem. E aqui reside o problema: são facilmente dominados por paixões desgovernadas e podem, de uma hora para outra, fazer grandes e inesperadas besteiras, atos animalescos.

Voltando à chegada de Pedro. Na esquina, sentiu um aperto no peito, desgosto, contrariava-o retornar ao lar. Era difícil ficar em casa, pois isso significava ficar com Suelen.

Respirou fundo, resmungou alguns palavrões, pensando que o dia seguinte era domingo. Aos sábados, o patrão permitia que fizesse horas extras, mas jamais aos domingos. Seus colegas iriam acompanhar a torcida do time em uma excursão à cidade vizinha. Restava Pamela. Poderia sair com ela e ficar a tarde fora. Talvez visitasse os pais, eles adoravam a neta.

Dormiria pela manhã, assistiria a algum programa de esporte, algum jogo do campeonato europeu deveria passar em um canal fechado de televisão. Teria que aguentar apenas o almoço de domingo.

Envolto nessas deliberações íntimas, estacionou em frente ao portão da garagem. Cumprimentou os vizinhos e, notando a casa às escuras, sorriu. Estava sozinho! Ledo engano.

XL. **Caindo máscaras**

Do carvão brota o diamante; na escória de todos os vícios está incubada a virtude; do mais baixo nasce o que, pela excelsitude, um dia assombrará o mundo.

Aguarod, Angel. *Grandes e pequenos problemas.* O problema da saúde, item IV. Brasília: FEB.

— Ele chegou! — avisou um espírito em trajes berrantes, com evidentes sinais de embriaguez.

— Já era tempo! — falou outro espírito, sob a aparência feminina, cabelos escuros compridos, vestido longo amarelo e preto, bastante folclórico, pés descalços, também embriagado. E prosseguiu:

— Esperar me cansa. É a única coisa que me desagrada neste trabalho. Todo o restante é ótimo! Eu me divirto, tenho prazer, proteção, ganho presentes e vivem me chamando. Está ótimo! Mas esperar aqui é um saco!

Pedro entrou na sala, ignorando os acompanhantes espirituais. Acendeu a luz, ligou a televisão, foi para o banho.

— Hum — resmungou a mulher. — Essa luz me incomoda. Fique de guarda, vou me divertir um pouco com ele.

— Vê se não demora! Estou precisando de uns goles — respondeu o homem.

Ela meneou a cabeça concordando com pouca vontade. Afoita, ergueu a saia e dirigiu-se ao banheiro.

Pedro despia-se e ela admirava, encantada, o físico jovem do rapaz.

— Com esse, o trabalho é melhor! Odeio os pelancudos e sem vigor — falava correndo as mãos pelo peito de Pedro, sensualmente.

Alheio, ele começou a se barbear, esparramando a espuma no rosto. E ela deliciava-se, explorando-lhe o corpo, arranhando-lhe delicadamente as costas, esfregando-se em suas pernas. Sussurrava-lhe palavras lascivas, até que Pedro, sem se dar conta, mudou completamente o rumo de seus pensamentos e entregou-se a fantasias sexuais, despertando um desejo avassalador. Em sua mente, vivia um encontro erótico com uma mulher fogosa, atrevida e sedutora sob o chuveiro.

Ela o levava ao desespero com suas carícias.

— Ela chegou! — gritou o espírito com aspecto masculino.

No banheiro, a criatura que agarrava Pedro, tão entregue quanto ele mesmo aos instintos sexuais, apenas respondeu com um gemido e passou a dirigi-lo para a realização física com a esposa. Na verdade, Suelen tornava-se cômoda na situação. Os hormônios, a repercussão orgânica da ação da criatura desencarnada, exigiam alívio, e por que não com a esposa? Afinal, qualquer uma serviria.

Pedro não exercia nenhum tipo de disciplina sobre seus pensamentos. Aliás, pensar era para ele como respirar: algo mecânico. Jamais lhe ocorrera a ideia do pensamento como força, como elemento de sintonia e atração, sequer compreendia que seus pensamentos geravam sentimentos e tinham repercussão em seu corpo. Ou o contrário, que poderiam ser reflexo de seus sentimentos ou estado físico. Para ele, simplesmente, as ideias, as imagens atravessavam a mente, e ele os seguia igual a um barco à deriva. Por isso, encontrava bem-estar no trabalho, onde se obrigava à concentração nas atividades.

Sob domínio da "Rosa Caveira", Pedro viu-se agarrando a esposa e entregando-se a uma relação sexual beirando a violência, tal o seu anseio.

Suelen, pega de surpresa, inicialmente correspondeu, mas depois, sentindo-se dominada e usada, desconhecendo o marido e o amante de vários anos, ficou irritada e tentou desvencilhar-se do abraço. Foi então que percebeu o olhar transtornado de Pedro, e o medo a paralisou. Percebeu que o marido seria indiferente à sua vontade. Não era ele. Estava presa em sua própria armadilha, tão usada quanto desejara usar.

Não havia carinho, afeto ou respeito naquele ato, somente um desejo brutal, uma ânsia insaciável. Depois dele, a sensação de vazio, de cansaço. Pedro sentiu-se mal, envergonhado. Não entendia a si mesmo. Por que fizera aquilo? Não era um adolescente desequilibrado, dirigido pela testosterona.

Um silêncio inconveniente, denso, caiu sobre eles. Literalmente exaurido, Pedro banhou-se rapidamente. Não conseguia encarar a mulher. Enxugou-se e, enrolado na toalha, foi à cozinha. Tinha sede, queria tirar o gosto de Suelen da boca.

Abriu a geladeira e colocou a mão sobre a garrafa de água mineral.

— Será melhor o uísque — sugeriu o espírito masculino, contagiando Pedro da sua vontade de beber.

Pedro registrou-lhe o desejo e não pensou em reagir, concordou prontamente e mudou o rumo da ação. Apanhou gelo e um copo, foi à sala e encheu-o de uísque. Bebeu de um gole. Rapidamente, seu sistema nervoso acusou entorpecimento. Era uma marca barata, de alto teor alcoólico. O programa da televisão chamou-lhe a atenção e jogou-se no sofá com a garrafa sob o braço. Ingeriu-a tão rápido que nem percebeu. Pouco depois, adormeceu.

Suelen jogou-se na cama chorando, magoada com o marido. Sentia-se ferida no corpo e na alma.

O espírito de aparência masculina e roupas bizarras repousava, entorpecido pelo álcool, ao lado de Pedro. A mulher andava inquieta pela casa. O choro de Suelen a irritava, por isso, avançou para o quarto.

— Mulherzinha sem-vergonha! — berrou-lhe aos ouvidos — Ingrata! Ele nem a queria. Eu lhe fiz um favor e você fica aí, se lamuriando, dando uma de virgem ofendida. Vá se *catá*! Vê se cresce! Você devia aproveitar e ter agarrado ele e feito ficar com você. Mas qual? Você joga contra o time, vadia! Deixou o seu homem de bandeja para o outro, que só quer bebida. O serviço dele é segurar o seu marido dentro de casa, o meu é fazê-lo querer sexo com você. Meu trabalho é bem-feito. Então, vê se me ajuda na próxima vez. E, agora, faça-me o favor: para com essa choradeira! Não aguento mais. Isso me irrita.

Insatisfeita, não se limitou às palavras, desferiu tapas violentos que recaíram em diferentes partes do corpo de Suelen. Tinha prazer em agredi-la, mas, subitamente, parou. A casa estava sendo invadida, podia sentir. Furiosa, voltou à sala.

Observando Pedro e a entidade masculina modorrentos pelo álcool, esbravejou:

— Imprestável! Vou mandar substituí-lo. Não serve para nada, quando preciso dele está desse jeito. Ordinário! Só p...

O espírito sob a identidade de Rosa Caveira calou-se. Não conseguia enxergar, mas percebia uma mudança no ambiente, como se houvesse uma rajada de ar fresco. Farejou como uma cadela, o olhar assustado.

— Isso aqui é território nosso — falou para si mesma. — Aquela sem serventia entregou-se a nós. Esse marido que ela diz querer tanto rola que nem folha no vento, não deu nenhum trabalho dominá-lo. Cedeu fácil e afastou "os bonzinhos". Quem viria aqui? Mas tem coisa estranha...

Ela vivia e tinha suas percepções e sentidos de acordo com seu nível evolutivo, portanto era "quase materializada", tão grosseiro ainda se manifestava seu envoltório periespiritual. O de seu acompanhante não diferia, aliás, esse é, pode-se dizer, o padrão do grupo vinculado a Pai Alexandre. Óbvio, não conseguia visualizar a presença de Tião, acompanhado por duas amorosas entidades femininas: Júlia, mentora espiritual da pequena Pamela, e Bernardina, uma de suas auxiliares. Mas sentiu algo diferente e, considerando desnecessária sua presença na casa, afastou-se. Voltaria no dia seguinte.

— Coisa triste! — lamentou Tião, observando a ação dos espíritos inferiores naquele lar.

— Doentio — comentou Bernardina.

— Sim, sob todos os ângulos, o que vemos aqui é digno de lamento. São ilusões materializadas em todos os níveis. até o da doença mental. Isso é grave — completou Júlia. — Afeta Pamela sobremaneira. Ela está em estágio delicado do processo reencarnatório. A infância exige muitos cuidados psicológicos e emocionais para possibilitar um desenrolar saudável e adequado da perturbação que acompanha o retorno do espírito à matéria. É uma fase delicadíssima, cujas vivências marcam toda a existência. Nesse ambiente, presenciando esse quadro lamentável, ela tem sido dominada pelo medo e manifesta terror noturno. Está muito sensível, e fenômenos de sonambulismo natural têm acontecido.

— *Precisamo limpá* a casa *desses neguinho* — deliberou Tião. — *Vamo cumeçá jogano* luz cá pra *dento*, prece, e *vamo acumpanhá* eles. O Alberto *contô arguma* coisa, *mais num* foi tudo. *Cuidá* da *minina* é o *principá*. O Antônio vai *cunversá cum* os nosso irmãozinho fantasiado, *despois peçu* pra ele *vim* cá.

Bernardina e Júlia aquiesceram e foram ao quarto de Pamela. Acomodaram-se e iniciaram profunda meditação e prece, iluminando o ambiente. A energia densa e viciada dos espíritos que Suelen atraía inadvertidamente ao seu lar impregnava-se. Viam-se manchas escuras, como se fossem pequenas nuvens carregadas, pairando por toda a casa. Conforme as benfeitoras espirituais concentravam e liberavam energias positivas, harmoniosas, como ondas que iam dominando o espaço, as outras eram absorvidas, desfaziam-se. Ao término da visita, o dormitório da criança estava limpo, envolto em uma energia calma.

420

— Alberto, *ocê* fica aqui — determinou Tião. — Fique calmo, *pensano* coisa boa, alegre, faça prece, peça ajuda *du* seu *protetô*. Ajude a Júlia, *oceis* vão *cuidá* da *minina*. *Nóis vamu vortá pra instituiçã e cunversá cum* o nosso Orientador, *incaminhano* tudo pra amanhã *cumeçá* a *atendê* esse povo.

Alberto concordou sorrindo. A gratidão brilhava em seus olhos, não precisava palavras. Tião abraçou-o, sussurrando-lhe ao ouvido:

— *Cunfia*, meu *amigu*. Tudo vai *dá* certo! *Se* lembre que as *frô* mais *bunita* são as que têm mais esterco no pé. Dessa coisa ruim que os *homi faze purque* são *inda munto pequenu cumu* espírito, a vida *faiz* coisa boa e cheia de *sabidoria. Cunfia* em Deus, *trabaia cumu* tem feito, fica no bem que é o *mió* pra *ocê*. Esse é o *caminhu*. Vai!

— Eu vou, Tião — respondeu Alberto emocionado, com as vibrações ternas transmitidas no abraço. — Sinto-me seguro, equilibrado. Não temo as entidades que estão aqui.

— Isso, *amigu*. Nada *di* medo. São *duenti* da alma, as *veiz, munto* sofrimento se *isconde* por debaixo dessa fantasia. *Munta* dor, *incompressã* da vida, de si mesmo, *revorta*, raiva, medo, *intão* pra não *oiá* pra essas *coisa* que *tão encheno* a alma deles dessas *mancha ruim*, que nem as que tinha aqui, e num *enfrentá* essas *dor*, eles *foge. Inventu* uma vida nova, nenhum deles nunca foi quem diz *sê*, mas quem são *di* verdade *tá* lá *dento*, e *pricisa* de ajuda. Mas nem sempre eles *aceito. Cumo* em tudo, se tem que *esperá* o tempo certo. *Quano* eles *canso* dessa vida de ilusão e *descobi* que são *usado, qui num* tem *podê ninhum, qui* também tão *fazeno* mal pra si mesmo, então, eles *aceito* ajuda. *Vamu pedi* a Deus *qui* a hora desses *neguinho* da sala tenha chegado. *Qui* eles *deseje sê filiz* pra *valê*, não *ansim*, gargalhando de tristeza e dor, *bebeno* pra *num pensá* nem *senti*. Ninguém tem *qui tê* medo deles, *preciso* de ajuda. A *muié qui troxe eles* pra cá *tumém pricisa*. Ela *num* pensa, *num* sabe nada da vida. *Oia* só, *cumu* é que é *possive*

421

querê sê filiz encheno a casa de gente doente, triste, *qui num cuido* bem nem de si mesmo?

Júlia admirou calada a exata avaliação de Tião, expressa de maneira tão simples. Bernardina, ainda aprendiz, considerava, em pensamento, as muitas ilusões reunidas naquela casa. Afinidades!

Tião, Júlia e Bernardina retornaram à instituição, trocando pareceres a respeito da visita. Ele as deixou no salão principal, onde aguardariam o momento de reflexão e prece junto aos demais trabalhadores, ali reunidos, conversando animadamente. E foi ao encontro do Orientador para dar-lhe ciência da tarefa de socorro iniciada.

No fim da tarde de domingo, Luíza, a cunhada e a neta, amparadas espiritualmente por Júlia e Alberto, adentraram a instituição espírita, iniciando-se um longo trabalho.

Antônio Mina, em espírito, integrando a equipe de auxiliares de Tião, fora designado para a tarefa de aproximação das entidades espirituais a serviço de Suelen.

Apresentou-se como igual, com sua calça marrom, peito nu, colares multicoloridos e uma garrafa de cachaça na mão. Ele sabia onde estava pisando, e toda malemolência adquirida na vida de estivador no porto o auxiliava naquela "missão diplomática".

Chegou puxando conversa com a entidade masculina, dizendo que estava cansado, que andava sozinho perambulando pela vida, divertindo-se nos bares, morando ora com um, ora com outro. Alegou ter se envolvido em confusão e precisava se esconder por algum tempo. A entidade masculina residente na casa de Suelen observou Antônio e indagou:

— Seu nome? A quem pertence? Está trabalhando com quem?

— Eu sou Mina, irmão. Como lhe disse, sou solto na vida, não trabalho para ninguém, nem tenho quem me dê proteção. Não sou de falange, sou sozinho. Eu me divirto, não quero compromisso — respondeu Antônio e, erguendo a garrafa, completou: — Somos só eu e ela, entendeu?

— Hum. E esses colares? Você não me engana — ameaçou.

— Ah! — Antônio passou a mão nos colares africanos. — Na última vez, nasci na África, sou Mina, meu povo conhece magia. Isso me identifica, mas pode olhar, aqui não tem mão de protetor, não identificam falange, são minhas para culto dos meus orixás, dos meus deuses. Sou sozinho, não presto serviço, nem dou conta do meu tempo. Eu me mando, entendeu? A escravidão desses grupos não me interessa. Sabe, não sou um tipo obediente...

A entidade masculina ouviu, e encheu-se de inveja e admiração. Antônio fora certeiro, direto ao ponto fraco: independência para viver e fazer o quê e quando bem entendesse. Apostou que seu ouvinte estava cansado de manipular pessoas e prestar contas ao "líder espiritual" do grupo, bem como a servir aos caprichos dos consulentes de Pai Alexandre e ao próprio feiticeiro.

Curioso, o espírito concedeu o acesso pretendido e acomodou Mina na sala. Conversaram muito. Antônio obteve com facilidade todas as informações sobre os donos da casa, especialmente as atitudes de Suelen. Fingindo cansaço, Mina atirou-se, desleixado, sobre o sofá no qual dormira Pedro. Conforme seu planejamento, Pedro havia ido à casa materna aproveitando que Pamela estava com a avó.

Ausente Pedro, Rosa Caveira nada tinha a fazer, por isso trabalhava em outro "pedido" de Pai Alexandre.

— Escureceu! Eu gosto de me divertir na noite. Você já viu que tem um monte de gente reunida para falar com "os mortos"? Eu me divirto com esse povo, sabe. São muito engraçados, alguns crédulos demais. Digo as maiores besteiras e eles acreditam. Outros são arrogantes e preconceituosos, é só dizer uma palavrinha e o cara discursa, quer te doutrinar. Outros têm medo e têm aqueles que querem te contratar, isso eu não quero. Até vou dançar em alguns lugares por aí, mas caio fora quando querem me prender para o bando deles. Gosto de ser sozinho, sem compromisso. Livre. Chega de escravidão!

O ouvinte de Antônio interessava-se mais a cada palavra. Preciso e sagaz, o enviado de Tião lançava as iscas certas: liberdade, diversão, independência, sem responsabilidade com nada e com ninguém. Antônio sabia que personalidades como aquela queriam, acima de tudo, autoafirmação e ainda estavam em uma faixa de evolução na qual a noção de reponsabilidade pesa. São do tipo que ainda pensam que trabalhar não é viver, e aproveitar a vida é sinônimo de diversão. Considerava-os pré-adolescentes espirituais.

— Seu amigo saiu — continuou Antônio referindo-se a Pedro. — E a Rosa se mandou, não foi?

— É, como sabe dela?

— Já vi muitos de vocês, sei como trabalham. Já me convidaram, mas não quero — respondeu Antônio altaneiro.

— Se fosse você, pensava melhor. Se fosse um dos nossos não precisaria se esconder, teria proteção.

— Eu sei, mas prefiro me virar sozinho. Essa proteção é muito cara. Eles controlam a sua vida. Já fiz parte disso e consegui cair fora. Eu sou o Antônio, e chega! Não me meto na vida de ninguém e não permito que se metam na minha. Essa confusão de hoje é uma bobagem, mas...

— Mas você precisa de proteção, não é? — insistiu o outro, sentindo-se poderoso. Afinal, invejava Antônio e agora percebia que estava em condição superior.

"Engoliu", pensou Antônio e mudou a estratégia habilmente, despertando as necessidades daquela entidade masculina, chamando-a para a farra.

— Vamos! — convidou. — Mostre-me onde se diverte. Não tema, eu o protegerei. Comigo por perto, seus perseguidores cairão fora.

Antônio sorriu, submisso, e prontamente levou-o à diversão. Perambulou em alguns antros, deixando-o deliciar-se. Seu companheiro não percebeu que era conduzido. Antônio executava a lição do Orientador: a condescendência.

O condescendente conquista amizades e, com facilidade, conduz almas. É um exercício que necessita critério e segurança pessoal, presenciar sem se envolver, ouvir em silêncio sem concordar e, aos poucos, inserir valores e virtudes onde não existiam. Antônio fazia esse trabalho de resgate pela condescendência, integrando a equipe de Tião, formada na instituição Liberdade, e atuando vinculada à instituição espírita na esfera terrena, resgatando iludidos e escravizados de diferentes tipos: os envolvidos com a espiritualidade inferior, os que ainda guardavam vinculação com as dependências viciosas adquiridas na matéria etc.

De repente, viu-se adentrando os jardins da instituição espírita onde Antônio trabalhava. Estranhou a calma do local à noite, mas viu luzes e alguns carros, ouviu vozes e som de música.

— Que lugar é esse?

— Vamos nos divertir um pouco com umas pessoas diferentes. Podemos ensinar-lhes a se divertir ou rir da cara delas.

— Ah, sei! Os certinhos? É isso aí, vamos incomodar um pouco.

Antônio sorriu e disse:

— Venha!

Tião acenou satisfeito ao ver a chegada de Antônio com a entidade masculina. Fez-lhe um sinal de positivo, sabia que o outro não responderia.

Sem saber, a entidade atendia à evocação mediúnica no auxílio à menina Pamela. E manifestou-se ao grupo mediúnico que, naquele dia, estava sob a direção espiritual de Tião. Riu, provocou, fez ameaças, prontificou-se a servir a algum interessado e estranhou a inalterabilidade do clima. Um homem começou uma conversa mansa e a entidade riu, mas ficou alerta. Pensou que tinha caído em uma armadilha e imediatamente sentiu-se preso e esbravejou.

O homem disse:

— Acalme-se, amigo! Ninguém amarrou você. O que está sentindo é a ação do sistema nervoso do médium, nada mais. Aqui, não prendemos ninguém. Apenas queremos conversar, trocar ideias, entendeu?

A entidade, assustada, ouviu a voz tranquila do encarnado e, apesar do estado de entorpecimento alcoólico, conseguiu visualizar o ambiente, as pessoas, viu alguns espíritos e detectou estar fora do seu ambiente cotidiano, mas sentiu-se bem. Não havia medo, tampouco condenação. Sabiam quem ele dizia ser e o que fazia, mas não estavam interessados. Resolveu conversar com o homem, relaxou e sentiu que "as amarras" também afrouxaram.

— Você não mente, posso sentir que estão me deixando mais solto.

E esse foi o começo da longa conversa entre o dirigente do trabalho mediúnico e a entidade masculina. Não fizeram qualquer tentativa de demovê-lo de suas intenções, inteiraram-se dos fatos e o fizeram pensar, não sobre Pedro, Suelen ou a criança, mas sobre ele mesmo e se era feliz. Ao final, despediram-se amistosamente, e o dirigente o convidou a ficar e conhecer a instituição. Disse-lhe que poderia ir e vir quando bem entendesse.

No jardim, reencontrou Antônio, olhou-o e perguntou de novo:

— Que lugar é esse?

— É a minha casa — respondeu Antônio. — Vivo aqui. Todos que conheceu são meus amigos, moramos juntos. Somos uma família. Venha, vamos sentar e conversar.

Antônio deu continuidade ao trabalho de despertar e retomada da consciência espiritual daquela entidade, descobrindo a sua verdadeira identidade. Desvendou-lhe as necessidades e, com a sua concordância, após uma dolorosa admissão de seu passado e das suas verdades, encaminhou-o ao atendimento no setor adequado à sua reabilitação. Mais tarde o encaminharia à instituição espiritual Liberdade.

Acompanhado de Tião, Antônio regressou ao lar de Suelen em busca da Rosa. Observaram-na agir por alguns dias, estudando-lhe o comportamento. Não interferiram em seu "trabalho", não levantando suspeita de sua presença e ação.

Apenas a situação de Pamela modificara-se: não tinha mais pesadelos. Isso contribuía para que Suelen acreditasse que tudo estava bem com seus planos. A entidade sob o nome de Rosa Caveira contribuía com o atendimento de Pamela. Respeitava a criança e não opunha nenhuma barreira à ação de Júlia e Bernardina.

Suelen soube que Luíza levara a neta a um centro espírita e ficou feliz por voltar a dormir sossegada. Não pensava haver qualquer ligação entre o que fazia com Pai Alexandre e os problemas da filha, então não associou a melhora com uma interferência em seus desejos.

Antônio fez-se passar pelo "novo enviado" para cuidar que Pedro ficasse em casa. Rosa o recebeu sem muitos comentários, apenas perguntou-lhe como agiria, pois não queria interferência no "trabalho" de sua competência. Deixou claro que ele não passava de um auxiliar, um guardião.

Submisso e com poucas palavras, Antônio concordou e tranquilizou-a dizendo-lhe que só recorria à bebida em último caso. Agia de outra forma, sua paga era diferente daquele outro. E, realmente, agiu de forma diversa. Pedro sentia-se profundamente cansado, sonolento, fazia-o dormir pesadamente e o retirava do local, levando-o a reuniões de esclarecimento na espiritualidade com o propósito de identificar o processo espiritual que vivia e reagisse com suas próprias forças, libertando-se e reassumindo sua vontade.

Semanas depois, Tião conversava no jardim da instituição com o amigo Georges[12]. Já tinha em mãos o perfil da entidade feminina a ser socorrida.

— A *muié incarnada é munto difíci* de se *ajudá* — repetiu Tião. — *Munto* iludida, *num* se *cunhece*, nem se importa *di sabê* onde enfia o nariz. Só *qué* que *façu* as *vontade* dela. Isso *num* existe, *Jorgis*. Só numas *cabeça* sem juízo. *Inda* vai *sufrê munto* pra *madurecê. Mais fazê* o quê? É o *caminhu* que a *nega tá escoieno.*

— Nossos companheiros encarnados farão uma tentativa de alertá-la. Esperemos que dê bom resultado — lembrou Georges. — Mas urge atender a dita Rosa. Seu trabalho foi excelente, Tião, muito completo. Espero poder ajudá-la. Sua história me enterneceu. Hoje, graças a Deus, a cultura humana evoluiu e podemos falar e tratar de casos semelhantes como o que realmente são: transtornos de uma mente em desalinho. Sofrimentos de séculos, nunca iluminados pela compreensão, geraram um estado doentio sério, em muito agravado pelos preconceitos, pela ignorância própria e de quem a cercou e cerca. Pessoas como nossa amiga Suelen desconhecem o mal que fazem a si e aos outros, nesse caso, ainda ela erra duplamente.

— É, Tião já viu *issu*.

— Vamos confiar que Antônio fará seu trabalho com a competência de sempre e, hoje à noite, poderemos iniciar o tratamento dela, retardado há séculos.

— *Hoji* vem todo mundo, *menus* o *homi*. Aquele é *oto dismiolado* ainda — falou Tião, lamentando de forma

---

12 Cena descrita no epílogo do romance *Encontrando a paz*, de nossa autoria, publicado pela Editora Vida & Consciência. Georges é o terapeuta espiritual que integra o grupo ao qual pertence José Antônio, assim como Tião e o Orientador. Aparecem em outros livros de nossa autoria, como *A Morte é uma farsa*, também publicado pela Editora Vida & Consciência.

brincalhona e carinhosa o estado evolutivo de Pedro. — *Pur* isso as *muié faze* o *qui* bem *intendi cum* o *nego. Vivi* com a cabeça *iguá* a *foia* no *ventu*, vai pra onde sopra. *Dirigi us* carro, e *num dirigi* a cabeça.

Georges riu e, recordando o grande número de espíritos desencarnados violentamente em acidentes automobilísticos em atendimento na espiritualidade, completou:

— Uma lástima! Mas não é o único, Tião. Milhares de pessoas dirigem todo tipo de veículos, mas não dirigem a si mesmas. O resultado é que se matam com suas máquinas. Façamos o possível ao nosso alcance. É o momento de atender Suelen, Pamela e Rosa. O tempo dele ainda não chegou, precisa crescer um pouco mais. Se com ou sem dor, bem, isso dependerá das escolhas, não é mesmo?

— É, *vamu cuidá* disso *qui tá* nas *nossa* mão. *Mió arguns filiz, qui* todo mundo *choranu*. Tião vai *trabaiá. Té* mais *tardi, Jorgis.*

— Até mais, Tião.

Epílogo

Como dorme tranquilo o luar no banco! Sentemo-nos aqui e consintamos que nos ouvidos nos penetre a música. O tranquilo silêncio e a noite servem para realçar uma harmonia amena. (...) Na alma imortal essa harmonia existe. Mas, enquanto as vestes transitórias de argila a envolvem muito intimamente, não podemos ouvi-la.

Shakespeare, William. *O mercador de Veneza*. Ato V, cena I: Lourenço (1596-1597).

À noite, reunidos com o grupo mediúnico que dava suporte ao atendimento da pequena Pamela, Tião e Georges observavam a atividade. Antônio ainda não havia trazido Rosa.

Minutos depois, o dirigente encarnado evocou o caso envolvendo a menina. Solícito, Tião dirigiu-se ao grupo, informando características específicas do problema, bem como pedindo atenção ao diálogo com a mãe da criança, geradora de todos os transtornos, necessitando séria e severa advertência. Por ser de proveito geral, alertou sobre os riscos e sofrimentos buscados voluntariamente pela irreflexão, inconsciência e falta de autoconhecimento.

Enquanto o amigo espiritual se comunicava, Antônio chegou conduzindo a entidade feminina semiconsciente.

— Georges, o estado dela é lastimável — declarou Antônio, sustentando-a, pois não se mantinha ereta.

— Estou vendo. Talvez reaja ao contato com as energias do médium. Vamos aguardar e ajudar na conexão. Sozinha, ela não conseguirá. Está habituada a mentes deseducadas, age instintivamente, não conhece os mecanismos das leis desses fenômenos. E, nesse estado, ainda é menos provável.

Começaram a aproximação dela com o médium encarregado da tarefa. Em minutos, ele registrou a presença em desalinho, as energias densas a envolvê-lo, sentiu a língua pesada, a fala difícil, o pensamento confuso, e detectou raiva, medo, dor, encobertos por ilusões de poder pessoal.

Tião encerrou a manifestação. O grupo estava preparado. Entidades como aquela eram mais acessíveis aos encarnados do que ao contato com os benfeitores espirituais, tanto que viviam distantes de seus próprios protetores.

Não houve grande conteúdo a aproveitar-se da manifestação, mas foi o suficiente para identificar o tipo e o estado. Trazida do lar de Suelen em meio a uma crise profunda, ela estava desgastada, fragilizada, e acabou inconsciente, adormecida.

— Levem-na para as enfermarias. Coloquem-na sozinha. Clara irá acompanhar o despertar dela — orientou Georges aos seus auxiliares.

— *Jorgis*, o *serviçu* agora é seu — declarou Tião com voz solene, mas sorrindo. — Sabe *donde encontrá* Tião, se *fô priciso*.

— Obrigado, Tião. Talvez seja necessário, mas vamos observar. É preciso buscar o amor nesses casos — respondeu Georges.

Na semana seguinte, Rosa foi novamente trazida à assistência no grupo mediúnico. Agora desperta, mas ainda fugindo de si mesma. Esbravejava dizendo-se presa no local.

Começou a expurgar a energia da raiva, mas ciente de que fora chamada em razão dos acontecimentos envolvendo Pamela.

— Por que não me chamam pelo nome? A menina sofre o ambiente todo, mas ela sofre as loucuras da desmiolada da vigarista. E o outro é boa bisca, não merece afeto de ninguém. A criança vive jogada, ao deus-dará, mas precisa daquela ordinária. Foi por isso que me senti estranha. Ela depende dos

431

vivos para crescer. Merecia morrer aquela lá, mas aí quem vai criar a menina? É injusto o que a vida fez de dar a minha filha para ela. Isso me divide. Estou pensando em dar um fim é nele. O desgraçado é ordinário demais. No fim, tudo é culpa dele. Quem é aquela velha? Por que está me olhando tanto?

Bernardina, no lado oposto da sala, envolvia Rosa em vibrações de paz e carinho.

— Ótimo! — avaliou Georges e continuou inspirando o dirigente na conversa.

— A vigarista é muito chata, e ele não faz nada. É um banana! Um besta! E por que essa velha continua me olhando? Vou embora. Vê se não esquece o meu nome. Não suporto ouvir o nome daquela outra.

Não adiantava insistir. Georges autorizou seu auxiliar a levá-la de volta à enfermaria. Avaliava como positivo o surgimento de memórias confusas. Claramente, o juízo de realidade ainda estava comprometido, mas o passado, soterrado à força e mal resolvido, vinha à tona.

Ao longo da semana, Bernardina aproximou-se de Rosa Caveira, e ouviu muitos impropérios calada. Entendia que o sentimento irado do qual era alvo nada tinha de pessoal, era a tônica do íntimo da outra. Não fosse ela a ouvi--los, seria outro trabalhador. Continuou visitando-a.

— Você gosta que a chamem de Rosa Caveira? — indagou em uma visita quando encontrou a paciente mais calma.

— É um nome bom — respondeu-lhe a paciente.

— Existem muitas, isso não a incomoda? Não preferia ter seu nome representando a sua individualidade?

— Rosa Caveira representa uma personalidade. Nós o usamos porque somos parecidas e agimos de maneira quase idêntica.

— Eu sei. Isso é bastante comum. Mas você sabe que é uma fantasia, um personagem que você interpreta, uma máscara sob a qual se esconde, não é mesmo?

— Não! — gritou Rosa. — Sai daqui, velha asquerosa! Estou cheia de ver você.

E fez gestos obscenos e agressivos a Bernardina, ergueu as saias, mostrou-lhe o traseiro, expôs a língua etc.

Bernardina ficou exatamente onde estava, sem mover um músculo sequer. Impassível. Continuou com o mesmo tom de voz de antes.

— Não seja ainda mais infantil! Isso não me assusta, nem me agride, também não me choca. Apenas lamento. Como disse, você não é a única a representar a Rosa Caveira para mim. Lamento que sufoque a sua individualidade em troca de representar uma personagem. Deixarei você sozinha, como quer. Mas pense um pouco. Permita-se olhar pela janela.

— Eu não sou cega! — resmungou Rosa.

— Hum, não mesmo? Prove! — provocou Bernardina e saiu da sala, cantarolando uma conhecida canção da música popular brasileira.

A Rita levou meu sorriso
No sorriso dela
Meu assunto
Levou junto com ela
O que me é de direito
E arrancou-me do peito
E tem mais
Levou seu retrato, seu trapo, seu prato[13]

A letra incomodou profundamente Rosa Caveira, deixou-a nervosa. Distante, Bernardina sabia o efeito provocado e falou alto:

— Permita-se olhar pela janela, Rosa.

E cantarolou com vontade, repetindo o mesmo verso, como se soubesse apenas aquele.

---

13 *A Rita*, música de Chico Buarque.

Sentada sobre a cama simples, Rosa apertava a cabeça. Dividia-se entre a fúria, agora dirigida a Bernardina, e a invasão de um sentimento de profunda tristeza, de perda, de dor. O mar de revolta em seu íntimo vinha à tona e engolia a fogosa e temperamental Rosa Caveira.

Clara, uma das enfermeiras da ala, observava a paciente e o trabalho de Bernardina.

— Muito bem! Seu plano funcionou. Avisarei ao Georges que a levaremos ao atendimento mediúnico hoje à noite. O contato com as energias materiais auxiliará o andamento do tratamento. Ela é muito materializada.

Bernardina esboçou um sorriso triste, feito de puro lamento e resignação, e respondeu:

— Estarei lá.

À noite, em outro atendimento, o médium pressente a presença de Rosa, mesmo antes da evocação do atendimento de Pamela. Assim que chamada, ela se manifesta, escrevendo agitadamente:

Diz para ela que eu estou aqui. Não aguento mais. Estou péssima! Com raiva, muita raiva. Quero esganar aqueles cretinos, quero que fiquem mal, muito mal! Conter esse ódio me cansa. Sinto-me um bicho enfurecido, enjaulado. Mas tem uma voz que fica o tempo inteiro falando o nome da menina, quando era minha, e depois dizendo Pamela, Pamela. Não aguento mais isso! Enlouquece-me. Se esta mulher calar a boca, pode ser que seja melhor ficar aqui. Não me falta nada, só sossego. Mas ela não cala a boca, é o tempo inteiro cantando a mesma coisa. E aí eu não consigo deixar de pensar que eles merecem morrer. Mas com quem vai ficar a menina? A avó é uma tonta, abobada e burra. Não quero deixar com ela. Mas eu quero justiça! Minha raiva é deles. Quero justiça! Quero que aprendam a respeitar os outros, que as pessoas têm sentimentos, não são lixo. Eles têm que aprender isso e sentir o que fizeram. Manda essa velha calar a boca, não aguento mais. Eu não enxergo ela, só escuto. Sempre. Tenho medo, já sabem que tenho crises muito feias. Não gostam de mim, já vivi isso. Não quero falar com ninguém. Vocês não têm nada com isso. Deixem-me ir embora. Não tenho por que incomodar vocês. Eu já me matei por causa disso, não quero continuar a viver daquele jeito. Era morrer um pouco a cada dia, não aguentei. Eu tentei. Tive a minha filha, lutei, mas não... As coisas não são tão simples assim. Eu sei que no mundo tem muitos homens, e que eles pensam saber de tudo que aguentei. Mas não sabem o que é pedir forças a quem não tem mais sangue nas veias. Eu não conseguia mais viver depois do que passei. O que sabem sobre os sentimentos de uma mulher? Nada! Eu sei o que senti e o inferno que vivi. E escolhi a morte. Preferi morrer a aguentar o olhar das pessoas. Eu morri, entendem? Eu sou Rosa Caveira agora. A criança, eu dei antes de me matar.

E caiu em pranto doloroso, jogando longe a caneta e as folhas nas quais escrevera seu desabafo, a admissão de retornar à consciência. Enquanto chorava, desfilaram em sua mente as últimas cenas de sua última existência.

O dirigente do trabalho, com ternura, procurou confortá-la:

— Chore, Rosa, alivie a sua alma. Vai lhe fazer bem. Deus sempre nos dá uma nova oportunidade. Não desejamos que você sofra, ao contrário. Este é um momento difícil, porém necessário. Você sempre soube que não era Rosa Caveira. Você é um espírito imortal, igualzinho a qualquer outro. Todos nós temos dores, alegrias, coisas das quais nos arrependemos. Temos momentos em que a coragem nos falta. Isso ainda é da nossa condição espiritual. É preciso que nos perdoemos! Só assim iremos nos libertar dos sofrimentos íntimos e poderemos seguir em frente, aproveitando a vida para aprender, evoluir espiritualmente. Assuma sua verdadeira identidade, as suas verdades. Elas a libertarão e nelas está o caminho do seu crescimento. Não evoluímos pelas verdades dos outros, só progredimos vivenciando as nossas. Diga-me o seu nome.

A mão do médium tateou sobre a mesa até encontrar a caneta e as folhas esparramadas. Com lágrimas pingando sobre o papel e borrando a tinta azul, escreveu: Marieta Guimarães Lins.

Bernardina, em lágrimas, tinha os olhos voltados ao céu, contemplando pela janela aberta o céu estrelado. Em pensamento, recordava o que sabia da vida de Marieta, o que fora levantado no trabalho de Tião e o que ela mesma vivera naquele atendimento.

— Deus, quantas lições! Tão tristes, tão sofridas, tão humanas! Abençoa essa criatura perdida e sofredora. Que redescubra as forças da alma! Que recupere a lucidez, pois ainda a percebo confusa. E, Deus, muito obrigada por eu ter podido acompanhar e aprender, com as dores e revoltas dela, a fazer do meu íntimo um lago sereno, profundo e limpo onde possa se espelhar a beleza da vida. Obrigada! — dizia, em comovida prece.

Marieta relatou de maneira confusa o fim de sua última existência. Era o início de sua melhora. Reconheceria mais tarde que a ausência de mudança interior a fizera repetir situações passadas.

Mas não sabia ainda que Suelen era a sua desconhecida algoz, Joana, que, aliás, continuava a mesma. Arrependera-se na espiritualidade; contudo, de volta à matéria, sucumbia na luta pela transformação pessoal. Repetia experiências. Genésio ainda perambulava torturado pela culpa entre as ruínas da velha fábrica e a casa onde morara Maria.

Durante alguns meses, Marieta esteve em atendimento com Georges. Recobrou a lucidez, admitiu sua compulsão, a tristeza profunda, a incompreensão e o sofrimento do amor pelo irmão. Eram questões para um profundo exame, uma terapia longa. As forças interiores oscilavam.

Ouvindo-a falar, Georges considerou acertada e necessária a intervenção planejada. Ergueu-se de sua cadeira e foi à janela. Apoiou-se no peitoral e, mudando completamente e de forma inesperada o rumo da conversa, indagou:

— Você já observou como a primavera é linda, Marieta?

Aflita, chorosa, ela enxugou as lágrimas, pigarreou e respondeu:

— O quê?

— Perguntei se já observou a beleza da primavera? Eu amo ver a natureza terrena renascer. É um lembrete do ciclo vida, morte e renascimento que regem todas as formas de vida. Acho linda! Vamos caminhar um pouco lá fora.

— Mas e o tratamento?

— Na vida, por muito tempo somos enfermos, minha querida. Na verdade, somos enfermos até aprender a dar sentido à nossa existência, a colocá-la no rumo da evolução. Curar-se da ignorância que gera dor e sofrimento de todo tipo é tarefa lenta e gradual. Temos tempo. Não pense que tenho a pretensão de fazê-la evoluir sentada nesse divã. Estamos apenas nos conscientizando. Estou ajudando você a pensar e entender alguns motivos da dor que carrega. Isso é uma preparação para aprender a ser feliz. A cura é viver de acordo com a nova visão que brotará de você mesma. Agora, venha, vamos caminhar.

— Eu não me sinto bem com as crianças, você sabe.

— Precisa vencer isso. É a mágoa que a impede de estar com elas. A mágoa deteriora nossos sentimentos, gera uma zona "morta" em nosso íntimo, entende? É muito limitante. Quando algo nos magoa, simplesmente não nos aproximamos mais, e isso é um limite. Tocá-lo é doloroso, eu sei. Mas me diga: como viver sem ver crianças? Sem estar com elas? Vamos, perdoe-se. Assim irá se libertar e permitir que esse solo "morto" torne a renascer.

Reticente, Marieta aceitou a mão estendida de Georges e o acompanhou. Caminharam calmamente, em silêncio, por entre os jardins, permitindo-se observar a natureza, sentir suas energias.

Marieta estava relaxada, meditando. Não viu a aproximação de um menino ao lado de Georges.

Georges sorriu e foi soltando, bem devagar, a mão de Marieta. Deixou-a escorregar para a mão do menino e parou. Deixou-os seguir, ficou observando a distância.

Caminharam por entre as roseiras, em silêncio. Marieta, então, voltou-se para comentar a respeito das flores e engasgou-se tomada por forte emoção. Não sabia se ria ou chorava, e fez os dois. Abaixou-se, abraçou apertado o menino, beijou-lhe os cabelos e o rosto repetidas vezes, tomada da ânsia de matar a saudade de um amor ausente, cuja falta sentira nas profundezas da alma.

— Juliano! Meu amigo querido! — murmurava. — Você está bem? Vocês ficaram bem? Você me perdoou? Eu pensei tanto nisso que enlouqueci. Como é bom sentir você perto de mim.

— Eu a amo, Maria! — respondeu o menino. — Você me ajudou muito. Toda a minha vida eu rezei e pedi a Deus que você encontrasse a paz e a luz. Eu fiquei tão feliz quando a vi aqui, mesmo que você nem tenha me enxergado. Eu sabia que era tempo de acabar a dor.

Ela o apertou contra o peito outra vez, cobriu-o de beijos ternos e agradecidos.

— De tempos em tempos, em meio à minha revolta, aparecia alguém tentando me ajudar. Mas eu os ridicularizava, enxotava. Perdoe-me, Juliano, eu não sabia que era você quem pedia por mim. Eu tinha medo e acreditei que, se a morte não fora o fim que eu esperava, só restava matar minha própria consciência, negar minha existência e assumir uma personagem. Vivi horrores, fiz horrores. Tenho muito trabalho à frente, mas eu fiz tudo isso porque acreditei que nunca mais iria encontrar alguém que eu amasse. Aliás, a personagem de Rosa Caveira me protegia do amor. Enganei-me e muito! Não é possível fugir de si mesmo.

438

— Eu sei, Maria. Não precisa me contar nada, eu sei de tudo. Vamos aproveitar nosso reencontro, está bem? Vamos sentar ali? — e apontou uma mesa redonda com alguns banquinhos, à sombra de uma frondosa árvore.

Acomodaram-se. Juliano contou-lhe que tivera uma vida feliz, produtiva, tornara-se médico, tivera uma família boa, aprendera muito. Rita crescera saudável, amaram-se como irmãos por toda a existência. Ela se casara com um jovem do interior e vivera na fazenda até sua morte, da qual ainda se recuperava no plano espiritual. Tivera uma vida longa, proveitosa, e numerosa família. Desencarnara cercada de bisnetos. Marieta ouvia-o encantada, mas não resistiu ao retorno ao passado e perguntou:

— E Silvério, como está? Sabe dele? Ele cuidou muito bem de você e da Rita. Foi um ótimo pai. Fale-me dele, por favor.

Mal acabara de falar, Marieta sentiu uma mão pousar em seu ombro e suave beijo no alto da cabeça. Imediatamente identificou a vibração e ergueu-se de um salto, atirando-se aos braços de Silvério.

— Eu falo por mim, meu amor — disse ele, tomando o rosto de Marieta entre as mãos. — Meu amor! Como é bom poder chamá-la assim de novo.

Dizendo isso, abraçou-a forte, erguendo-a do chão. Juliano sorriu e, como já não fosse necessária a sua forma de menino, recobrou a aparência de adulto. Sua presença era desnecessária, sabia o quanto Silvério e Marieta tinham a dizer um ao outro. Despercebido, como chegara, retirou-se.

A certa distância, Georges, discretamente, acompanhava a cena. Tião aproximou-se dele e, após observar em silêncio o encontro de Marieta e Silvério, sorriu e, sem esconder a alegria, comentou:

— *Cumu* é *bunito* de *vê* o *amô recuperá as força das criatura*, né, *Jorgis*?

— Lindo! — concordou Georges, com os olhos úmidos. — Uma felicidade! É ter olhos de ver, meu amigo. Todos os dias a vida faz isso, em pequenos detalhes. São mil nadas, mas, quando os enxergamos, viver é doce, muito doce.

— E os *otro*? *Cumu* é que *tão*? Os da *famía* dela, *du* passado.

— A família Guimarães Lins tinha pesados débitos entre si. Um passado marcado por dor e violência traumatizou a todos. Propuseram-se, corajosamente, a reencarnar juntos, unidos pelos laços consanguíneos na tentativa de superar a dificuldade que os unia, gerada que fora por eles próprios. José Theodoro, antigo marido traído por Marieta e Silvério, assumiu-os como filhos, cientes do amor apaixonado deles e dos riscos envolvidos, em se considerando o grau evolutivo em que estão. Maria da Glória acompanhou-o. Fora sua rancorosa mãe e péssima sogra, em muito alimentou o ódio do filho contra a nora. Querendo atingir a nora traidora, não percebeu que mergulhava o filho no desequilíbrio e assumia parte da responsabilidade no duelo mortal em que foi assassinado pelo amante da então esposa, e levando junto seus irmãos clamando vingança ao filho assassinado. Renasceram como pais de Silvério e Marieta, buscando entender a paixão que os une e construírem o perdão recíproco. Receberam como filhos Rubens e André, antigos irmãos de José Theodoro, envolvidos na vingança contra os amantes. Outros três permaneceram em péssimo estado no mundo espiritual. Morreram em batalhas sangrentas em busca da vingança desejada pela mãe, odiando a esposa traidora. Como todo aquele que se julga "injustiçado" e não assume a responsabilidade que lhe cabe, tornaram-se obsessores dela, ainda naquela existência, e prosseguiram a empreitada cruzando os séculos. Rubens triunfou, e muito deve ao afeto de Lourdes e Bernardina. Aliás, o reencarne dela como negra foi, obviamente, proposital. Era o embate entre o amor e o preconceito que ele tinha que vencer. E essa luta ocorre de mil formas, é olhar e ver. José Theodoro e Maria da Glória foram vencidos pelos preconceitos e, em nome deles e da moralidade, mergulharam fundo na antiga revolta contra Silvério e Marieta, apenas a justificaram de outra forma. Não tentaram entender nada. Marieta, naquela existência, sofreu horrores, aprisionada pelos homens do exército do amante após a morte dele, seviciada de todas as formas possíveis, à força, enlouqueceu. Na loucura, misturada ao sentimento de culpa pelo suicídio do amado, desenvolveu a compulsão doentia por sexo, autopunindo-se no que julgava ter sido seu maior pecado. Arregimentou companhias espirituais desregradas e tão perturbadas quanto ela mesma. É a lei da afinidade. Somou-se a isso a perseguição oculta feita pelos antigos cunhados. Silvério cresceu muito, venceu suas limitações, inclusive a tendência ao suicídio. Poderá amparar Marieta no futuro.

— E a misericórdia de Deus pôs *us anjinhu* na vida deles — lembrou Tião.

— São os pequenos exemplos do amor recuperando vidas de que falei. Eles pensaram ajudar Juliano e Rita, mas foram, na verdade, os auxiliados. Ele é um espírito em crescimento, muito consciente, encontrou o rumo do equilíbrio, da compreensão, da espiritualidade. Está em rota segura de evolução e felicidade, espalha isso à sua volta. Que bom que souberam aproveitar esse encontro com ele. Marieta deixou-se conduzir pelo amor quando o encontrou. Veja como foi bom. Despertaram a ternura em Silvério e isso o salvou de si mesmo. Ajudando-os na orfandade, deu sentido à própria vida, que ameaçava ruir na falência dos propósitos assumidos antes da encarnação.

Tião coçou a cabeça, sorrindo, olhando a reluzente felicidade do casal.

— Era bom de *ficá ansim oiano* eles, mas *temu serviçu*.

— Você vai buscar os apenados de Dois Rios? — indagou Georges.

— É. *Ocê sabi qui* lá *ficaru muntos nego cumprumitido cum os abusu* da *escravidã*. Meu *trabaio* é lá, sim.

— Eu sei. Não querendo, mas sendo repetitivo: é a lei de afinidade. Ela nos une e nos coloca nos lugares e com quem somos semelhantes. É doloroso aquele local. Bonito e triste ao mesmo tempo. A redenção pelo trabalho é um conceito espiritual, funciona na matéria e aqui. Mas nem todos aproveitam. Há quem julgue um fardo, um peso, quase uma desgraça, ser preciso trabalhar. Tem visto nosso amigo Giacomo?

— Sim, continua *loqueano, falano* em terra no Sul, em *sê* rico. Nem viu que aquela história toda se *acabô. Feiz qui nem os otro*, os *pai* da Marieta, *jogô* fora a oportunidade. Veio aqui *resgatá* o passado de *capitã* de navio negreiro. *Cuntinuô quereno enriquecê* de forma *pruvalecida. Tá lá!* Um dia sai.

— A lição que precisa aprender é o trabalho e o respeito aos outros. Com os imigrantes europeus, vieram vários espíritos como ele. Enquanto a maioria se redimia, reparando o passado, colaborando na construção de um país novo, na formação de uma nova sociedade, dando exemplo de trabalho e dedicação, alguns ainda precisavam expiar os abusos praticados pelos europeus com os povos africanos nos tempos do Brasil Colônia e do arremedo de "Império". Como você disse, Tião, um dia sairão todos de lá.

Em julho de 2011, Marieta Guimarães Lins comunicou-se pela última vez com os amigos encarnados.

Meu despertar deste lado da vida foi terrível. Não há pior fracasso do que "não morrer", nem maior desilusão.

Eu me suicidei acreditando que não tinha valor, poder, nem liberdade, enfim, que eu era um ser abjeto. Todos os preconceitos e rancores que carregava, deixei florescer, atribuindo-os aos outros. Eles existiam na sociedade, é verdade. Mas eu os usei como adubo aos meus. Ignorá-los me foi impossível, pois faziam eco em meu íntimo, então os alimentei e deixei crescer livremente. Nem eu mesma suportei, tal o peso que coloquei sobre meus ombros. Tudo isso vejo agora. Antes não era assim, antes eu sofri, soterrei, enlouqueci ao peso deles e mais ainda ante o que julguei minha total incompetência, pois nem para dar cabo à própria vida tive sucesso.

Ah, como sofri! Vocês não fazem ideia. A cada dia, a cada hora, até que, não suportando mais a vergonha, a culpa, o remorso etc., lembrei-me dele, do suicídio. Joguei todos os meus ais e pesares na fogueira da ira e ateei fogo. Lancei-me ao rio. Triste engano!

Mas agora renasci. Ganhei forças, saí do charco em que afundava com dó de mim. Mergulhei fundo na revolta após meu suicídio e encontrei seres em igual estado. Contei--lhes minhas desventuras. Sob a ótica da ira, eu era a vítima de tudo e de todos. Eles me apoiaram, deram-me razão, insuflaram meu ódio. Ofereceram proteção contra os que me perseguiam havia séculos. Aos olhos deles, eu não era uma pária, nem objeto de preconceito, éramos iguais, e isso me seduziu, foi importante. Uni-me a eles. Compreendi o que havia acontecido comigo, mas de forma distorcida, e até a vida eu odiei. Esqueci-me de tudo nessa fogueira. Foi assim que assumi a identidade de Rosa Caveira. Cometi tantas atrocidades, que hoje me assusto, mas, por maior que seja o erro, não tem outro responsável além de mim.

Rezem por mim, sejam meus amigos, tentem me compreender, até que eu consiga lhes contar tudo. Isso é muito importante. Rezem por mim.

Marieta Guimarães Lins

Em novembro, ela me autorizou a contar a sua história. Marieta partiu com Silvério. Planejam retornar à matéria, apoiados por Juliano e Rubens, propondo-se a receber os que faliram ou pouco aproveitaram como seus filhos.

Pedro e Suelen ainda mantêm um relacionamento tumultuado e infeliz.

Novembro de 2012
José Antônio

Editora Vida & Consciência

Romances

Zibia Gasparetto

Autora de mais de quarenta livros, entre crônicas, romances e livros de pensamentos, Zibia Gasparetto cativa leitores a cada dia, contribuindo para o fortalecimento da literatura espiritualista no mercado editorial e para a popularização da espiritualidade.

A verdade de cada um	Onde está Teresa?
A vida sabe o que faz	Pelas portas do coração - nova edição
Entre o amor e a guerra	Quando a vida escolhe
Esmeralda	Quando chega a hora
Espinhos do tempo	Quando é preciso voltar
Laços eternos	Se abrindo pra vida
Nada é por acaso	Sem medo de viver
Ninguém é de ninguém	Só o amor consegue
O advogado de Deus	Somos todos inocentes
O amanhã a Deus pertence	Tudo tem seu preço
O amor venceu	Tudo valeu a pena
O fio do destino	Um amor de verdade
O matuto	Vencendo o passado
O morro das ilusões	

Marcelo Cezar

Marcelo Cezar é um dos principais escritores do país, cujos romances enfatizam a espiritualidade de maneira natural e proporcionam entendimentos para uma vida melhor. Com mais de um milhão de livros vendidos, é autor de vários best-sellers. Seus livros, quando lançados, rapidamente figuram na lista dos mais vendidos do país. Já publicou, pela Editora Vida & Consciência, catorze romances, todos ditados pelo espírito Marco Aurélio.

A última chance
A vida sempre vence - nova edição
Ela só queria casar...
Medo de amar - nova edição
Nada é como parece
Nunca estamos sós
O amor é para os fortes
O preço da paz

O próximo passo
O que importa é o amor
Para sempre comigo
Só Deus sabe
Um sopro de ternura - edição revista e atualizada
Você faz o amanhã

Mônica de Castro

Além de escritora de grande sucesso, Mônica de Castro é Procuradora do Trabalho. Nasceu no Rio de Janeiro em 1962 e psicografa romances espíritas desde 1999. A escritora sente grande responsabilidade ao divulgar suas obras, considerando que muitas pessoas se espelham naquilo que escreve. Por isso, empenha-se em divulgar, ao máximo, os ensinamentos espiritualistas. Já publicou, pela Editora Vida & Consciência, catorze romances, todos grandes sucessos de público.

A atriz - edição revista e atualizada

Até que a vida os separe

Com o amor não se brinca

De frente com a verdade

De todo o meu ser

Gêmeas

Giselle – A amante do Inquisidor - nova edição

Greta

Jurema das matas

Lembranças que o vento traz

O preço de ser diferente

Segredos da alma

Sentindo na própria pele

Só por amor

Uma história de ontem - nova edição

Virando o jogo

Ana Cristina Vargas

Muito conhecida no Sul do país, Ana Cristina Vargas vem se destacando como uma das mais influentes escritoras espíritas da atualidade. Tem vários títulos publicados, cinco pela Editora Vida & Consciência.

A morte é uma farsa
Em busca de uma nova vida

Em tempos de liberdade
Encontrando a paz

Amadeu Ribeiro
O amor nunca diz adeus
A visita da verdade

Eduardo França
A escolha
Enfim, a felicidade

Evaldo Ribeiro
Eu creio em mim

Flávio Lopes
A vida em duas cores
Uma outra história de amor

Floriano Serra
Nunca é tarde
O mistério do reencontro

Lucimara Gallicia
O que faço de mim?
Sem medo do amanhã

Leonardo Rásica
Luzes do passado

Márcio Fiorillo
Em nome da lei

Sérgio Chimatti
Apesar de parecer... ele não está só
Lado a lado

Conheça livros de outras categorias
em nosso site: www.vidaeconsciencia.com.br

Rua Agostinho Gomes, 2.312 – SP
55 11 3577-3200

grafica@vidaeconsciencia.com.br
www.vidaeconsciencia.com.br